Principle of Deep Mixing Method for the Improvement of the Soft Marine Clay in Highway Engineering

高速公路海相软土地基水泥土搅拌桩加固技术

钱国超　赵　倔　陈　功
邓永锋　陈加富　刘松玉　等　编著

人民交通出版社

内 容 提 要

本书总结了我国主要海相软土的基本工程性质，分析了海相软土地基处理常用方法的优缺点，提出了海相软土地基处理设计流程和原则，针对江苏省海相软土地基处理成熟的预压法和水泥土搅拌桩法，尤其是对水泥土搅拌桩法进行了深入系统的研究，总结了沉降特性，提出了相应的工程实用设计和施工控制方法。

本书可供沿海地区从事公路地基处理的工程技术人员参考使用，也可供大专院校相关专业师生学习借鉴。

图书在版编目(CIP)数据

高速公路海相软土地基水泥土搅拌桩加固技术/钱国超等编著．—北京：人民交通出版社，2008.5
ISBN 978-7-114-06987-1

Ⅰ.高…　Ⅱ.钱…　Ⅲ.高速公路—海相—软土地基—水泥土—桩加固　Ⅳ.U416.1

中国版本图书馆 CIP 数据核字(2008)第 016029 号

书　　名：高速公路海相软土地基水泥土搅拌桩加固技术
著 译 者：钱国超　赵　偲　陈　功　邓永锋　陈加富　刘松玉
责任编辑：岑　瑜
出版发行：人民交通出版社
地　　址：(100011)北京市朝阳区安定门外外馆斜街 3 号
网　　址：http://www.ccpress.com.cn
销售电话：(010)85285838，85285995
总 经 销：北京中交盛世书刊有限公司
经　　销：各地新华书店
印　　刷：北京凯通印刷厂
开　　本：787×1092　1/16
印　　张：14.25
字　　数：364 千
版　　次：2008 年 5 月第 1 版
印　　次：2008 年 5 月第 1 次印刷
书　　号：ISBN 978-7-114-06987-1
定　　价：38.00 元

前言

随着我国经济的快速发展，高速公路等基础设施建设兴起了新的高潮，建设规模和质量迈上了一个新的台阶。根据国家高速公路网规划，到2020年我国将建成由中心城市向外放射以及横连东西、纵贯南北的大通道，由7条首都放射线、9条南北纵向线和18条东西横向线组成的“7918网”，总规模约8.5万公里的高速公路，其中东部沿海地区将建成多条高速公路。

我国东部沿海地区软土分布广泛，特别是分布大量海相软土。海相软土一般具有高含水率、高压缩性、高孔隙比、低强度、低渗透性、高灵敏度、高有机质含量、流变性能显著等特点。因此，海相软土的加固处理是否成功，是保证该区域高速公路建设质量和正常运营的关键技术问题之一。江苏省沿海已经修建了多条高速公路，如连徐高速公路、汾灌高速公路、沿海高速公路等。在这些高速公路建设过程中，江苏省高速公路建设指挥部、连云港市高速公路建设指挥部和东南大学岩土工程研究所，进行了大量的工程实践和科学研究工作，在高速公路海相软土地基加固技术方面取得了可喜的成果，积累了丰富的经验。

沿海高速公路连盐段位于江苏省东部沿海地区，是交通部规划的国家重点干线公路网的一部分，也是江苏省规划的“四纵四横四联”高速公路网中“纵一”的重要组成部分。路线全长约151.5km，其中连云港市境约43km，盐城市境108.5km。设计车速120km/h，双向6车道，路基宽度35m。沿海高速公路连盐段沿线总体属于苏北滨海平原地区，其表层全部为第四系所覆盖。工程地质勘察资料表明，沿线可划分为：灌云—响水海积平原区、滨海废黄河冲海积平原区和盐城—东台冲海积平原区三个工程地质区。线路所经区域绝大部分地势平坦，自西南向东北微向黄海倾斜，地面高程2～5m，线路区域内河流纵横成网，工程地质条件复杂，软土分布广泛且工程性质差，软土地基处理成功与否是该高速公路成败的关键技术之一。本书即以江苏省沿海高速公路连盐段海相软土的地基处理实践为基础，总结已有研究成果编著而成。

书中总结了我国主要海相软土的基本工程性质，分析了海相软土地基处理常用方法的优缺点，提出了海相软土地基处理设计流程和原则，针对江苏省海相软土地基处理成熟的预压法和水泥土搅拌桩法，尤其是水泥土搅拌桩法进行了深入系统的研究，总结了沉降特性，提出了相应的工程实用设计和施工控制方法。

全书由江苏省高速公路建设指挥部、东南大学岩土工程研究所、连云港市高速公路建设指挥部共同编著。具体分工为：第一章由钱国超、赵偲和刘松玉执笔；第二章由陈功和邵光辉执笔；第三章由钱国超、赵偲、陈加富和刘松玉执笔；第四章由邓永锋、岳红宇和洪振舜执笔；第五章由邓永锋、刘松玉和经绯执笔；第六章由陈加富、岳红宇、朱向阳和邓永锋执笔；第七章由陈加富、邓永锋和蔺宁君执笔。全书由钱国超和刘松玉统稿。

本书编著过程中，江苏省高速公路建设指挥部、连云港市高速公路建设指挥部和东南大学交通学院等相关单位人员提出了宝贵的修改意见，作者深表感谢。作者在编著过程中参考了大量的文献资料和研究报告，在此特向提供资料的单位和个人表示由衷的感谢！

限于作者水平，本书难免有欠妥之处，恳望读者和同行予以指正。

编著者

2007 年金秋于南京

目录

第一章 绪 论

第一节 高速公路发展现状

自改革开放以来,我国实施扩大内需的积极财政政策,对基础设施投资的力度日益增大,使我国公路建设步入前所未有的高速发展时期。区域间的经济合作交往日益密切,交通量增大,一般的低等级公路已经不能满足要求,作为快捷、便利和具有“门对门”运输功能的高速公路建设已经成为经济发展的迫切需要。高速公路建成通车后,使投资环境发生了巨大变化,原地区的经济得到迅速发展。从20世纪80年代至今,我国的公路基础设施实现了跨越式的发展,取得了举世瞩目的成就,缓解了对经济发展的瓶颈制约。截至2006年底,全国等级公路里程达159.18万km,占公路里程的82.5%,其中二级及二级以上的高等级公路里程32.58万km,占公路总里程的16.9%。按公路等级分组,各等级公路里程分别为:高速公路4.54万km,一级公路3.8万km,二级公路25万km,三级公路34万km,四级公路92万km,等外公路34万km。

我国高速公路建设实现历史性的突破,“十五”期间建成高速公路2.47万km,是“七五”、“八五”和“九五”建成高速公路总和的1.5倍。2005年,全国新增高速公路通车里程6 717km,2006年新增高速公路通车里程4 000km左右,全国高速公路通车里程达到45 339km。2006年,河南、江苏、浙江、山西等省区全年新增高速公路通车里程均超过500km。截至2006年底,全国有29个省(市、区)的高速公路通车里程均超过500km。高速公路突破千公里的省(市、区)上升到20个,分别是:河南(3 439km)、江苏(3 355km)、广东(3 328km)、山东(3 163km)、浙江(2 382km)、河北(2 322km)、辽宁(1 849km)、山西(1 820km)、四川(1 788km)、陕西(1 755km)、湖北(1 748km)、江西(1 700km)、云南(1 690km)、安徽(1 546km)、广西(1 544km)、湖南(1 405km)、内蒙古(1 224km)、福建(1 160km)、甘肃(1 006km)和黑龙江(1 000km)。

公路客货运量已稳列各种运输方式的首位。京哈、京沪和京珠高速公路实现了全线贯通,在我国华北、东北、华东和华南之间形成了多条相互贯通的公路运输大通道。尤其是交通部制订的公路交通发展的三个阶段的目标,为我国今后高速公路建设勾画出宏伟蓝图,届时我国高速公路总里程将达到8.5万km,公路总里程达到300万km,高速公路将覆盖全国20万以上人口的中等城市,将会彻底改变省际间交通运输的宏观格局,有力地促进我国经济腾飞,为社会发展作出贡献。我国沿海地区几个省市的土地面积占全国的13.8%,但人口占全国的41%,工农业总产值占全国的60%以上。其中珠江三角洲、长江三角洲、京津地区、山东半岛、辽东半岛是我国经济繁荣,资金、技术与智力高度密集的地区。该地区对高速公路的需要更迫切,建成后的经济效益和社会效益更大,因此,初期绝大部分的高速公路建于此地区。

图1-1为我国高速公路网的布局方案,从图可以进一步看出我国目前已建和在建的高速

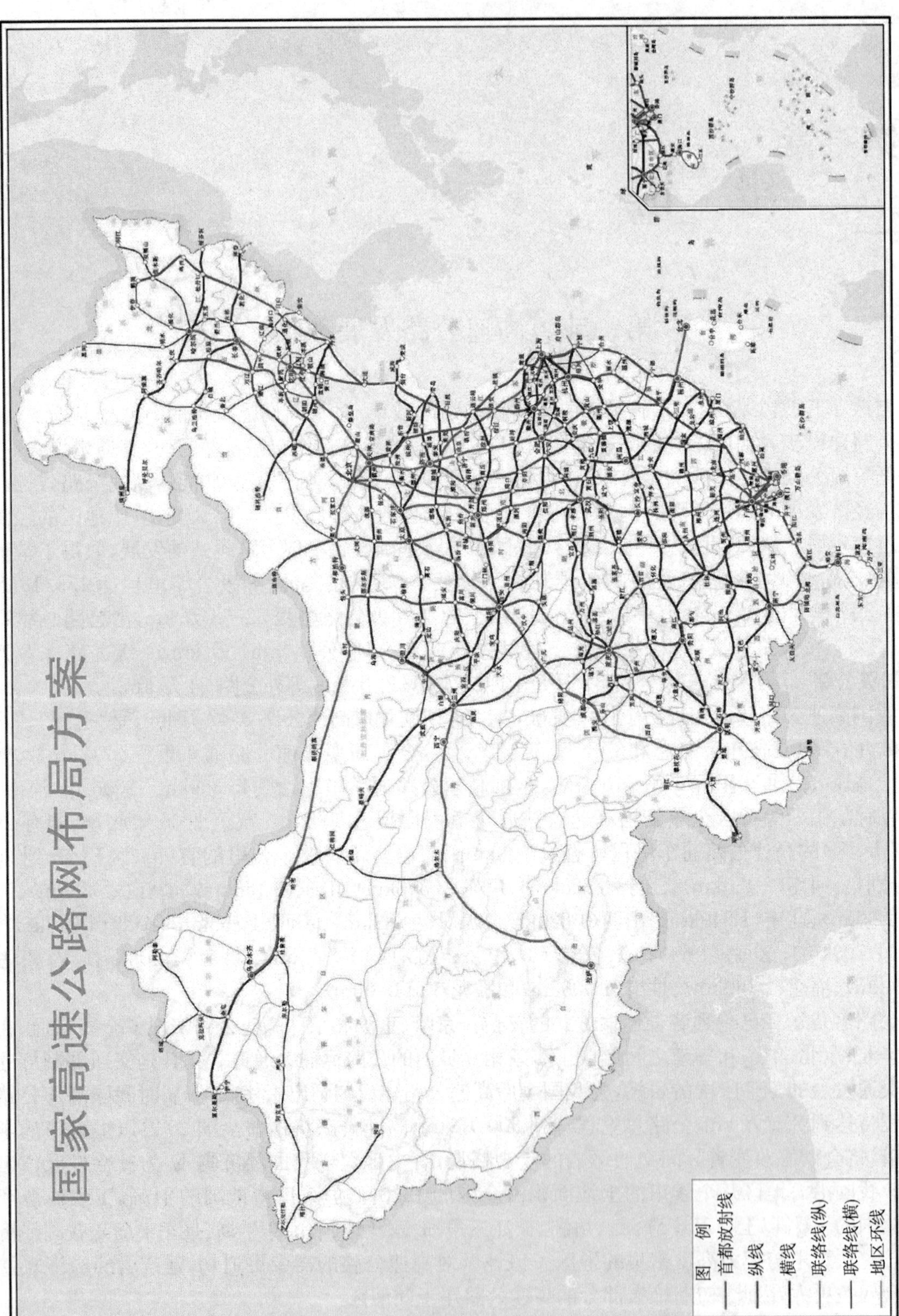

图 1-1　我国高速公路网布局方案

公路大部分在我国的东部和南部地区。图 1-2 为江苏省高速公路建设示意图,江苏是我国东部沿海的一个有代表性的省份,从图上可以看出,江苏省已建有多条高速公路,包括沪宁高速、连徐高速、沿海高速、京沪高速等。其中许多高速公路分布在海相沉积软土区域。

图 1-2 江苏省高速公路建设示意图

我国沿海,除山区外,大部分的海岸线为淤泥质海岸。特别是大江、大河河口附近多为河海相沉积层,在地质上属于第四系全新统 Q_4 土层,土的类别多为淤泥、淤泥质黏土和淤泥质亚黏土,在南方少数地区还有淤泥混砂层。我国最早建成通车的高速公路,如沪嘉、京津唐、广佛、杭甬、沪宁等高速公路均建于沿海或沿江地区,20%以上甚至100%路段通过软土段。在软土地区修建高速公路的实践,促进了公路岩土工程的发展,以适应兴建高速公路的科学技术发展的需求。软土的成因、结构和性态不同,但都具有含水率大、压缩性高、强度低和透水性差的特点,将直接影响这些地区的高速公路工程的稳定性和耐久性。另外,通过软土地基的路堤高程受立交桥、跨河桥、通道等影响,新建的高速公路往往以比较高的路堤和较重的荷载穿过软基,若软基处理不当,将会严重影响工程的质量和使用功能,甚至造成工程事故。另一方面,由于联网建设的需要,在两条路的结合点——匝道处,也会要求按不影响老路正常运行的技术要求,进行基础和路基的安全拼接施工。

为此,系统总结我国高速公路软土地基处理技术对推动我国公路建设水平有重要意义和价值。

第二节 软土地基高速公路建设基本要求

根据现行交通部《公路工程技术标准》(JTG B01—2003)的规定，公路根据功能和适应的交通量分为高速公路、一级公路、二级公路、三级公路、四级公路五个技术等级。其具体的定义和要求如下所述。

(1)高速公路：为专供汽车分向、分车道行驶，并全部控制出入的干线公路。它具有4个或4个以上车道，设有中央分隔带，全部立体交叉，并具有完善的交通安全设施与管理设施、服务设施。4车道高速公路一般能适应按各种汽车折合成小客车的远景设计年限年平均昼夜交通量为25 000～55 000辆；6车道高速公路一般能适应按各种汽车折合成小客车的远景设计年限年平均昼夜交通量为45 000～80 000辆；8车道高速公路一般能适应按各种汽车折合成小客车的远景设计年限年平均昼夜交通量为60 000～100 000辆。

(2)一级公路：为供汽车分向、分车道行驶的公路，其设施与高速公路基本相同，只是部分控制出入。一般应设置分隔带，当受到特殊条件限制时，必须设置分隔设施。一般4车道应能适应按各种汽车折合成小客车的年平均日交通量为15 000～30 000辆，6车道应能适应按各种汽车折合成小客车的年平均日交通量为25 000～55 000辆。它是连接高速公路或是某些大城市的城乡结合部、开发经济带及人烟稀少地区的干线公路。

(3)二级公路：为连接中等以上城市的干线公路，或者是通往大工矿区、港口的公路。双车道二级公路一般能适应按各种车辆折合成小客车的年平均日交通量为5 000～15 000辆。

(4)三级公路：为沟通县、城镇之间的集散公路。双车道三级公路一般能适应按各种车辆折合成小客车的年平均日交通量为2 000～6 000辆。

(5)四级公路：为沟通乡、村等地的地方公路。双车道四级公路一般能适应按各种车辆折合成小客车的年平均日交通量为：双车道2 000辆以下；单车道400辆以下。

针对上述各种等级的公路，交通部制定了公路的技术标准。公路的技术标准是国家交通主管部门颁布的法定技术准则，它是指公路路线和构造物的设计、施工，在技术性能、几何尺寸、结构组成方面的具体规定和要求。它是根据一定数量的车辆在道路上以一定的计算行车速度行驶时，对路线和构造物的设计要求，是根据理论和总结设计、施工、使用经验的基础上，经过调查研究和分析列成指标制定出来的。

高等级公路(包括高速公路、一级公路以及部分二级公路)目前采用按变形控制进行设计，为此《公路软土地基路堤设计与施工技术规范》对高等级公路的工后沉降进行了规定(表1-1)，以保证公路通车运营后不会产生过大的跳车、隆起等现象，从而影响行车性能。

容许工后15年沉降 表1-1

容许工后沉降 \ 工程位置 / 道路等级	桥台与路堤相邻处	涵洞或箱涵型通道处	一般路段
高速公路、一级公路	≤0.1m	≤0.20m	≤0.30m
二级公路(采用高级路面)	≤0.20m	≤0.30m	≤0.50m

为了保证高等级公路的工后沉降能满足规范规定的要求，根据江苏省高速公路建设的经验，在路堤施工期、预压期和路面填筑期间需要对公路的沉降进行监测，并根据逐月沉降来指导施工，具体如下。

路堤施工期每月沉降不超过30cm，预压期在每月沉降小于5mm时方可卸土进行后续施工，而在路面施工期需确保每月沉降小于3mm。

对公路工程而言，路堤的稳定性是工程关注的一个重点，《公路软土地基路堤设计与施工技术规范》对路堤的稳定性安全系数给出了具体的要求，具体要求如表1-2所示。

稳定性控制标准　　表1-2

采用的计算方法		稳定安全系数容许值
总应力法	快剪指标	1.1
	十字板剪切强度	1.2
有效固结应力法	快剪与固结快剪指标	1.2
	十字板剪切强度	1.3
准毕肖普法	有效剪切指标	1.4

第三节　高速公路软土地基常用处理技术

地基处理的方法分类多种多样，如按时间可分为临时处理和永久处理；按处理深度可分为浅层处理和深层处理；按处理土性对象可分为砂性土处理和黏性土处理，饱和土处理和非饱和土处理；也可按照地基处理的作用机理进行分类。对江苏省已建和在建高速公路地基处理方法进行统计，发现目前江苏省软土地基，尤其是海相软土地基处理的方法主要采取预压法、刚性桩、柔性桩、半刚性桩和加筋等技术。下面具体介绍各种地基处理方法的原理和优缺点。

一、堆载预压法

堆载预压法是排水固结原理的应用，是公路修筑最古老和最经济的方法。其基本原理是利用饱和软黏土地基在荷载作用下，孔隙中的水被慢慢排出，孔隙体积慢慢减小，地基发生固结变形；同时随着超静孔隙水压力逐渐消散，有效应力逐渐提高，地基土的强度逐渐增长，从而使路堤的工后沉降达到规范的要求。

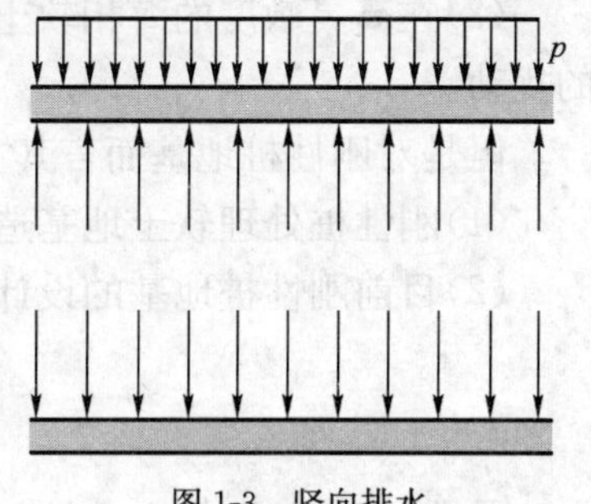

图1-3　竖向排水

堆载预压法的排水固结效果与它的排水边界密切相关。如图1-3所示的排水边界条件，即土层厚度相对路堤宽度来说比较小，这时土层中的孔隙水向上下面透水层排出而使土层发生固结，这时称为竖向排水固结。根据太沙基固结理论，黏性土固结所需要的时间和排水距离的平方成正比，土层越厚固结延续的时间越长，为了加速土层的固结，最有效的方法是增加土层的排水路径，缩短排水距离。砂井、塑料排水板等竖向排水体的设置就是为了减小排水路径，如图 1-4 所示，这时土中的孔隙水主要从水平向通过竖向排水体和部分从竖向排出。竖向排水体缩短了排水距离，因而大大加速了地基的固结速率，从而加快施工进度和减小工后沉降。

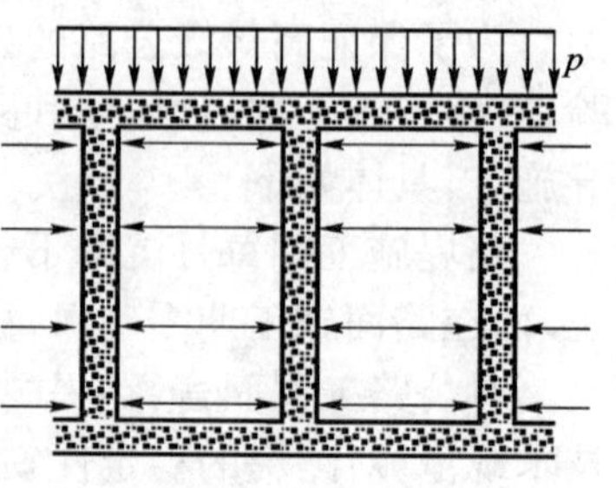

图 1-4　砂井地基排水

目前，国内外很多公路的软土地基采用了堆载预压法进行处理以减小工后沉降，堆载预压法有其优点和不足，优点为经济节约，施工简单；不足为需要足够的预压时间和大量堆载土方以及土石方的搬运机械。

二、刚性桩技术

刚性桩是近年发展起来的一种地基处理技术。目前在高速公路上应用的刚性桩主要有 CFG 桩（水泥、粉煤灰和碎石施工而成）、管桩（预应力管桩、薄壁管桩等）、素混凝土桩及树根桩等。该类桩的刚度（或模量）比周围地基土的大了许多，以预应力管桩为例，桩体的模量一般比桩周土模量大 300～500 倍。由于桩体的刚度（或者模量）远大于地基土体的刚度（或模量），桩体表现出很高的承载力以及抗变形能力。路堤荷载是一种柔性荷载，目前在公路工程的地基处理中为了发挥刚性桩的高承载力和大抗变形能力，在刚性桩上增加方形或者圆形的桩帽，有时还在桩帽上加铺土工格栅或者格室，使路堤荷载更大比例地转移到刚性桩上，进而可以增大桩间距，如图 1-5 所示。

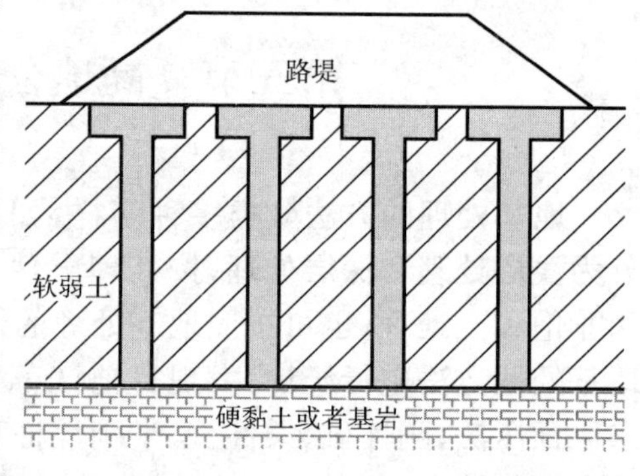

图 1-5　路堤工程中刚性桩地基示意图

由于刚性桩的地基模量或刚度远远大于桩间土的模量或刚度，在路堤荷载作用下桩土之间存在一定的差异变形，但目前刚性桩复合地基的设计仍然借用复合地基的理论。因此，对于路堤荷载作用下刚性桩地基的设计以及荷载传递机理，目前在进一步的研究。

对于刚性桩地基而言，其优点主要表现在以下几点：

（1）刚性桩具有很高的承载力和很大的抗变形能力。

（2）刚性桩和预应力管桩施工后，桩身质量容易得到控制。

（3）在高灵敏度的海相软土地区，由于刚性桩的桩间距较大，能够减小桩的施工对桩周土的扰动。

但是对刚性桩地基而言其主要缺点表现为：

（1）刚性桩处理软土地基造价较高，并且对三材用量较大。

（2）目前刚性桩地基的设计理论和荷载传递规律尚未明晰，实践先于理论。

三、柔性桩技术

柔性桩（如碎石桩和砂桩）又称粗颗粒土桩，是指用振动、冲击或水冲法等方式在软弱地基中成孔后，再将碎石桩或砂挤入已成孔中，形成大直径的碎(砂)石所构成的密实桩体。

碎石桩最早在1835年由法国在Bayonne建造兵工厂车间时使用，这个兵工厂坐落在海湾沉积的软土上，当时设计桩径0.2m，桩长2m，每根桩承担荷载10kN。加固后的沉降只有未加固前的四分之一。20世纪50年代末，振冲法开始用来加固黏性土地基，并形成碎石桩。我国应用振冲法始于1977年。

碎(砂)石桩应用于软黏土地基处理其主要机理为置换，即以性能良好的碎(砂)石置换不良的软弱的地基土。由于碎(砂)石桩是由散粒体组成，承受荷载后产生径向变形，并引起周围的黏性土产生被动抗力，如果黏性土的强度过低，不能使碎石桩和砂桩得到所需要的径向支持力，桩体会产生鼓胀破坏，从而导致加固效果不佳。目前柔性桩(碎石桩/砂桩)的主要设计理论采用复合地基理论。

对于碎石(砂)桩而言，目前施工工艺比较成熟，其桩体除了强度较原地基大以外，还是良好的排水通道。但对于碎(砂)石桩而言，需要大量的砂石料，造价比较高，同时如施工工艺处理不当，容易使已施工的桩体挤断，从而在海相软土地基处理中使用较少。

四、半刚性桩技术

半刚性桩是目前地基处理常用的一种处理方法，主要指水泥土搅拌桩。该类桩体的刚度比碎石桩和砂桩大，强度高；但与灌注桩和管桩相比刚度小，该类桩体的模量一般比桩周土模量大30～100倍。由于该类桩施工容易控制，同时能够较好地满足复合地基理论的假设，因此在海相软土地基上高速公路工程软土处理中得到推广。

水泥土搅拌桩是美国在第二次世界大战后最早研制成功的，称为就地搅拌桩(MIP)。1953年日本清水建设株式会社从美国引进此方法，1967年日本港湾技术研究所研制石灰系搅拌桩。20世纪60年代末期，瑞典工程师改进了已有的搅拌桩施工工艺，提出了水泥系粉喷桩。20世纪70年代日本进一步研发水泥系浆喷桩。我国于1978年底制造出国内第一台双轴搅拌机。

截至2002年底，日本水泥系搅拌桩的工程量达到5千万立方米，欧洲达到了1千万立方米。我国使用水泥土搅拌桩目前没有具体详细的统计，单就江苏省已建和在建的高速公路使用水泥土搅拌桩的用量已超过了1.5亿延米。

五、土工加筋技术

土工加筋是指在人工填土的路堤或者挡土墙内铺设土工合成材料(或者钢带、钢条、钢筋混凝土带、尼龙带等)。这种人工复合的土体，可承受抗拉、抗压和抗剪作用，借以提高地基承载力、减小沉降和增加地基稳定性。这种起加筋作用的人工材料称为加筋材料。

土中加筋在我国古代早有所见，我国劳动人民早已用草秸等材料加入胶泥盖屋或用材枝褥垫修路。现代加筋土技术的发展始于20世纪60年代初期，法国工程师Henri Vidal首先在试验中发现当掺入纤维材料时，其强度较原有天然土提高了好几倍，并由此提出了加筋概念和理论。

采用路堤加筋的办法来改良路堤的性能在工程中比较经济，施工快捷，并不会对环境造成污染，但目前主要应用于路堤边坡稳定性的改良上。对于采用加筋的办法来减小工后沉降和地基的变形，目前的研究比较少，已有的研究表明采用路基加筋不能有效地减小地基的总体沉降变形，其改良机理尚需进一步的研究。

第四节　复合地基理论及其进展

一、复合地基分类

复合地基一词始用于1962年，其理论是许多地基处理方法分析和设计的基础，如水泥土搅拌桩地基、碎石桩地基、石灰桩地基和CFG桩地基（由水泥、粉煤灰和碎石施工而成桩构成的地基）等。

所谓复合地基是指由两种刚度（或模量）不同的材料（桩体和桩间土体）所组成，在相对刚性的桩基础上共同分担上部荷载并协同变形（包括剪切变形）的地基，其中桩体为增强体，而桩间土体为基体。

增强体与基体保持共同承担荷载作用是形成复合地基的条件，根据增强体的方向，复合地基可以分为水平向增强体复合地基和竖向增强体复合地基。

复合地基与天然地基同属地基范畴，为此两者之间有内在联系，但又有本质区别。复合地基与桩基都是采用以桩的形式处理的地基，故两者之间有相似之处。但复合地基属地基范畴，而桩基为基础范畴，所以两者又有本质区别。复合地基中桩体与基础往往不是直接相连的，它们之间通过垫层（碎石或砂垫层）来过渡，而桩基中桩体与基础直接相连，两者形成一个整体。因此它们的受力特性存在明显差异。如图1-6所示，复合地基的主要受力层在加固区内，而桩基的主要受力层在桩间的一定范围以内。由于复合地基理论的最基本假设为桩与桩间土协同变形，为此，从理论上而言，复合地基中也不存在类似桩基中的群桩效应。

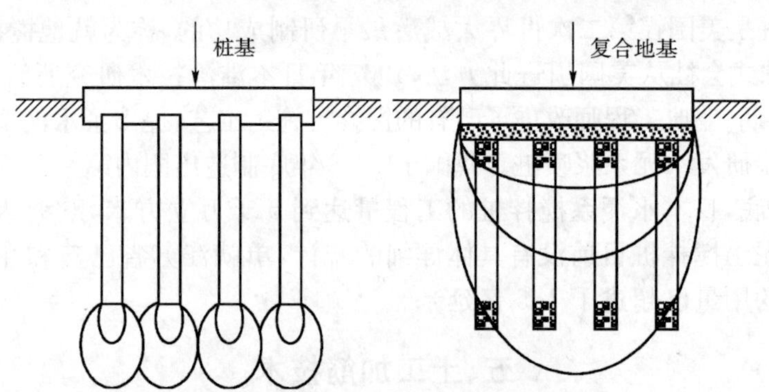

图1-6　复合地基与桩基受力特性对比

在复合地基的桩和桩间土中，桩的作用是主要的，而地基处理中桩的类型比较多，性能变化较大。为此复合地基的类型按桩的类型进行划分较妥。

然而，桩又可以根据桩所采用的材料以及成桩后桩体的强度（或刚度）进行划分。

1. 桩体按成桩所采用的材料分

散粒体桩：如碎石桩、砂桩等。

水泥土类桩：如水泥土搅拌桩、旋喷桩等。

混凝土类桩：树根桩、CFG桩。

2. 桩体按成桩后桩体的强度（或者刚度）分

柔性桩：散粒体桩属于此类桩。

半刚性桩：如水泥土类桩。

刚性桩：如混凝土类桩。

半刚性桩中水泥掺入量的大小将直接影响桩体的强度和刚度。当掺入量较小时，桩体的特性类似柔性桩；当掺入量较大时，又类似于刚性桩，为此具有双重性。

由柔性桩和桩间土所组成的复合地基可称为柔性桩复合地基，其他依次为半刚性桩复合地基、刚性桩复合地基。

二、复合地基的设计方法

1. 复合地基承载力

从已有的计算公式看，复合地基承载力的计算公式基本一致，仅视桩的类型略有不同。

对柔性桩（如碎石桩），其复合地基承载力标准值为：

$$f_{sp} = f_p m + (1-m) f_s \tag{1-1}$$

$$f_{sp} = [1 + m(n-1)] f_s \tag{1-2}$$

式中：f_{sp}、f_p、f_s——分别为复合地基、单桩和桩间土的承载力标准值；

m——桩土面积置换率；

n——桩土应力比。

对半刚性桩（如水泥土搅拌桩），其复合地基承载力标准值为：

$$f_{sp} = f_p m + \eta(1-m) f_s \tag{1-3}$$

式中：η——桩间土承载力折减系数，对摩擦桩取 $\eta=0.5\sim1.0$；对摩擦支承桩取 $\eta<0.5$，其实质是部分考虑桩间土的作用。

对刚性桩（如 CFG 桩），其复合地基承载力标准值的计算目前尚未取得统一。

2. 复合地基剪切强度

若碎石桩、砂桩、水泥土桩、石灰桩等，用于改善天然地基整体稳定性时，可利用复合地基的抗剪特性，再使用圆弧滑动进行计算。如考虑桩体和桩间土两者都发挥抗剪强度，并按面积置换率进行计算，则可以得出复合地基的抗剪强度 τ_{ps} 的表达式为：

$$\tau_{ps} = m\tau_p + (1-m)\tau_s \tag{1-4}$$

式中：τ_{ps}、τ_p、τ_s——分别为复合地基、桩体和桩间土的抗剪强度。

然而对不同类型的复合地基，因各自情况不同，其简化形式也不同。

对于散粒体桩复合地基，其计算表达式为：

$$\tau_{ps} = (1-m)c_u + (pn\mu_s + \gamma_p z)\tan\varphi_p \cos^2\theta \tag{1-5}$$

式中：c_u——桩间土的黏聚力；

φ_p——桩体的有效内摩擦角；

p——作用荷载；

μ_s、n——分别为应力降低系数和桩土应力比，$\mu_s = \dfrac{1}{1+m(n-1)^2}$；

m——桩土面积置换率；

γ_p——桩体材料的重度；

z——剪切面平均深度；

θ——某剪切面平均深度处剪切面与水平面的交角。

对于水泥土桩复合地基，其简化为：

$$\tau_{ps} = mc_p + \alpha(1-m)c_u \tag{1-6}$$

式中：c_p——水泥土的黏聚力；

α——强度折减系数。

Priebe(1978 年)提出了碎石桩复合地基采用复合 $\overline{\varphi}$ 和 $\overline{c}$ 的方法进行处理后地基抗剪强度 τ_{ps} 计算，即：

$$\tan\overline{\varphi} = mn\mu_s\tan\varphi_p + (1-mn\mu_s)\tan\varphi_s \tag{1-7}$$

$$c = (1-mn\mu_s)c_s \tag{1-8}$$

式中：c_s——桩间土的黏聚力；

φ_s——桩间土的内摩擦角。

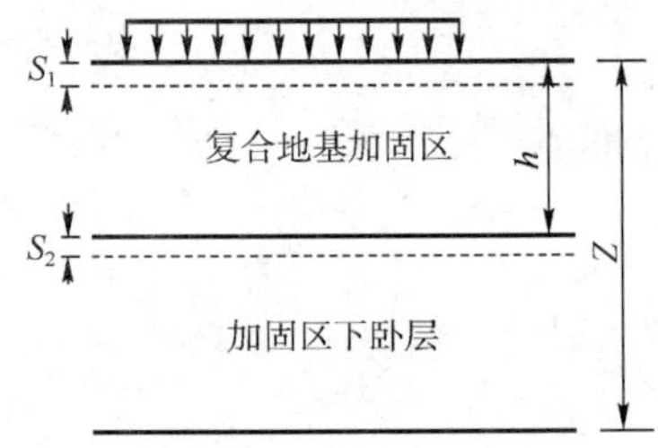

图 1-7　复合地基计算模式

3. 复合地基变形计算

复合地基变形计算主要包括复合地基加固区的变形计算和下卧层的变形计算(如图 1-7 所示)。图中 h 为复合地基加固区厚度，Z 为荷载作用下地基压缩层厚度，复合地基加固区的压缩量记为 S_1，地基压缩层厚度内加固区下卧层厚度为 $Z-h$，其压缩量记为 S_2。于是，在荷载作用下复合地基的总沉降量 S 可表示为两部分之和，即：

$$S = S_1 + S_2 \tag{1-9}$$

若复合地基设置有垫层，通常认为垫层压缩量很小，可以忽略不计。

至今提出的复合地基沉降实用计算方法中，对下卧层压缩量 S_2，大都采用分层总和法计算，而对加固区范围内土层的压缩量 S_1，则针对各类复合地基的特点采用一种或几种计算方法计算。下面首先介绍计算加固区范围内土层压缩量 S_1 的几种主要计算方法，然后介绍下卧层压缩量 S_2 的计算方法。在介绍 S_2 的计算过程中，着重介绍加固区下卧土层上作用荷载或下卧土层中附加应力的计算方法。

1)加固区土层压缩量 S_1 的计算方法

加固区土层压缩量 S_1 的计算方法主要有下述几种：

(1)复合模量法(E_c 法)

该方法将复合地基加固区中增强体和基体两部分视为一复合土体，采用复合压缩模量 E_c 来评价复合土体的压缩性，并采用分层总和法计算加固区土层压缩量。在复合模量法中，将加固区土层分成 n 层，每层复合上体的复合压缩模量为 E_{ci}，加固区土层压缩量 S_1 表达式为：

$$S_1 = \sum_1^n \frac{\Delta P_i}{E_{ci}} H_i \tag{1-10}$$

式中：ΔP_i——第 i 层复合土层上附加应力增量；

H_i——第 i 层复合土层的厚度。

复合压缩模量可按下式计算：

$$E_c = mE_p + (1-m)E_s \tag{1-11}$$

式中：E_c、E_p、E_s——分别为复合地基、桩体和桩间土的压缩模量。

(2)沉降折减法

这是按照复合地基的基本概念以及考虑地基变形过程中桩体上应力集中现象而建立的沉降计算方法，即：

$$S = \beta S_0 \tag{1-12}$$

式中：S_0、S——分别为加固前和加固后的沉降量；

β——沉降折减系数，$\beta=\dfrac{1}{1+m(n-1)}$。

2)下卧土层压缩量 S_2 的计算力法

下卧层土层压缩量 S_2 的计算常采用分层总和法计算，即：

$$S_2=\sum_{i=1}^{n}\frac{e_{1i}-e_{2i}}{1+e_{1i}}H_i=\sum_{i=1}^{n}\frac{\Delta P_i}{E_{si}}H_i \tag{1-13}$$

式中：e_{1i}——根据第 i 分层的自重应力平均值$\dfrac{\sigma_{ci}+\sigma_{c(i-1)}}{2}$(即 P_1)从土的压缩曲线上得到的相应孔隙比；

e_{2i}——根据第 i 分层自重应力平均值$\dfrac{\sigma_{ci}+\sigma_{c(i-1)}}{2}$与附加应力平均值$\dfrac{\sigma_{zi}+\sigma_{z(i-1)}}{2}$之和(即 P_2)，从土的压缩曲线上得到相应的孔隙比；

H_i——第 i 分层土的厚度；

E_{si}——第 i 分层土的压缩模量。

在计算下卧层土层压缩量 S_2 时，作用在下卧层上的荷载是比较难以精确计算的，目前在工程应用上，常采用下述几种方法计算。

(1)应力扩散法

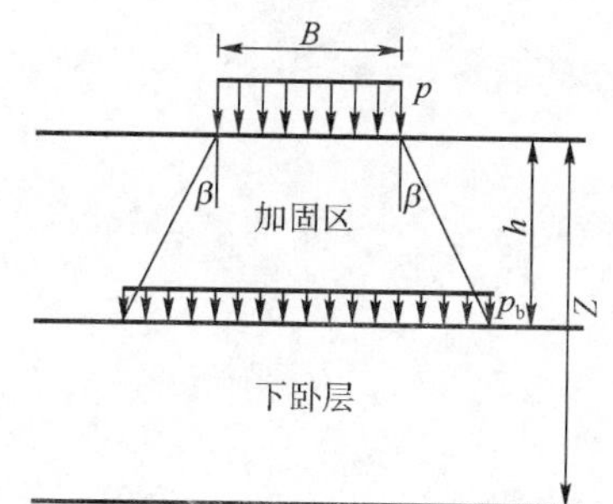

图 1-8　应力扩散法计算附加应力

若复合地基上作用荷载为 p，复合地基加固区应力扩散角为 β，则作用在下卧土层上的荷载 p_b 可用下式计算(图 1-8)：

$$p_b = \frac{BDp}{(B+2h\tan\beta)(D+2h\tan\beta)} \tag{1-14}$$

式中：B——复合地基上荷载作用宽度；

D——复合地基上荷载作用长度；

h——复合地基加固区厚度；

β——复合地基加固区的应力扩散角。

对平面应变情况，附加应力为：

$$p_b = \frac{BDp}{B+2h\tan\beta} \tag{1-15}$$

(2)等效实体法

将复合地基加固区视为一等效实体，作用在下卧层上的荷载作用面与作用在复合地基上的相同，如图 1-9 所示。在等效实体四周作用有侧摩阻力，设其密度为 f，则复合地基加固区下卧土层上荷载密度 p_b 可用下式计算：

$$p_b = \frac{BDp - (2B + 2D)hf}{BD} \tag{1-16}$$

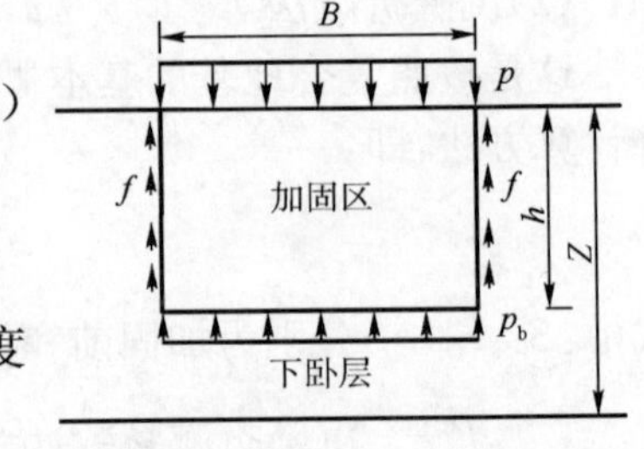

图 1-9　等效实体法计算附加应力

式中：B、D——分别为荷载作用面宽度和长度；

h——加固区厚度。

对平面应变情况，复合地基加固区下卧土层上荷载密度 p_b 可用下式计算：

$$p_b = p - \frac{2h}{B}f \tag{1-17}$$

应用等效实体法计算的困难在于侧摩阻力 f 值的合理选用。当桩土相对刚度较大时，选用误差可能较小；当桩土相对刚度较小时，f 值选用比较困难。桩土相对刚度较小时，侧摩阻力变化大，很难合理估计，选用不合理时误差可能很大。事实上，将加固体作为一分离体，两侧面上剪应力分布是很复杂的。采用侧摩阻力的概念是一种近似，对该法适用性应加强研究。

第二章
海相软土的工程性质

海相黏土(Marine Clay)是软土沉积物的一个种类，是区域软土的重要类型，通常以淤泥、淤泥质黏土、淤泥质亚黏土的方式出现，在全世界范围内分布广泛。大多数海相黏土具有高含水率、大孔隙比、高压缩性、低渗透性、低强度、高灵敏度的特点，并表现出显著的流变性、触变性。

第一节　我国海相软土分布

一、区 域 分 布

在我国沿海地区浅部土层中，分布有数米至数十米不等的灰色淤泥质土和淤泥，它是在静水缓流环境中沉积，并经生物化学作用而形成的海相饱和软黏土。我国沿海地区广泛分布着这样的海相沉积的软弱黏土层。而这其中又以天津、江苏、浙江、广东等地的软土更具有特点和区域代表性。从天津—连云港—上海—杭州—宁波—温州—福州—厦门—湛江，软黏土的含水率逐渐增大，压缩性逐渐提高，强度逐渐变低，在力学强度和变形特征上符合我国软黏土"北强南弱，依次变化"的特点。图 2-1 是我国东部沿海地区海相软土分布图。由图中可见，环渤海湾地区、江苏、上海、浙江的沿海地区是我国海相软土的主要分布区，其分布面积十分广，因此，这些地区海相软土的研究对我国沿海地区的工程建设具有非常重要的意义。

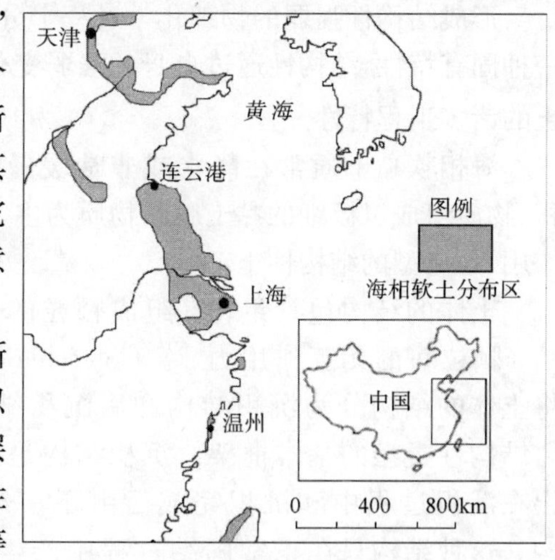

图 2-1　中国东部沿海地区海相软土分布图

我国沿海地区海相软土大多数是第四系晚更新世以来的沉积物，受多次海侵、海退的影响，形成以滨海相沉积为主的淤泥、淤泥质软土地层。软土层厚度变化范围大，天然含水率高、孔隙比大、压缩性高、渗透性低、强度低，并具有触变性、流变性等特点。

二、基 本 特 性

海相沉积的软土层，由于受潮汐水流等因素的影响，其上部往往形成厚度 1～2m 的所谓“硬壳层”，下部则为夹粉细砂透镜体的淤泥质土或夹粉砂的层状淤泥质土，有时局部有薄的泥炭层。海相软黏土除了共同具有的高孔隙比、高压缩性、高含水率、低渗透性、低承载力特性外，其沉积化学特点、土的结构性与流变性也是其明显的特征。

1. 海相软土沉积化学特点

黏土矿物成分是海相软土沉积化学特点的重要反映，直接影响甚至决定着土的液限、渗透性、压缩性、抗剪强度等物理指标和工程性质。高岭石、蒙脱石和伊利石是三种最常见的黏土矿物，除部分海相黏土只含单一黏土矿物外，其他大多数往往含有多种黏土矿物。通常，在同一海相软土中，即使不同黏土矿物的含量相当，黏土矿物也不会平均地表现出对土性质的影响力，能够决定海相软土性质的黏土矿物往往是其中一种，那么该矿物就称为决定性矿物。根据决定性矿物，可以把海相黏土分为三种主要类型:高岭石型、蒙脱石型、混合矿物型。黏矿物类型直接影响土的液限值，并直接或间接地关系到土的压缩性、渗透性和抗剪强度等工程特性。由于高岭石和蒙脱石控制黏土液限的机理不同，所以决定性矿物不同的海相软土性质表现会有明显的差异。

在世界各地的海相黏土中，蒙脱石型黏土占绝大部分。而我国沿海各地的海相软土中，伊利石或伊—蒙混层矿物是其主要的黏土矿物组分，这也直接导致了我国的海相软土在诸多性质表现上显著不同于国外其他地区软土。

由于在海水中沉积，其沉积环境也使得海相软土的孔隙液体离子化学特性与海水的含盐组分之间有着密切的联系。有研究显示，孔隙水离子化学特征能够直接影响黏性土的物理指标，并对土的工程性质产生不可忽略的影响。

2. 结构性

形成结构性强弱的物理化学过程十分复杂，与土体本身的赋存规律密切相关。作为土的一种固有特性，结构性通过自身的强弱变化，隐性地影响着土的诸多工程特性。

海相软黏土通常在静水或非常缓慢的流水环境中沉积，物质组成以极细的黏土胶状物质为主，并伴有微生物的作用，是典型的结构性土。

土体的结构包括组构（组成颗粒的排列方式）和胶结（颗粒间的相互作用力）。Cotecchia 等根据沉积历史将土体的结构分为沉积结构和后沉积结构，并给出了土体结构性类型的基本框架。沉积结构是指天然土或重塑土在沉积过程中和沉积完成后由于一维固结形成的结构。这种结构只在正常固结过程中产生，主要为土体沉积过程中形成的各种颗粒组构和颗粒间胶结，见图 2-2。

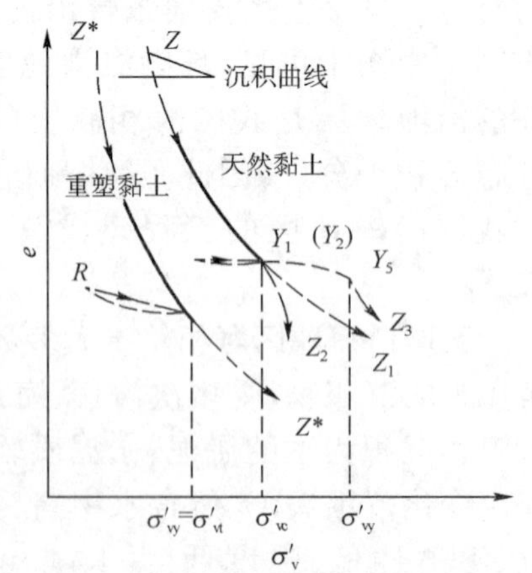

图 2-2 沉积结构的一维压缩曲线

图中：σ'_{vy}表示土体的结构屈服应力；σ'_{vc}表示土体在历史上曾受到的最大应力；σ'_{vt}为土体的上覆压力。后沉积结构是指在正常固结完成之后由于地质作用而形成的结构，同时原沉积结构也发生改变。主要包含由于卸载、蠕变、触变、后沉积胶结和成岩作用形成的土体结构，而在沉积过程中的黏结、风化和构造剪切作用形成的土体结构暂时不在考虑范围之内。

3. 流变性

黏性土在固结过程中，超静孔隙水压力消散为零后，主固结变形完成，但总变形并未停止。由于土骨架的流变使变形继续延续，具有黏滞性的土骨架在应力作用下出现的蠕变变形称为次固结变形。海相软黏土的次固结变形是其流变性的重要表现。

海相软土由于其特殊的物质组成和结构特性，决定了软土在外部荷载的作用下表现出特殊的响应，软土在荷载作用下能产生较大的变形，而且在荷载不变的前提下，其变形也能随时间而增长，即软土的蠕变特性。

4. 硬壳层

海相沉积的淤泥质土或淤泥长期暴露于较易氧化的气候和较丰富的大气降水的陆相环境中，经过水解作用和氧化作用形成很多氧化铁沉积，土的颜色变成褐黄色，伴随着排水固结作用使含水率不断减少、孔隙比不断减小，土的强度也不断得到增加，这便是广泛覆盖于海相软土之上的“硬壳层”。硬壳层覆盖海相软土是沿海地区软土地层结构的典型特征。

第二节　典型海相软土工程特性

一、天津软土

天津软土以塘沽新港海积软土为代表。天津沿海一带，从10万年前至今的期间内，曾有三次海进和海退，即由海洋变陆地和由陆地变海洋曾反复六次。距今约5 000年左右，天津还处于最后一次海进期间。其后开始了最后一次海退。在漫长的海退岁月中，逐渐沉积形成了天津以东的滨海平原。越近海岸，成陆时间越短，土质越软。

全新世以来沉积的地层分布有海相沉积层和陆相的河口三角洲相冲积层两种类型土层。地表分布厚度为2m左右的人工填土，其下为海相沉积为主的土层，同时受到海河等流域的冲积物沉积的影响，一般称为海相层，属于全新世Q_4^m软土层，分布范围很广，厚度13～17m。海相层可分为两个亚层，上部的灰褐色淤泥质亚黏土、淤泥3.5～7.0m，为潜水区沉积，具有黏土夹薄砂层的层状构造特点，沉积年代距今只有数百年；下部灰褐色淤泥质黏土层厚度为7～8m，为深水沉积物，具有薄层状构造特征，夹砂层由上而下由厚（1～2cm）变薄（小于0.1cm），薄层理为深水风暴砂的构造特征，土体处于可塑—软塑状态，具有明显的结构性，沉积年代距今约有2 000年。该两层海相土层的指标特性见表2-1。

天津海相软土物理力学性质指标 表 2-1

软土名称	厚度 (m)	含水率 w (%)	重度 γ (kN/m³)	孔隙比 e	饱和度 S_r (%)	塑性指数 I_p	液性指数 I_L	粉粒含量 (%)	黏粒含量 (%)	有机质含量 (%)	压缩系数 a_{1-2} (MPa^{-1})	压缩模量 E_s (MPa)	渗透系数 k (cm/s)	固结系数 C_v (cm²/s)	快剪 φ_u (°)	快剪 c_u (kPa)
淤泥质亚黏土、淤泥	3.5～7.0	35.4	18.4	1.00	98.5	16.2	1.17	42.5	30.0	4.0	0.57	3.90	5.0×10^{-6}		12.3	13.7
淤泥质黏土	7.0～8.0	44.8	17.7	1.24	98.5	20.3	1.16	40.0	43.5	6.4	0.92	2.40		5.0×10^{-3}	5.0	13.7

天津海相软土属于欠固结土，但与一般的欠固结土不同，在其沉积的过程中形成较强的结构联结，使其表现出较强的结构性。天津地区软土的原状土微观结构属于絮凝结构，以片状伊—蒙混层矿物为主，在沉积过程中随着颗粒表面及接触处由于胶结物、固化等作用，使得原不稳定的絮凝结构强度提高，产生强的胶结强度，阻止土体的压密，使其保持大孔隙状态。

塑性参数（包括液限、塑限、塑性指数等）能综合反映土的矿物成分、孔隙水中离子性质和土的粒径大小，是用以估计细粒土的物理状态、活动性和力学性质的重要参数，也是细粒土分类的主要依据。钱征等统计了天津新港软土的塑性指数与液限之间的关系式为：

$$I_p = 0.643(w_L - 10) \tag{2-1}$$

根据其在塑性图中的分布位置可知该土为高、中塑性无机黏土。

天津新港软土是历经若干次海侵、海退留下的海相沉积物，综合特征表现为欠固结—正常固结土，孔隙比大，含水率高，多呈软塑状态，强度较低，承载力为 10～60kPa。这类软土力学性质虽因海域及沉积相的不同而有一定的差别，但却有一个共同的特征，即结构效应明显，属于结构性软土。

二、上 海 软 土

早在 20 世纪 30 年代，上海软土已闻名于世。对上海地区软土的研究主要集中在 20 世纪 90 年代，结合这个地区的高速公路及城市轨道交通建设，许多学者开展了有针对性的研究工作。

上海地表以下 75m 范围内广泛分布有软弱的黏性土地层，其中 40m 以内浅的软土工程性质尤为不良，并具有明显流变性质。而且，上海地区这一浅部软土地层普遍发育于晚第四系时期沉积，软土主要为滨海沼泽相堆积类型。软土层主要为埋深在 4m 左右的第③层淤泥质粉质黏土（上海市工程建设规范《岩土工程勘察规范》（DGJ 08-37—2002）中地基土层序号）及其下部的第④层淤泥质黏土。其主要特征为高孔隙比、高含水率、高压缩性、低强度等，软土厚度 10～20m 不等，其物理力学指标统计值见表 2-2。上海软土的黏土矿物以伊利石、蒙脱石为主。孔隙溶液中阴离子主要为 Cl^-（占阴离子总数的 37.3%～67.4%），阳离子主要为 Na^+

(占阳离子总数的50%～86.4%)。阳离子交换量一般不高，为11.92～23.53meq/100g，从数值上看，属于非活动性土。比表面积数值为59.14～129.37m^2/g，与一般黏性土相当，远远小于膨胀土。

上海地区软土层物理力学指标

表 2-2

土层名称	土层序号	厚度(m)	指标统计	含水率 w(%)	密度 ρ(g/cm^3)	孔隙比 e	液限 w_L(%)	塑限 w_P(%)	塑性指数 I_p	压缩系数 a_{1-2}(MPa^{-1})	压缩模量 E_{s1-2}(MPa^{-1})	固结快剪 φ_{cu}(°)	固结快剪 c_{cu}(kPa)	无侧限抗压强度 q_u(kPa)
灰色淤泥质粉质黏土	③	0～7.0	最小值	34.0	1.71	0.98	30.0	17.4	10.9	0.50	2.20	12.0	8.8	31.0
			最大值	49.0	1.85	1.35	40.0	23.0	17.0	1.10	5.90	18.0	14.6	66.0
			变异系数	0.100	0.021	0.110	0.069	0.060	0.145	0.290	0.290	0.18	0.240	0.186
灰色淤泥质黏土	④	10.0～15.0	最小值	41.0	1.64	1.15	34.6	19.0	17.6	0.65	1.30	8.5	11.6	42.0
			最大值	59.5	1.79	1.67	50.4	26.0	25.1	1.65	2.58	16.9	15.7	77.0
			变异系数	0.080	0.018	0.075	0.078	0.067	0.110	0.196	0.150	0.160	0.034	0.152

三、温 州 软 土

温州位于我国浙江省东南沿海，瓯江下游，与福建省毗邻，第四系覆盖层厚度深达80～100m，其中上部30m为淤泥类软土，主要为河口相与海相沉积的淤泥与淤泥质土。温州地区软黏土分布范围广，分布厚度大，现场试验和室内土工试验表明，大部分地区软黏土土层分布自上而下依次为：硬壳层，厚度1～3m不等；淤泥层，厚度20～30m；淤泥质黏土层，厚度15～25m；其下多为黏土、粉质黏土、碎石和圆砾等较硬土层。温州软土的物理力学指标见表2-3，其淤泥的化学成分见表2-4。

温州软土的物理力学性质指标

表 2-3

土层名称	厚度(m)	含水率 w(%)	重度 γ(kN/m^3)	孔隙比 e	液限 w_L(%)	塑限 w_P(%)	塑性指数 I_p	压缩系数 a_{1-2}(MPa^{-1})	快剪强度 φ_u(°)	快剪强度 c_u(kPa)
淤泥	20.0～30.0	65.4	16.02	1.85	53.7	28.1	25.7	1.84	5.5	10.0
淤泥质黏土	15.0～25.0	45.1	17.63	1.25	42.6	23.7	19.0	0.97	5.9	14.0

温州软土中淤泥土的化学成分

表 2-4

化学成分	SiO_2	Al_2O_3	Fe_2O_3	TiO_2	CaO	MgO	K_2O	Na_2O	烧失量
含量(%)	60.16	17.81	7.17	0.81	1.06	2.93	2.76	0.61	6.10

王立忠等人曾对温州软黏土的压缩性作了系统的研究，同时还进行了现场十字板试验、静力触探试验和室内常规物理力学性质试验。现场十字板试验表明温州软黏土的灵敏度 S_t 分布离散性不大，大部分深度范围内 S_t 在3～6之间。室内试验表明，温州软黏土中的淤泥层具有明显的结构性，随着深度的增加，含水率和孔隙比逐渐减小，结构性逐渐减弱。

温州软黏土典型原状土和重塑土试样的固结系数 C_v 试验表明，原状土的固结系数随上覆压力的变化较大；重塑土的固结系数随着上覆压力的变化不大。在压缩的初始阶段，原状土的固结系数远大于重塑土的固结系数。而当超过结构屈服应力之后，原状土的固结系数骤减，并趋近于重塑土的固结系数，体现出结构性软土的典型特征。没有地质资料表明该地区历史上曾遭遇过海平面剧烈升降的影响和严重的地表侵蚀，除个别场地因人为因素影响外，一般认为温州软土为正常固结土。

四、湛 江 软 土

湛江市位于中国大陆的南端，广东省的西南部，包括整个雷州半岛及半岛以北一部分；东濒南海，南隔琼州海峡与海南省相望，西临北部湾，背靠大西南。大部分陆地由半岛和岛屿组成，地势北高南低。地貌以微丘、台地、海岸、崩岗、泻湖、港湾等发育为特征。

第四系以来，该地区几经沧桑巨变。早更新世早期，由于太平洋版块的俯冲作用有所加强，中国东南沿海地壳抬升，再加上极地冰盖扩大引起的全球冰川型海退的发生，雷琼沉降带相对上升，该区南部、北部沉积了海陆交互相湛江组的中、下部。早更新世晚期，全球气候进一步变冷，海平面进一步降低，区内以陆相为主的海陆交互相环境向中部雷南发展，后期海水退出，形成的湛江组上部地层。

湛江软土层，该层连续分布于该地区海岸一带，广泛发育于湛江组的中上部，一般埋深为5～20m，新鲜时为灰白或杂色，与大气接触后，迅速变为黄褐色。

以强结构性著称的我国湛江软土以其独特的力学性质与工程问题，引起了学术界和工程界的广泛关注。20 世纪 80 年代前后，罗鸿禧、李作勤、谭罗荣、张诚厚等学者对湛江黏土的微观结构、物质组成和物理化学特性等的研究取得了较大的进展，发现其不良的物理性质与良好的力学特性指标的“异常”组合，它由土体亚稳态的絮凝结构以及颗粒间很强的胶结作用所致；从力学特性来看，结构性增大了土骨架的刚度。

通常所说的湛江软土是指湛江地区第四系下更新统湛江组强结构性软土地层。湛江软土层连续分布于该地区海岸一带，一般埋深为 5～20m，新鲜时为灰白或杂色，与大气接触后，迅速变为黄褐色。湛江软土是第四系早更新世海陆交互相沉积层，由于受该区构造运动的强烈影响，湛江软土集多种地质营力的复杂耦合作用而呈现出特殊的沉积特征。

据扫描电子显微镜下观察，该区软土为单片堆叠成的片堆颗粒单元、粒状碎屑矿物和少量单片黏土矿物颗粒所构成的开放絮凝状结构。扁平状的片堆及单片颗粒之间多以边—面、边—边为主要接触形式。湛江软土在沉积过程中，主要受波浪和潮汐作用，软土层中发育有一近水平微薄层理特征层(俗称“千层饼”)，层面之间可见少量粉细砂，具有良好含水微结构。粗粒向海岸方向沉积，而细粒向海方向沉积，交错层理是其沉积特征，具有絮状结构和层理构造(间夹薄层粉砂)和微层理结构(黏土 5～30mm 厚与微层粉砂厚 1～2mm 互层)，该区软土赋存特征表现为多韵律沉积，水平层理发育，层间组合多为软土与砂互层，垂直方向砂层粒度由细至粗向上递变，软土层与上覆、下伏层无明显的宏观分界，软土的各向异性特征明显。

表 2-5 是湛江软土的物理性质指标，可见，该土天然含水率为 50%左右，孔隙比高达1.40，

液限为60%左右，塑性指数达38%，竖直方向上渗透系数很小。但同时较高的无侧限抗压强度与抗剪强度指标反映了其具有良好的力学特性(表2-6)。这种物理、力学性质指标的特殊组合，与其他地区软土相比，表现出不同的个性与规律。湛江软土的矿物成分主要由次生黏土矿物组成(表2-7)，其含量达60%，主要以绿泥石、伊利石为主，含一定量的高岭石。原生矿物含石英为35%左右，长石含量占5%左右。原生矿物一般为粉粒组的主要成分，黏土矿物为黏粒组的主要成分，吸附性较强，且有亲水性。该土的有机质含量为1.06%，一般呈现凝胶状。有机质及其矿物组成结果表明，其具有不良土质学特征的物质基础。该土的pH为5.20，按土质学分类，可划归为软土范畴，但其较好的力学性质显著异于其他地区同类软土。其结构屈服应力达550～600kPa，原状土与相应重塑土力学性状呈现出很大差异，原状土无侧限抗压强度q_u达150kPa，灵敏度多为5～7，属高灵敏性、弱触变性土，为一种典型的结构性土，且具有较高的结构强度。其结构强度高的原因是：大量黏土矿物形成的絮凝体和叠聚体在铁质胶结下构成片状体系的基质结构，胶结作用使该土具有较高的结构强度。

湛江软土的物理性质指标　　表2-5

厚度(m)	含水率 w(%)	重度 γ(kN/m³)	孔隙比 e	液限 w_L(%)	塑限 w_P(%)	塑性指数 I_p	渗透系数 k(10^{-8}cm/s)	不同粒径(mm)的颗粒组成(%)			
								>0.05	0.05～0.005	0.005～0.002	<0.002
5～20	50.0	17.2	1.4	60.0	23.0	37.0	1.64	15	36	23	26

湛江软土的力学性质指标　　表2-6

结构屈服应力 p_c(kPa)	压缩系数 a_{1-2}(MPa^{-1})	原状土无侧限抗压强度 q_u(kPa)	重塑土无侧限抗压强度 q'_u(kPa)	灵敏度 S_t	直剪强度				三轴剪切强度			
					c_d	φ_d	c_r	φ_r	c_{cu}	φ_u	c'_{cu}	φ'_{cu}
600	0.30	150.0	34.5	5～7	61	9	7	7	102	5	90	10

湛江软土的物理化学分析结果与矿物组成　　表2-7

pH值	易溶盐总量(%)	有机质(%)	游离氧化物(%)				矿物组成(%)				
			SiO_2	Al_2O_3	Fe_2O_3	无定形 Fe_2O_3	绿泥石	高岭石	伊利石	石英	长石
5.2	0.50	1.06	2.23	0.33	3.05	2.33	25±	10±	25±	35±	5±

除前述的四个海相软土典型地区外，我国其他沿海地区软土在物理力学性质指标上也有许多共同之处，见表2-8。

我国其他沿海地区软土的物理力学性质指标　　表2-8

地区	土层埋深(m)	含水率(%)	重度(kN/m³)	孔隙比	饱和度(%)	液限(%)	塑限(%)	塑性指数	渗透系数(cm/s⁻¹)	压缩系数(MPa^{-1})	凝聚力 c(kPa)	摩擦角(°)
杭州	3～9	47	17.3	1.34	97	41	22	19		1.30	6	14
	9～19	35	18.4	1.02	99	33	18	15		1.17		
宁波	2～12	50	17.0	1.42	97	39	22	17	3×10^{-8}	0.95	10	1
	12～28	38	18.6	1.08	94	36	21	15	7×10^{-8}	0.72		

续上表

地区	土层埋深(m)	含水率(%)	重度(kN/m³)	孔隙比	饱和度(%)	液限(%)	塑限(%)	塑性指数	渗透系数(cm/s^{-1})	压缩系数(MPa^{-1})	凝聚力 c(kPa)	摩擦角(°)
舟山	2～14 17～32	45 36	17.5 18.0	1.32 1.03	99 97	37 34	19 20	18 14	7×10^{-7} 3×10^{-7}	1.10 0.65		
福州	3～19 19～25,1～3	68 42	15.0 17.1	1.87 1.17	98 95	54 41	25 20	29 21	8×10^{-8} 5×10^{-7}	2.03 0.70	1～15	10～15
广州	0.5～10	73	16.0	1.82	99	46	27	19	3×10^{-7}	1.18		

第三节 连云港海相软土工程特性

一、连云港软土沉积历史

1.连云港软土的地质成因

由于新构造运动的影响，全新世以来的地壳差异性升降运动十分活跃。东部沿海地区新构造运动抬升岸段和下降岸段相互交错，差异性断块运动明显。大致以杭州湾为界，北部沿岸表现为上升岸段与下降岸段的相间分布，苏北平原是其中长期下沉的地段，连云港海相软土正是伴随这一地质变迁的沉积产物。

据《海州区志》记载，距今7 500年前，连云港海州湾西部的海面高度相当于现代海拔6m上下，锦屏山处于海岛、半岛状态，山南侧(今锦屏镇新海村一带)呈泻湖状态，距今6 000年至5 000年前，海平面比现在高出2.4m左右，海州地区在此时已大片成陆，并有许多河流在此汇集入海。在过去的6 000年间，中国东部海平面经过多次的升降变化，见图2-3。低海平面与现代海平面非常接近，其他大部分时间，海平面都高于现代海平面。在1 000前至6 000年前之间的大部分时间里，现在的连云港海相软土分布区为海水所淹没，只在4 700年前、3 900年前、2 700年前短暂出现陆地。近5 000年来，苏北黄海沿岸为下沉海岸带，以平均0.7mm/年的速率下沉。

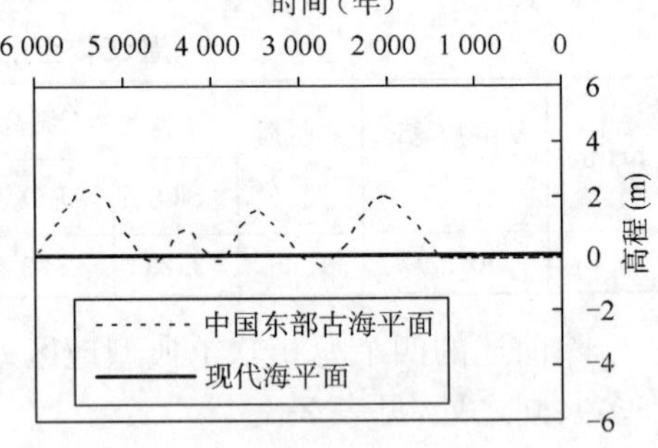

图2-3 中国东部6 000年来的海平面变化

明代中叶，州城东距海州湾海岸不足2km，向北海岸线经赣榆县盐仓城，达苏、鲁交界处的荻水口，向南海岸线通过板浦北边的太平埝(今灌云县宁海)往东至西取山再往东南至今响水县四套、六套之间，到达老(废)黄河口。

清康熙初年，海州东门外与南云台山之间有3～5km宽的海峡，当时云台山在海中。清乾隆十二年(1747年)，废黄河以北海岸迅速往东推进，锦屏山和海中的南云台山渐渐合拢，海州东门外的海峡变成了一条河流，海岸线退至云台山以东。

江苏海岸线 6 000 年来的变迁见图 2-4。

伴随着第四系新构造运动，苏北沿海地区广泛沉积了一层灰～灰绿色流塑淤泥及淤泥质黏土的软土，形成了一套广泛分布的典型的以海积作用为主，以冲海积为辅的软土层(图2-4)。冲海积软土层，多见有粉土、粉砂薄层，具(水平交错)不规则交错层理，呈山楂薄饼状，同时夹层见有典型冲积形成的褐色黏土薄层；海积软土呈灰～灰绿色，见有少量不规则交错层理。这就是连云港地区的浅层海相软土。由于埋深浅，对工程影响大，故该地区软土地基的处理对象通常就是该土层。下文所指的连云港海相软土也均指该地质层。海相软土上覆表壳层为低液限黏土，易溶盐含量除盐田内较高外，其他为弱盐渍土，其厚度为 0.0～2.0m。

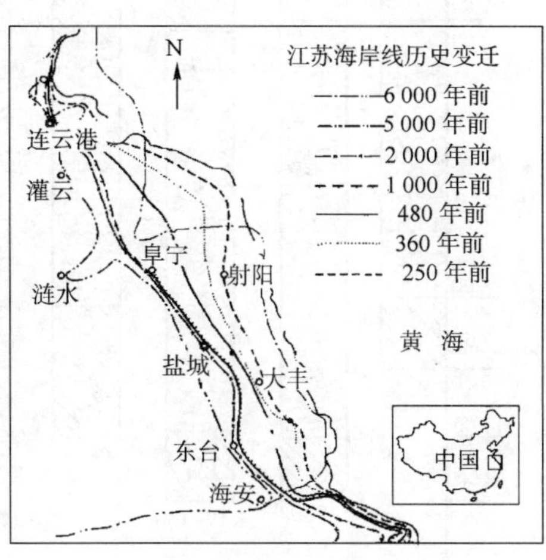

图 2-4　江苏海岸线 6 000 年来的变迁

根据江苏海相软黏土的沉积厚度，可知其平均沉积速率为 2mm/年。根据取样点以及历史时期的海岸线位置可见，江苏海相黏土符合陆架泥相特点，为陆棚浅海沉积，沉积深度位于正常天气波基面以下(约 10～20m)。根据 Reineck&Singh 的典型陆架泥相垂直层序剖面中粒度组成的特点，江苏海相黏土的粒度组成也说明其属于陆架泥相沉积。苏北地区在全新世至少经历了早期和晚期两次海侵，根据文献对苏北第四系沉积的划分，连云港浅层海相沉积层底部埋深为 12～17m，最大深度可达 30m。其来源为全新世晚期的海侵与海退。

2.连云港软土的分布规律

连云港地区海相软土分布区的地层特征通常表现为：上部为灰黄、灰褐黏土或亚黏土硬壳层；下部为灰黑色淤泥或淤泥质黏土组成的软土层，属浅海相，层位稳定，是更新统与全新统分层标志(图 2-5)。岩性分层是：

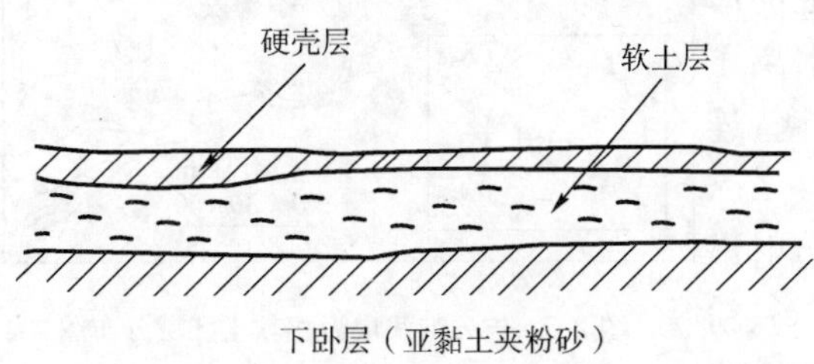

图 2-5　连云港海相软土区典型地层结构示意图

(1)黏土或亚黏土：灰黄、灰褐色，潮湿可塑，含植物根系和贝壳碎片，厚 0.0～2.0m。

(2)淤泥或淤泥质黏土：灰色，饱水，半流动至软状，下部粉粒增多，埋深 7m 以上为淤泥，具泥臭味，含有机质及贝壳碎片，水平层理发育，厚约 11～15m，最大达 24m。图 2-6 是典型场地工程地质钻孔剖面图。

连云港海相软土在平面分布上基本体现了东厚西薄的特点。图 2-7 为连云港浅层海相软土分布区平面图，该软土层大致分布于东台—盐城—阜宁—灌南一线以东地区。硬壳层以下的灰黑色淤泥或淤泥质黏土由西往东逐渐增厚，阜宁一带为 16m，至盐城达 22～24m。自北向南，软土分布区可划分为三个地貌单元：连云港—灌云—响水海积平原区、滨海废黄河冲海积

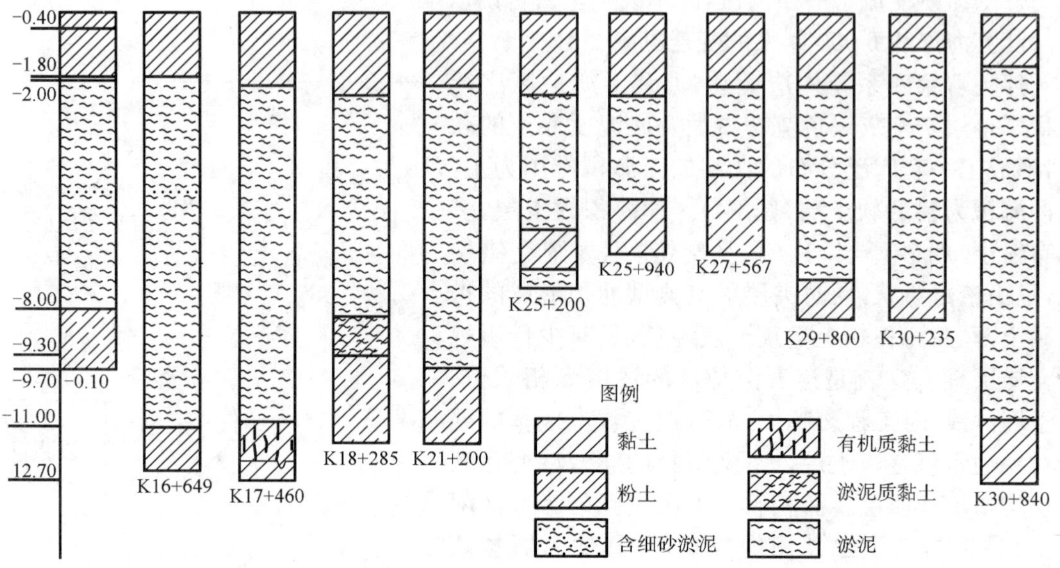

图 2-6　连云港海相软土的典型场地工程地质钻孔剖面图

平原区、盐城—东台冲海积平原区。整个区域绝大部分地势平坦，自西南向东北微向黄海倾斜，地面高程为 2～5m，在废黄河床一带地势稍高，地面高程为 7～8m，形成垅状地带。

3. *连云港软土的矿物成分与孔隙水化学*

海相软黏土作为自然沉积的产物，其物质组成与沉积历史也必然对其工程性质产生重要影响，对江苏海相软黏土的研究，将有助于更好地解决这一地区工程建设中的软土地基问题。为此，对取自该地区的海相软黏土样分别进行了 X 射线衍射分析、孔隙水离子成分分析等室内试验。取样地点位于连云港以南，连云港至盐城高速公路 14km 处(图 2-7)。

图 2-7　连云港浅层海相软土区域分布图

图 2-8 是连云港海相黏土的全矿物 X 射线衍射谱图。结果显示，黏土矿物占矿物全重的 19%～54%、粉粒和细砂粒为石英(28%～56%)、斜长石(11%～17%)，此外含少量钾长石(2%～6%)和少量方解石(0～2%)。各种矿物成分随深度的变化见表 2-9。矿物成分随深度的变化可以 6.0m 深度为界分为两个部分：在深度 6.0m 以上，黏土矿物占了大多数(49%～54%)，且随着深度略有增加；石英含量则由 36%逐渐减少到 28%；斜长石含量随深度由 11%增加到 14%。深度 6.0m 以下，矿物成分含量的变化规律则与此相反：黏土矿物含量逐渐减少，石英、斜长石、钾长石含量逐渐增多，并且在该黏土层底部，由于土层夹薄细砂层使得矿物成分含量表现出砂土的性质。这一变化反映了沉积环境的变化，与连云港地区 6 500 年以来的海侵与海退过程密切相关。

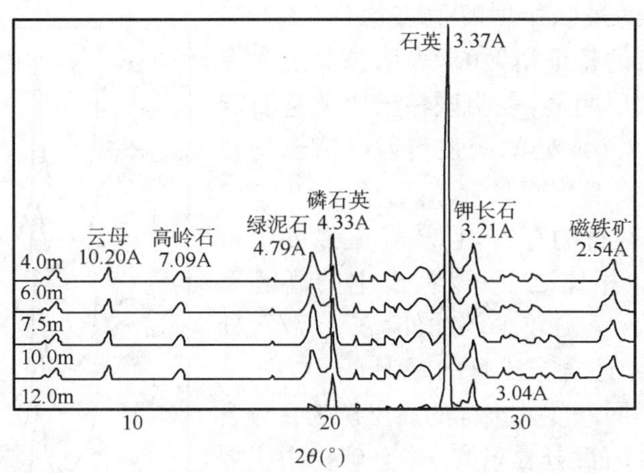

图 2-8　全矿物 X 射线衍射谱图

在距今 6 500 年前，海岸线位置基本与现在一致，此后的海侵使海岸线大幅前进，在距今 5 000年前达到灌云、阜宁、盐城一线，开始了近代海相软土层底部的沉积。随着海岸线向内陆推进，沉积环境由陆相沉积转变为海滩沉积后，继而转变为浅海沉积。海滩相沉积以砂为主，石英、长石等大颗粒原生矿物为主要代表。随着海水逐渐变深，陆源碎屑物搬运到此处的距离加大，沉积颗粒逐渐变细，且黏土矿物含量逐步增多，最后成为以黏土沉积为主的海相黏土层。从距今 5 000 年到距今 1 000 年期间，海岸线虽略有后退，但基本保持稳定。这期间沉积矿物变化特征反映在表 2-9 中，深度 12.0～6.0m 处的变化为：石英、长石减少，黏土矿物增多。距今 1 000 年以来，海岸线逐渐后退，研究地点的海水深度越来越浅，沉积环境由浅海沉积转变为滨海沉积，随着陆源碎屑物搬运距离减小，海水搬运的粗粒矿物增多，沉积物中原生矿物石英、长石的含量随海退而逐渐增多，同时黏土矿物含量逐渐减少。这期间沉积矿物变化特征反映在表 2-9 中，深度6.0～3.0m 处的变化为：石英增加、长石减少，黏土矿物减少。

不同深度处土样的矿物成分与百分含量　　表 2-9

埋深(m)	矿物质量的百分含量(%)					矿物黏土矿物占黏土总质量的百分比(%)			
	石英	方解石	斜长石	钾长石	黏土矿物	伊—蒙混层	伊利石	高岭石	绿泥石
3.0	36	—	11	4	49	55	34	5	6
4.0	32	—	12	3	52	56	32	6	6
5.0	30	—	13	4	53	57	32	5	6
6.0	28	—	14	4	54	59	32	4	5
7.5	33	—	11	2	54	53	36	5	6
9.0	35	—	12	3	50	57	33	5	5
10.0	37	2	14	4	43	60	30	5	5
11.0	42	1	16	5	36	60	30	5	6
12.0	56	1	17	6	19	60	27	6	7

注："—"表示未检出。

图 2-9 是经乙二醇处理后的连云港海相黏土(＜2μm)的黏土矿物 X 射线衍射谱图。谱图中可见不同深度处黏土矿物的特征，所含黏土矿物的衍射谱图峰值点基本一致。除深度

7.5m处外，其他试样的最强衍射峰值点均在17.66Å处，而该点正是蒙脱石的特征衍射峰，表明该黏土含有较多的蒙脱石，衍射散射明显，表明该黏土中蒙皂石族矿物较为复杂。深度7.5m处的最强衍射峰值点均在14.25Å处，这是伊—蒙混层矿物的衍射峰。10.09Å衍射峰则反映的是伊利石的存在，且从峰值强度中可见，伊利石含量较大。相比之下，该黏土中的高岭石(衍射峰值点7.19Å)含量则较少。此外，在4.77Å处的峰值点表明该黏土中还含有少量的绿泥石。

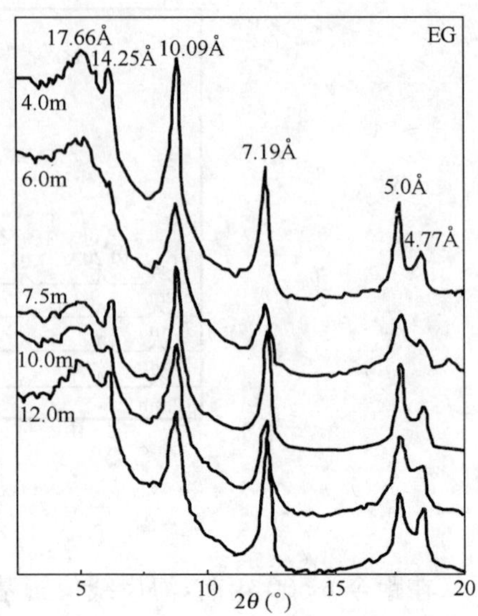

图2-9 乙二醇处理黏土样的X射线衍射谱图

表2-9还列出了不同深度处土样的黏土矿物百分含量(占黏土矿物总质量的百分含量)。黏土矿物中主要以伊—蒙混层矿物(质量百分比53%～60%)为主，其次是伊利石(质量百分比27%～31%)，而高岭石和绿泥石的各自含量均不超过10%，因此该黏土可归类为I/S混层矿物黏土。从该曲线上可见，在6m以上，伊利石含量变化不大，伊—蒙混层矿物含量随深度的增加而略有增加。在6m以下，伊利石与伊—蒙混层含量的变化趋势恰好相反。在7.5m以下，伊—蒙混层含量随埋深减少而增加，而伊利石含量却随之减少。Sridharan和Prakash认为黏性土的矿物组成与孔隙间离子能够反映沉积方式。由于基性火成岩风化产物中没有伊利石，再根据矿物共生关系和该黏土组成中的石英、斜长石、钾长石等原生矿物组合的特征推断，该土的陆源碎屑来源很可能是酸性或中性火成岩的风化碎屑经地表水搬运而来。

表2-10给出了该黏土浸出液阴、阳离子的含量随深度的变化。试验分析采取对风干土样提取浸出液分析其阴、阳离子成分的方式来进行。为提取浸出液，对不同埋深的试样进行了如下处理：称取过2mm筛风干试样70g，按土水比1∶5加入蒸馏水，电磁搅拌器中搅拌3min，然后对悬浊液采用离心机分离。所得透明滤液用来试验。阳离子采用原子吸收分光光度计测定，阴离子采用化学滴定法测定。表2-10中的离子含量是通过浸出液离子浓度换算按图的天然含水率换算得到。可以看出，四种主要的阳离子成分K^+、Na^+、Ca^{2+}、Mg^{2+}中，Na^+含量远远大于其他三种，是最主要的阳离子。

不同深度处土样孔隙水的离子成分与pH值 表2-10

埋深(m)	孔隙水离子含量(g/L)							总含盐量(g/L)	pH
	K^+	Na^+	Ca^{2+}	Mg^{2+}	Fe^{3+}	SO_4^{2-}	Cl^-		
4.0	0.108	0.442	0.284	0.126	0.000 05	0.085	0.219	1.26	7.57
5.0	0.226	4.624	0.094	0.135	0.000 02	0.026	3.306	8.41	8.46
6.0	0.191	0.576	0.046	0.099	0.359 99	0.006	0.376	1.65	8.89
7.5	0.087	1.674	0.044	0.045	0.000 58	0.006	1.663	3.52	8.35
9.0	0.090	1.200	0.100	0.077	0.000 11	0.074	0.941	2.48	8.26
10.0	0.081	0.804	0.037	0.032	0.043 42	0.021	0.571	1.59	8.58

对比表2-11给出的海水的离子成分分布，不难发现，连云港海相黏土的离子成分含量与海水的离子成分含量具有一定的一致性，可见连云港海相软土由于成因上的关系，历经海侵、海退，在海水沉积与淡水沉积变化过程中，还保留了海水沉积的特征。在阴离子中以 Cl^- 为主要成分，SO_4^{2-} 含量很少，对混凝土没有侵蚀性。Mg^{2+} 和 SO_4^{2-} 含量明显比海水中的含量偏小。K^+ 的含量稍高，因为伊利石单位层间需要 K^+ 的填充，故这与伊利石作为主要矿物的特点相吻合。连云港海相黏土的这一离子组成特点说明该土是较典型的单一 NaCl 型含盐黏土。

海水的离子成分及其含量 表2-11

离子	Na^+	K^+	Mg^{2+}	Ca^{2+}	Cl^-	SO_4^{2-}	HCO_3^-
海水中的含量(g/kg)	10.62	0.38	1.28	0.40	19.10	2.66	0.09
百分含量(%)*	83.75	3.00	10.09	3.15	87.41	12.17	0.40

注：*百分数表示该阴离子占阴离子总量的百分数或该阳离子占阳离子总量的百分数。

连云港海相软土孔隙水离子化学特征在区域平面上也存在变化，其规律能够通过已有的地下浅层地下水化学资料得到反映。根据《黄淮海平原水文地质综合评价》(中华人民共和国地质矿产部，1992)对鲁东及苏北地区地下水含盐情况的调查，浅层咸水在水平方向的演变规律可以归纳为单向开放型和封闭型两种类型。单向开放型反映了由山前至滨海顺径流方向水化学演变的完整过程，封闭型则是在特定的地形、地貌条件下自成体系的另一种变化形式。江苏东部平原为单向开放型的典型代表。连云港地区软土孔隙水含盐量的变化规律为：

山前平原地带，由于沉积物颗粒粗，透水性强，水力坡度大，水交替迅速，地下水处于溶滤阶段，矿化度低。当矿化度小于1g/L时，孔隙水化学类型以重碳酸—钙型水为主；当矿化度大于1g/L时出现重碳酸、硫酸，钠、镁型及重碳酸、氯化物—钠、镁型水。由山前平原过渡到冲积平原，沉积物颗粒变细，透水性减弱，径流减缓。地下水与周围介质作用时间增长，加上进一步的混合与浓缩，地下水盐分积累，出现了矿化度为2～3g/L、3～5g/L及大于5g/L的微咸水及半咸水。孔隙水质类型为硫酸盐·氯化物及氯化物·硫酸盐盐型。到滨海平原地区，沉积物颗粒更细，地下水径流条件极差，盐分积累迅速；加上海水作用，沉积物中含有大量易溶盐，致使地下水中氯、钠等离子迅速增高，为矿化度大于10g/L的氯化物—钠型咸水。总而言之，由山前到滨海，顺地下水径流方向的地下水的变化规律是：矿化度由低到高，孔隙水中各种离子含量相应增高，而以 Cl^- 和 Na^+ 离子增加最快，其绝对含量及相对含量均由低到高，HCO_3^- 与 Ca^{2+} 离子绝对含量由低到高，增加较慢，而相对含量却由高变低。SO_4^{2-} 与 Mg^{2+} 离子界于前二者之间。

表2-10还列出了不同深度土样的pH值。其测定方法为：按土水质量比1∶5加入蒸馏水搅拌，用高精度酸度计测定悬浊液pH值。

土样pH值变化范围为7.57～8.89。靠近地表处pH值较小，接近中性，5m以下pH值介于8.0～9.0之间，一致地呈现一定的弱碱性。通常河水的pH值约为7，海水的pH值在7.8～8.3之间。因此，连云港海相黏土pH值随深度的变化规律也反映了浅部土体受地表水作用的影响，而深层土体则保留了原始海水沉积的碱性环境特点。

由表2-10中的 Fe^{3+} 含量可见，在深度为6.0m和10.0m处，其含量最高，与其他深度的土层存在数量级上的差别。对 pH 值的变化，也是这两个深度的 pH 值最大。在对连云港海相黏土土体浸出悬液进行离心分离时，深度 6.0m 和 10.0m 处的样本需要明显高于其他深度样本的离心转速才能分离出清液。观察清液时，还能发现深度 6.0m 和 10.0m 处的浸出液不同于其他深度的无色透明，而是呈深褐色胶体状。在碱性海水环境下，铁的氧化作用增强，促使铁呈三价铁存在，$Fe(OH)_3$ 迅速沉底形成一种非晶质的容积大的深褐色胶体。这种胶体能缓慢地老化，其生成过程为：

$$Fe^{3+}+3OH^- \rightarrow Fe(OH)_3$$
$$Fe^{3+}+3OH^- \rightarrow Fe(OH)_3$$
$$\rightarrow \begin{matrix} | \\ Fe\langle^{OH} \\ \rangle O + 2H_2O + \frac{1}{2}O_2 \\ Fe\langle_{OH} \\ | \end{matrix}$$

这种褐色胶体的通用的化学式是 $Fe(OH)_3 \cdot nH_2O$，低温和高 pH 值下，有利于老化发展。这一老化产物形成土体颗粒间的原始胶结物，使土体在很疏松的絮凝结构下形成一定的胶结联结，从而影响土体的结构强度。

4. 连云港海相软土的自由膨胀率

由于不同黏性土中黏土矿物种类与含量得差异，往往会使其在胀缩性上有明显的差异。三种主要的黏土矿物高岭石、伊利石、蒙脱石中，高岭石膨胀性最小，蒙脱石膨胀性最大，伊利石居中。Sridharan 等学者提出利用黏土在极性与非极性的液体中的自由沉积量来评价黏性土的膨胀性特性。所用极性液体为水，非极性液体为 CCl_4 或煤油。其方法为分别取 10g 过 425μm 筛的自然风干土样，与水及 CCl_4 分别混合成 100mL 均匀的悬浊液，静置使其自由沉积直至稳定。水中的沉积体积为 V_d，CCl_4 中沉积体积为 V_k。自由膨胀率(FSR)定义为：

$$FSR=\frac{V_d}{V_k} \tag{2-2}$$

如果 FSR 小于 1.0，则该土为非膨胀矿物决定型黏土；如果 FSR 大于 1.0，则该土为膨胀矿物决定型黏土；如果 FSR 界于 1.0～1.5 之间，则该土为非膨胀矿物与膨胀矿物混合决定型黏土。其原理为：非膨胀矿物在水中会产生絮凝，使其在水中的沉积体积小于在 CCl_4 中的沉积体积；而膨胀矿物在水中则由于扩散层斥力导致分散，使其在水中的沉积体积大于在 CCl_4 中的沉积体积。

连云港海相软土的自由膨胀率沉积试验结果见图 2-10 和表 2-12。可见，在埋深 7m 的土样 FSR 最大，达到 1.59，判定为膨胀矿物决定型黏土。由于埋深 7m 的土层在天然条件下处于饱和状态，在工程影响下，不会出现进一步吸水膨胀的工况，最可能的情况是压缩固结、失水收缩。因此，该深度土层将会表现为很高的压缩性。埋深 5m 和 12m 的土样 FSR 均小于 1.0，可判定为非膨胀矿物决定型黏土。其他埋深的土样 FSR 界于 1.0～1.5 之间，故可判定为非膨胀矿

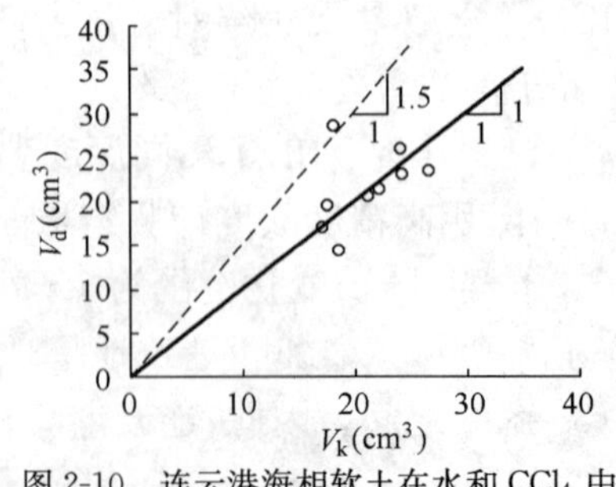

图 2-10 连云港海相软土在水和 CCl_4 中的沉积体积

物与膨胀矿物混合决定型黏土。考虑到连云港海相软土的FSR绝大部分在1.0附近,把连云港海相软土作为整体判定,可认为其为非膨胀矿物与膨胀矿物混合决定型黏土。这一点也能够从其主要黏土矿物为伊—蒙混层矿物得到说明。

连云港海相软土的自由膨胀率(FSR)及黏土类型判别　　表2-12

埋深(m)	FSR	黏土类型
3.0	0.97	非膨胀矿物决定型
5.0	0.88	非膨胀矿物决定型
6.0	0.95	非膨胀矿物决定型
6.5	1.08	非膨胀矿物与膨胀矿物混合决定型
7.0	1.59	膨胀矿物决定型
9.0	0.98	非膨胀矿物决定型
10.0	1.11	非膨胀矿物与膨胀矿物混合决定型
11.0	1.01	非膨胀矿物与膨胀矿物混合决定型
12.0	0.78	非膨胀矿物决定型

二、连云港软土物理性质

1.连云港海相软土的物理力学指标

连云港海相软土具有高含水率、高液限、低密度、低强度、高压缩性及高灵敏度等特点。因此连云港海相软土的压缩沉降,排水固结缓慢,地基稳定性差。各指标变异系数都不随统计单元变化,而是随着指标类型不同,有所差异。含水率、孔隙比的变异系数一般在20%左右,压缩指标及剪切指标的变异系数一般为30%~40%,固结系数的变异系数达到90%,变异系数较大时对指标的取值已有一定的影响。表2-13是连云港海相软土的物理力学性质指标统计。

连云港海相软土的物理力学性质指标统计　　表2-13

项　目	含水率(%)	孔隙比 e	饱和度(%)	液限(%)	塑限(%)	塑性指数	液性指数	固结系数 $10^{-3}(cm^2/s)$	压缩系数 (MPa^{-1})	凝聚力(固快)(kPa)	摩擦角(固快)(°)
平均值	68.7	1.598	98.8	49.36	25.38	23.98	1.417	0.584	1.339	10.25	4.95
最大值	92.0	2.173	100	66.7	34.7	33.5	2.36	2.234	2.88	18	8
最小值	45.1	1.041	95	28.4	18.9	9.5	1.01	0.1	0.40	2.7	1.4
标准差	10.6	0.250	1.169	8.721	3.608	5.607	0.278	0.524	0.504	3.525	1.485
变异系数(%)	18.1	15.65	1.18	17.66	14.22	23.38	19.62	89.67	37.63	37.38	30.04
统计个数	97	97	97	97	97	97	97	81	97	68	68

图 2-11 和图 2-12 是典型地层断面土样的粒径分布和基本物理指标随深度变化的情况。

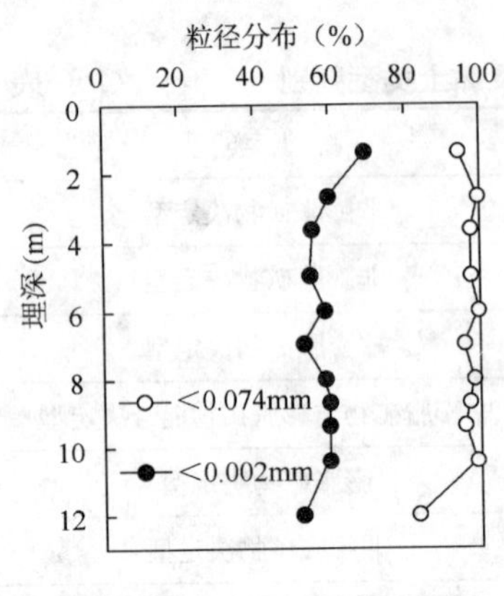

图 2-11　粒径随埋深的变化

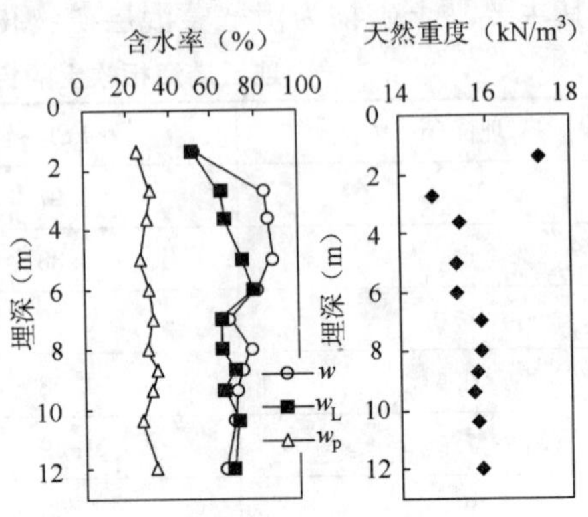

图 2-12　物理性质随埋深的变化

OCR(超固结比)的变化表示在图 2-13 中，这三个深度的 OCR 分别为 1.26、1.15 和1.24，呈弱超固结状态，其余深度的土层 OCR 约为 1.0，呈正常固结状态。

图 2-13 还显示了室内试验灵敏度随深度的变化情况。该灵敏度通过对原状土和重塑土的无侧限抗压强度试验得到，即原状土的无侧限抗压强度与重塑土的无侧限抗压强度的比值。

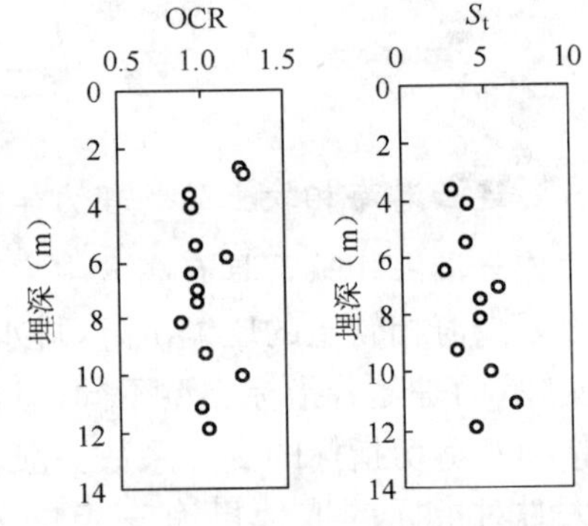

图 2-13　超固结比和灵敏度随埋深的变化

2. 指标间的相关关系

实际工程中经常建立土体物理力学性质指标之间的相互关系式，从而根据容易测定的物理性质指标估算难以准确测定的力学性质指标。因此，可以用数理统计的方法建立软土主要物理力学性质指标之间的相关关系，供工程应用参考。采用一元线性回归方法，对连云港海相软土的主要物理力学性质指标之间的相关关系进行统计分析，总结该地区海相软土主要物理力学性质指标之间的相关关系，并用于软土力学性质指标的估算，对工程应用有较大的实际意义。

1)天然含水率 w 与孔隙比 e 的关系

对于连云港海相软土孔隙比 e 与天然含水率 w 之间的关系，章定文根据最小二乘法原理，对其进行线性回归分析(样本数 97 个，$R=0.99$)，得到回归方程为：

$$e=2.65w+0.089 \tag{2-3}$$

表 2-14 列出了不同学者对国内不同地区软土孔隙比 e 与天然含水率 w 的回归方程。因为孔隙比 $e=d_s \cdot w/S_r$，对于饱和软黏土 $S_r=100\%$，则 e/w 值即为土颗粒比重大小，通常土颗粒比重 d_s 值在 2.65～2.75 之间，而 $e \sim w$ 的回归直线的斜率能反映各地区软土的土颗粒比重统计值的差异。因此，式(2-3)表明，连云港海相软土的土颗粒比重 d_s 统计值为 2.65，这与实验室测定的结果相符。

孔隙比 e 与含水率 w 的回归关系 表 2-14

回归方程	统计地区	文献
$e=2.65w+0.089$	连云港软土	章定文等
$e=2.73w+0.027$	现代黄河水下三角洲	冯秀丽等
$e=2.74w-0.013$	厦门港湾	王海鹏等
$e=2.65w-0.068$	浙江沿海	梁国钱等
$e=2.40w-0.160$	汕头市区	陈慕杰

2)天然含水率 w 与黏聚力 c_q 的关系

黏性土在较低含水率条件下，增加含水率 w 会引起土粒周围扩散层水膜的厚度增大，土粒间分子引力减弱，土的塑性明显增强，受电分子引力影响极大的黏聚力 c_q 则随之降低。但扩散层水膜的厚度不会无限增加，当含水率增大到一定值后，扩散层水膜的厚度达到最大，再增含水率并不能改变其厚度，只是增加了土粒间的自由水，此时土体的黏聚力 c_q 的变化受含水率 w 的影响显著减弱。连云港海相软土的黏聚力 c_q 与天然含水率 w 之间的关系也完全符合这一特征(图 2-14)。从图中可见，软土的黏聚力 c_q 随天然含水率 w 的增大而降低，但却是非线性的，结合液限统计特征值 $w_L=49.4\%$ 在图中所处的位置不难发现，以略大于液限的含水率的 $w\approx53\%$ 为界，小于该含水率时，黏聚力 c_q 随天然含水率 w 的增加而明显减小，而大于该分界值时，天然含水率 w 的增加对黏聚力 c_q 几乎无影响。

3)天然含水率 w 与压缩系数 a_{1-2} 的关系

连云港海相软土的压缩系数 a_{1-2} 与天然含水率 w 之间的关系见图 2-15，两者基本呈线性关系(样本数 97 个，$R=0.91$)，回归方程为：

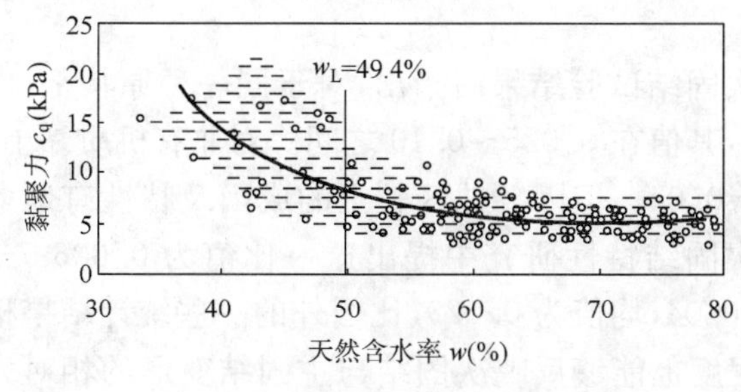

图 2-14 黏聚力与天然含水率的关系

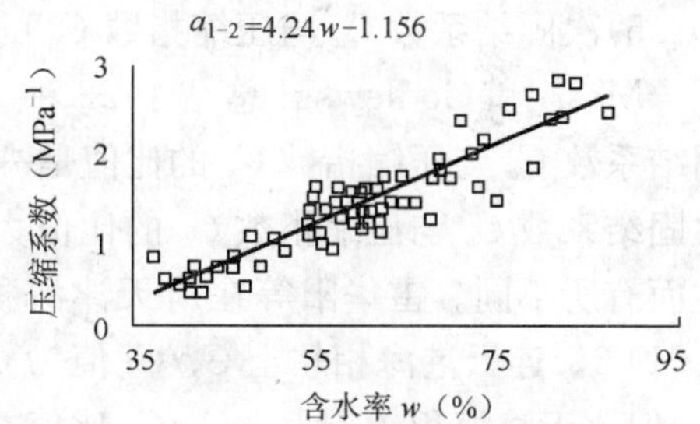

图 2-15 压缩系数与含水率关系

$$a_{1-2}=4.24w-1.156 \tag{2-4}$$

表 2-15 列出了不同学者对国内不同地区软土压缩系数 a_{1-2} 与天然含水率 w 的回归方程。

国内部分地区软土压缩系数 a_{1-2} 与天然含水率 w 的回归方程 表 2-15

研究者	回归方程	统计地区	研究者	回归方程	统计地区
白冰等	$a_{1-2}=3.36w-0.7$	湖北仙桃	梁国钱等	$a_{1-2}=4.31w-1.006$	浙江沿海
陈慕杰	$a_{1-2}=3.62w-0.808$	汕头市区	章定文等	$a_{1-2}=4.24w-1.156$	连云港

4)天然含水率 w 与界限含水率

连云港海相软土的界限含水率与天然含水率还具有一定的相关性，从图 2-16 中可看到，天然含水率集中在 1.10w_L 到 1.45w_L 一个较窄的区域内。w_L—I_P 关系在 Cassagrande (1947)塑性图(图 2-17)上也表现得很有规律,分布在 A 线 $I_p=0.73(w_L-20)$ 上侧较窄区域,与世界其他大多数黏性土的 w_L—I_P 分布区间对比,连云港海相软土也位于这个区间里且分布于偏下的部位,回归方程为 $I_p=0.81(w_L-15)$,与加拿大东部黏土的 w_L—I_P 分布区间较一致。表 2-16 还列出了国内部分地区软土的塑性指数 I_p 与液限 w_L 的回归方程。

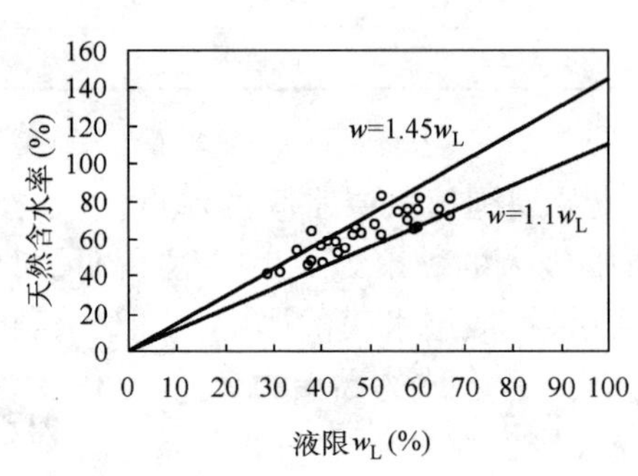

图 2-16　液限与天然含水率的关系

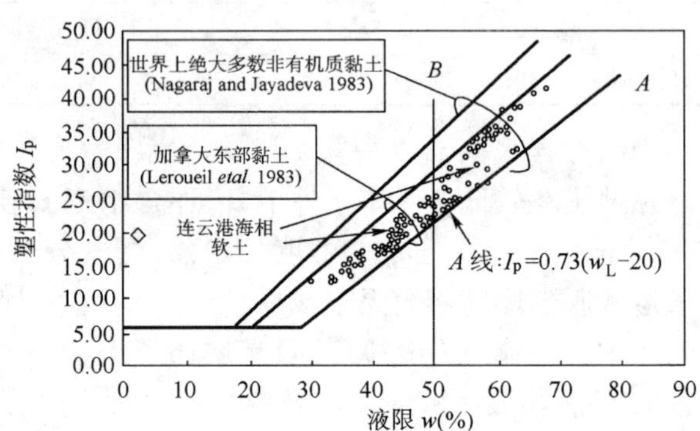

图 2-17　连云港海相软土在 Cassagrande 塑性图上的分布

国内部分地区软土的塑性指数 I_p 与液限 w_L 的回归方程　　表 2-16

地　区	关 系 式	地　区	关 系 式
上海	$I_p=0.78(w_L-18.2)$	广东沿海	$I_p=0.56(w_L-8.2)$
天津	$I_p=0.68(w_L-12.5)$	浙江沿海	$I_p=0.59(w_L-11.0)$
福建	$I_p=0.55(w_L-10.9)$	连云港	$I_p=0.81(w_L-15.0)$

5)次固结系数 C_α 与压缩指数 C_c 的关系

Mesri 和 Godlewski 总结了 22 种黏土的次固结试验结果后指出,对于同一种原状土,次固结系数 C_α 与压缩指数 C_c 的比值是一个常数,其值在 0.025~0.10 之间。对非有机质黏土,次固结系数 C_α 与压缩指数 C_c 的比值大约等于 0.04。但因各地区软土的成因及特性有地域性而有所不同。雷华阳等在对天津海积软土次固结特性研究中提出这一比值为 0.006 5~0.014 3。连云港海相软土 C_α/C_c 值为 0.025~0.04,均值为 0.029,比国外的一些统计结果稍小,但比天津海积软土大。C_α/C_c 比值在一定程度上能够反映次固结与主固结变形的相对大小,C_α/C_c 值越大则反映次固结相对于主固结越大,因为有机质黏土的次固结现象明显,故这一比值也通常会大于 0.04。图 2-18 列出了连云港海相软土和世界其他地区软土的 C_α/C_c 值变化范围。从分布区间上可看到,连云港海相软土与其他地区软土相比 C_α/C_c 值小,说明其次固结相对于主固结的比重偏小,反映了该土在高压缩性(C_c 大)、低有机质含量(C_α 小)时应具有的次固结特点。一些成果显示出黏土矿物成分和物理化学环境对次固结系数有重要影响。如 Olson 和 Mesri 提出蒙脱石的次固结系数最大,高岭石最小,伊利石介于蒙脱石与高岭石之间。物理化学环境对蒙脱石的影响最大,对高岭石的影响最小。

软土次固结系数的准确测定是一项费时费力的工作,因此,用其他易于测定的量来估算次固结系数的大小是一项有实际意义的课题。根据压缩指数 C_c 来估算次固结系数 C_α 的方法已被一些学者经常采用。连云港海相软土次固结系数估算式可采用 $C_\alpha=0.029C_c$。

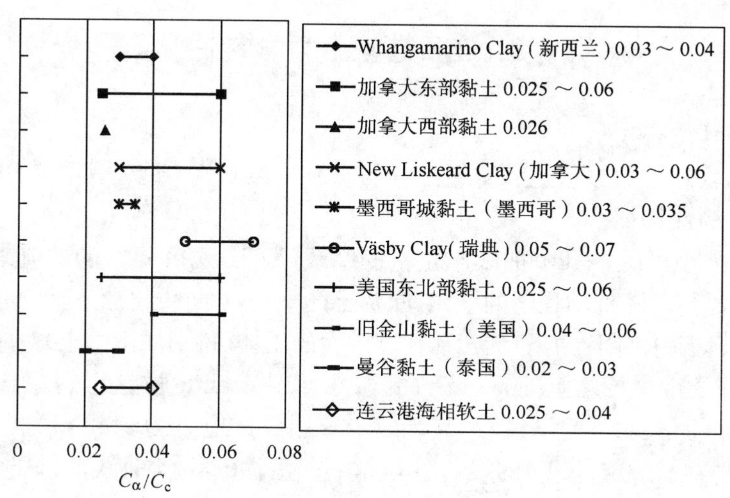

图 2-18　连云港海相软土和世界其他地区软土的 C_α/C_c 值比较

6)压缩指数 C_c 与液限 w_L 的关系

对于压缩指数与液限的关系，Skeptom 曾提出了下面的经验表达式：

$$C_c = 0.009(w_L - 10) \tag{2-5}$$

但 Ogawa 和 Matsumoto 指出，日本的海相黏土的压缩指数通常比用 Skeptom 经验公式计算出来的大，并通过对大量数据的统计提出了如下经验公式：

$$C_c = 0.015(w_L - 19) \tag{2-6}$$

大多数液限值大于 50%的日本黏土都能满足上式。图 2-19 给出了连云港海相软土的压缩指数 C_c 与液限 w_L 的关系，可以看到，压缩指数随液限增大而增大的趋势明显，并且分布于 Skeptom 经验公式和 Ogawa-Matsumoto 经验公式的直线以上，说明连云港海相软土在相同液限条件下具有更大的压缩性。通过拟合分析可得到如下关系式：

$$C_c = 0.016(w_L - 14) \tag{2-7}$$

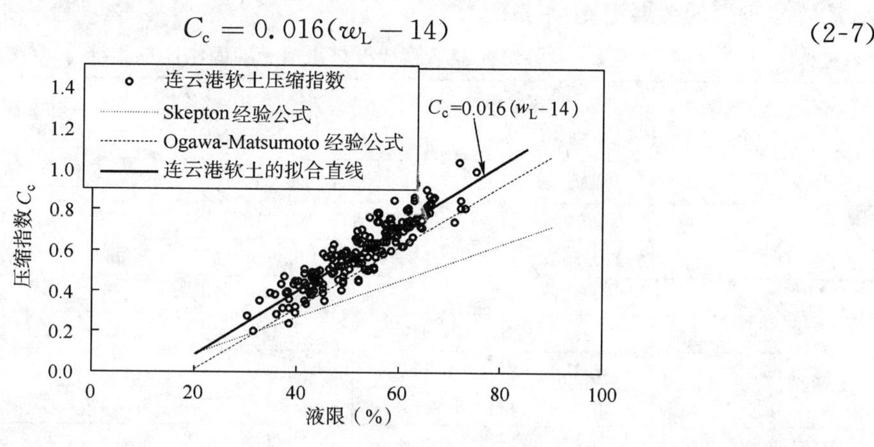

图 2-19　压缩指数与液限的关系

三、连云港软土力学特性

1.压缩固结特性

连云港海相软黏土的原状土和重塑土样的一维固结试验结果表明，其压缩特性表现出海相软土典型的结构性特征。

土的结构性大小可用 e—lg$p$ 曲线与正常固结线（NCL）两者斜率的差值来考查，差值越大，说明土的结构性越强。随扰动程度的增大，原状土的 e—lg$p$ 曲线逐渐下移，向重塑土的“理想压缩曲线”接近。在同一固结压力下，受扰动程度越大的土体（特别如重塑土）对应的孔隙比越小。

图 2-20 是连云港海相黏土的 e—lg$p$ 曲线，用 Casagrande 方法求得原状土的先期固结压力 p_c 值为 60kPa，而从取样的深度看，其天然上覆层自重应力为 58kPa，判断该土处于正常固结状态。由于正常固结线（NCL）的唯一性，可由重塑土 e—lg$p$ 曲线后部的直线段得到 NCL 线。从图 2-21 中可见，原状土的 e—lg$p$ 曲线位于该 NCL 线上方，呈现出典型结构性黏土的特征，说明连云港海相黏土具有明显结构性。对应于同一垂直压力，原状土比相应的重塑土具有较大的孔隙比。这说明沉积过程形成的原状土具有不同于重塑土的结构。在沉积过程中，原状土颗粒之间相互黏结并产生胶结强度，阻止土体的压密，使原状土体保持着较大的孔隙。

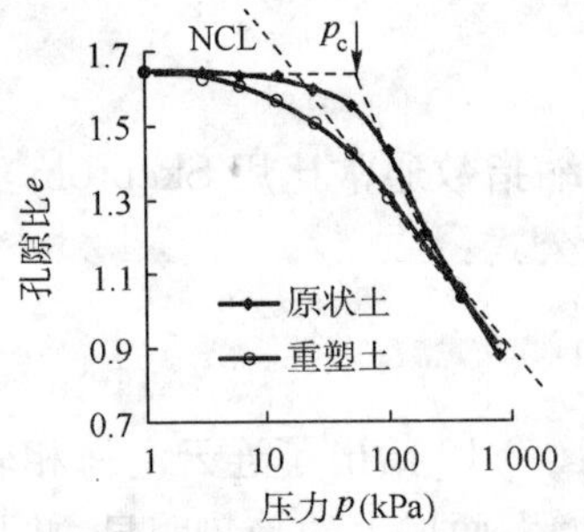

图 2-20　连云港海相黏土的 e—lg$p$ 曲线（埋深 6m）

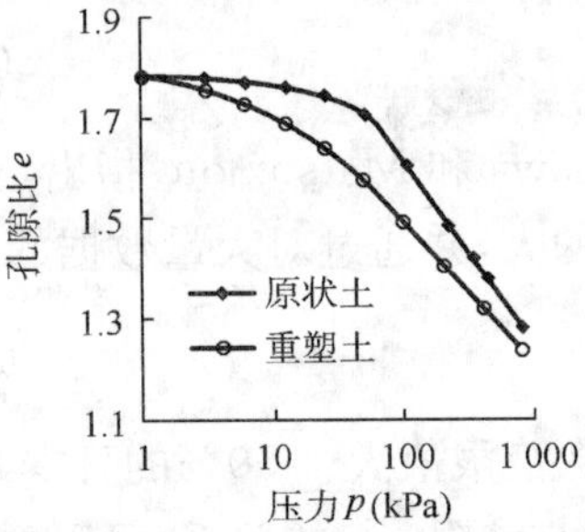

图 2-21　连云港海相黏土的 e—lg$p$ 曲线（埋深 2m）

表 2-17 是埋深 8m 处土样在各级荷载下的原状土与重塑土的固结压缩指标，相应的主固结系数与压力的关系见图 2-22。

各级荷载下原状土与重塑土的固结压缩指标　　表 2-17

荷载（kPa）	压缩模量 E_s（MPa）		压缩系数 α（MPa^{-1}）		固结系数 C_v（$10^{-3}cm^2/s$）	
	原状土	重塑土	原状土	重塑土	原状土	重塑土
2.5	0.072	0.090	38.294	30.669	13.662	9.552
5	0.390	0.151	6.999	18.037	13.114	9.142
10	0.671	0.292	4.040	9.161	12.935	8.842
25	0.732	0.337	3.632	7.615	11.438	5.995
50	1.188	0.311	2.191	7.625	10.063	5.317
100	0.739	0.424	3.300	5.004	7.919	3.920
200	0.816	0.238	2.661	6.280	0.403	0.816
400	0.614	0.214	2.666	3.614	0.209	0.400

由图 2-22 显见：原状土固结系数在固结压力小于固结屈服压力时，固结系数较大，且固结系数与固结压力对数曲线在这一阶段基本为一直线；当固结压力大于固结屈服压力时，固结系数急剧变小；随着固结压力的继续增长，主固结系数的变化较小。与原状土相比，重塑土的固结系数随固结压力的变化没有陡降段，其固结系数随不同固结压力的降低幅度差不多；原状土在固结压力小于固结屈服压力时，其固结系数比重塑土的要大得多；当固结压力大于固结屈服压力时，原状土的固结系数与重塑土的相差不大。

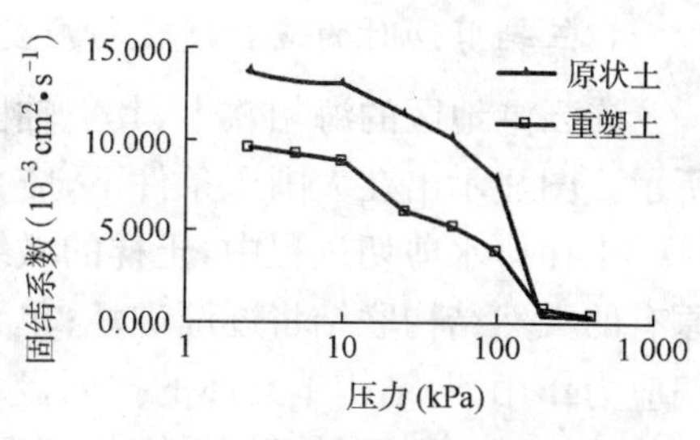

图 2-22　固结系数与压力关系

造成这两类土固结系数的差别，可从微结构的角度加以解释。原状土有初始结构性，在固结压力小于固结屈服压力时，骨架刚度大，结构破损较小，孔隙比较大，大的孔隙形成良好的排水通道，故固结系数较高；但当固结压力达到固结屈服压力时，土结构急剧破损，透水性急剧变差，固结系数亦迅速变小；随着固结压力进一步的增大，土结构已近乎完全破坏，透水性差，固结系数低。而重塑土结构性一开始就完全破坏，孔隙破损大，孔隙的贯通性要比原状土差，因而其固结系数比原状土小不少。

另外，对重塑土固结系数随压力逐渐减小的原因可作如下解释：施加初级荷载时，固结压缩主要来自集簇间孔隙或集簇体间孔隙的减小，因初期孔隙比大，渗透性较大，则孔隙水排出的速率相应较快；随着荷载的增大，孔隙比逐渐较小，集簇间孔隙或集簇体间孔隙因被压缩而逐渐减小，渗透性减弱，孔隙水排出的速率亦随着逐渐减慢；荷载加到一定值后，集簇间孔隙或集簇体间孔隙因被压缩逐渐减小直到消失，固结系数继续降低，最后趋于稳定。

2. 连云港海相软土结构性特点

结构性对土压缩性的影响随着固结压力的提高而变化。结合图 2-20 可以说明，结构性土的压缩变形总是具有以下的规律性。

当固结压力由较小值逐渐增大到 p_c 时，与重塑土相比，原状土的压缩量更小，土的结构性起到了减小压缩性的作用。当压力超过 p_c 时，同样的应力增量下，原状土的变形更大，这时，土的结构联结遭到破坏使其压缩性比重塑土更强。其后，随着土体总变形的增加，土的结构联结充分破坏，其对土压缩性的影响也逐渐减弱乃至消失，于是原状土的 e—lg$p$ 曲线逐渐与 NCL 线重合或平行，此时对应的固结压力，定义为结构完全屈服压力，即土体结构逐渐破坏并即将出现结构完全屈服时的临界压力。图 2-19、图 2-20 分别是原状土 e—lg$p$ 曲线后段与 NCL 线重合和平行的情形，相关文献指出图 2-19 的情况出现于正常固结结构黏土，图 2-20 的情况表明土中存在某种矿物使土粒间胶结显著增强。这两种情况均是土结构性的表现。

尽管如此，与黄土、红黏土等结构性很强的土相比，连云港海相软黏土仍然属于结构强度较低的土。单向固结结构完全屈服压力也较低，并可能出现在常规的试验应力范围内，从而使我们按阶段计算次固结变形成为可能。

3. 压缩指数和回弹指数

原状土压缩指数很难用单一值表示，在固结压力小于土的一维固结屈服压力时，压缩指数接近于回弹指数，为 0.075，陡降段的压缩指数为 1.7；重塑土的压缩指数为 1.01。而原状土与重塑土的回弹指数基本一致，为 0.074。

4. 三轴剪切时的应变硬化与应变软化

连云港地区的海相软土，其三轴固结排水剪切中应力应变曲线所反映出的规律如图 2-23 所示。图显示出在大围压条件下，应力—应变关系呈“应变硬化型”。

土在排水剪切过程中，土样的微结构将发生如下变化：荷载的作用造成颗粒的相对错动，原有的天然结构联结将逐渐破坏；单元体大小在偏应力作用下趋向变小，原状土样发生剪缩；偏应力作用下，结构单元体的排列显示出较强的定向性，使粒间接触由边—边、边—面接触转变为边—面、面—面接触联结，从而提高了土样结构强度。

综上所述，连云港海相软土塑性偏应变硬化的机理主要为：加荷后，天然结构联结逐渐损失；单元体大小在偏应力作用下趋向变小，土样发生剪缩，导致结构强度增大；剪切时，定向排列性增强造成结构强度增高。由于软土的天然结构强度较低，天然结构强度的损失通常要小于后两者导致的结构强度增高。因而，海相软土应力—应变关系表现为“应变硬化型”。

为了考察原状土的初始结构强度在三轴剪切试验中的表现，采用较低的围压进行了固结不排水三轴剪切试验进行试验，试验应力—应变曲线见图 2-24。可以发现，在小应力条件下(σ_3 等于 15kPa、22kPa、30kPa 时)，曲线有峰值，表现为应变软化。连云港海相软土在低围压条件下的应变软化机理为：当围压小于土体初始结构的屈服应力时，各向等压力固结过程只引

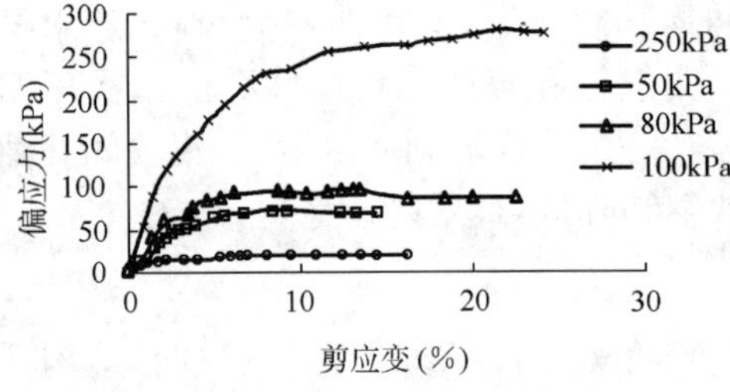

图 2-23　排水剪切中偏应力与剪应变关系曲线(6m)

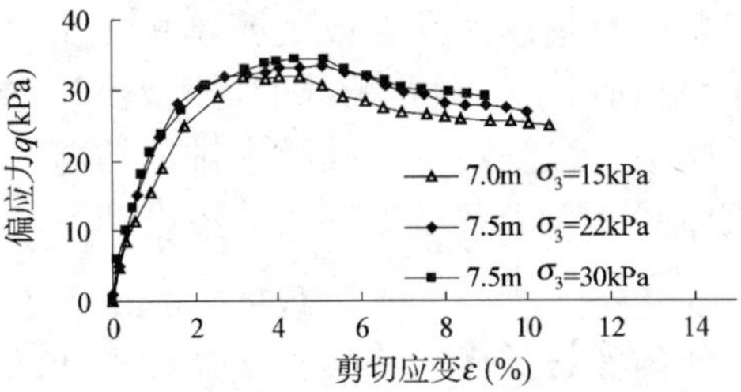

图 2-24　小围压条件下固结不排水剪的应变软化现象

起土体弹性变形，不能够明显改变土骨架的结构联结。剪切过程中，当应力超过土体初始结构的屈服应力时，土体的原始骨架联结遭到破坏，而低剪切应力水平下引起的剪缩、结构强度增大不足以抵消初始结构破坏造成的强度衰减，因此，表现为应变软化。应变软化的应力—应变曲线峰值应力即代表土体初始结构的屈服应力。

5. 三轴各向等压力固结条件下的结构屈服

材料的弹性性质的根本特征是其变形过程可逆，应力应变之间有唯一、单值对应关系，当应力超过弹性极限后，一方面应力与应变关系将不再呈线性关系；另一方面，变形将不可完全恢复。反映在体应变 ε_v—lg$p$ 曲线上有一拐点存在，很明显它是土的一个屈服点。根据三轴各向等压力固结试验可以确定土的屈服点，其确定方法类似于前期固结压力的求法。图 2-25 给出了连云港地区海相软土 8m 深度处各向等压力固结曲线。根据图得到 8m 处土样各向等压力固结条件下结构屈服强度为 43kPa。

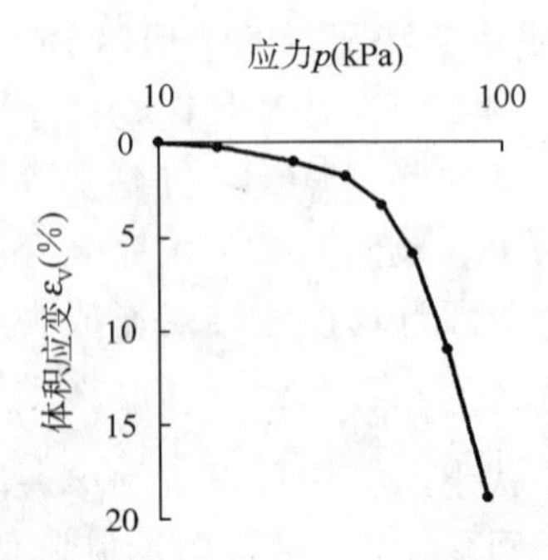

图 2-25　埋深 8m 土样各向等压力固结曲线

软土在等向固结条件下，当围压小于结构屈服强度时，软土变形主要为弹性体积应变；当围压达到或超过等向固结结构屈服强度时，颗粒则发生相互靠拢，相互镶嵌，出现塑性体应变。由于所受的是各向等同压力，颗粒间相对位置改变不大，其天然结构联结损失小；相反，由于结构单元体趋向变小，颗粒发生相互靠拢，相互镶嵌，导致粒间分子引力因距离的减小而增大，从而使得土的联结强度增高；当密度增大引起强度的增高超过软土天然结构初始联结键的丧失引起强度的降低时，便导致塑性体积应变硬化。

6. 原状土的初始结构屈服面

试验采用非等向固结压缩试验、等向固结压缩试验、固结不排水三轴剪切试验来获得不同的应力路径，通过不同应力路径上的土体强度屈服得到软土在主应力空间上的不同屈服点。应力路径如图 2-26 所示。其中路径 1、2、3 采用固结不排水三轴剪切(CU)试验，路径 4、5、6 采用非等向固结压缩试验，7 采用等向固结压缩试验。试样直径 3.91cm，高 8cm。

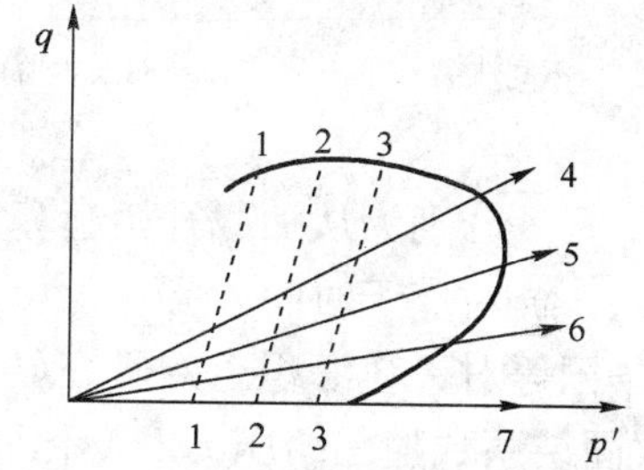

图 2-26　初始结构屈服面试验应力路径示意图

在进行应力路径 4、5、6 试验时，控制主应力比 $K=\sigma'_3/\sigma'_1$ 分别为 0.5、0.65、0.85。非等向固结压缩试验的结果见图 2-27，当荷载较小时，土体的结构发挥着重要作用，土体粒间联结较强抵受住了荷载，因而土体变形较小，曲线初始段表现为较平缓；当压力超过某一固结屈服应力时，荷载大到单纯依靠土体颗粒间的联结力已不足以支撑时，此时结构塌陷并迅速破损，大孔隙在大荷载下小孔隙化和均匀化，土体内孔隙体积大幅度减少，在曲线上出现陡降段，土体结构屈服。土体结构屈服点按如下方法确定：在 p'—ε_v 曲线中，将屈服前后直线段延伸的交点向试验曲线作垂线获得的曲率最大点确定为屈服点。对应的平均有效应力 p' 为屈服应力。

把各应力路径上的屈服应力点按各自先期固结压力归一化后，绘制在主应力空间坐标上。可见，这些点的分布轨迹近似为一条倾斜的椭圆曲线，该曲线就是连云港海相软土的初始结构屈服面(图 2-28)。在该屈服面内，土体无论以什么样的应力路径加载，土体均呈弹性变形，且应变较小，一旦应力路径突破该屈服面后，则土体开始表现为弹—塑性变形，且应变加大。

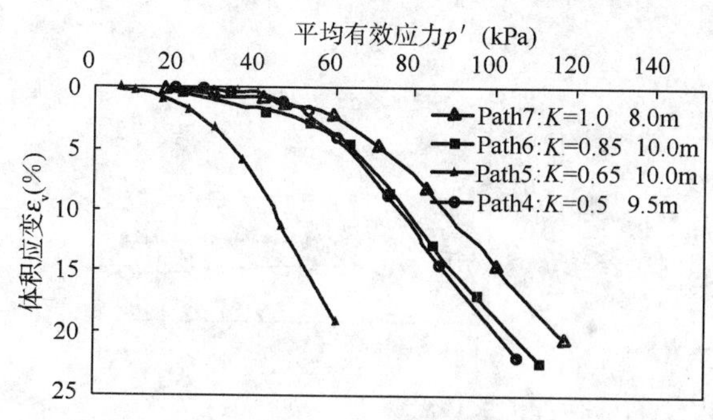

图 2-27　非等向固结试验应力—应变曲线

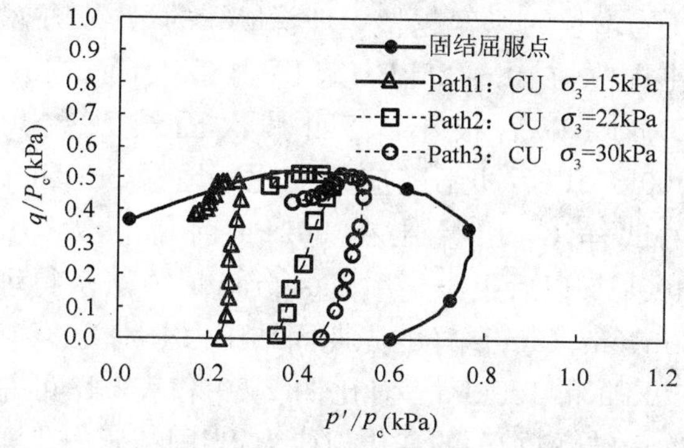

图 2-28　连云港海相软土的归一化初始结构屈服面

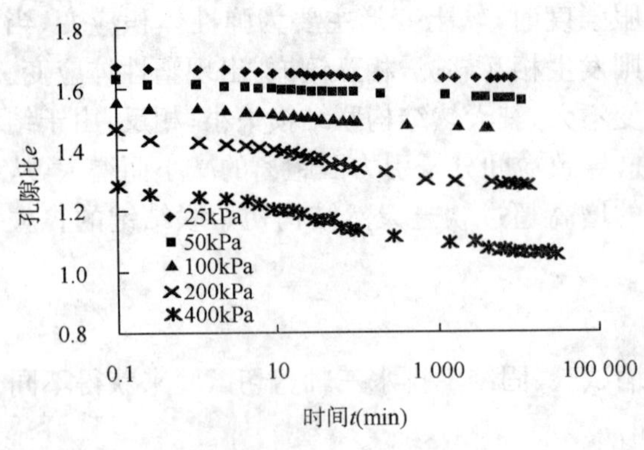

图 2-29　不同应力水平下的 e—lg$t$ 曲线(埋深 6 m)

7. 一维蠕变特性

一维蠕变试验采用常规固结仪，在土结构性表现最强的应力范围内，进行逐级加荷试验。荷载级别为 25kPa、50kPa、100kPa、200kPa、400kPa、600kPa、800kPa，每级荷载以 1d 作为主固结完成时间，此后观测 28 d 的次固结变形量。图 2-29 是连云港海相黏土次固结试验中不同应力水平下的 e—lg$t$ 曲线。采用式(2-8)计算次固结系数：

$$C_\alpha = \frac{\Delta e_s}{\lg t / t_c} \tag{2-8}$$

式中：t_c、t——分别为从加载开始起算的主固结完成时间和其后某时间；

Δe_s——对应于时间 t_c 至 t 土样的孔隙比变化值。

雷华阳等对天津海积土的研究显示，次固结系数与压力有关，且呈现出一定的阶段性。实际上，次固结系数随固结压力的变化而变化的观点已经为许多学者所接受。但这是有条件的，当试样所受压力小于试样先期固结应力 p_c 时，即当试样处于超固结状态时，次固结系数 C_α 随着压力的增长而增长；超过先期固结压力后，次固结系数 C_α 与荷载无关。殷宗泽等的研究也表明了这一点。

对于结构土而言，胶结结构能够约束土骨架的蠕动变形，胶结性越强，对次固结变形的阻碍越强。这主要表现在次固结变形比重塑土小，当固结压力逐渐增大，超过土体的结构屈服压力，土体结构胶结联结逐渐断裂，结构性对次固结的阻碍作用逐渐减弱甚至消失，次固结压缩性增大到重塑土的水平。这一变化可以从连云港海相黏土的次固结试验结果中观察到。

从图 2-30 可以看到连云港海相软土次固结系数 C_α 变化与固结压力的关系。总的趋势是 C_α 先随固结压力的增长而增长，达到一定值后稳定下来。当固结压力小于先期固结压力 p_c 时，C_α 随固结压力增长较快，大于 p_c 时，C_α 增长较慢。

表 2-18 是不同固结压力下的次固结系数 C_α 增量比。C_α 增量比定义为 C_α 增量与应力增量的比值，它能反映次固结系数随应力变化的敏感程度，C_α 增量越大，说明次固结系数随固结压力增长的速度越快。埋深 2m 的试样 C_α 增量比首先在 0～25kPa 范围内最大，而在压力 200kPa 以后很小，表明其次固结系数只在 200kPa 以后才不随应力变化。埋深 6m 和 12m 的试样 C_α 增量比在 50kPa 前都很大，压力 400kPa 以后很小。用 Casagrande 方法求得埋深 2m、6m、12m 试样的先期固结压力分别为 37kPa、60kPa 和 105kPa。对比图 2-30 和表2-18可总结次固结系数 C_α 的变化规律为：当固结压力小于先期固结压力时，C_α 随固结压力增长较快；当固结

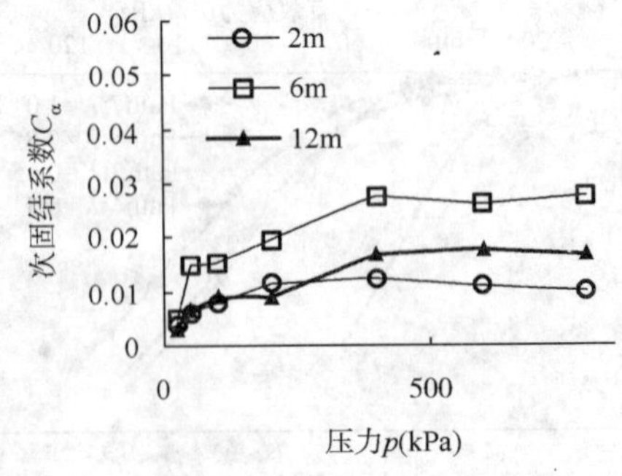

图 2-30　不同固结压力下的次固结系数变化

压力大于先期固结压力后在一定压力范围内，C_α 仍随固结压力增长，但变化幅度减小；只有当固结压力足够大时，C_α 才基本稳定不变。C_α 与荷载是否有关的分界点不是先期固结压力。图 2-31 是广州南沙软土的试验结果，也可以看到同样的规律。

不同固结压力下的次固结系数 C_α 增量比　　表 2-18

固结压力(kPa)	$\Delta C_\alpha/\Delta p$ (10^{-4})		
	2m	6m	12m
0～25	1.600	2.040	1.120
25～50	0.680	3.840	1.480
50～100	0.480	0.100	0.500
100～200	0.319	0.460	0.000
200～400	0.043	0.385	0.375
400～600	−0.074	−0.070	0.065
600～800	−0.050	0.080	−0.045

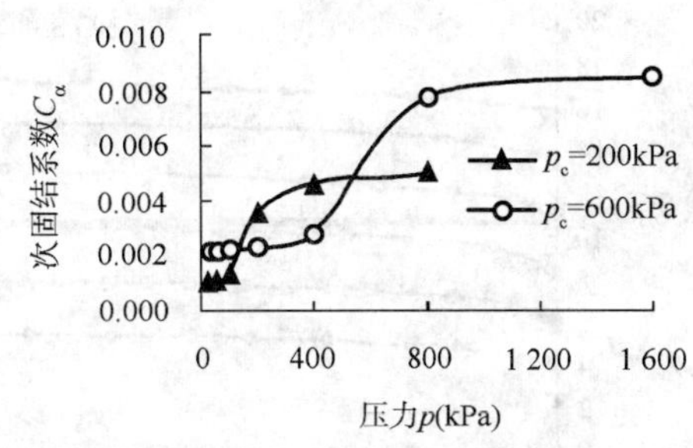

图 2-31　广州南沙软土次固结系数与固结压力关系曲线

8. 次固结系数随固结压力变化的原因

殷宗泽就土在超固结状态下，次固结系数与荷载有关的问题作了较为详尽的分析。但无法解释上述结构性土次固结系数的变化规律。要分析结构性土的次固结系数变化规律，可以从其结构性在 e—lg$p$ 曲线上的表现来入手。

结构性土与正常超固结土的差别在于，正常超固结土 e—lg$p$ 曲线可划分为两个阶段，即超固结阶段、正常固结阶段；结构性超固结土的 e—lg$p$ 曲线则可以划分为三个阶段，见图 2-32，在原状土的 e—lg$p$ 曲线上，A 到 B 是超固结阶段，B 到 C 是结构破坏阶段，C 以后是正常固结阶段。这里所说的结构土的正常固结状态，是指不仅 $p_i > p_c$，而且是土的结构已充分破坏，对土压缩性的影响消失或稳定不变的状态。

可以认为，结构土的次固结系数变化也由三个阶段组成，分别对应其三个压缩变形阶段。从图2-32中的 e—lg$p$ 曲线和 C_α 随压力变化曲线可以得到说明：荷载由 A 点到 B 点的超固结阶段，随着荷载增长，次固结系数也增长；超过先期固结压力后，土体结构逐渐破坏，对应于 B 点到 C 点的结构破坏阶段，次固结系数继续逐渐增加；直至达到 C 点，土体结构完全屈服，其对应的固结压力 p' 定义为结构完全屈服压力。此时土体处于正常固结状态，原状土的次固结系数与重塑土的相同时，并不再增长。

由此可见，结构性对海相软土的次固结系数 C_α 有明显影响，使其与荷载有关，这种有关并不仅仅限于加载的超固结阶段，还会一直延续到能使土的结构充分破坏的荷载水平，之后才与荷载水平无关。C_α 与荷载是否有关的分界点不是先期固结压力，而是结构完全屈服压力。

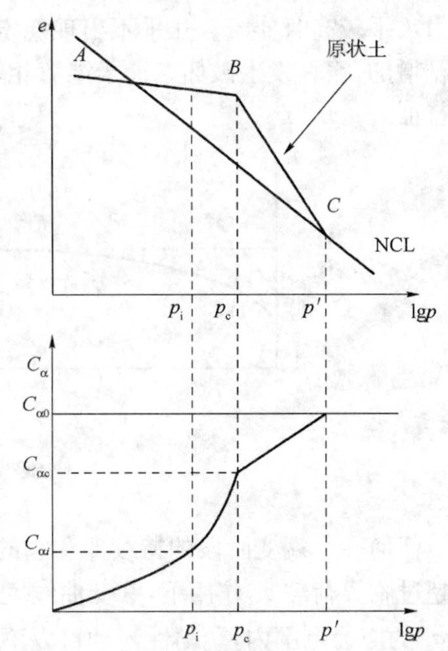

图 2-32　海相结构土的次固结系数随固结压力变化

9. 三轴蠕变特性

图 2-33 是连云港海相软土典型三轴蠕变试验曲线，从试验曲线可发现连云港海相软土的蠕变有如下特征：

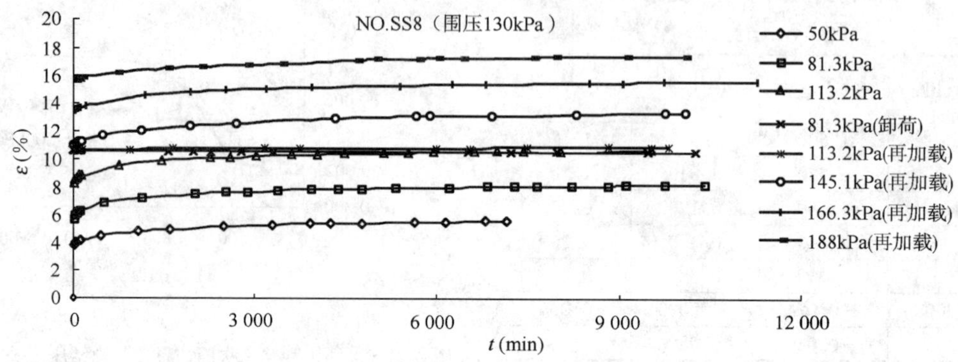

图 2-33　连云港海相软土的典型三轴蠕变试验曲线

(1)土在加载瞬间都有一显著的瞬时变形，应力水平越高，瞬时变形量越大。

(2)即使应力水平很低时，土的变形随时间的增长也较明显，但稳定所需时间较短。在应力水平较低($\sigma_{s1}<\sigma<\sigma_{s2}$)时，蠕变试验曲线呈衰减稳定发展势态，蠕变变形量较小且随时间发展而趋向于一稳定值，稳定阶段应变率随时间而趋于零，如图 3-34a)所示。在中等应力水平($\sigma\geqslant\sigma_{s2}$)下，试样变形曲线呈稳定蠕变阶段，且蠕变速率为衡量，应变随时间成斜直线关系；在稍高的应力水平下，试样变形急剧增加，具有明显的蠕变三阶段特征，蠕变曲线呈反 S 形曲线特征，如图 3-34b)所示，I 为不稳定蠕变、II 为稳定的蠕变，III 为急剧流动阶段；随着应力的增大，稳定蠕变阶段持续的时间越短，很快进入加速蠕变变形阶段，呈现典型的非衰减蠕变特征。应力水平较高时 $\sigma=\sigma_p$，几乎不出现稳定蠕变变形阶段，直接进入加速蠕变变性阶段，试样变形急剧增加，很快发生破坏。连云港海相软土典型的蠕变变形随时间变化曲线符合图 3-34a)所示特征。

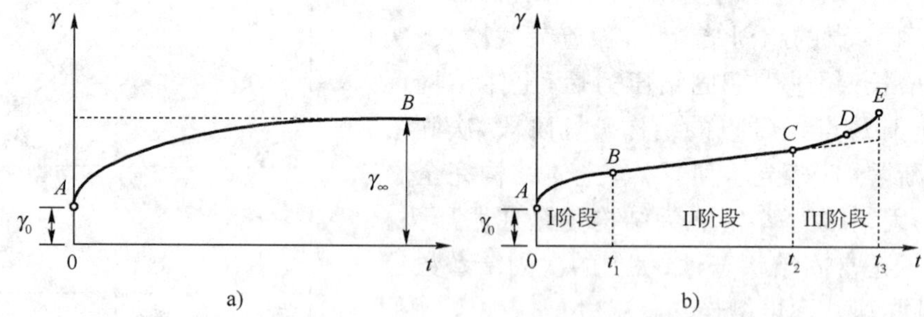

图 2-34　蠕变变形随时间变化曲线

a)衰减蠕变；b)非衰减蠕变

任何一个蠕变阶段的持续期和它的作用都依赖于土的类型和荷载值。连云港海相软土在不超过临界荷载 σ_{s1} 作用下，蠕变曲线的第 2、3 阶段不发育，变形过程具有衰减特征；在临界荷载 σ_{s2} 的应力范围内，塑黏性流动可以不断发展，但不过渡到急剧流动阶段，表现为稳定蠕变状态；荷载越大，稳定的塑黏性流动的延续时间越短，土样越快进入急剧流动状态，直至破坏。

对应于连云港海相软土蠕变的三个阶段，σ_{s1}、σ_{s2}分别为衰减稳定阶段和稳定蠕变阶段的临界应力值，其大小主要取决于土性，其次与土的埋深有关，由三轴蠕变试验确定。同时可以划分出从一个阶段过渡到另一个阶段的时间 t_1（稳定的塑黏性流动阶段开始时刻）、t_2（过渡到急剧流动阶段的时刻）和 t_3（破坏时刻）。从试验结果来看，连云港海相软土的 σ_{s1} 较小，一般在第一级荷载下就开始出现。

稳定蠕变阶段，将 σ_{s1} 近似取为最小一级荷载。由于在大多数情况下不希望土的变形进入第 III 阶段，因此我们更关注 σ_{s2}。

从试验结果可以看出，当 $\sigma \geqslant \sigma_{s2}$ 后，土体即潜伏着破坏的危险，一旦达到 σ_p 值，土样立即破坏。因此，可以将 σ_{s2} 作为土体长期稳定的上限临界值，σ_p 看作蠕变破坏的应力水平。不同埋深土样的临界应力值列于表 2-18。从表中可知 $\sigma_{s2}=(0.50\sim0.80)\sigma_p$。各临界荷载的大小与土样取土深度、试验围压和加荷速度有关，由表 2-19 可见，连云港海相软土稳定流动阶段的临界荷载 σ_{s2} 取值范围约为 63.6～97.2kPa。

试验土样的蠕变临界荷载值　　表 2-19

埋深(m)	围压(kPa)	σ_{s1}(kPa)	σ_{s2}(kPa)	σ_p(kPa)	σ_{s2}/σ_p(%)
2.2～2.5	50	21.2	63.8	106.2	60.0
3.0～3.3	100	21.2	92.5	188.0	49.2
4.0～4.3	50	21.2	74.3	95.5	77.8
5.0～5.3	60	21.2	63.6	106.9	59.5
6.0～6.3	80	21.2	81.9	121.2	67.5
6.0～6.3	130	21.2	97.2	188.0	51.7
8.0～8.3	100	21.2	85	158.7	53.6
10.0～10.3	100	21.2	85	121.2	70.1

(3)在保持稳定蠕变的中等应力水平范围内，卸荷后再加载，其稳定蠕变阶段持续时间延长，蠕变速率稳定值较正常加载时同应力水平条件下的稳定值小。

(4)从三轴蠕变试验曲线可知，当竖向荷载增长到一定大小时，土样将发生急剧流变破坏。这一现象表明在海相软土地基上修筑高速公路路堤时，地基上覆荷载一旦超过某个临界值时，必将出现流变破坏，地基沉降难以稳定。这一临界值与侧向压力系数、围压、加荷速率等均存在一定的关系。

10.连云港软土的原位强度指标

1)现场十字板剪切试验

现场十字板剪切试验结果表明，连云港海相黏土的抗剪强度指标 c_u 在深度大于 3.0 m 后随深度增加而增加，线性关系显著。图 2-35 是现场所做的 24 组十字板剪切试验的结果，十字板抗剪强度 c_u 随深度 h 的回归方程为：

$$c_u = 1.05h + 2.90 \quad (h > 3.0\text{m}) \tag{2-9}$$

图 2-35 还给出了十字板剪切残余强度 c_u'随深度 h 变化的情况，回归方程为：

$$c'_u = 0.344h + 0.911 \quad (h > 3.0\text{m}) \tag{2-10}$$

用十字板剪切强度可以估算土的灵敏度，$S_t=c_u/c'_u$。统计了123个灵敏度值求得均值为4.47，最大值为10.1，最小值为1.6，这与室内试验的结果相一致。

2)孔压静力触探试验(CPTU)

现场孔压静力触探试验(CPTU)采用多功能数字式CPTU系统，不同于目前国内普遍使用的双桥静力触探，其多功能CPTU探头的数字化、多功能与多参数的优点彻底消除了测试时电缆阻力及噪声的影响，可进行温度、倾斜校正，保证了测试精度。探头规格符合国际标准，探头锥底截面积为$10cm^2$，锥角60°，锥底直径35.7mm，贯入速率20mm/s。试验除可测锥尖阻力q_c、侧壁摩擦力f_s外，还可通过位于锥肩位置的5mm厚孔压过滤器测试孔隙水压力u_2，了解地下水位以下各土层的孔隙水压力及超孔隙水压力消散过程。根据测得的超孔隙水压力消散曲线，可以推求土层的超固结比OCR、静止侧压力系数K_0、渗透系数k及固结系数C_h等重要的土的工程性质参数。图2-36是静力触探试验所测得的锥尖阻力、侧壁阻力和超孔隙水压力曲线。锥尖阻力、侧壁阻力随深度的变化很明显地显示了具有低强度特性的连云港海相软黏土层的分布范围是从深度1.8m到12.0m，12.0m以下是夹砂的亚黏土层。在海相软黏土层中探头阻力都很小，其中锥尖阻力随深度略有增加，侧壁阻力则随深度几乎没有变化。

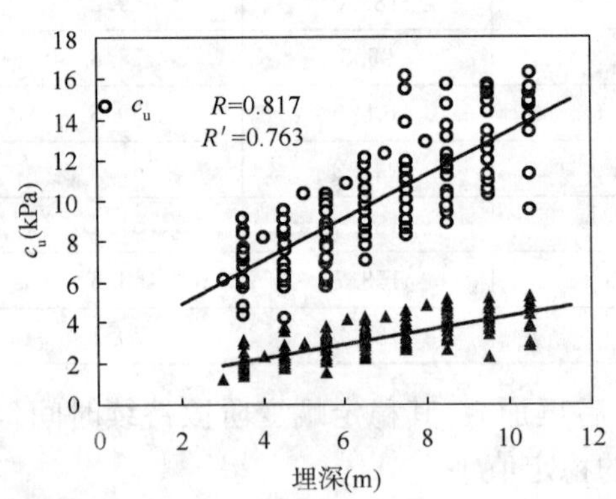

图2-35　c_u和c_u'随深度的变化

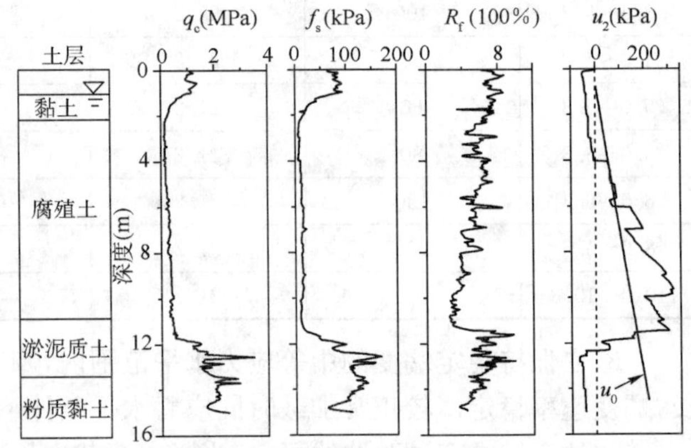

图2-36　典型CPTU试验的锥尖阻力、侧阻、摩阻比和超孔隙水压力

考虑到在锥体压入土层的过程中孔隙水压力对锥尖阻力的实际影响，需要按式(2-12)对测得的总应力q_c进行孔隙水压力修正，以获得实际的总应力q_t。

$$q_t=q_c+0.2u_2 \tag{2-11}$$

式中：q_t——修正后锥尖阻力；

q_c——修正前锥尖阻力；

u_2——位于锥肩位置的孔压过滤器测得的孔压。

Mayne基于孔穴扩张和临界状态土力学的理论方法，提出了由静力触探指标计算超固结比OCR的方法，其后经过了一系列修正和改进，本文根据Mayne等提出的关系式计算超固结比OCR：

$$\mathrm{OCR}=2\left[\frac{1}{1.95M+1}\left(\frac{q_t-u_2}{\sigma'_{v0}}\right)\right]^{1.33} \tag{2-12}$$

式中：M——临界状态线斜率；

σ'_{v0}——土层有效垂直压力。

基于 CPTU 资料建立超孔隙水压力 Δu 与不排水抗剪强度 s_u 之间的关系式，采用下式计算饱和软黏土的不排水抗剪强度 s_u。

$$s_u = \frac{\Delta u}{N_{\Delta u}} \tag{2-13}$$

式中：$N_{\Delta u}$——根据 Lunne 等的研究成果由孔压系数得出，$\Delta u = u_2 - u_0$。

按照 Sully and Campanella 提出采用归一化孔压差异计算静止侧压力系数 K_0 的方法，并结合 Kurup 的经验公式按下式计算 K_0：

$$K_0 = a + 1.5 + \frac{0.21(u_2 - u_0)(1 + 2a)}{\sigma'_{v0}} \tag{2-14}$$

式中：a——常数，小于正常固结土的 K_0 值。

表 2-20 是根据孔压静力触探试验（CPTU）按式（2-12）～式（2-14）得到的相应测试指标。可见，超固结比 OCR、不排水抗剪强度 s_u 和静止侧压力系数 K_0 随埋深的变化规律比较一致，均在深度 6.0m 和 10.0m 处出现较大的值，而这一变化在孔压静力触探试验（CPTU）的锥尖阻力、侧壁阻力和孔隙水压力曲线上并不能直接观察到。

不同埋深处土的不排水抗剪强度 s_u、超固结比 OCR 和静止侧压力系数 K_0　　表 2-20

埋深(m)	s_u	OCR	K_0
4.0	13.1	1	0.6
5.0	8.9	0.5	0.65
6.0	23.9	2	0.82
7.5	18.0	1	0.66
9.0	15.0	1	0.6
10.0	32.0	2	0.7
12.0	21.6	1	0.55

第三章 海相软土地基处理原则

第一节 天然地基沉降规律研究

本节基于连徐高速公路连云港段不同地质条件下沉降观测资料的整理分析，就硬壳层、软土层厚度等参数变化对天然地基沉降变形规律进行进行探讨。

该高速工程沿线地层结构自上而下可分为：

(1)硬壳层(Q_4^{al+m})：厚0～4m，为高液限软塑状黏土。

(2)软土层(Q_4^{m})：厚5.6～13.3m，为淤泥、淤泥质高液限黏土，呈流塑状，厚度变化大。

(3)下伏层(Q_4^{ml})：为细砂混淤泥及砾砂。

其中软土层具有高含水率、高压缩性、低强度、低渗透性和高灵敏度的特点，因此沉降变形量大，地基稳定性差。该软土层的物理力学特性见表3-1。

连徐高速公路连云港段软土层物理力学参数表 表3-1

项　目	最 小 值	最 大 值	平 均 值
厚度 H(m)	5.6	13.3	8.4
含水率 w(%)	47.4	81.8	69.7
重度 γ(kN/m^3)	15.0	17.4	16.0
孔隙比 e	1.4	2.56	1.92
液限 w_L(%)	21.2	88.2	
塑性指数 I_p(%)	19.0	50.6	32.2
压缩系数 a_{v1-2}(MPa^{-1})	1.1	3.6	2.43
固结系数 C_v(cm/s)	10^{-4}	10^{-3}	
灵敏度 S_t	2.8	9.8	5.5

一、沉降量与填筑高度的关系

在软基砂垫层预压处理设计中，砂垫层厚度30cm，在砂垫层下铺设一层有纺土工布并上裹3m，利用路堤填土自重预压。通过观测资料分析，当存在硬壳层(≥2.0m)而软土层较薄(2.6～4.0m)时，沉降量与填土高度之间的关系如图3-1所示。由图3-1可知：当填土高度小于2.5m时，填土高度对沉降量没有太大的影响，而当填土高度大于2.5m时，填土高度的变化对沉降量有很大的影响。由此可见，当硬壳层厚度大于 2.0m 而软土层厚度小于 4.0m 时，该地区的填土临界高度为 2.5m 左右。

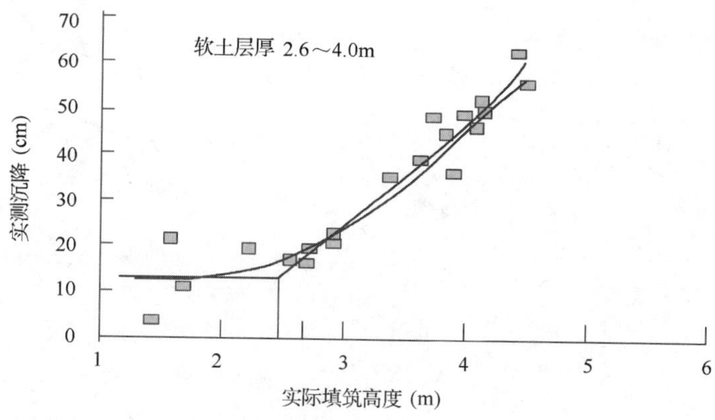

图 3-1　沉降量与填筑高度之间的关系

二、土层厚度对沉降变形的影响

该路段沿线硬壳层厚度变化较大，多数路段硬壳层厚度在 2.0m 左右，路堤沉降量随硬壳层厚度的改变而变化。地基未处理路段(砂垫层预压处理路段)沉降量随硬壳层厚度的变化情况见图 3-2。从图 3-2 中可以看出，在相似的地质条件下，沉降量随着硬壳层厚度变大而减小。当硬壳层厚度较小时(小于 1.0m)，沉降量迅速增加，且有向不稳定方向发展的趋势，说明在软土地基上修筑高速公路时，较厚的硬壳层在与下伏软土层共同承担填土荷载时能体现出一定的板体效应，硬壳层越厚，沉降变形量越小。

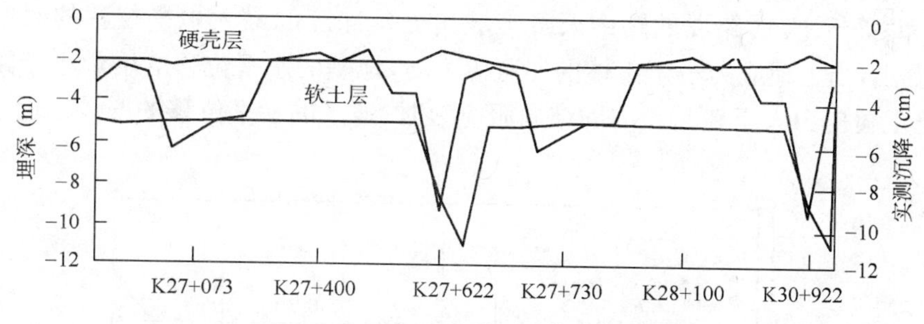

图 3-2　实测沉降与硬壳层厚度关系

因此当在软土地基上修筑高速公路时，应最大限度地利用硬壳层较高的强度，对传递到软土地基中的应力起一定的分担作用，从而降低总沉降量。工程实践中在软土地基中存在某一填土临界高度，当填土高度小于填土临界高度时，填筑速率可以较大；而当填土高度接近填土临界高度时，填筑速率就要放慢。实际上这种通过控制填筑速率来减小沉降量的方法，在某种程度上也是为了保证硬壳层结构不受破坏。

从图 3-2 可以看出，当采用砂垫层预压处理时，沉降量与地质条件、填土高度等因素密切相关。比较观测数据后得到，当其他条件相近时，不同填土高度情况下，实测沉降量与软土层和硬壳层厚度的变化关系见图 3-3 和图 3-4。从图可看出：硬壳层厚度的影响只有在填土较高

(大于 4.0m)时才反映出来，而软土层厚度对沉降的影响随填土高度的增加急剧变化，因此，砂垫层预压处理软土地基的方法只适用于填土高度较小、软土层厚度较薄的工程条件。

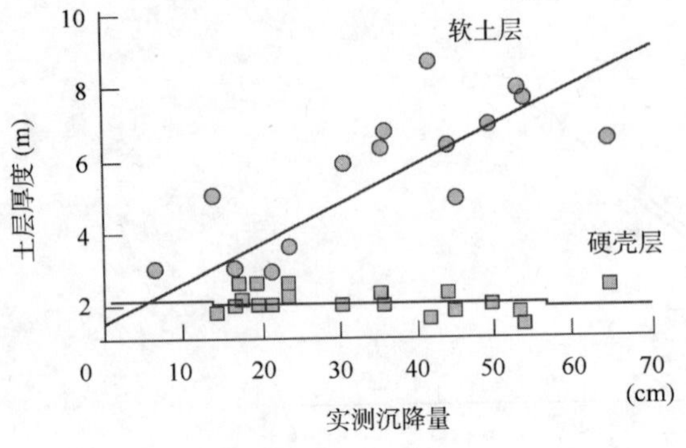

图 3-3 实测沉降与软土层和硬壳层厚度之间的关系(填筑高度 2.5～3.0m)

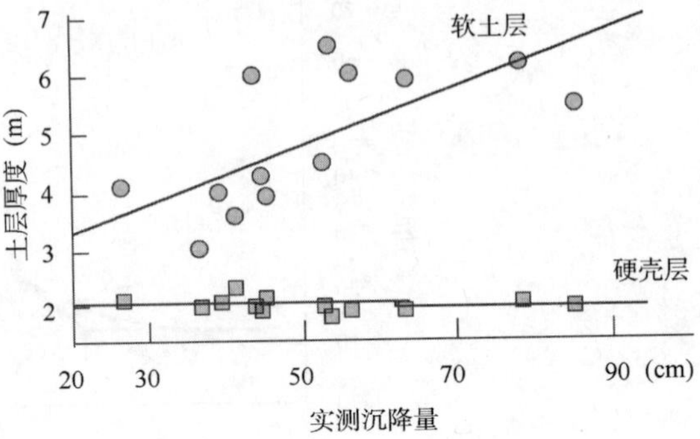

图 3-4 实测沉降与软土层和硬壳层厚度之间的关系(填筑高度 3.0～4.0m)

三、侧向变形规律

天然地基上高速公路路堤填筑过程中，地基的竖向变形和水平位移均是反应地基变形特性的一个重要指标，也是工程设计和施工过程中关心的一个重要参数。当路中沉降和水平位移增长过快时，地基可能会失稳。

Tavenas 等整理四条试验路快速填筑时路中沉降与最大水平侧向位移之间的关系如图 3-5所示。在图 3-5 中，P_y 为地基土的固结屈服压力，对应点为上覆应力(自重应力与有效附加应力之和)等于 P_y 时路堤的路中沉降与坡角处延深度的最大水平位移的对应关系。从图 3-5 可以看出，当上覆应力小于土体的屈服应力时，地基的水平位移的增量小于路中沉降的增量；而一旦上覆应力大于地基土的固结屈服应力时，地基的水平位移的增量接近于路中沉降的增量。

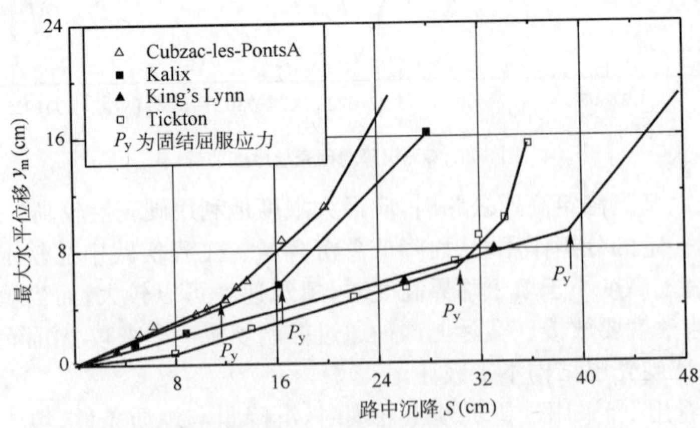

图 3-5 快速填筑时路堤中沉降与最大水平位移关系

Tavenas 统计了试验路断，地基屈服前后地基的最大侧向变形 y_m 与路中沉降 S 之间的关系如下：

屈服前：
$$y_m = (0.18 \pm 0.09)S \tag{3-1}$$

屈服后：
$$\Delta y_m = 0.91\Delta S \tag{3-2}$$

Tavenas 和 Leroueil 研究了法国、挪威和加拿大的 8 条形状、土层特性和稳定安全系数相近的路堤填筑结束后固结过程路中路堤沉降与侧向变形之间的关系，关系如图 3-6 所示。

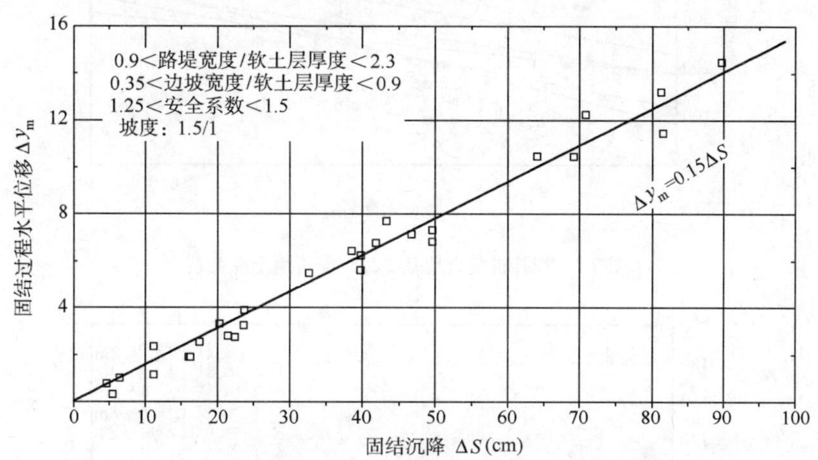

图 3-6　固结过程路中沉降与水平位移的关系

随后统计了其他公路填筑结束后的固结过程中路中沉降 S 与最大侧向变形 y_m 之间的关系，认为固结过程路中沉降与最大侧向变形之间的关系可以用如下关系式来描述：

$$\Delta y_m = (0.16 \pm 0.02)\Delta S \tag{3-3}$$

对比快速填筑时上覆应力小于地基屈服应力时的侧向变形与路中沉降之间的关系[式(3-2)]与路堤填筑结束后固结过程的侧向变形与路中沉降之间的关系[式(3-3)]，发现二者之间很相近，这表明当地基仍处于超固结状态时(上覆应力小于固结屈服应力时)地基表现为固结的特性。

第二节　水泥土搅拌桩复合地基沉降规律

软土地区路基工程中，影响沉降的因素是多方面的，包括填土高度、硬壳层厚度、软土层厚度、软土含水率、软土的强度以及处理方法等；当采用水泥土搅拌桩处理时，还和桩长、桩间距和桩身强度等因素有关。下面具体讨论各参数对水泥土搅拌桩复合地基沉降变形的影响。

一、填筑高度的影响

一般来说，荷载越大，引起的变形越大。对道路工程来说，即填筑高度越大，地基的附加应力越大，同时附加应力影响的深度也越大，计算得到的沉降量越大。实际观测到的沉降和计算得到的工后沉降均表现出这种规律，见图 3-7～图 3-8。

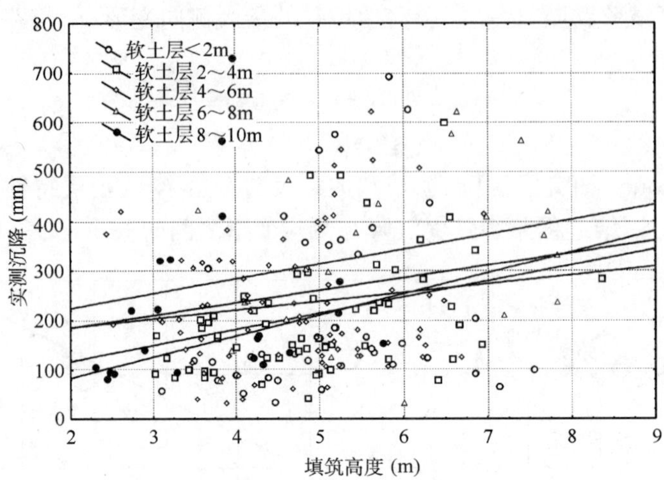

图 3-7　搅拌桩复合地基实测沉降与填土高关系

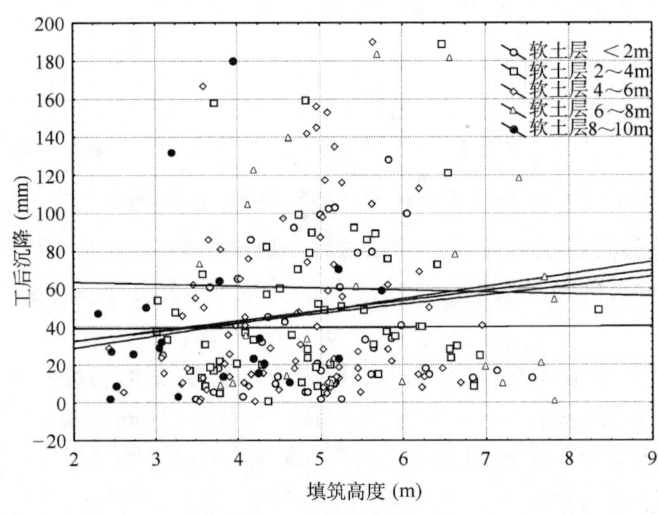

图 3-8　搅拌桩复合地基填土高度对工后沉降的影响

图 3-7～图 3-8 为经水泥土搅拌桩处理，软土层厚度分别为：<2m、2～4m、4～6m、6～8m、8～10m 这五种情况时填土高度对实测沉降量的影响。图中数据显示：经水泥土搅拌桩加固后的地基沉降随填土高度的增大而有所增大，但增大幅度较小，说明复合地基改善了土层性质，提高了地基承载力，有效地控制了土体变形。

二、硬壳层厚度的影响

软土表面硬壳层的作用，主要为支撑作用。具体表现为：

(1)减少传递到可压缩软土层的应力，起到应力扩散作用，减小路基横向差异沉降。

(2)提高承载力，增大路堤的极限填土高度。

(3)有利于减小地基的沉降，而且荷载越大，地基沉降减小的幅度越大。

(4)硬壳层厚度增加，相应的地基固结度也越大，硬壳作用也加大。

(5)在均布条形荷载作用下,宽度为 B 的硬壳层向下滑动时,硬壳层的抗剪强度可以发挥出来,从而分担了部分路堤荷载。硬壳层对沉降影响分析如图 3-9～图 3-11 所示。

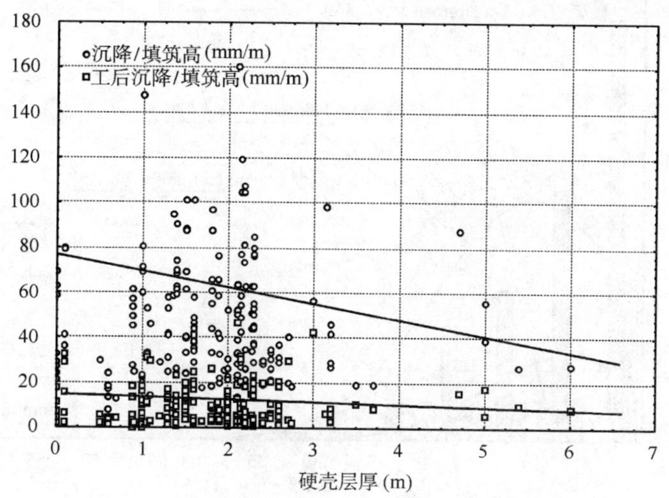

图 3-9　搅拌桩复合地基硬壳层厚度变化对实测沉降和工后沉降的影响分析

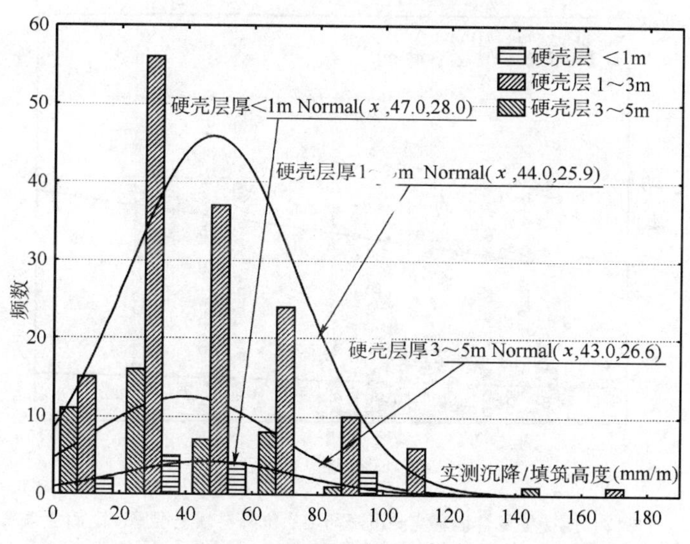

图 3-10　搅拌桩复合地基实测沉降/填筑高度的频域分析

根据对大量沉降数据的归一化处理,对不同桩间距情况下,分析了沉降/填土高和硬壳层厚度的关系,如图 3-9～图 3-11 所示,两者呈明显的负相关,可见随着硬壳层厚度的增加,沉降是减小的。

三、软土层厚度对沉降的影响

1. 软土层厚度的影响

对于软土地区来说,软土层作为主要的压缩层,软土层厚度对沉降量的大小有较大影响。一般来说,软土层越厚,沉降量越大。具体软土层厚对沉降影响的分析见图 3-12～图 3-14。

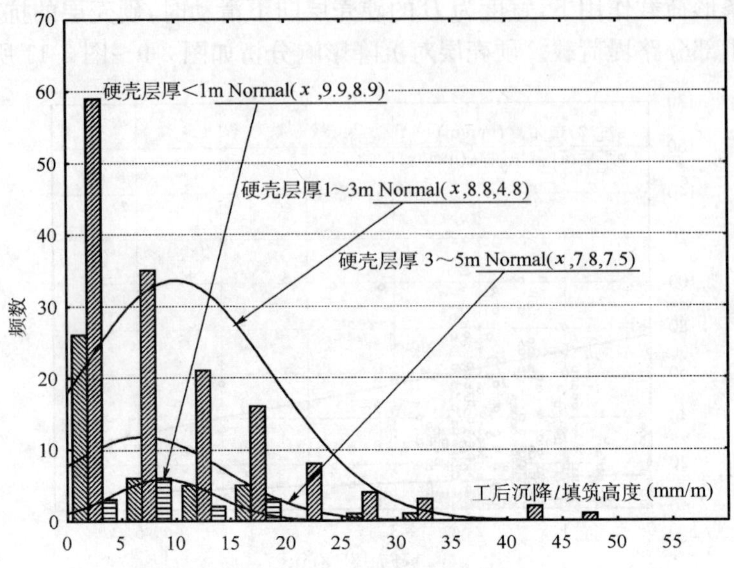

图 3-11　工后沉降/填筑高度的频域分析

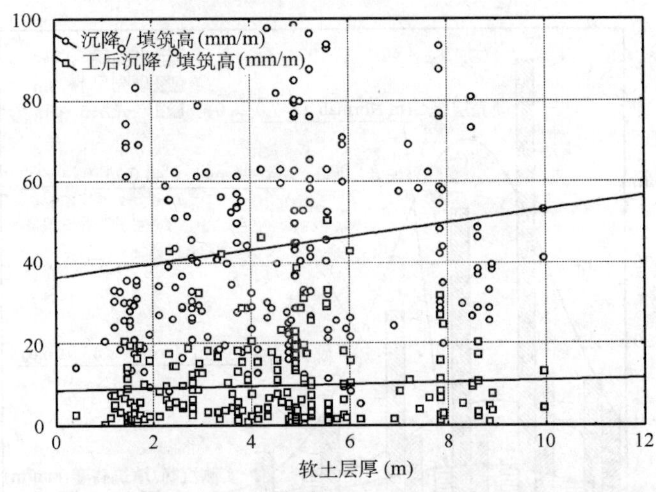

图 3-12　搅拌桩复合地基实测沉降与工后沉降与软土层厚度之间关系

图 3-12 显示，水泥土搅拌桩桩处理时，沉降和工后沉降随软土层厚度增大而增大。图 3-13～图 3-14 也显示出同样的规律，随着软土层厚度的增加，沉降量增大。

2. 软土相对厚度影响

所谓软土相对厚度为软土层厚度和硬壳层厚度比值，借用该参数研究软土相对厚度对沉降及工后沉降的影响。

图 3-15 显示：随着软土埋深的增加，软土层厚度与硬壳层厚度比值的减小，沉降量都呈减小趋势，说明硬壳层与软土层共同承担上部荷载的作用明显。图 3-16～图 3-17 说明水泥土搅拌桩复合地基采用穿透软土层的做法，导致加固区土性趋于均一，因而，软土埋深对沉降的影响较小，尤其是工后沉降。

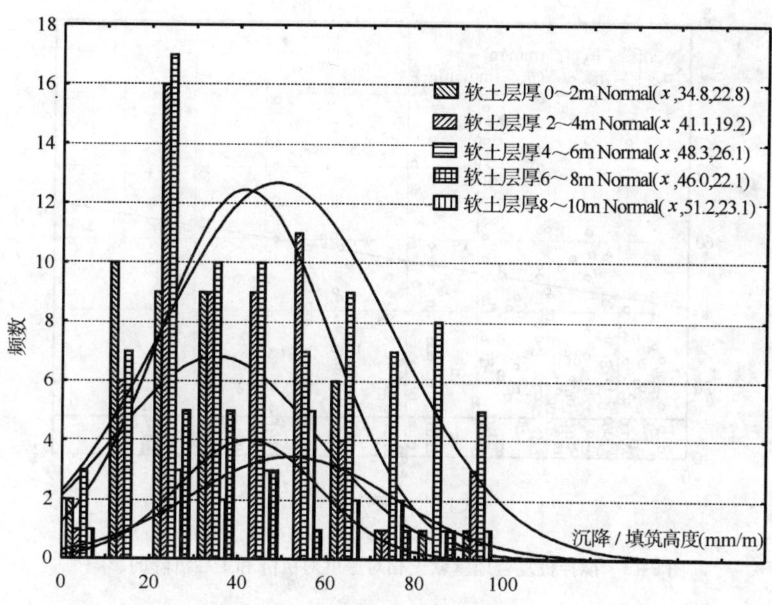

图 3-13　搅拌桩复合地基实测沉降/填筑高度频域分析

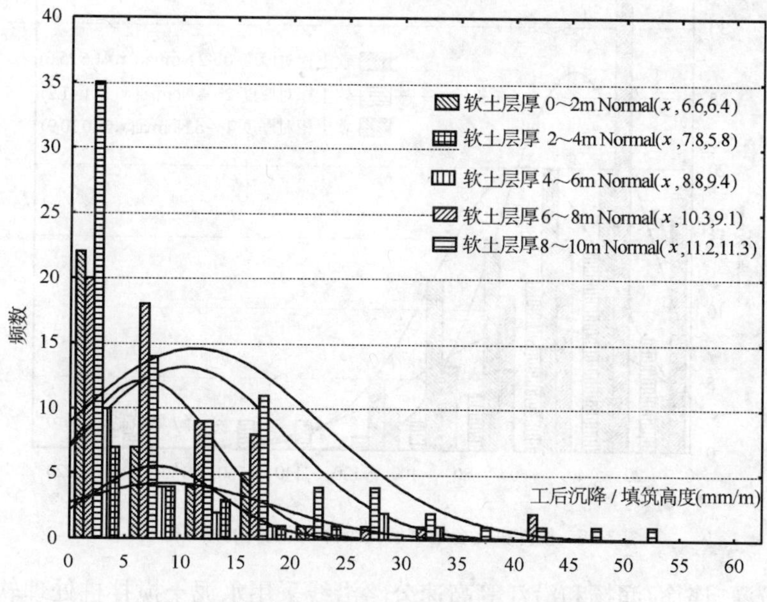

图 3-14　搅拌桩复合地基工后沉降/填筑高度频域分析

四、水泥土搅拌桩设计参数影响

1. 桩间距的影响

理论上而言，桩间距是影响水泥土搅拌桩处理效果的重要因素之一，桩间距过大，软土地基处理效果差，沉降量也增大，而桩间距过小，地基处理效果不但增长不明显，而且造成资金的

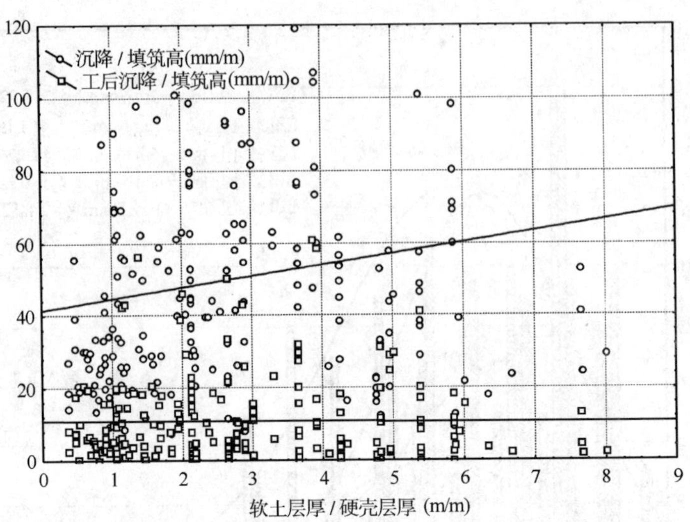

图 3-15 搅拌桩复合地基软土相对厚度对沉降和工后沉降的影响

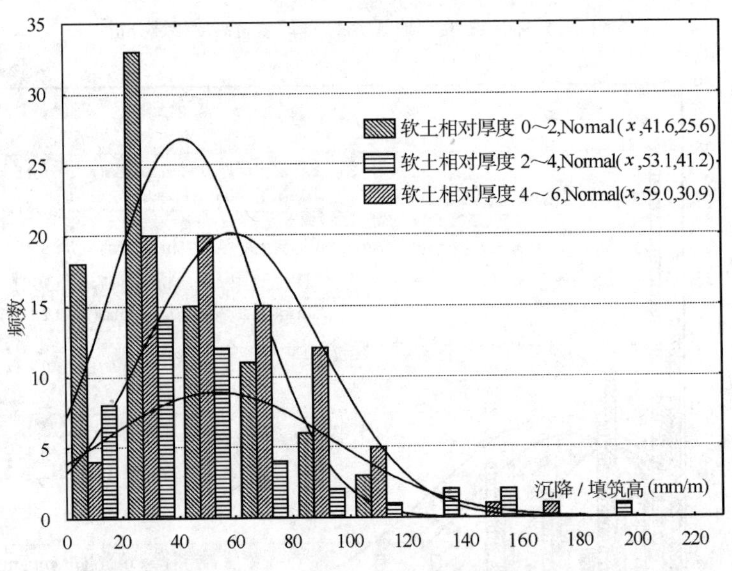

图 3-16 搅拌桩复合地基实测沉降/填筑高的频域分析

浪费。为此对汾灌、连徐、润扬和沿江等高速公路沿线采用水泥土搅拌桩处理软基后的沉降进行了汇总，其结果也能充分证明上述观点，其不同桩间距时沉降量与填筑高度间的关系参见图 3-18，其不同桩间距时工后沉降与填筑高间的关系见图 3-19，沉降/填筑高和工后沉降/填筑高与桩间距的关系见图 3-20 和图 3-21。

从图 3-19～图 3-21 可以看出，受客观地质条件、水泥土搅拌桩质量、观测精度等许多因素的影响，沉降量与桩间距和填土高度间的关系离散性较大，但总体上其沉降量和工后沉降随着桩间距的增加而增大，随着填筑高度的增高而增大，沉降/填筑高与工后沉降/填筑高，也随桩间距的增大而增大，并且桩间距的变化对这四个参数的影响随着填筑高度的增加而增大。

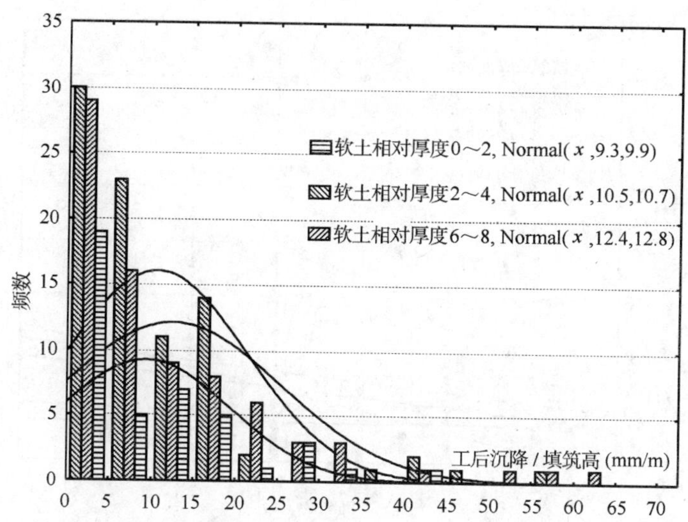

图 3-17　搅拌桩复合地基工后沉降/填筑高度的频域分析

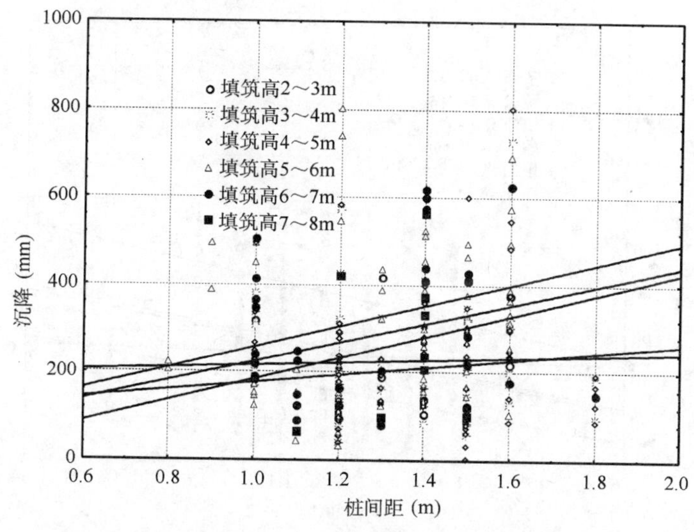

图 3-18　搅拌桩复合地基不同填筑高度时桩间距与沉降量的关系

2. 喷灰量的影响

分别统计了喷灰量为 50kg/m、55kg/m、60kg/m、65kg/m 和 70kg/m 五种掺灰量对沉降和工后沉降的影响，其不同喷灰量时填土高与实测沉降的关系参见图 3-22，该图数据比较离散，数据显示，不同喷灰量适用于不同的填土高度情况，在实测沉降反映处理效果理想的前提下，随着填土高度的增加，喷灰量也呈增长的趋势，说明随着喷灰量的增加，水泥土搅拌桩桩的桩身强度是增大的。图 3-23～图 3-24 更清楚地说明这一点。

3. 桩长对沉降的影响

从理论上来说，水泥土搅拌桩桩设计时，桩长应穿透软土层。但是实际设计中，考虑到具体的填土高度、软土层物理力学性质以及厚度和埋深，设计的桩长未必达到软土层下。表 3-2

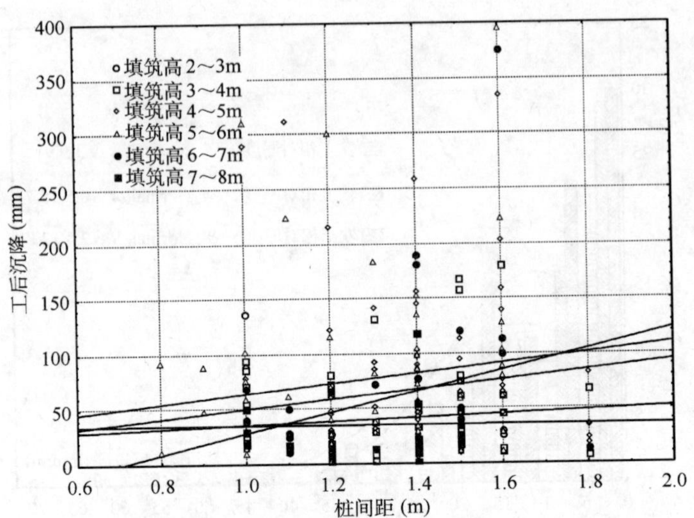

图 3-19　搅拌桩复合地基不同填筑高度时桩间距与工后沉降的关系

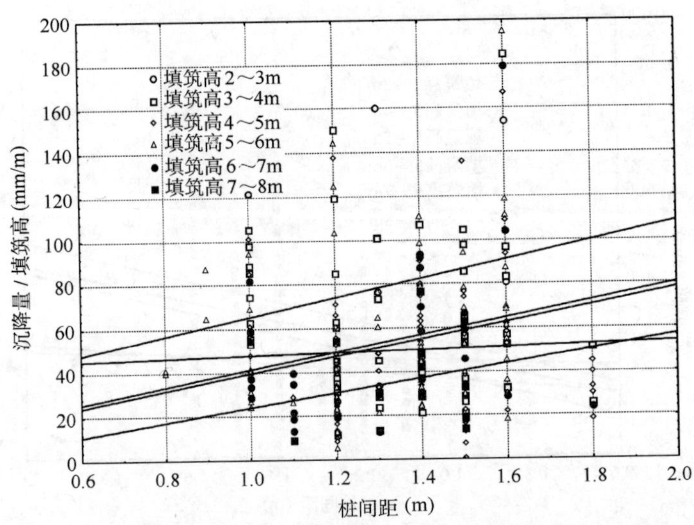

图 3-20　搅拌桩复合地基不同填筑高度时桩间距与沉降量/填筑高度的关系

是汾灌线中，采用水泥土搅拌桩桩处理时，没有穿透软土层的典型位置统计。由表可见，未打穿软土层的复合地基竣工时的固结度较低。所以在设计中，桩长最好能够达到具有一定强度的持力层，特别是在软土性质较差的地区。

表 3-2

桩长未穿透软土层的典型点

标　段	里　程	部　位	设计堤高(m)	硬壳层厚(m)	软土层厚(m)	桩长(m)	U(%)
O4	31.54	通道	3.61	6	2.1	5	0.62
O6	43.98	通道	4.36	2.7	5.5	4	0.75
O6	50.89	桥头	3.879	2.6	2.6	4.5	0.74
P6	65.155	通道	2.6	3.7	1.3	4.5	0.72

续上表

标　段	里　程	部　位	设计堤高(m)	硬壳层厚(m)	软土层厚(m)	桩长(m)	U(%)
P6	68.74	通道	3.242	3	3.4	5	0.81
P7	72.56	路堤	5.84	2.6	4.4	7	0.50
Q1	81.26	路堤	5.666	0	5.9	5.5	0.87

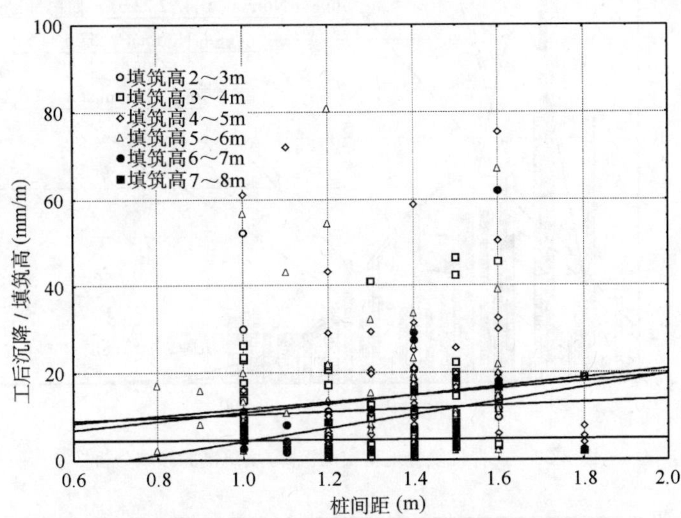

图 3-21　搅拌桩复合地基不同填筑高度时桩间距与工后沉降/填筑的关系

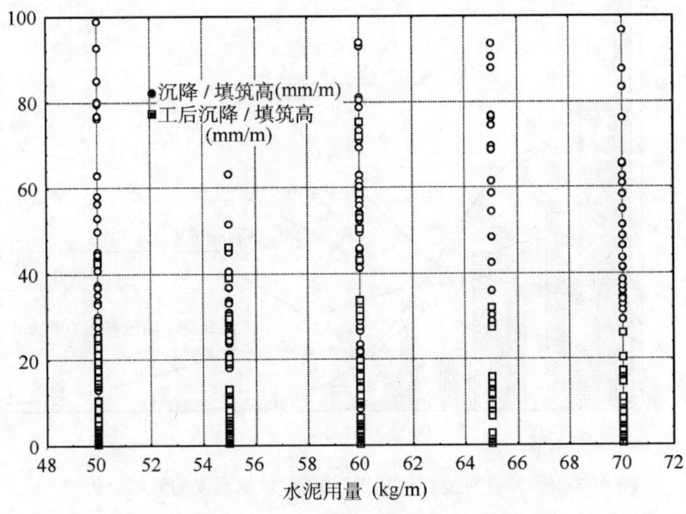

图 3-22　搅拌桩复合地基水泥用量对沉降和工后沉降的影响

五、施工因素对沉降的影响

填土速率的大小也直接影响到沉降速率的变化，填土速率过大，将使地基产生过大的变形和不均匀沉降，甚至引起地基的破坏。在实际工程中，通常通过控制加载速率，来保证下部土体的稳定,并有效控制变形与固结时间。图 3-25 为汾灌高速公路某水泥土搅拌桩桩路段不同处理方法的填土速率与沉降速率的关系。

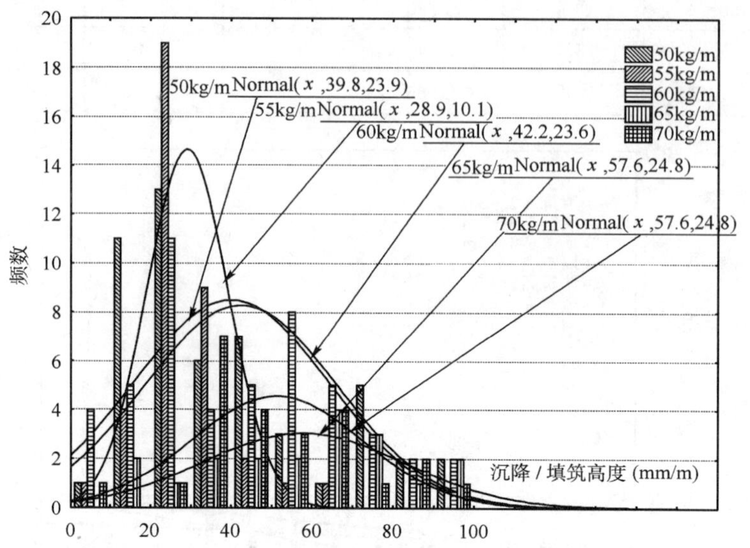

图 3-23 搅拌桩复合地基实测沉降/填筑高的频域分析

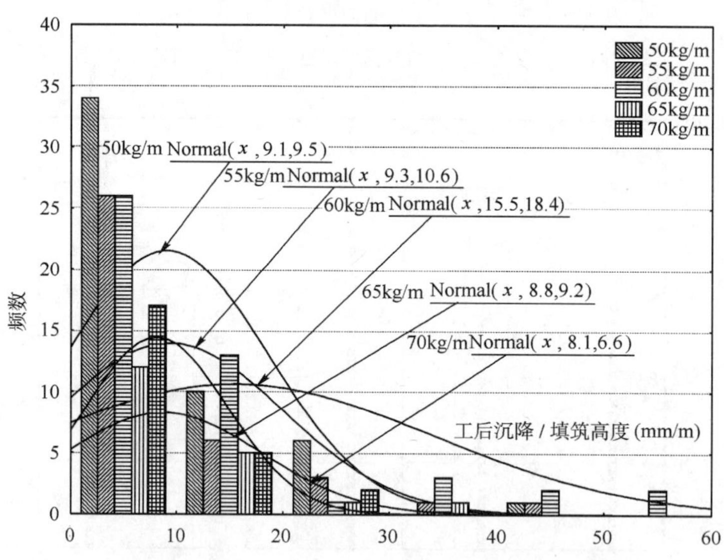

图 3-24 搅拌桩复合地基工后沉降/填筑高度的频域分析

从图 3-25 可以看出,填筑过程中,沉降速率随着填土速率的变化而变化,填筑速率提高,沉降速率也相应增大。在个别时候,这种规律有稍微滞后现象。

水泥土搅拌桩桩填土速率不大(小于 0.1m/d),但是沉降速率较大,原因是该处软土层下直接下伏一层 4.7m 厚的 2～5 层稍密细砂层,对固结过程影响比较大,其中一部分沉降实际来自于砂层的压实。随着填筑过程的进行,沉降速率有明显减小的趋势,逐渐趋于稳定。

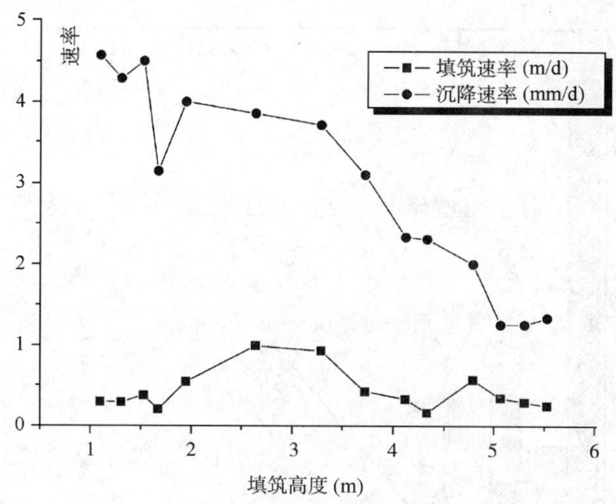

图 3-25　K58＋060 填筑速率及沉降速率变化

六、粉湿喷桩对沉降的影响

水泥土搅拌桩可以分为两类：一类称为粉喷桩，另一类为浆喷桩或者称为湿喷桩。根据收集的粉湿喷桩处理地基在路堤荷载作用下路堤的沉降，对比分析了两者之间的差别。图 3-26 为粉湿喷桩的沉降/填筑高的频数分布图，图 3-27 为工后沉降/填筑高的频数分布图，图 3-28 为沉降/填筑高与桩间距的关系，图 3-29 为工后沉降/填筑高与桩间距的关系。

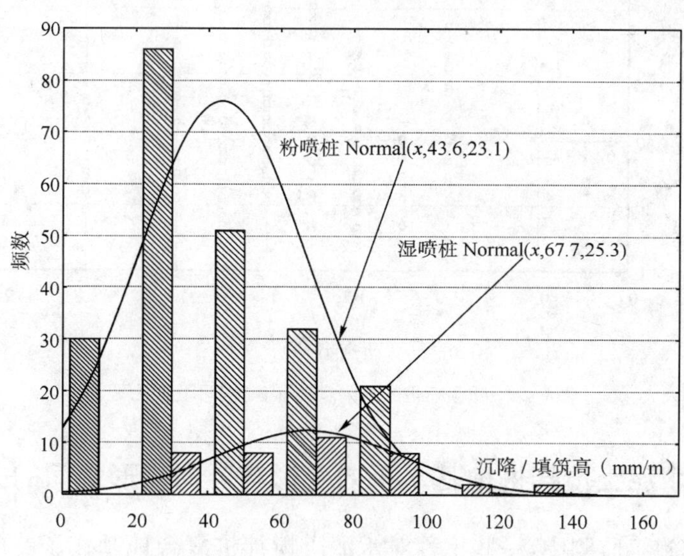

图 3-26　粉湿喷桩的沉降/填筑高统计分布

图 3-26～图 3-29 表明：同一填土高度下，粉喷桩处理的地基沉降较湿喷桩处理的小，工后沉降也小；沉降随桩间距变化方面，两者都呈现较离散的关系，导致这种现象的主要原因是影响地基沉降变形的因素比较多，桩间距这一因素只能反映一种定性的规律。

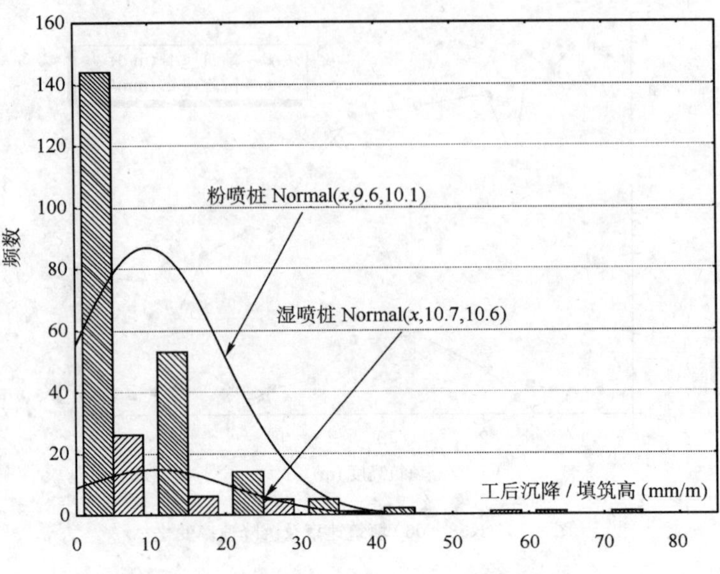

图 3-27　粉湿喷桩的工后沉降/填筑高统计分布

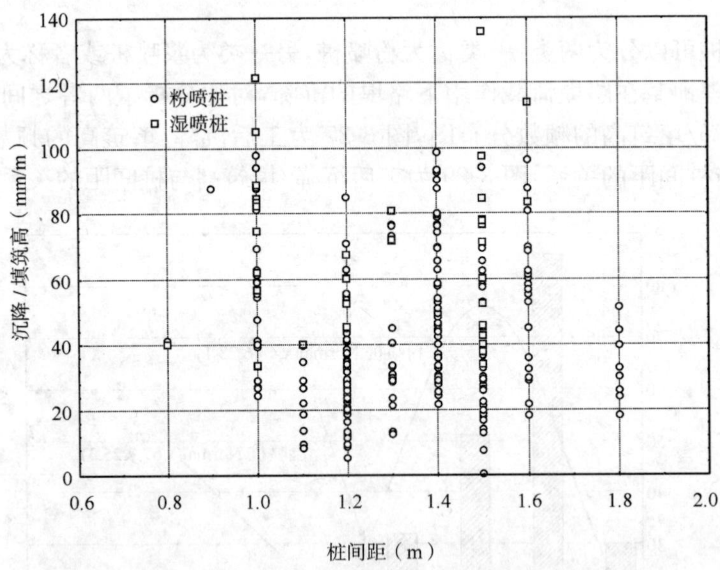

图 3-28　粉湿喷桩的沉降/填筑高与桩间距关系图

七、水泥土搅拌桩地基水平向变形与竖向变形之间的关系

在高速公路的施工监测中，一些工程对水泥土搅拌桩复合地基作了路中沉降和侧向变形的观测，描述了高速公路施工过程中路堤沉降和侧向变形的发展情况，从而指导高速公路的施工。本章根据水泥土搅拌桩一些路段的现场监测数据，并在结合了大量文献参考数据的基础上，进一步分析水泥土搅拌桩与地基两者之间的相互关系。高速公路的变形监测中路中的沉降板和路堤坡角处的测斜管布设见图 3-30。

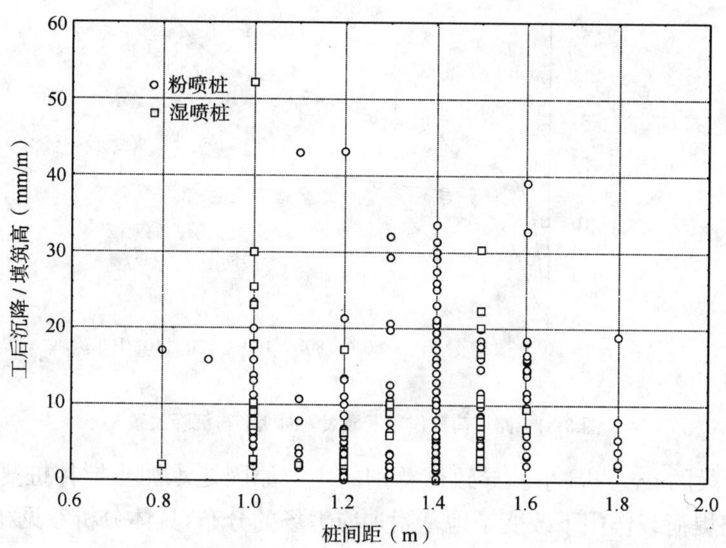

图 3-29　粉湿喷桩的工后沉降/填筑高与桩间距关系图

杭州绕城高速公路(北段)水泥土搅拌桩处理的路段埋设了沉降板、深层沉降标、测斜管和孔压计等观测设备,取得了不少现场数据。该路段路堤高度为5m,路堤坡度为1.5。济南绕城公路(东段)水泥土搅拌桩处理路段也进行了相关的测试。该路段路堤高度为5.47m,路堤坡度为1.5。

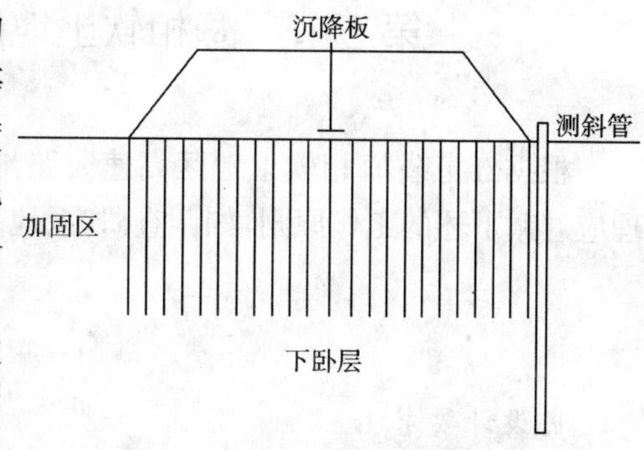

图 3-30　粉喷桩复合地基变形观测

根据这两条高速公路的路中沉降和填土高与填筑历时的关系曲线和侧向变形随侧斜管深与填筑历时的关系曲线,可以整理得到路中沉降 S 与最大侧向变形 y_m 对应的数值(如表 3-3 所示)。

S 与 y_m 的对应关系　　表 3-3

杭州绕城		济南绕城		杭州绕城		济南绕城	
S(mm)	y_m(mm)	S(mm)	y_m(mm)	S(mm)	y_m(mm)	S(mm)	y_m(mm)
0	0	0	0	33	17	109	25
6	12	15	9.9	38	19	123	28
10	14	31	13.2	90	23	129	30
19	16	74	14.9	94	24	137	30
25	16	104	17.0				

根据表 3-3 的数据可以整理出 S 与 y_m 的关系曲线,如图 3-31 所示。图 3-31 表明水泥土搅拌桩复合地基在路堤荷载作用下,侧向变形和竖向变形之间也呈现两个阶段的特性。第 I 阶段最大侧向变形随竖向沉降增大而迅速增加,而第 II 阶段侧向变形增加的速度大为减小。

对比水泥土搅拌桩复合地基和天然地基最大侧向变形与沉降的关系(图 3-31)发现,天然地基中第 II 阶段的 dy_m/dS 较第 I 阶段的 dy_m/dS 大,而在粉喷桩复合地基中第 II 阶段的

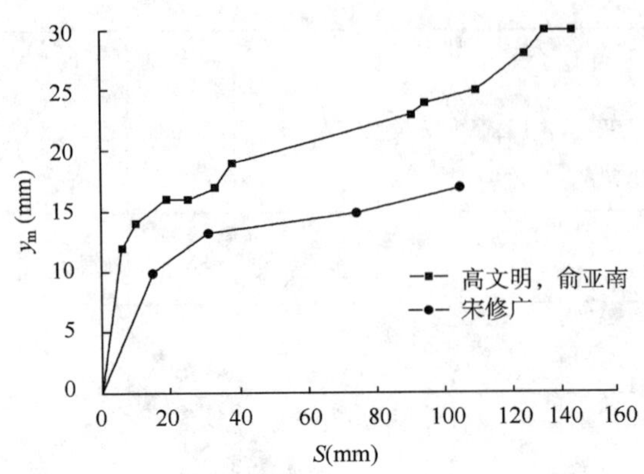

图 3-31　路堤荷载作用下最大侧向变形与沉降关系

dy_m/dS 较第Ⅰ阶段的 dy_m/dS 小。导致该差别的主要原因是水泥土搅拌桩复合地基中由于搅拌桩的打入，在路堤荷载作用下改变了地基附加应力场的分布，具体分析参见相应的参考文献。

第三节　海相软土地区高速公路地基处理设计原则

根据江苏省海相软土地区高速公路地基处理设计和施工的经验，对海相软土地区地基处理应遵循下述的工作原则，如调查研究、地基处理方案确定、地基处理设计及地基处理施工管理。

一、调 查 研 究

1. 设计要求

主要包括道路等级、桥梁及构造物结构、受力及使用要求，稳定安全系数和变形容许值等。

2. 工程地质条件

地形及地质成因、地基成层状况；软弱土层厚度、不均匀性和分布范围；持力层位置及状况；地下水位情况及地基土的物理力学性质。

各种软弱地基的现状是不同的，现场地质条件随着场地的不同也是多变的。特别是公路这种线性工程，即使同一种土质条件也可能是多种地基处理方案。

3. 环境影响

在地基处理中应考虑环境对场地环境的影响。如采用强夯法和砂桩挤密法等施工时，振动和噪声对邻近构筑物和居民产生影响和干扰；采用堆载预压法时，将会有大量的土方运进运出，既要有堆放场地又不能妨碍交通；采用真空预压法或降水预压法时，往往会使邻近建筑物周围地基产生附加下沉；采用石灰桩或者灌浆法时，有时会污染周围环境。施工时对场地的环境影响不是绝对的，但应该慎重对待，妥善处理。

4. 施工条件

(1)用地条件。如施工时占地较大，对施工虽较方便，但有时会影响经济造价。

(2)工期。工期不太紧,这样可以有条件选择缓慢加载的堆载预压法等方案,且施工期间地基稳定性增大。但有时工程要求缩短工期,以早日完工投入使用,这样限制了某些地基处理方法的选用。

(3)工程用料。尽可能就地取材,如当地产砂,就应考虑采用砂垫层或挤密砂桩等方案的可能性;如当地有石料供应,就应考虑采用碎石桩和碎石垫层等方案。

(4)其他。施工机械的有无、施工难易程度、施工管理质量控制、管理水平和工程造价等因素也是采用何种地基处理方法的关键因素。

二、地基处理方案的确定

在遵循以上地基处理的原则后,地基处理一般按下列步骤进行地基处理设计:

(1)收集详细的工程地质、水文地质及地基基础的设计资料。

(2)根据结构类型、荷载大小及使用要求,结合地形地貌、地层结构、土质条件、地下水特征、周围和相邻建筑物等因素,初步选定几种可供参考的地基处理方案。

(3)对初步选定的各种地基处理方案,分别从处理效果、材料来源及消耗、机具条件、施工进度、环境影响等方面进行认真的技术经济分析和对比,而因地制宜是一项重要的方案选定因素,根据安全可靠、施工方便、经济合理等原则,从而选择最佳的处理方法。值得注意的是,每一种地基处理方法都有一定的适用范围、局限性和优缺点。没有一种地基处理方法是万能的。必要时也可选择两种或者多种地基处理方法组成的综合处理方案。

(4)对已选定的地基处理方法,可在有代表性的场地上进行相应的现场试验和试验性施工,并进行必要的测试以检验设计参数和处理效果。如达不到设计要求,应查找原因采取措施或者修改设计。

根据第二章海相软土的工程特性的研究,发现海相软土除了具有一般软土的含水率高、孔隙比大、压缩性高、低强度和低渗透性的特点,还具有非常明显的特点:

①具有很大的次固结和蠕变的特点;

②具有很高的结构性,其灵敏度一般大于6,平均超过10,有的海相软土的灵敏度甚至超过200。

而根据第三章第一节天然地基沉降变形规律和第二节水泥土搅拌桩复合地基沉降变形规律的对比分析,发现海相软土目前常用的处理方法(预压法和搅拌桩复合地基)改良软土地基的特性以减小地基的工后沉降均是有效的方法,但是采用堆载预压法时地基的沉降和工后沉降均比较大。因而如果采用预压法控制工后沉降时,其施工工艺和施工组织设计非常重要,以保证施工期的稳定性和工后沉降能够满足设计要求。从天然地基沉降规律的分析发现,当路堤的填筑高度小于海相软土地基的临界填筑高度时,地基的沉降能够很好地得到控制,并且此时地基的蠕变和次固结也比较小。而对于水泥土搅拌桩复合地基而言,其加固海相软土的效果非常明显,其沉降及工后沉降均非常小并且施工过程中路堤的稳定性容易控制,为此在海相软土地基处理的实践中水泥土搅拌桩表现出巨大的优越性。

由于海相软土具有很强的结构性,刚性桩和柔性砂石料桩的挤土效应非常明显,此时会导致桩周土体强度的急剧衰减,从而给地基带来不确定因素,同时刚性桩复合地基作用机理目前尚未清楚,而砂石料桩的强度过低,因而刚性桩复合地基和砂石料桩复合地基在海相软土上高速公路地基处理的应用尚需进一步研究。路堤加筋能够有效减小地基的差异沉降，而从目前的研究和实践资料分析其对总沉降和工后沉降的改善效果不明显，因而不能作为独立的海相软土地基的处理方法。

综上所述，对高速公路工程中海相软土的地基处理而言，预压法和水泥土搅拌法是目前有效的地基处理方法，其中预压法对于填筑高度低于临界高度时比较容易实现，而搅拌桩技术则均能适用。

三、地基处理设计程序

在地基处理原则和海相软土地基处理合适方法分析的基础上，可以得到地基处理的设计程序，如图 3-32 所示。

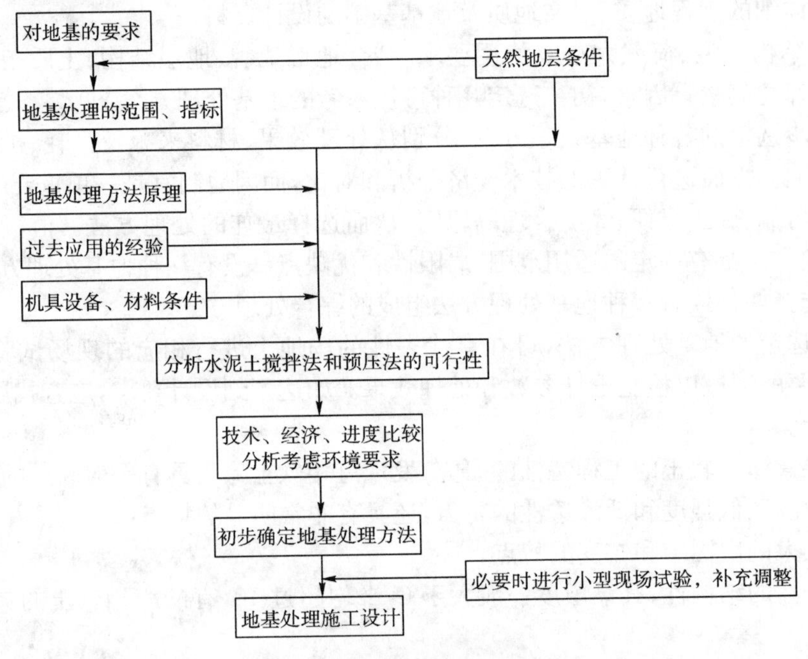

图 3-32　地基处理设计程序框图

四、地基处理工程的施工管理

对于采用了地基处理方案，必须严格施工管理，否则会丧失良好地基处理方案的优越性。在施工中对各环节的质量标准要严格掌握，施工时间要安排合理，因为地基加固后的强度提高往往需要一定时间。随着时间的延长，强度还会增长，变形模量也会提高。可通过调整施工进度，确保地基的稳定性和安全度。

一般施工前、施工中和施工后，都要对被加固的地基进行现场测试，以便及时了解地基土的加固效果，修正加固设计，调整施工进度。有时为了获得某些施工参数，多数情况下，必须于施工前在现场进行地基处理的原位试验。有时在地基加固前，为了保证邻近建筑物的安全，还要对邻近建筑物或地下设施进行沉降和裂缝等监测。

第四章
水泥土搅拌桩施工扰动分析

由于天然软土大多不宜直接作为地基，需要进行处理，地基处理施工扰动会破坏土体的原生结构和状态。扰动后土体的力学特性与土体原位结构和所受扰动程度有关，扰动后土体的力学特性发生变化且在短期内难以恢复，在外力作用下会产生比原位土体更大的变形。由于土体结构破坏，导致其工程性质与原状土有较大的差别：原状土的压缩曲线具有明显的屈服点，屈服应力较有效上覆压力大。施工扰动引起土体性质变化表现为：应力改变，土结构性的改变和孔隙水压力改变。若根据原状土或重塑土压缩曲线计算地基沉降会与工程实践有较大差异。因此地基处理施工扰动引起土体内部结构发生一定程度的破坏，对结构性软土地基的固结性状产生显著影响。

本章采用理论分析、室内模拟试验、有限元数值模拟和现场试验的方法来分析水泥土搅拌桩施工对桩周土的影响，得到扰动度与强度和固结系数等参数的相互关系。

在水泥土搅拌桩复合地基设计中，希望尽可能利用桩间土强度，从而减小工程的造价，因而可以通过水泥土搅拌桩施工对桩周土扰动的研究得到水泥土搅拌桩的最小桩间距。

第一节　水泥土搅拌桩施工扰动理论分析

本节针对水泥土搅拌桩施工扰动首先对国内水泥土搅拌桩施工工艺进行分析，而后分析施工过程作用在桩土界面处受力，在分析了边界受力后，采用圆孔扩张理论分析桩周土的附加应力分布，结合现有扰动度评价理论，得到桩周土的扰动度的评价体系。在水泥土搅拌桩桩周土扰动度评价体系的基础上，本节进一步分析扰动后土体强度与固结系数的变化规律。

一、水泥土搅拌桩施工过程桩周土应力分析

图 4-1 为国内水泥土搅拌桩施工的工艺流程。根据图 4-1，可以将水泥土搅拌桩施工可以分为以下六个阶段：

(I)定位下沉。

(II)搅拌下沉到底部。

(III)喷粉/浆搅拌施工。

(IV)重复搅拌下沉。

(V)重复搅拌上升。

(VI)施工完毕。

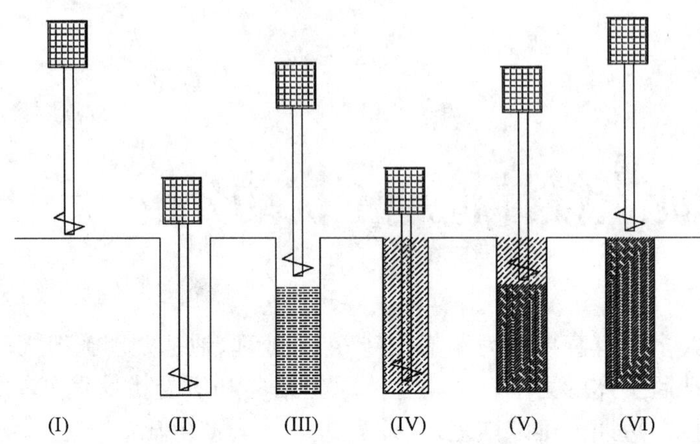

图 4-1　水泥土搅拌桩的施工流程

通过对水泥土搅拌桩施工工艺的分析,可以把水泥土搅拌桩施工对桩周土的影响做以下简化,并作相应假设:

(1)水泥土搅拌桩施工过程中下沉(II)和提升喷粉(III)过程虽然不是同时发生,但是这两个过程时间间隔不大。为了简化分析,假设这两个过程作用在桩土界面处喷射压力和剪切力协同作用在桩土界面上。

(2)水泥土搅拌桩施工过程,假设喷射力和剪切力沿深度方向均匀作用在桩土界面处,同时将桩周土体也简化为沿深度和桩径方向为无限均匀体。由于桩芯所在处的孔洞存在,沿深度和桩径方向的土体和受力构成了一半无限空间体,因此在分析施工过程桩周土受力可以采用圆孔扩张理论进行分析。

(3)在水泥土搅拌桩施工的(IV)和(V)阶段,即双次复搅的过程中,认为搅拌轴只对桩径范围内的土体进行搅拌,以促使桩径范围内水泥和土体充分搅拌,这个阶段的施工对桩周土没有影响。

通过对水泥土搅拌桩施工流程分析及对桩土界面处受力的假设,可以得到水泥土搅拌桩施工过程桩土界面和桩周土受力图,见图 4-2～图 4-4。

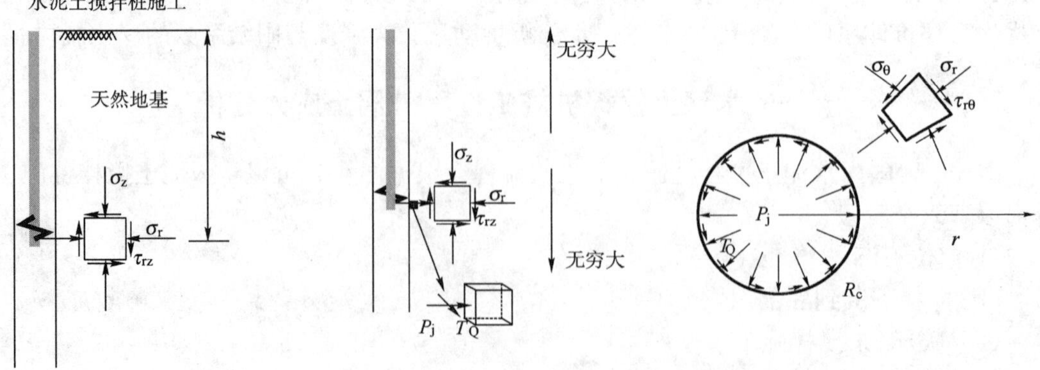

图 4-2　水泥土搅拌桩下沉示意图　　图 4-3　剪应力分布及单元受力图　　图 4-4　边界条件

要评价水泥土搅拌桩施工对桩周土扰动的影响，必须确定搅拌桩施工过程中作用在桩土界面处正应力 P_j 和剪应力 T_Q。

1. P_j 的确定

作用在桩土界面处的应力 P_j 应该由以下两个准则来确定：

(1)粉气流在经喷射孔射出时，气压扩散到桩周土处最大喷气压力；在确定粉气流压力时，需考虑粉气流沿着传送管道传输时压力的沿程损耗。

(2)目前国内水泥土搅拌桩是单喷口，钻头与桩周土形成了一个密封体粉气流喷出以后，压力会沿桩径的环向扩散，从而形成一个作用在桩土界面处的空气压力。当桩土界面处土体发生破坏，气压会沿破坏面扩散；空气压力消散到一定程度后，桩周土在自重应力作用下会与钻头再次闭合，再次形成作用在桩土界面上的空气压力，这是一个动态过程。因此桩周土体能承受的极限压力是一个需要考虑的因素。

因此作用在水泥土搅拌桩桩土界面处压力 P_j 应该取两者之间最小值，接下来分析两者作用在边界面上的压力。

1)粉气流作用下边界面上压力

图 4-5 为粉喷桩气压输送系统布置图，从图中可以看出压力传送系统由空压机、储气罐、灰罐和输灰管等组成。

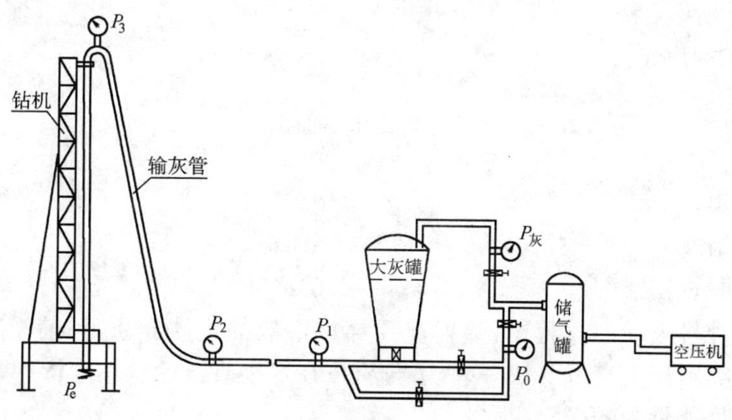

图 4-5　粉喷桩气力输送系统布置简图

根据江苏省 95 高速公路科研项目《粉喷桩施工工艺及质量检测方法研究》，对于喷粉压力为 0.4MPa，施工桩长为 15m 的粉喷桩机械设备，其气力输送系统压力损失为 0.10～0.22MPa。

粉气流从喷口出来后，喷射压力沿径向扩散采用注浆工程中的公式，喷粉压力沿径向分布见图 4-6。

图 4-6 中 d_0 为喷射孔直径，x_c 为初期区域长度，R 为终期区域作用范围的直径，从图 4-6 可以看出，注浆工程中压力从喷射孔喷出后根据流体的流态可以将其分为 3 个区段，即：初期区域、主要区域和终期区域。在初期区域流体呈聚流的形态，流体压力变化不大；在主要区域流体呈扩散状态，流体压力急剧衰减；在终期区域流体压力已经很小，流体不再穿透土体。从喷射孔到终期区域的距离为注浆工程中有效注浆范围。图 4-6 表明粉气流从喷射孔喷出后从

初期区域末端喷射压力沿程开始扩散，压力减小，压力按以下经验表达式进行衰减，参见图 4-7。

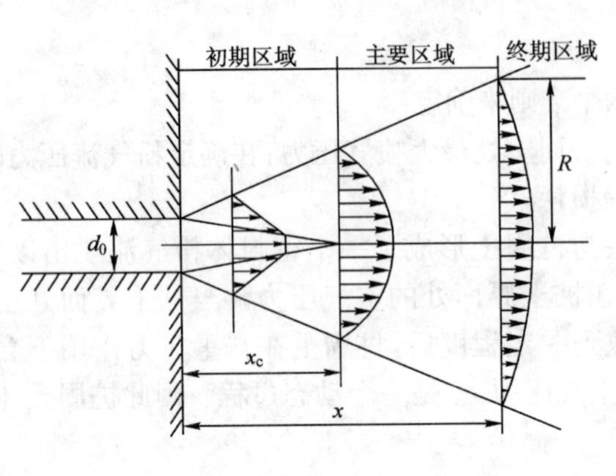

图 4-6　喷射压力分布区域

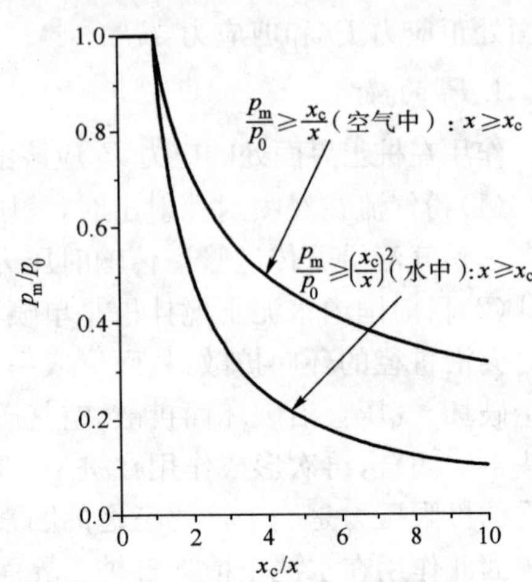

图 4-7　喷射压力沿程衰减经验规律

喷射流在空气中射水时：

$$\frac{p_m}{p_0} = \frac{x_c}{x} \tag{4-1}$$

喷射流在水中射水时：

$$\frac{p_m}{p_0} = \left(\frac{x_c}{x}\right)^2 \tag{4-2}$$

根据试验结果：

在空气中喷射时：　　$x_c = (75 \sim 100)d_0$

在水中喷射时：　　$x_c = (6 \sim 6.5)d_0$

在水泥土搅拌桩喷粉的过程中，喷射流要穿过松散的土体介质，目前没有相关的研究成果。在土中传播喷射压力衰减要快一些，本分析按在水中衰减的规律进行计算。

2)桩土界面处能承受的极限应力

空气在密封体中会随压力增大而发生压缩，而一旦密封体性能发生破坏时，空气会从破裂面泄漏，从而使空气压力减小。水泥土搅拌桩施工过程中，钻头和周围土体之间形成了一个相对的密封体。但是钻头与桩周土体之间的桩土界面是一个潜在的薄弱面。作用在桩土界面处的空气压力大于桩土界面能承受的极限应力时，空气压力会在沿桩土界面排出，从而使空气压力发生消散；同时周围土体压力会使桩周土体与钻头之间再次形成相对的密封体，因此作用在桩土界面处的空气压力是一个动态平衡过程，分析过程中假定其为恒定的，并且与土体的黏聚力相关数值。

对于饱和黏土，总应力法的摩尔—库伦破坏线在 τ—σ 坐标中为一直线，见图 4-8。土体的静止土压力为 $k_0\sigma'_z + p_{w0}$，其中 k_0 为静止土压力系数，σ'_z 为有效上覆应力，p_{w0} 为静止孔隙水压力。根据图 4-8 可以得知，当作用在桩土界面处的压力 p_u 超过 $k_0\sigma'_z + p_{w0} + 2c$ 时土体发生破坏，c 为饱和黏土快剪试验测得的黏聚力。根据土力学已有的研究成果，对于饱和土体的

$c=\frac{q_u}{2}=C_u$。作用在桩土界面处极限压力 $p_u=k_0\sigma'_z+p_{w0}+2C_u$。

3)P_j 确定

国内水泥土搅拌桩机械钻头的喷粉孔一般为一个，见图 4-9，但是气体是可以压缩的，喷射出的空气在水泥土搅拌桩的桩孔处形成一定的气压 p，从而均匀地作用在水泥土搅拌桩的桩土界面处。当喷出的气压比较高(国内喷粉桩喷粉压力一般为 0.4MPa)时，作用在桩土界面处空气压力容易达到桩土界面处的极限压力 p_u，见图 4-10。而此时对于喷射孔对应桩土界面的局部，喷射压力直接作用在界面上，该局部的应力会比 p_u 大，但是该力是局部力，由于应力集中，容易使该处土体发生破坏，产生劈裂作用。在我们的分析中不考虑该局部力的作用，而简单地假设桩土界面处作用有均匀空气压力。

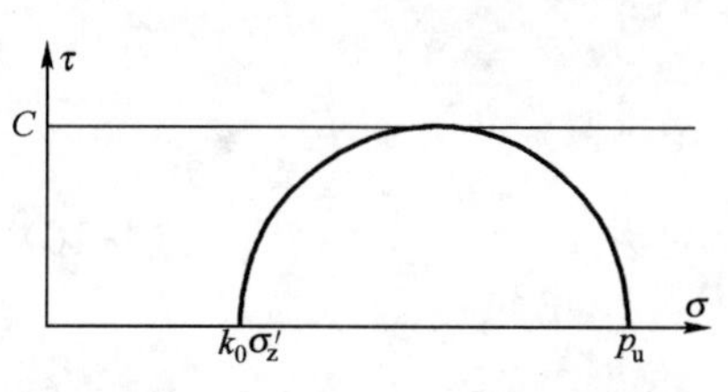

图 4-8　摩尔—库伦准则

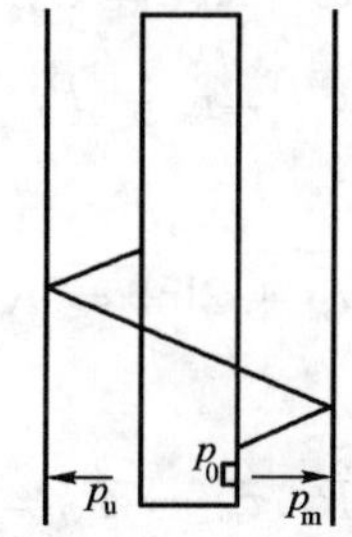

图 4-9　水泥土搅拌桩喷射孔示意图

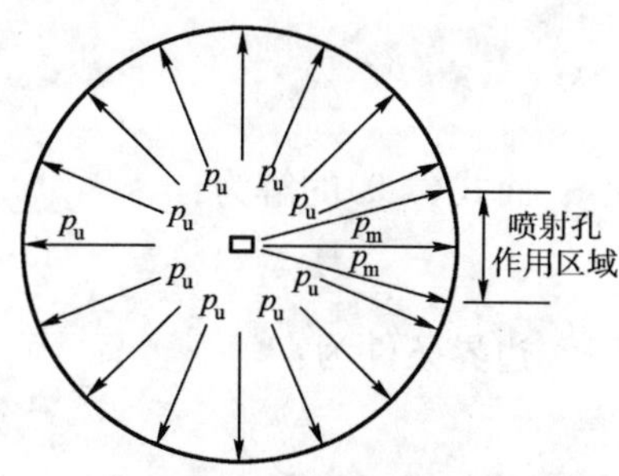

图 4-10　桩土界面处的应力分析

当搅拌桩施工过程中粉气流输送不流畅，或者喷粉压力过小时，作用在桩土界面处的压力 p_m 可能小于桩土界面处的 p_u。这时作用在桩土界面处的均匀空气压力则可以近似按 p_m 取。

在边界面上，当 $p=k_0\sigma'_z+p_{w0}$ 时，喷射压力正好能维持原位土体静止时的应力状态。在分析喷射压力对桩周土影响时，作用在桩土边界上附加应力为 $p_j=p-k_0\sigma'_z-p_{w0}>0$。

综上所述，作用在桩土界面处的正压力 p_j 按照以下方式选取。

$$p_j=\min(p_u-k_0\sigma'_z-p_{w0},p_m-k_0\sigma'_z-p_{w0}) \tag{4-3}$$

2. 剪切力的确定

在水泥土搅拌桩钻头下钻时，钻头完成了桩周土的切削，最大剪切力为土体十字板抗剪强度。因此可以认为作用在桩土界面处的剪切力 T_Q 等于土体的十字板剪切强度 C_u。

二、桩周土应力分析

根据力学平衡条件，二维平面问题的平衡方程为：

$$\frac{\partial\sigma_r}{\partial r}+\frac{\partial\tau_{r\theta}}{r\partial\theta}+\frac{\sigma_r-\sigma_\theta}{r}=0 \tag{4-4}$$

$$\frac{\partial\sigma_\theta}{r\partial\theta}+\frac{\partial\tau_{r\theta}}{\partial r}+\frac{2\tau_{r\theta}}{r}=0 \tag{4-5}$$

由于水泥土搅拌桩的施工中，正应力和剪应力为中心对称荷载，即：

$$\tau_{r\theta}(\theta,r)=\tau_{r\theta}(r) \tag{4-6}$$

$$\sigma(\theta,r)=\sigma(r) \tag{4-7}$$

因此可以将平衡问题简化为：

$$\frac{\partial\sigma_r}{\partial r}+\frac{\sigma_r-\sigma_\theta}{r}=0 \tag{4-8}$$

$$\frac{\partial\tau_{r\theta}}{\partial r}+\frac{2\tau_{r\theta}}{r}=0 \tag{4-9}$$

边界条件为：

$$\tau_{r\theta}\mid_{r=R_c}=C_u$$

$$\sigma_r\mid_{r=R_c}=P_j$$

而式(4-9)的解为：

$$\ln\tau_{r\theta}+2\ln r=K_1 \tag{4-10}$$

边界条件为：

$$r=R_c,\tau_{r\theta}=T_Q=C_u \tag{4-11}$$

式中：C_u——原状土体的十字板抗剪强度；

R_c——水泥土搅拌桩桩径。

因此得到剪应力随 r 变化为：

$$\tau_{r\theta}=C_u\left(\frac{R_c}{r}\right)^2 \tag{4-12}$$

水泥土搅拌桩施工过程中，气压是瞬时加在桩土界面的土体上。根据固结理论，可以认为孔压转化为超静孔隙水压力 p_w，加载瞬时土体有效应力不变化，即：

$$\sigma_r=k_0\sigma'_z+p_{w0}+p_w \tag{4-13}$$

将表达式(4-8)进行转换，并将表达式(4-13)代入，得到表达式(4-14)：

$$(\sigma_r-\sigma_\theta)=-r\frac{\partial\sigma_r}{\partial r}=-r\frac{\partial p_w}{\partial r} \tag{4-14}$$

Vesic 通过研究认为在超静孔压变化规律为：

$$p_w\propto\left(\frac{R_c}{r}\right)^2 \tag{4-15}$$

桩土界面处($r=R_c$)：

$$p_w=p_j \tag{4-16}$$

因此超静孔隙水压力 p_w 沿桩径方向的分布为：

$$p_w=p_j\left(\frac{R_c}{r}\right)^2 \tag{4-17}$$

结合式(4-8)、式(4-14)和式(4-17)可以得到有效平均正应力和剪应力分别为：

$$\Delta p' = \frac{1}{3}(\Delta\sigma'_{r} + \Delta\sigma'_{\theta} + \Delta\sigma'_{z}) = 0 \tag{4-18}$$

$$\Delta q = \frac{1}{2}[(\sigma_{r} - \sigma_{\theta})^2 + 4\tau_{r\theta}^2]^{\frac{1}{2}} = \sqrt{p_{j}^2 + C_{u}^2\left(\frac{R_{c}}{r}\right)^2} \tag{4-19}$$

三、土体扰动程度的评价方法

水泥土搅拌桩施工桩周土处应力场发生变化，导致了土体扰动产生，为了评价土体扰动的大小，需引入扰动度评价体系。目前扰动度评价主要有以下四种方法。

1. 残余孔隙水压力法

饱和土孔隙水压力评价土样扰动的理论是建立在 Hvorslev 不排水强度取决于原始有效应力和含水率基础上。假设土样从原位取出后，含水率没有发生任何变化，根据有效应力原理，原位应力的解除应转化为孔隙水压力的变化。孔隙水压力 u_{p} 由下式计算：

$$u_{p} = -\gamma z[k_0 - A(1 - k_0)] \tag{4-20}$$

式中：γ——土的重度；

z——取土深度；

k_0——静止土压力系数；

A——孔隙水压力系数(按表 4-1 选取)。

孔压系数 *A* 的取值　　表 4-1

土　类	*A*　值	土　类	*A*　值
很松的细砂	2～3	微超固结黏土	0.20～0.50
高灵敏度软黏土	0.75～1.5	一般超固结黏土	0～0.2
正常固结黏土	0.5～1.0	强超固结黏土	−0.5～0
压实砂质黏土	0.25～0.75		

扰动度定义为残余孔隙水压力 u_{s} 与孔隙水压力 u_{p} 的比值，即：

$$\lambda_{d} = \frac{u_{s}}{u_{p}} \tag{4-21}$$

u_{s} 为土体取样(扰动)后残余孔压，可以用孔压计测得。当 $\lambda_{d}=1$ 时，表示土样未被扰动；当$\lambda_{d}=0$ 时，表示土样被完全扰动。

而后 Ladd 和 Lamb 等人采用残余有效应力来描述土体的扰动，即采用取样/扰动后土体的有效应力与原位的有效应力的比值作为评价扰动的指标。

残余孔隙水压力法和有效应力法在评价土样的扰动时，确定 u_{p} 时需要对测得土样的孔隙水压力系数，同时采用孔压计测得取样后土样中残余的孔隙水压力 u_{s}，这两个参数的确定比较烦琐。这种方法作为早期提出的确定扰动度的方法有一定的意义，但由于确定扰动度过程烦琐，现在很少用。

2. 不排水模量对比法

饱和土样的不排水模量受扰动的影响最为灵敏，Raymond 在此基础上建立扰动度的公式：

$$\lambda_{\mathrm{d}}=\frac{[E_{\mathrm{u}}]-E_{50}}{[E_{\mathrm{u}}]-[E_{50}]} \tag{4-22}$$

其中 E_{50} 和 $[E_{50}]$ 分别为扰动土样和重塑土样的应变为50％破坏应变对应的不排水割线模量，$[E_{\mathrm{u}}]$ 为理想土样(不扰动样)的不排水模量。

在不排水模量法确定土样的扰动时，理想土样(不扰动样)的不排水模量不容易测得。

在工程中重塑样的强度和变形特性比较容易测得，而理想土样(不扰动样)的强度和变形特性很难测得。后续研究土样扰动评价的学者认识到了这一点，进而提出了体积压缩法。

3. 体积压缩法

根据室内 e—lg$p$ 曲线，分别测得理想土样与完全重塑土样的压缩曲线的差值(见图4-11)，定义扰动度为：

$$\lambda_{\mathrm{d}}=\frac{\Delta e}{\Delta e_0} \tag{4-23}$$

其中 Δe 为在土体前期压力 p'_{c} 作用下理想压缩曲线与实际压缩曲线的孔隙比差值，Δe_0 为在前期固结压力 p'_{c} 作用下，理想压缩曲线与完全压缩曲线的孔隙比的差值。刘振英和李涛研究了该方法的不足，认为按体积压缩法确定的扰动系数，Δe 和 Δe_0 应按静止土压力 p'_0 时计算得到(图 4-12)。

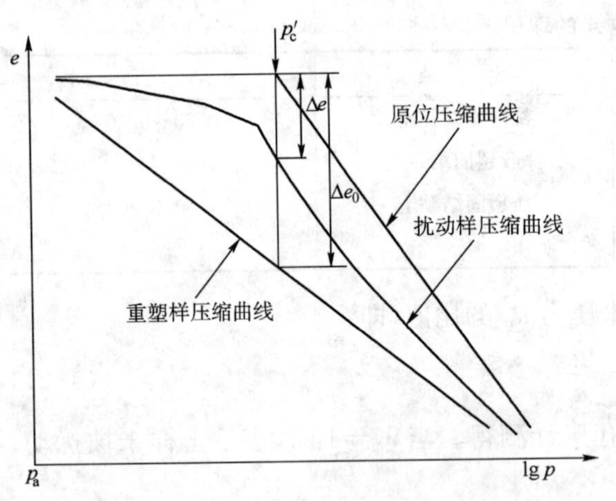

图 4-11 e—lg$p$ 坐标下的压缩曲线(前期压力 p'_{c} 作用下)

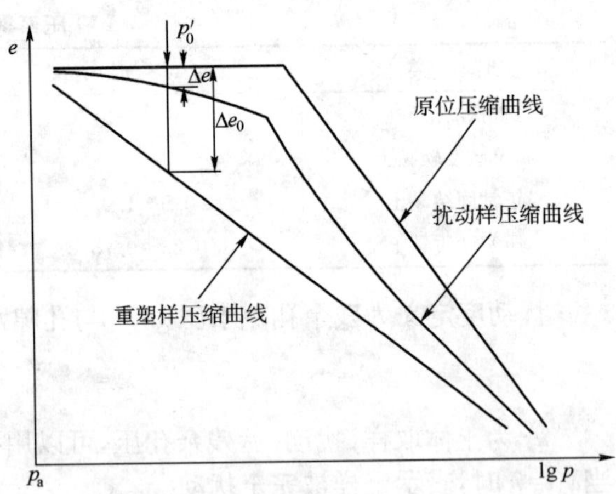

图 4-12 e—lg$p$ 坐标下的压缩曲线(静止土压力 p'_0 作用下)

4. 修正体积压缩法

Butterfield 通过大量的 e—lg$p$ 曲线的分析，认为 e—lg$p$ 在 $p<p'_{\mathrm{y}}$ 时土体的 e—lg$p$ 曲线并不为一直线，而采取 ln(1+e)−lg$p$ 坐标时，土体的压缩曲线在 $p<p'_{\mathrm{y}}$ 和 $p>p'_{\mathrm{y}}$ 两个阶段均呈直线。土样扰动后，根据土体 ln(1+e)−lg$p$ 曲线(或者 e—lg$p$ 曲线)确定得到土体的似前期固结压力(屈服应力)不等于土体原位前期固结压力，屈服应力用 p'_{y} 表示。Hong 和 Onitsuka采用了该体系得到了扰动度的另外一种定义。

$$SD=\frac{C_{CLB}}{C_{CLR}}\times 100\% \tag{4-24}$$

C_{CLB}和C_{CLR}见图4-13；SD=1时，土样完全扰动，而SD=0，土样未扰动。

不同扰动程度的饱和软土，初始孔隙比不变。固结试验中，需预压1kPa的荷载，使固结仪各部分紧密接触，土体不产生附加变形。为此假定在单位荷载(1kPa)时，土体的孔隙比e等于原始的孔隙比e_0，即$\ln(1+e)-\log p$坐标中e_0对应荷载为1kPa，从而简化后续分析。

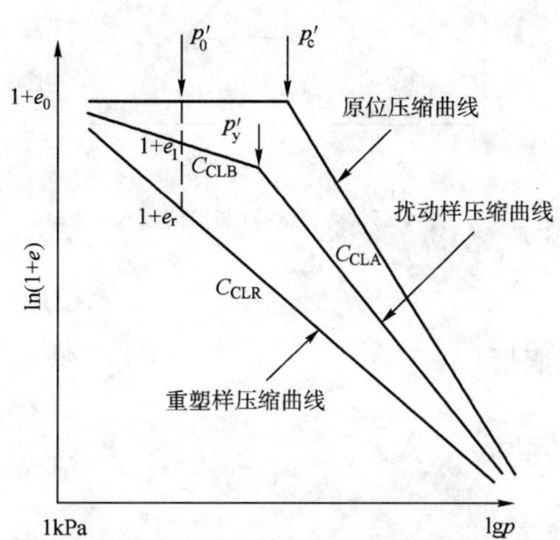

图4-13　$\ln(1+e)$—$\lg p$坐标下的压缩曲线

扰动土样的屈服应力p'_y大于p'_0时，根据图4-13，C_{CLB}和C_{CLR}可以分别用下式表示：

$$C_{CLB}=\frac{\ln(1+e_0)-\ln(1+e_1)}{\lg p_0'-\lg(1)} \tag{4-25}$$

$$C_{CLR}=\frac{\ln(1+e_0)-\ln(1+e_r)}{\lg p_0'-\lg(1)} \tag{4-26}$$

因此扰动度可以整理为下式：

$$SD=\frac{\dfrac{\ln(1+e_0)-\ln(1+e_1)}{\lg p_0'}}{\dfrac{\ln(1+e_0)-\ln(1+e_r)}{\lg p_0'}}=\frac{\ln\left(\dfrac{1+e_0}{1+e_1}\right)}{\ln\left(\dfrac{1+e_0}{1+e_r}\right)} \tag{4-27}$$

将表达式(4-27)的右半部分采用一阶泰勒级数展开，得到：

$$SD=\frac{\ln\left(\dfrac{1+e_0}{1+e_1}\right)}{\ln\left(\dfrac{1+e_0}{1+e_r}\right)}\approx\frac{1-\dfrac{1+e_1}{1+e_0}}{1-\dfrac{1+e_r}{1+e_0}}=\frac{e_0-e_1}{e_0-e_r}=\frac{\Delta e}{\Delta e_0} \tag{4-28}$$

根据刘振英和李涛对体积压缩法的修正，以及表达式(4-28)，表明修正体积压缩法和体积压缩法得到的扰动度是基本一样的。体积压缩法确定土体扰动度时，扰动土体屈服前和重塑样的e—$\lg p$曲线并不一定是直线，这样在确定Δe和Δe_0时比较困难。而采用$\ln(1+e)-\lg p$曲线时，屈服前土体压缩曲线是直线，这样确定C_{CLB}比较容易和便利。因而Hong和Onitsuka评价扰动度方法比较便利和简洁，可以认为是体积压缩法的修正。在以后的分析中，扰动度均按该方法进行确定。

四、水泥土搅拌桩施工扰动评价

土体体积塑性变形由两部分组成：

(1)平均主应力p'引起土体压缩屈服而产生土体体积的不可恢复减小。

(2)由剪应力q引起的土体的体积减小，即土体孔隙比e的不可恢复的变化由图4-14和图4-15两部分构成。

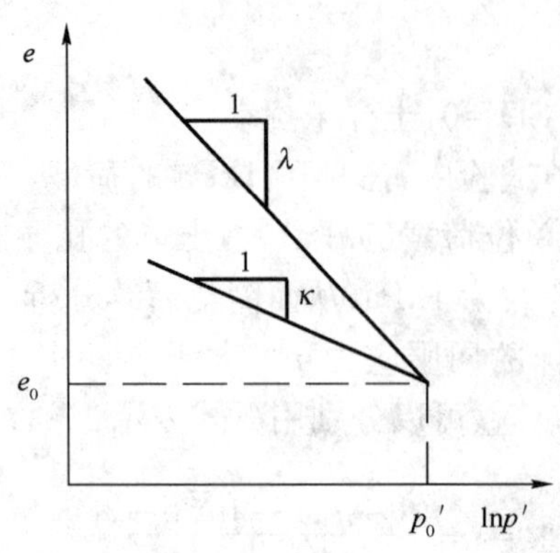

图 4-14　压缩试验

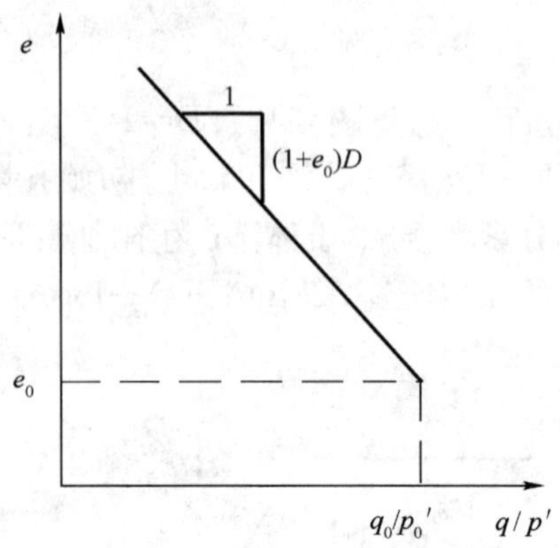

图 4-15　剪切试验(柴田彻)

在压缩试验中,土体屈服前后土体的变形为:

$$de_c=-\lambda\frac{dp'}{p'}(\text{屈服后}) \tag{4-29}$$

$$de_c=-\kappa\frac{dp'}{p'}(\text{屈服前}) \tag{4-30}$$

土体塑性孔隙比的变化:

$$de_c=\frac{\lambda-\kappa}{p'}dp' \tag{4-31}$$

κ、λ 参数意义见图 4-14;κ、λ 分别为压缩曲线在 e—ln$p$ 坐标中屈服前和屈服后的斜率。

柴田彻的研究认为,由剪切产生的变形均为塑性变形,见图 4-15。

当 $q/p'<q_0/p'_0$ 时,$de_d\approx 0$ (4-32)

而 $q/p'>q_0/p'_0$ 时,$de_d=-(1+e_0)Dd(q/p')$ (4-33)

e_0 为初始孔隙比;D 为抗剪系数。

因此土体总塑性孔隙比减小,可用下式表达:

$$de_p=\frac{\lambda-\kappa}{p'}\ln p'+(1+e_0)\left(\frac{q}{p'}-\frac{q_0}{p'_0}\right) \tag{4-34}$$

Ohta 通过理论分析认为临界状态参数 M 和抗剪系数 D、e—ln$p$ 的斜率 κ,λ,初始孔隙比 e_0 之间的关系如下:

$$M=\frac{\lambda-\kappa}{D(1+e_0)} \tag{4-35}$$

而临界状态参数 M 又可以由三轴 CU 试验计算得到:

$$M=\frac{6\sin\varphi'}{3-\sin\varphi'}\approx\frac{\varphi'}{25} \tag{4-36}$$

因此,抗剪系数 D 可由下式计算得到:

$$D=\frac{\lambda-\kappa}{1+e_0}\,\frac{3-\sin\varphi'}{6\sin\varphi'} \tag{4-37}$$

水泥土搅拌桩施工中,根据表达式(4-18)平均正应力 $dp'=0$,因此平均正应力不产生塑性体积减小，因而由施工导致的土体不可恢复的体积较小，de_p 等于剪应力作用产生的土体不可恢复孔隙比 de_d 减小，即 $de_p = de_d$。在沿水平方向 $q'_0 = 0$，即初始状态的$\frac{q'_0}{p'_0} = 0$。因此由剪应力 q 产生的塑性体积应变，即孔隙比减小为：

$$\Delta q = \frac{1}{2}[(\sigma_r - \sigma_\theta)^2 + 4\tau_{r\theta}^2]^{\frac{1}{2}} = \sqrt{p_j^2 + C_u^2\left(\frac{R_c}{r}\right)^2}$$

$$de_d = (1 + e_0)D\frac{q}{p'} = \frac{(1 + e_0)D}{k_0\sigma'_z}\sqrt{p_j^2 + C_u^2\left(\frac{R_c}{r}\right)^2} \qquad (4\text{-}38)$$

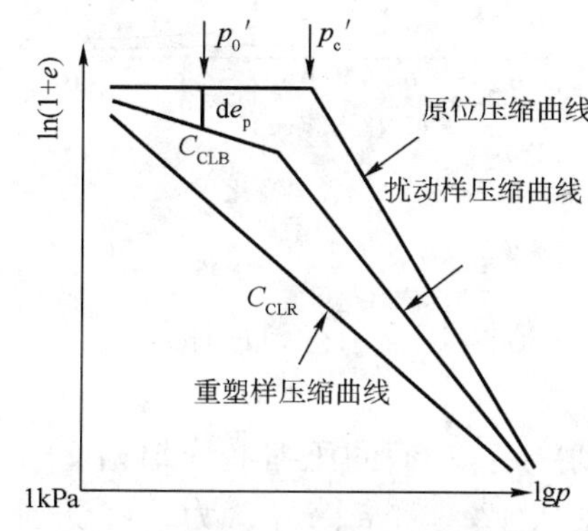

图 4-16　原位土体与扰动土体压缩曲线差异

假设 de_d 为土体损伤、结构破坏产生的扰动产生的塑性变形。因此，它等价于原位未屈服土体的 e_0 和扰动土体的压缩曲线对应 p'_0 作用下的 e 的差值，如图 4-16 所示。

根据表达式(4-24)确定的扰动度为：

$$SD\% = \frac{C_{CLB}}{C_{CLR}} \times 100\% \qquad (4\text{-}39)$$

Hong 和 Onitsuka 通过大量的完全扰动土的压缩试验数据统计得到图 4-16 中 C_{CLR} 与土体液限 w_L 之间存在如下的关系：

$$C_{CLR} = -0.39 + 0.332 \times \lg(w_L) \qquad (4\text{-}40)$$

式中 w_L 为土体液限，计算中用百分数表示。因此可以按下式计算得到不同扰动度土体压缩曲线的屈服前斜率 C_{CLB}：

$$C_{CLB} = \frac{\ln(1 + e_0) - \ln(1 + e_0 - de_d)}{\lg(k_0\sigma'_z) - \lg(1)} \qquad (4\text{-}41)$$

结合表达式(4-3)、式(4-38)和式(4-41)，就可计算得到水泥土搅拌桩施工中剪切力对离桩边不同距离处桩周土的扰动度。

连盐高速公路 K4＋325 表层 3m 深度处海相软土参数如下：液限 $w_L = 67\%$，初始孔隙比 $e_0 = 1.706$，静止土压力系数 $k_0 = 0.6$，抗剪系数 $D = 0.08$，十字板抗剪强度 $C_u = 1.5$kPa，浮重度 $\gamma' = 6.8$kN/m³，地下水位为 0.5m，搅拌桩直径为 0.5m，并取 $p_j = 2C_u$。可以计算得到剪切力对土体扰动的扰动度沿深度和径向的分布如下：

从图 4-17 和图 4-18 可以看出水泥土搅拌桩施工后桩周土扰动度在浅层大，在深层扰动度越小。导致这种现象的原因是，随着深度增加，土体自重应力增大，土体抗扰动能力增大；土体离桩边越近，桩周土的偏应力越大，因而扰动度越大。魏汝龙和奥村等人认为由施工产生的机械扰动，土体强度很难恢复。由此我们得到了水泥土搅拌桩施工对桩周土的扰动沿深度和径向的分布。

五、扰动对参数的影响

土体扰动后，土体强度和固结特性都会发生变化。本节重点讨论扰动对土体的屈服压力、静力触探锥尖阻力、十字板剪切强度以及固结系数等参数的影响。

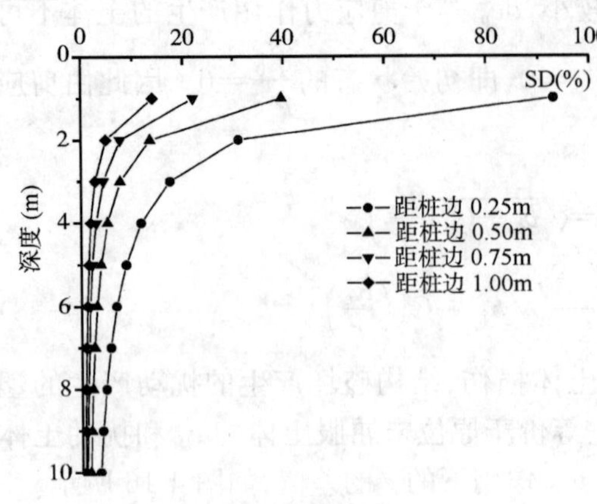

图 4-17　扰动度沿深度变化

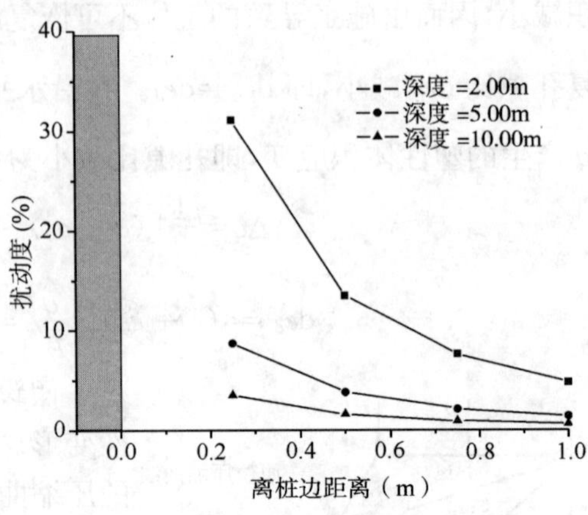

图 4-18　扰动度沿径向变化

1. 扰动对土体的屈服压力 p'_y 的影响

通过上述分析，可以发现结构性土体扰动后屈服压力 p'_y 会减小，接下来探讨屈服压力 p'_y 与扰动度 SD 之间的关系。

Schmertmann 经大量试验证明同一试样经受不同的扰动度后，它们的压缩曲线却相交于一个变化不大的范围内，对大多数黏性土可以认为其交点在 $0.42e_0$。Nagaraj 认为一些受到不同程度扰动度试样的压缩曲线在 $\ln(1+e)-\lg p$ 坐标中，屈服压力对应点（p'_y，e_y）在同一直线上，如图 4-19 所示。该直线的延伸与重塑土的压缩曲线有一交点，对应的坐标为（p'_{yr}，e_r），p'_{yr} 为残余强度所对应屈服压力。

Leroueil 等人通过大量的资料收集，统计分析，得出完全扰动土体 $I_L=0.4\sim3.0$ 时，十字板抗剪强度 $C_{ur}(\text{kPa})=\dfrac{1}{(I_L-0.21)^2}$，见图 4-20。屈服应力 p'_y 与土体抗剪强度 C_u 之间存在一定的关系，国内一般认为 $\dfrac{C_u}{p'_y}=0.11+0.0037I_p$，而 Leroueil 在其《Embankments on Soft Clays》书中总结了已有的成果，认为天然沉积软土的 $\dfrac{C_u}{p'_y}$ 在 0.2～0.4 之间，且为塑性指数 I_p 的

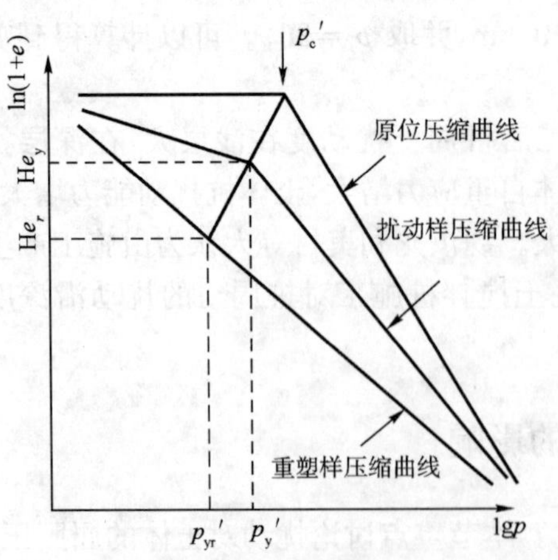

图 4-19　不同扰动度土体屈服应力之间的关系

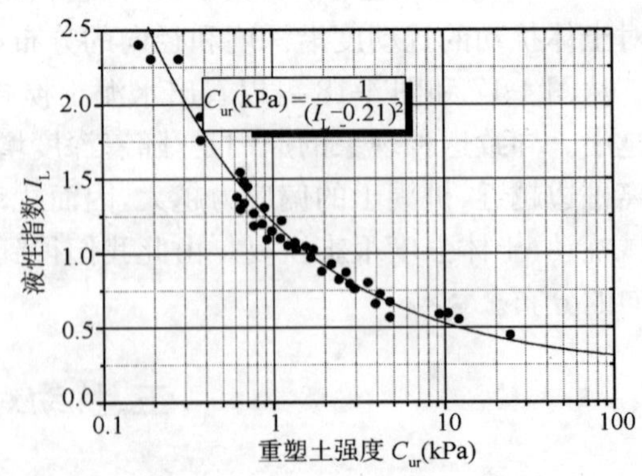

图 4-20　C_{ur} 与 I_L 的关系曲线

函数，见图 4-21。

因此重塑土（扰动度 SD=100%）土体的屈服压力 p'_{yr} 可由下式得到：

$$p'_{yr}=\frac{C_{ur}}{0.11+0.0037I_p}=\frac{1}{(I_L-0.21)^2(0.11+0.0037I_P)} \tag{4-42}$$

对应的孔隙比 e_r 可由下式计算得到：

$$\ln\frac{1+e_0}{1+e_r}=C_{CLR}[\lg p'_{yr}-\lg(1)] \tag{4-43}$$

根据图 4-19，原状土时前期屈服应力对应的点为（p'_c，e_0）；当土体完全扰动时土体的屈服应力等于其重塑土的屈服应力 p'_{yr}，对应的孔隙比为 e_r，坐标点为（p'_{yr}，e_r）。Nagaraj 的研究表明不同扰动度土体屈服应力 p'_y 和对应的孔隙比 e_y 在 $\ln(1+e)$—$\lg p$ 坐标中在同一条直线上（图 4-19），因此可以得到不同扰动度时，土体的屈服应力为：

$$\lg p'_y=\frac{A}{A+SD\times C_{CLR}}\lg p'_c \tag{4-44}$$

其中：
$$A=\frac{\ln(1+e_0)-\ln(1+e_r)}{\lg p'_c-\lg p'_{yr}}$$

表达式(4-44)给出了屈服应力 p'_y 与扰动度 SD 之间的关系，接下来以一个具体实例来描述屈服应力 p'_y 与扰动度 SD 之间的关系。若土体的前期固结压力 p'_c 为 70kPa，土体十字板抗剪强度 C_u 为 15kPa，土体的灵敏度 S_t 分别为 1、2、5 和 10，则土体的残余强度 C_{ur} 分别为 15kPa、7.5kPa、3kPa 和 1.5kPa，根据表达式(4-42)得到重塑土体屈服应力 p'_{yr} 分别为 70kPa、35kPa、14kPa 和 7kPa。若土体液限 w_L 为 67%，则重塑土体 C_{CLB} 为 0.216，因此可以根据表达式(4-43)计算得到重塑土体屈服应力对应的孔隙比 e_r。得到以上参数后，即可由表达式(4-44)得到屈服应力 p'_y/p'_c 与 SD 之间的关系，见图 4-22。

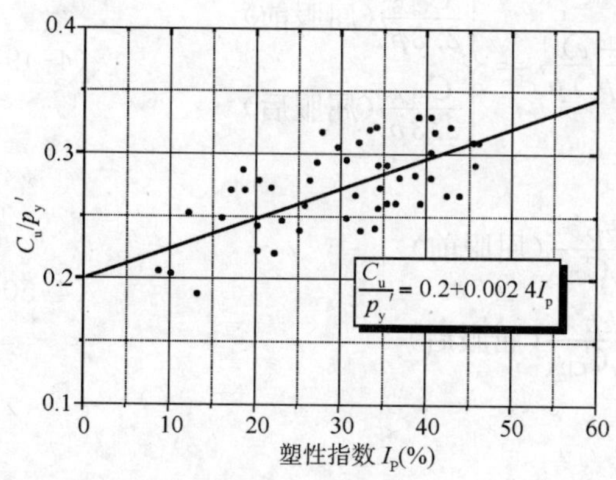

图 4-21　C_u/p'_y 与 I_P 的关系曲线

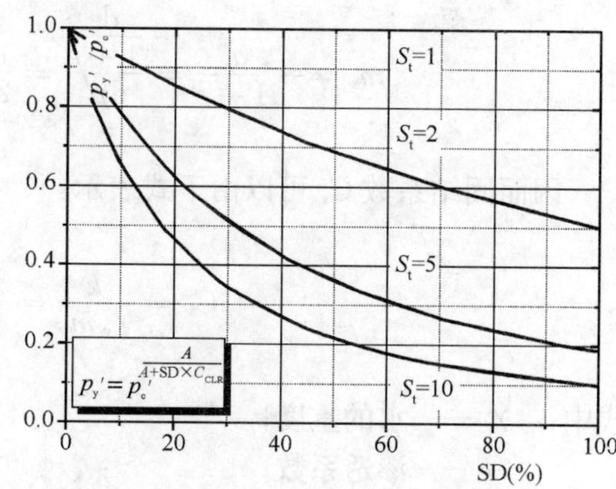

图 4-22　土体屈服应力随扰动度变化曲线

图 4-22 说明土体屈服应力 p'_y 与扰动度 SD 之间呈负幂指数关系，土体灵敏度 S_t 越大，扰动对土体屈服应力 p'_y 的影响越大。该图也说明了土体扰动度 SD 小于 20% 时，土体的屈服应力 p'_y 的衰减速率很快。

2. 土体强度变形参数与屈服应力之间的关系

根据 Leroueil 的研究和国内统计结果，软土的十字板抗剪强度与屈服应力 p'_y 的比值，即

$\frac{C_u}{p_y}$在0.2～0.4之间，即$\frac{C_u}{p_y}=f(I_p)=0.11+0.0037I_p$。因此可以得到不同扰动度土体的十字板抗剪强度$C_u$表达式如下：

$$C_u = f(I_p) \times p'_y \tag{4-45}$$

工程地质手册给出了双桥静力触探锥尖阻力q_c与十字板剪切强度C_u之间的关系如下：

$$q_c\,(\mathrm{MPa}) = \frac{C_u\,(\mathrm{kPa})}{71} \tag{4-46}$$

表达式(4-45)和式(4-46)表明土体强度C_u和q_c与土体屈服应力p'_y之间呈线性关系，结合表达式(4-44)，可以认为土体强度C_u和q_c与SD之间关系与屈服应力p'_y和扰动度SD之间关系是相似的。

工程地质手册也给出了土体强度q_c与压缩模量E_s之间关系如下：

$$E_s = 3.46q_c + 1.9(\mathrm{MPa}) \tag{4-47}$$

因此也可以认为，土体压缩模量E_s与SD之间关系与屈服应力p'_y和扰动度SD之间关系是相似的。

3.固结系数与扰动度之间关系

土体体积压缩系数m_v的表达式如下：

$$m_v = -\frac{a_v}{1+e} \tag{4-48}$$

式中：a_v——压缩系数。

将表达式(4-48)进行转化，得到屈服前后土体体积压缩系数的表达式如下：

$$m_v = -\frac{a_v}{1+e} = \frac{\frac{de}{1+e}}{dp'} = \frac{d[\ln(1+e)]}{2.3d(\lg p')p'} = \begin{cases} \frac{C_{CLB}}{2.3p'}(屈服前) \\ \frac{C_{CLA}}{2.3p'}(屈服后) \end{cases} \tag{4-49}$$

因而固结系数C_v可以由下式表示：

$$C_v = \frac{k}{\gamma_w m_v} = \begin{cases} 2.3\frac{kp'}{\gamma_w C_{CLB}}(屈服前) \\ 2.3\frac{kp'}{\gamma_w C_{CLA}}(屈服后) \end{cases} \tag{4-50}$$

式中：γ_w——水的重度；

k——渗透系数；

C_{CLB}、C_{CLA}——$\ln(1+e)$—$\lg p$坐标中压缩曲线屈服前后的斜率(图4-13)。

在表达式(4-50)中，欲求取土体的固结系数C_v，则需要进一步确定表达式中k、C_{CLB}和C_{CLA}的变化规律。

渗透系数与孔隙比之间存在如下关系，见图4-23：

$$e = e_0 + C_k(\lg k - \lg k_0) \tag{4-51}$$

式中：C_k——待定系数；

e_0——初始孔隙比；

k_0——原位土体的固结系数。

Leroueil 通过研究，认为 $C_k=0.5e_0$（图4-23）。因此有渗透系数$\frac{k}{k_0}=10^{\frac{e-e_0}{0.5\times e_0}}$。

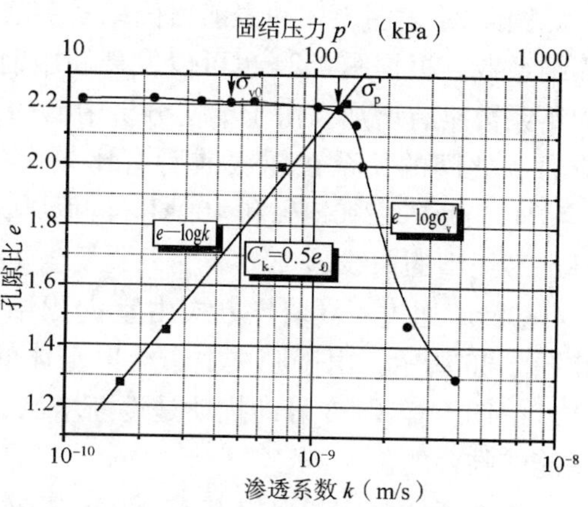

图 4-23　渗透系数与孔隙比关系

要得到土体的固结系数，需要确定不同扰动程度的 C_{CLB} 和 C_{CLA}，其中 C_{CLB} 等于 SD×C_{CLR}。下面推导不同扰动度时的 C_{CLA}。在推导 C_{CLA} 时，作如下引用和假设：

(1)不同扰动程度的饱和软土，初始孔隙比不变。固结试验中，需预压 1kPa 的荷载，使固结仪各部分紧密接触，土体不产生附加变形。为此假定在单位荷载(1kPa)时，土体的孔隙比 e 等于原始的孔隙比 e_0，即 $\ln(1+e)$—$\lg p$ 坐标中 e_0 对应荷载为 1kPa。

(2)Nagaraj 认为不同扰动程度的(p_y',e_y)在 $\ln(1+e)$—$\lg p$ 坐标中在一直线上，其中 p_y' 为土体的屈服应力，e_y 为土体屈服时的孔隙比。其与重塑压缩曲线的交点为(p_{yr}',e_{yr})，p_{yr}' 近似认为重塑土残余强度等效的屈服应力。Leroueil 通过研究认为$\frac{C_u}{p_y'}=f(I_p)=0.11+0.0037I_p$，因此可以近似采用十字板残余强度 C_{ur} 近似反算得到 p_{yr}'。从而得到不同扰动程度的屈服应力 p_y' 的表达式如下：

$$\lg p'_y=\frac{A}{A+\mathrm{SD}\times C_{CLR}}\lg p'_c \tag{4-52}$$

其中

$$A=\frac{\ln(1+e_0)-\ln(1+e_r)}{\lg p_c'-\lg p_{yr}'}$$

(3)Schmertmann 的研究认为不同扰动度土体的压缩曲线相交于 $e=0.42e_0$ 处。因而可以得到不同扰动度土体压缩曲线在 $e=0.42e_0$ 处的坐标为($10^{\frac{\ln(1+e_0)-\ln(1+0.42e_0)}{C_{CLR}}}$,$0.42e_0$)。

进而得到同一 p' 作用下，不同扰动度土体的孔隙比 e 与固结应力的关系如下：

$$\ln(1+e)=\ln(1+e_0)-C_{CLB}[\lg p'-\lg(1)]\text{(屈服前)} \tag{4-53}$$

$$\ln(1+e)=\ln(1+e_y)-C_{CLA}[\lg p'-\lg(p'_y)]\text{(屈服后)} \tag{4-54}$$

式中：p_y'——土体屈服应力，由表达式(4-52)得到；

e_y——土体屈服时对应的孔隙比，由表达式(4-53)中 $p'=p_y'$ 计算得到。因此不同扰动度 SD 时，屈服后压缩曲线在 $\ln(1+e)$—$\lg p$ 坐标上斜率 C_{CLA} 为：

$$C_{CLA}=\frac{\ln(1+e_y)-\ln(1+0.42e_0)}{\lg p'_y-\lg p_{0.42e_0}}=\frac{\ln(1+e_y)-\ln(1+0.42e_0)}{\lg p_y{}'-\frac{\ln(1+e_0)-\ln(1+0.42e_0)}{C_{CLR}}} \tag{4-55}$$

有了渗透系数 k、C_{CLB} 和 C_{CLA} 的表达式后即可算出不同扰动度土体的固结系数变化规律。

连云港浅层海相软土的初始孔隙比 e_0 为 1.706，前期固结压力 p_c' 为 70kPa，重塑土的屈服应力 p_{yr}' 为 14kPa，重塑土体的 C_{CLB} 为 0.216，土体初始渗透系数 k_0 为 10^{-4}m/d。根据表达式(4-49)～式(4-54)可以计算得到固结系数随扰动度的变化，见图 4-24。

图 4-24 表明土体屈服前后固结系数有很大变化，即屈服前土体固结系数远大于屈服后的固结系数。根据图 4-24 也可以发现屈服前土体固结系数随扰动度增大而减小，而屈服后土体固结系数略有增加。由于本文分析中已知了土样的屈服应力，因而得到的固结系数 C_v 与压缩应力 p'之间的关系在屈服前后有比较大的突变。而目前国内进行压缩试验时一般只进行 50kPa、100kPa、200kPa 和 400kPa 的固结试验，此时得到的固结曲线一般呈现出缓降型，甚至是水平线型的曲线。

Olson 通过不同取样方式由室内固结试验得到固结试验曲线和固结系数分布如图 4-25 和图 4-26 所示。由于原文中未给出土体的液限 w_L，因而不能进一步评价其扰动度。但是图 4-25 表明土样 1～6 号的扰动是逐渐增加的；但从图 4-26 的固结系数分布规律而言与图 4-24 是能够吻合的。

沈珠江认为不同取样方式(薄壁、厚壁)得到土样以及重塑土的固结系数随固结压力变化，如图 4-27 所示，已有的研究表明厚壁取土器得到的试样扰动比薄壁取土器得到的试样扰动大，并且小于重塑土的扰动度。图 4-27 中不同取样方式得到的土体固结系数与固结压力关系与图 4-24 也是一致的。

综合图 4-25～图 4-27 可以认为本文推导得到的固结系数能够与已有的研究成果是吻合的，是合理的。

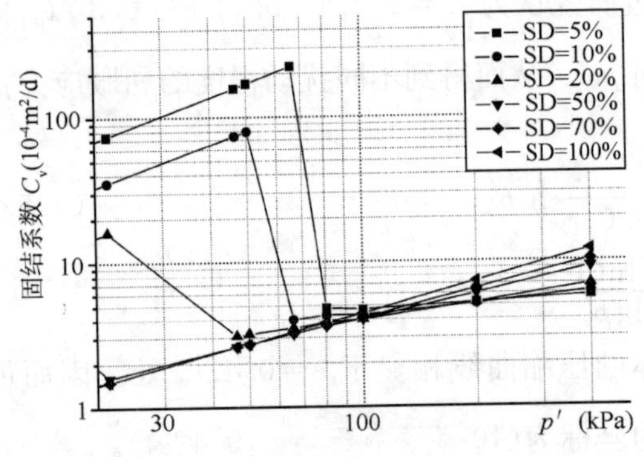

图 4-24　固结系数随扰动度 SD 变化

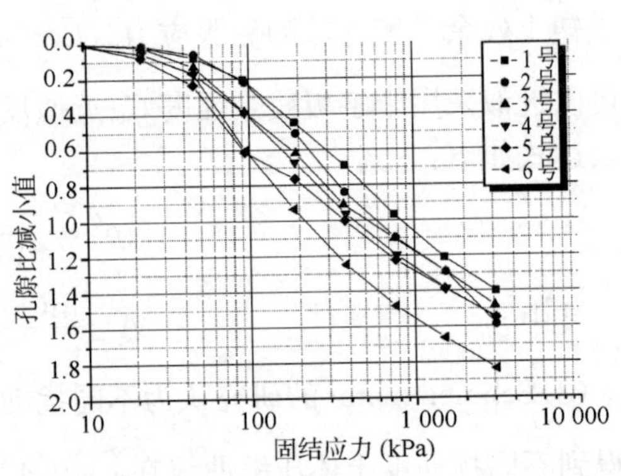

图 4-25　固结试验

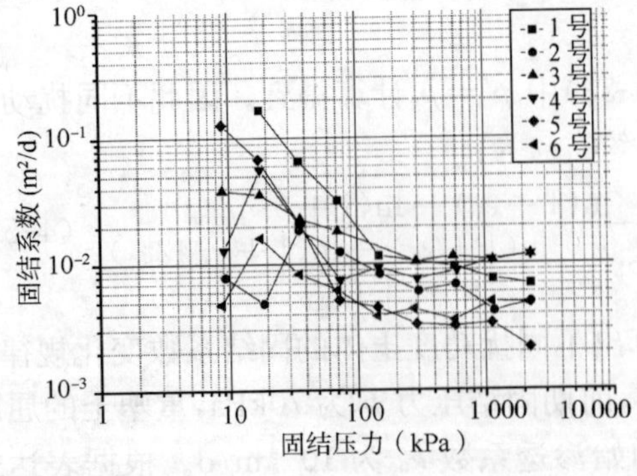

图 4-26　固结系数固结随压力变化

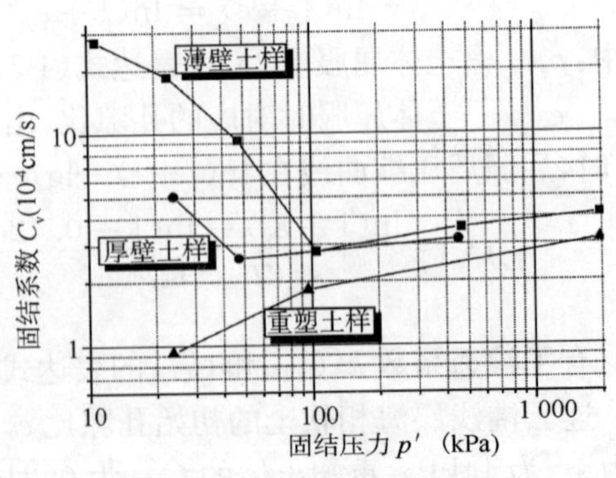

图 4-27　固结系数随压力变化

对比图 4-24、图 4-26 和图 4-27 可以发现固结系数与应力水平密切相关，土体屈服前后固结系数差异在 10 倍以上，这可能是室内试验的固结系数与原位根据沉降数据推算得到固结系数差异的原因。同时结合图 4-24 和图 4-27，发现取样扰动对固结系数，尤其是屈服前的固结系数影响非常大。因此在进行土体固结分析时，合理选用固结系数以及提高取样质量是非常重要和迫切的事情。

第二节　水泥土搅拌桩施工对桩周土扰动的室内模型试验研究

室内模型试验能够简单和可控制地模拟水泥土搅拌桩施工对桩周土的扰动影响。为了验证理论分析的合理性，本节根据水泥土搅拌桩室内模型机试验结果，进一步研究水泥土搅拌桩施工对桩周土的影响及机理。

室内模型试验具有以下优点：

(1)室内模型试验研究是在特定边界条件下，对分析问题作了一定的简化，研究重点问题，简单易行。

(2)模拟研究可以根据不同的施工方案，进行反复试验，以确定得到理想的试验数据，试验费用低；而现场试验中地层条件复杂，施工过程不容易控制，得到的数据有一定的离散性。

针对水泥土搅拌桩施工对桩周土扰动影响问题，采用室内粉喷桩模型机械，对水泥土搅拌桩施工对桩周土扰动这个问题进行深入的分析。

本节首先介绍了水泥土粉喷桩模型机的研制，而后介绍室内模拟试验，并分析模型机械施工对桩周土的扰动情况，并与第一节理论分析的结果进行了对比。

一、粉喷桩模型机设计及研制

现场水泥土搅拌桩(粉喷桩)采用铁道部武汉工程机械研究所桩机厂生产的 PH-5A 型桩机施工，该桩机主要参数见表 4-2。

粉喷桩桩机主要参数　表 4-2

桩 机 参 数	地基加固深度(m)	成桩直径(mm)	钻机转速(r/min)	提升速度(m/min)	钻杆规格(mm)
PH -5A 型	14.5	500	18、40、61、90、134	1.96、1.32、0.9、0.6、0.27	114×114

根据模型相似比条件，取模型尺寸相似比为 10，考虑到试验过程孔压模拟为人工读数，故取时间相似比约为 10。

模型桩机钻头与粉喷桩桩机钻头的模型比例为 10，在模型桩机研发过程中，喷粉孔按 10 的比例缩小，孔径为 3mm，但此时喷粉经常堵孔。经过反复试验，将喷粉孔调整为 6mm。模型机的主要参数见表 4-3，实物模型如图 4-28 所示。

模型桩机主要参数　表 4-3

名　称	钻杆行程(mm)	成桩直径(mm)	钻机转速(r/min)	提升速度(mm/min)	钻杆规格(mm)
模拟设备	800	60	4、6、9	60、90、137	20×20

模型机的全景见图 4-29,柱架图和升降控制机构分别见图 4-30 和图 4-31;模型主要由加压系统,粉罐和搅拌桩机三部分组成。加压系统主要控制粉罐内压力,量程为 0.05～1MPa;在压力作用下,水泥粉经由粉罐、输粉管沿空心钻杆到喷口,喷射到待搅拌的桩体中,从而形成水泥土搅拌桩桩身。室内模型机对桩周土的扰动机理与现场搅拌桩桩机作用机理一致。

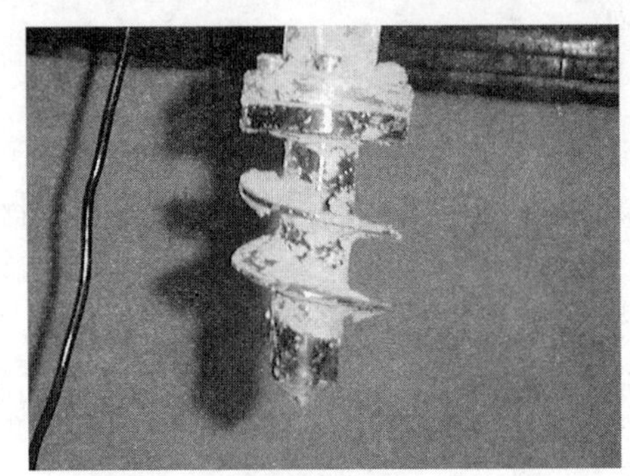

图 4-28　模拟桩机钻头主要尺寸

图 4-29　模型机全景图

图 4-30　模型机柱架图

图 4-31　模型机升降控制机构

二、孔压测试设备

为了模拟水泥土搅拌桩施工过程对桩周土的影响,试验过程中在桩周土不同位置埋设了应变式孔隙水压力计。孔压计为常州江南电子仪器厂和同济大学联合研制的应变式孔压计(图4-32)。孔压梁量测采用上海华东电子仪器厂研制的 YJ-31 型号的静态电阻应变仪测试(图 4-33)。

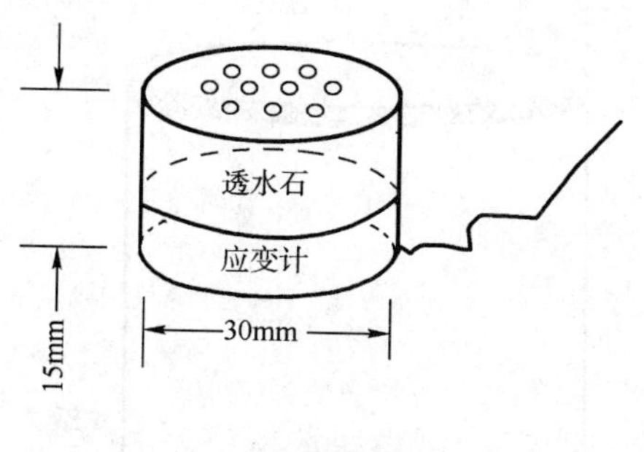

图 4-32　微型孔压计

图 4-33　静态电阻应变仪

三、模型实施过程

模型试验主要包括以下几个步骤:制样,孔压计埋设,孔压计封孔,模型试验和试验后孔压观测及土样的试验。

水泥土搅拌桩现场施工土体为原位土体,为了模拟现场施工桩周土的情况,本文采用外径为 33cm,壁厚约为 2mm,长度为 30cm 的 PVC 管在连盐高速公路连云港段 K4＋325 处现场开挖取土,土样埋深为 2.0～2.5m。取样前先将地表开挖至 2～2.5m 深处的软土层,然后用挖掘机静压预制的 PVC 管 40cm,然后逐个把土样从土体中取出。取出土样后用石蜡把样封好,然后把土样运回试验室,运输过程中尽可能避免对土样的扰动。已有的研究成果表明开挖取样的扰动比较小,因此可以认为大桶样有利于保持原位土体原有的物理力学特性。PVC 取样筒的尺寸如图 4-34 所示,取样过程如图 4-35 所示。

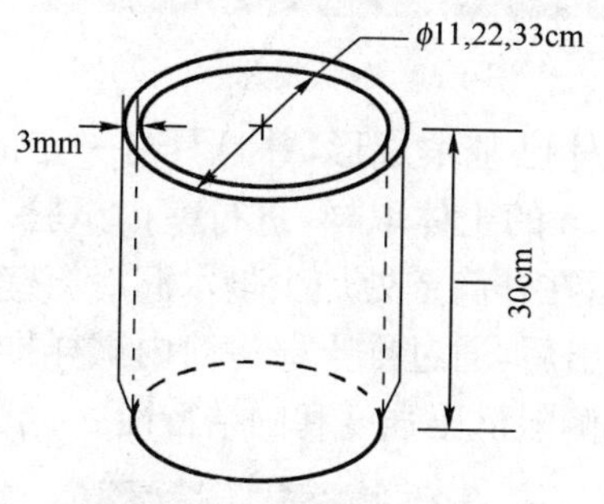

图 4-34　PVC 管取土器

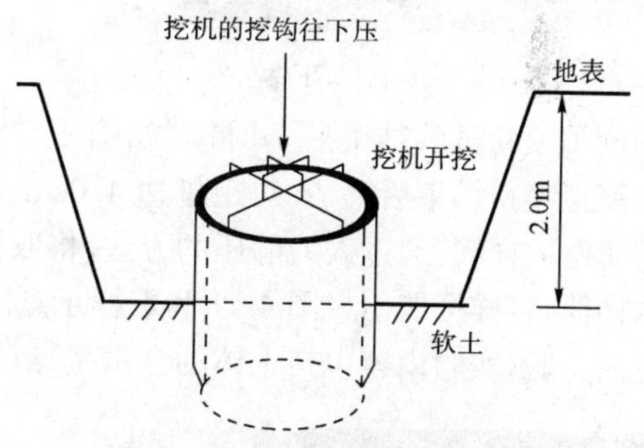

图 4-35　PVC 管取样过程

在试验前,先用空心的方钢将试样既定位置处的土取出,然后将孔压计埋入;而后往孔内灌水,并用黏土球粉回填。回填后在土样上加小于试样前期屈服应力的荷载,使孔隙水压力孔内的黏土进行固结。当回填的黏土具有一定强度时,喷粉过程桩周土孔压可以量测出来。在试验准备过程中,连续观测孔压,当孔压计观测孔压稳定后,认为回填孔压计的黏土具有相应强度,可以实施喷粉试验。孔压计埋设见图 4-36,孔压计孔回填后固结见图 4-37。

为了模拟水泥土搅拌桩施工中桩周土孔压变化,在距桩边 2.0cm、3.5cm、6.0cm、8.5cm 和 10cm 埋设了常州江南电子仪器厂和同济大学联合研制的应变式微型孔压计。

图 4-36 孔压计埋设

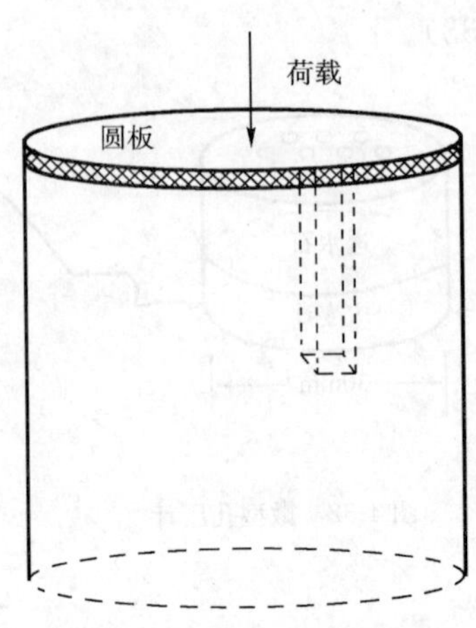

图 4-37 孔压计埋设后封孔图

图 4-38～图 4-39 为室内模拟粉喷桩喷粉过程的图片，图 4-38 为钻头下钻图片，而图 4-39 为钻头提升的图片。

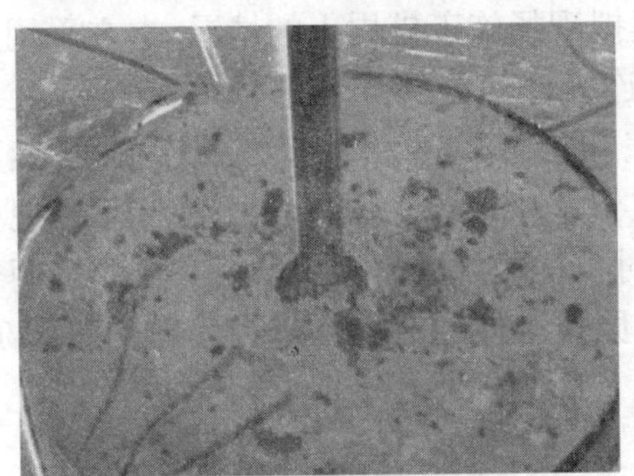

图 4-38 钻头下钻

图 4-39 钻头提升

在模拟喷粉试验结束后 7d 桩芯如图 4-40 所示，此时桩体已基本成形，并且具有一定的强度。在模拟喷粉结束后第 7d 对距桩边 4.0cm、6.5cm 和 9.0cm 的土体取样，进行室内试验。取土采用薄壁取样筒，通过人力静压的方法，将取样筒压入，而后在外筒壁处加少量水润滑筒壁，并旋转取样筒，将样桶取出。图 4-41 为取样示意图。将样桶取出后，通过推土器将筒内试样推出，进行室内实验，实验内容包括土体的含水率、液塑限、重度、无侧限抗压强度和固结特性。

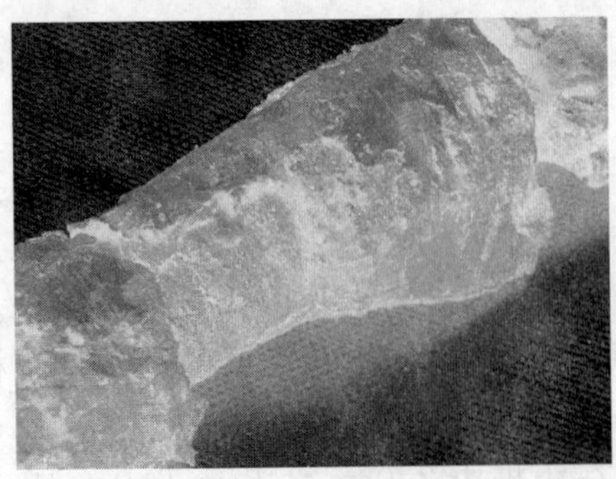

图 4-40 施工后桩芯

图 4-41 桩周土取样

四、模拟试验结果分析

本文进行了喷粉压力为0.1MPa、0.15MPa、0.2MPa、0.25MPa、0.3MPa和0.4MPa喷粉试验，试验中主要测试以下几个内容：

(1)喷粉过程的桩周不同距离处孔压的产生和消散情况。

(2)桩周不同距离处土体的物理力学特性，主要包括含水率、液塑限、重度、无侧限抗压强度、固结特性。

后续分析中为了和理论分析作对比，对超孔压 u 和距桩中心的距离 r 进行归一化。定义桩距比 θ 和超孔压比 η。其中 $\theta=r/R_c$，等于测试点距桩中心的距离 r 与模拟粉喷桩半径 R_c 的比值，室内模型试验的桩半径 R_c 为3cm(如图4-42所示)；超孔压比 $\eta=u/p_c$，试验测得试样的前期固结压力为50kPa。表4-4为桩距比与距桩中心的距离对照表。

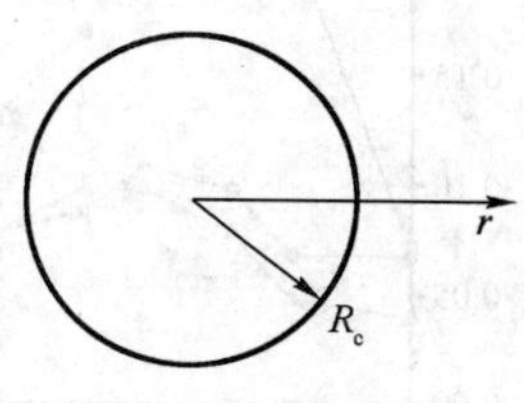

图4-42　桩距比定义

桩距比与距桩中心的距离对照表　　表4-4

θ	1.67	2.18	3.0	3.83	4.33
r(cm)	5.0	6.5	9.0	11.5	13.0

试验结果见图4-43～图4-66。

1. 喷粉压力为0.1MPa

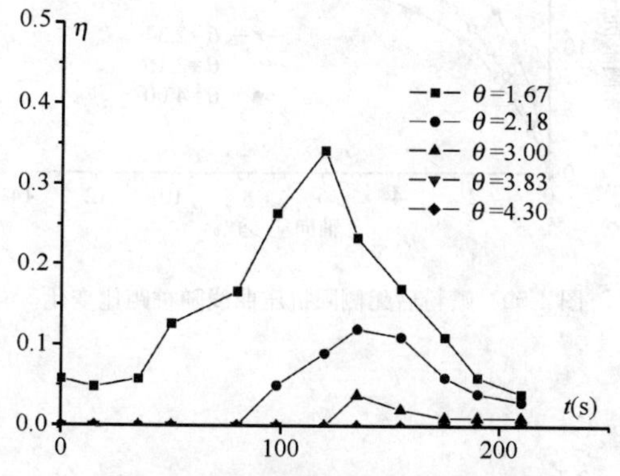

图4-43　喷粉时超静孔压历时曲线

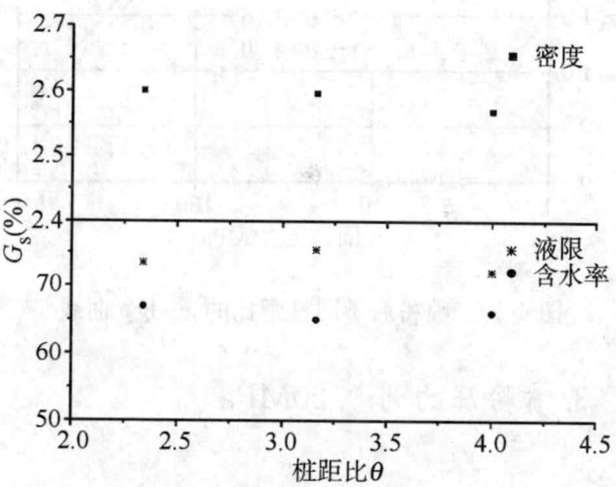

图4-44　喷粉后桩周土物理参数变化

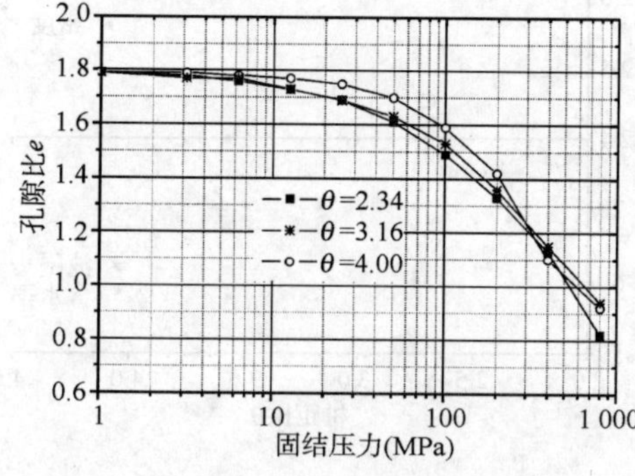

图4-45　喷粉后不同桩距比的 e—lg$p$ 曲线

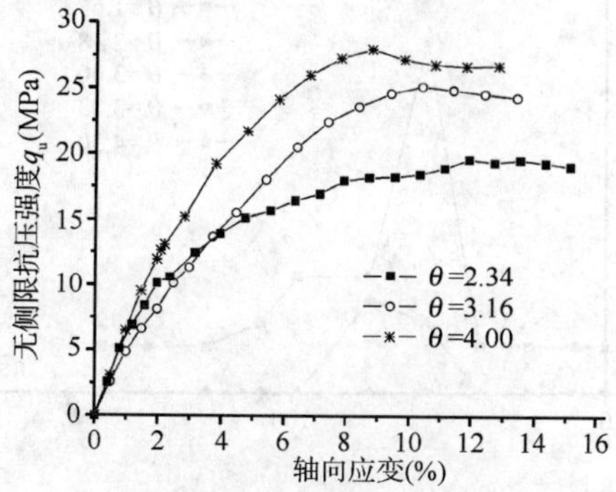

图4-46　喷粉后无侧限抗压曲线随桩距比变化

2. 喷粉压力为 0.15MPa

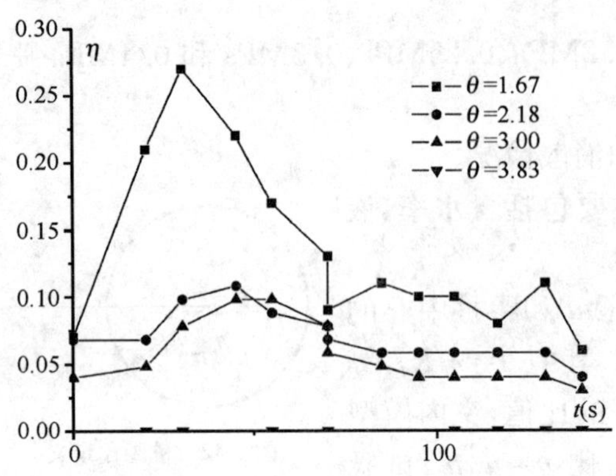

图 4-47 喷粉时超孔压历时曲线

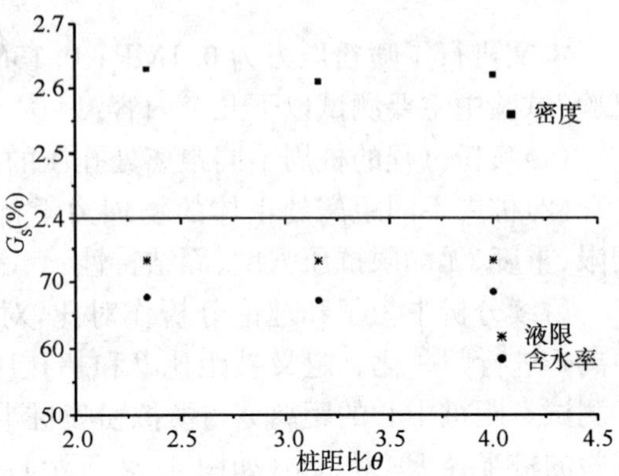

图 4-48 喷粉后桩周土物理参数变化

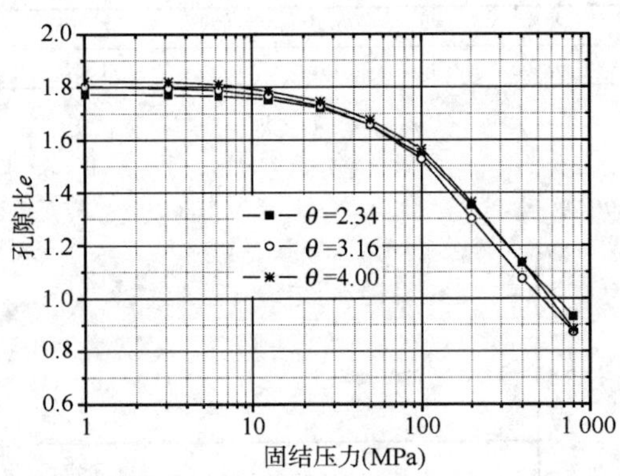

图 4-49 喷粉后不同桩距比的 e—$\lg p$ 曲线

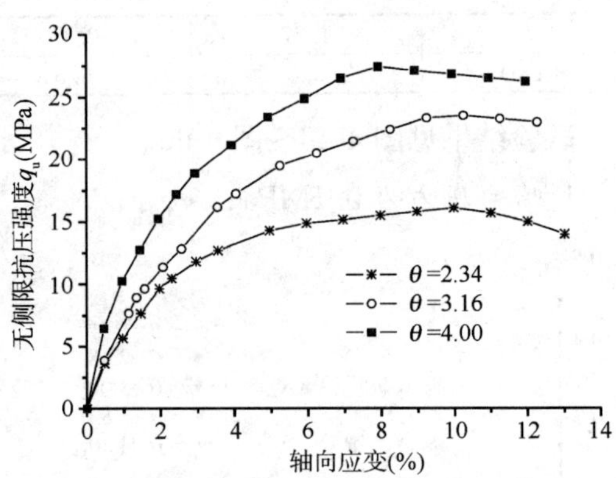

图 4-50 喷粉后无侧限抗压曲线随桩距比变化

3. 喷粉压力为 0.20MPa

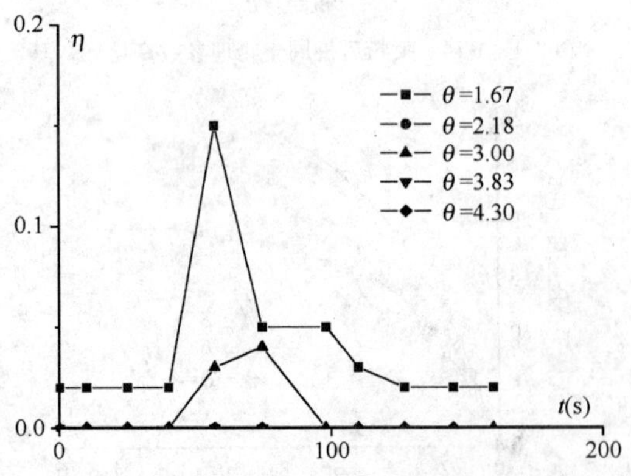

图 4-51 喷粉时超孔压历时曲线

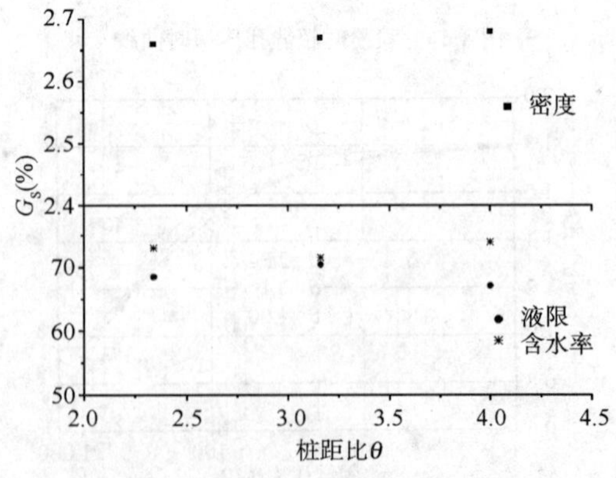

图 4-52 喷粉后桩周土物理参数变化

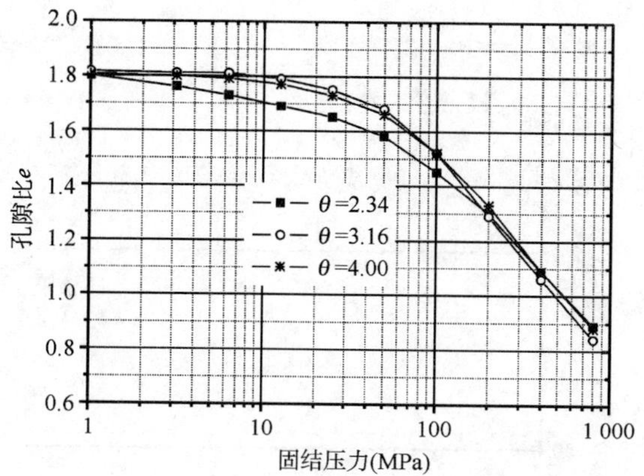

图 4-53 喷粉后不同桩距比的 e—lgp 曲线

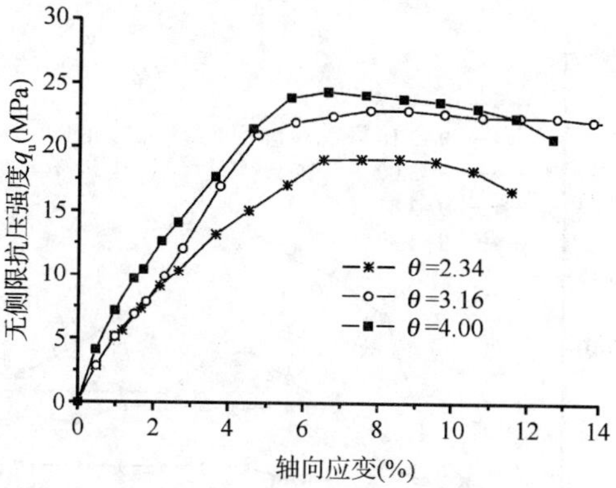

图 4-54 喷粉后无侧限抗压曲线随桩距比变化

4. 喷粉压力为 0.25MPa

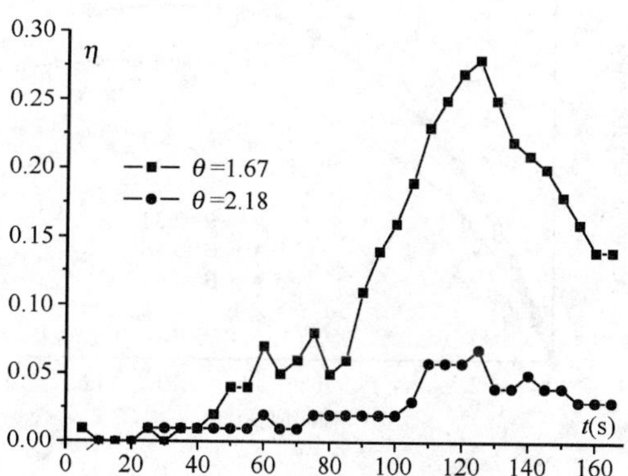

图 4-55 喷粉时超孔压历时曲线

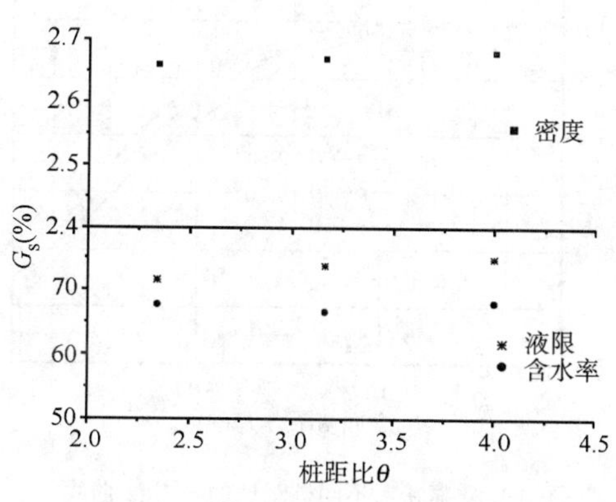

图 4-56 喷粉后桩周土物理参数变化

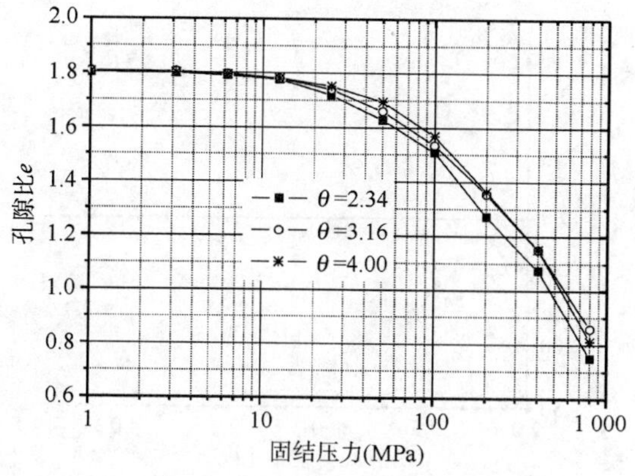

图 4-57 喷粉后不同桩距比的 e—lgp 曲线

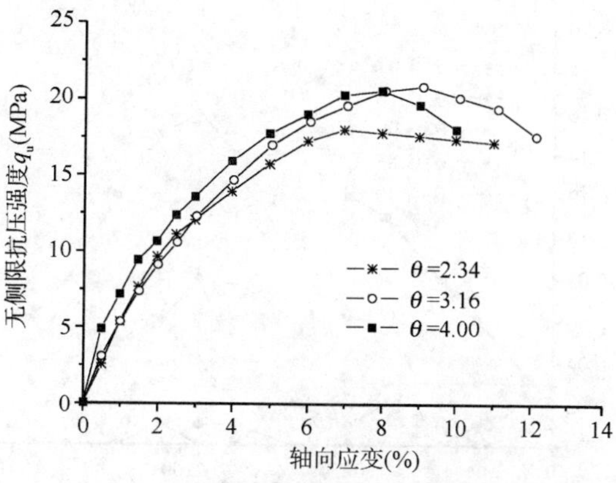

图 4-58 喷粉后无侧限抗压曲线随桩距比变化

5. 喷粉压力为 0.3MPa

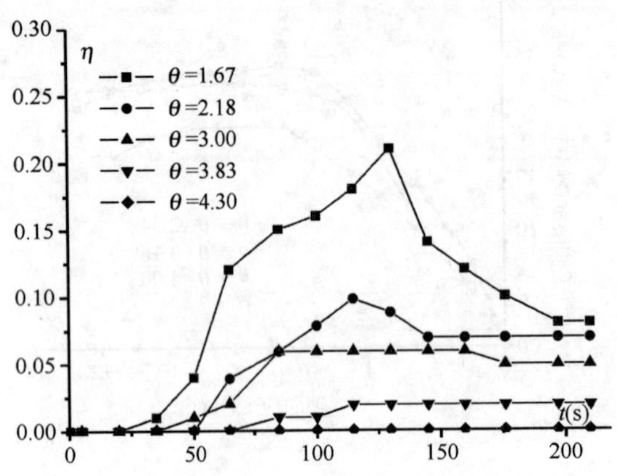

图 4-59 喷粉时超孔隙水压力历时曲线

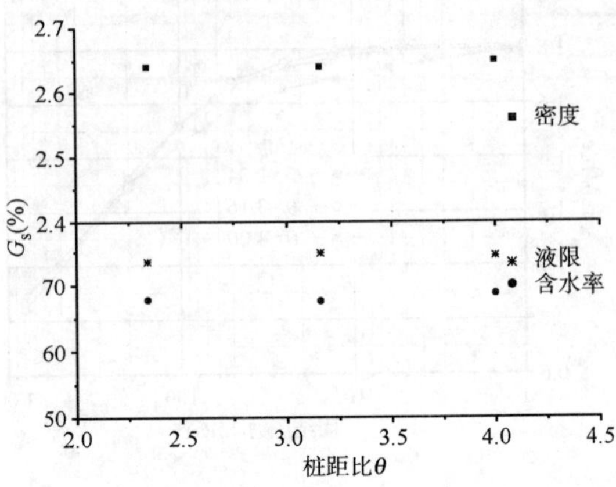

图 4-60 喷粉后桩周土物理参数变化

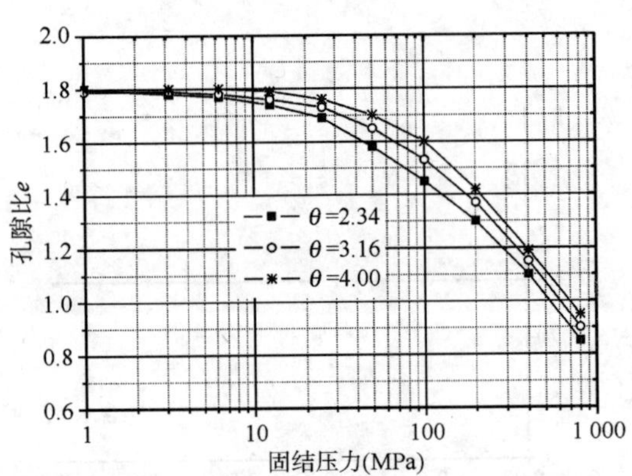

图 4-61 喷粉后不同桩距比的 e—lg$p$ 曲线

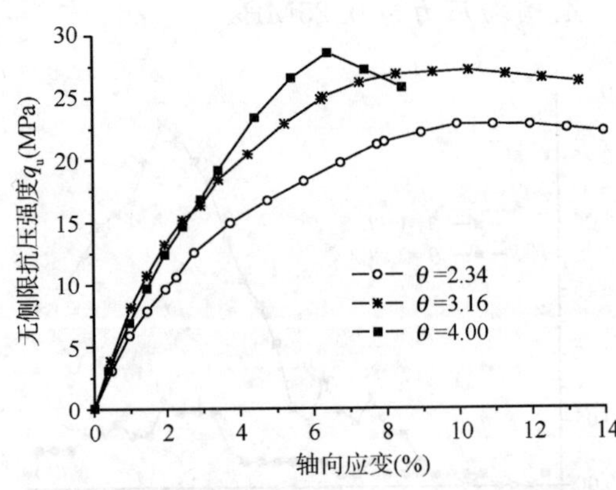

图 4-62 喷粉后无侧限抗压曲线随桩距比变化

6. 喷粉压力为 0.4MPa

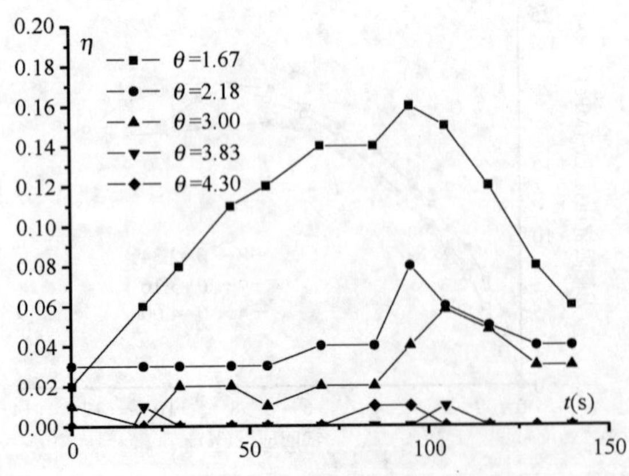

图 4-63 喷粉时超孔隙水压力历时曲线

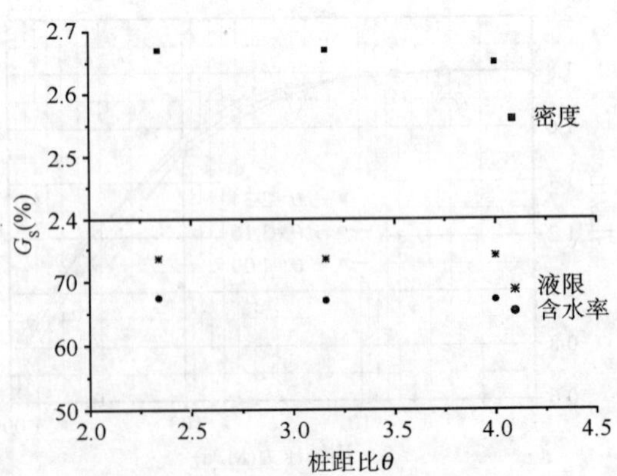

图 4-64 喷粉后桩周土物理参数变化

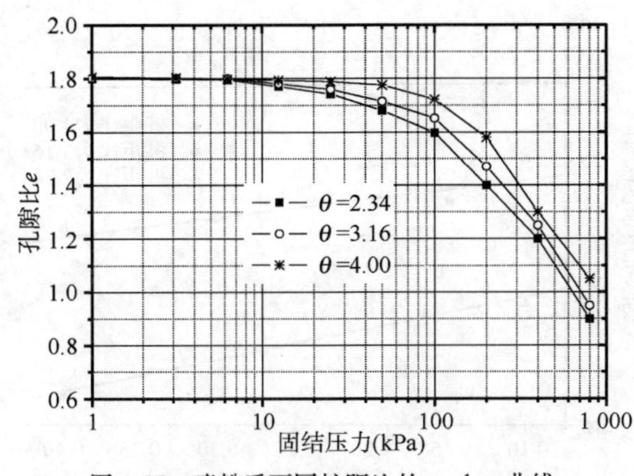

图 4-65 喷粉后不同桩距比的 $e—\lg p$ 曲线

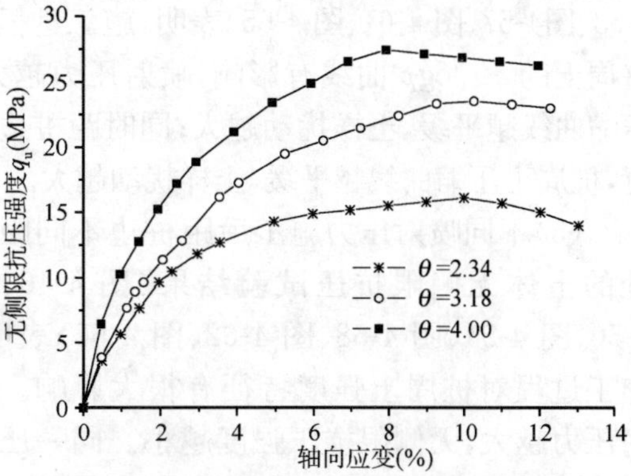

图 4-66 喷粉后无侧限抗压曲线随桩距比变化

通过对比分析 0.1～0.4MPa 喷粉压力的室内模拟粉喷桩施工的测试成果，可以得到以下主要结论。

(1)对比距桩边 2cm 超孔隙水压力比与粉罐喷射压力之间的对应关系，发现该处测得的超静孔压一般为 10～20kPa，与粉罐内压力 0.1～0.4MPa 相比小许多，导致这种现象有三个原因：

①粉气流传输过程中在管道内部压力耗散和喷孔喷出后在桩体土体中的损耗；

②在试验中可以看到粉气流从桩土界面处冒出，即界面处土体破坏后，界面处成了一个排气通道；

③孔压埋设后，黏土球粉封孔后，孔内黏土球粉固结性能不好。在喷射压力超过 0.2MPa 时，孔压计埋设部位会有冒气的现象发生，导致观测得到孔压较小。

而在后续的补充试验中，对模拟施工不同喷射压力时桩孔内不同的空气压力进行多次测试，得到模型试验粉罐内压力(加压系统提供的压力)与土样屈服前的比值约为 10∶1 的关系，而在土样屈服后，桩孔内压力几乎不随粉罐内压力变化而变化，见图 4-67。该图同时表明室内模型试验中空气压力衰减比较大。

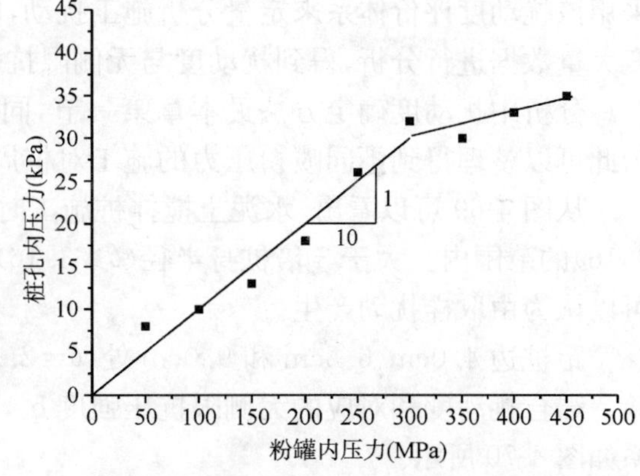

图 4-67 粉罐内压力与桩孔内压力对照

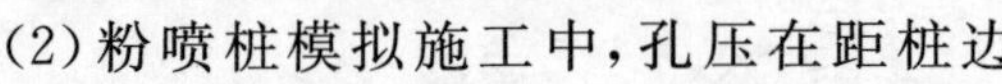

(2)粉喷桩模拟施工中，孔压在距桩边 3.5～6.0cm(θ=2.16～3.00)处有响应，超过 6cm(θ=3.00)后几乎测不到超静孔压，同时在喷粉结束后，超静孔压很快就能消散，具体见图4-43、图4-47、图 4-51、图 4-55、图 4-59、图 4-63。该结果表明粉喷桩施工过程中超孔隙水压力的响应半径不超过搅拌桩的 3 倍桩身半径，影响范围较小，导致这种现象的原因可能是作用在桩土界面处空气压力比较小。

(3)通过对比不同喷粉压力喷粉后土体的物理性质(图 4-44、图 4-48、图 4-52、图 4-56、图 4-60、图 4-64)，发现粉喷桩施工后，不同压力和离桩边不同距离处土体的含水率为 73.9%～74.3%，液限在 66.9%～67.3%之间，重度为 2.65～2.67。因此可以认为施工后桩周土体的物理性质(含水率、液限和重度)没有改变。

(4)从不同喷射压力的施工后距桩边不同距离处的土体固结试验结果(图 4-45、图 4-49、图

4-53、图4-57、图 4-61、图 4-65)表明,施工过程对桩周土的 e—$\lg p$ 曲线有影响,喷射压力越大,压缩曲线越平缓,土样扰动越大;同时距桩边越近,桩周土压缩曲线越平缓,土样扰动越大。

(5)不同喷射压力施工后距桩边不同距离处的土体无侧限抗压试验结果(图 4-46、图 4-50、图 4-54、图 4-58、图 4-62、图 4-66)表明,施工过程对桩周土强度特征有很大影响。喷射压力越大,无侧限抗压强度越小。同一压力下,土体离桩边越近,无侧限抗压强度越小,如图 4-68 所示。

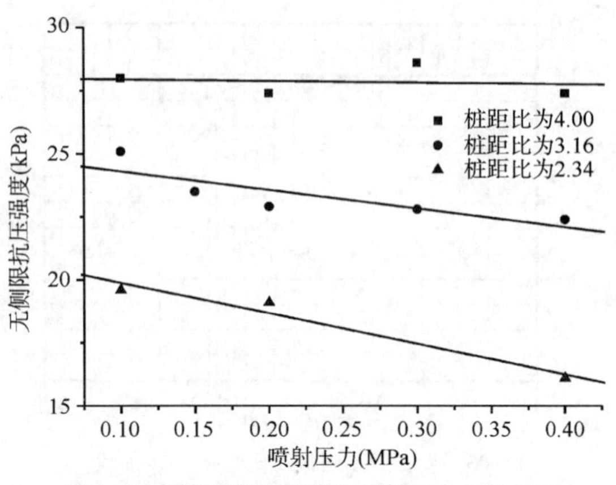

图 4-68　无侧限抗压强度与喷射压力之间关系

五、桩周土扰动度变化以及扰动度与强度关系验证

以上内容分析了室内模拟试验中桩孔内压力分布规律,桩周土超静孔隙水压力的规律,土体物理性质变化、固结试验和无侧限抗压试验的一些规律。

为了与本章第一节理论分析得到的扰动度相对比,将室内模型试验后桩周土的固结 e—$\lg p$ 曲线(图 4-45、图 4-49、图 4-53、图 4-57、图 4-61、图 4-65)整理为 $\ln(1+e)$—$\lg p$ 曲线,并采用该扰动度评价体系来定量分析施工扰动,同时结合室内试验得到的扰动度与无侧限抗强度大量数据进行分析,得到扰动度与无侧限抗压强度之间的关系式。

分析中扰动度确定方法见本章第一节,同时试验土体的液限为 67%,因而 $C_{CLR}=0.216$。为此可以整理得到不同喷粉压力的施工对桩周土的扰动度。

从图 4-69 可以看出,水泥土搅拌桩施工时对桩周土的扰动范围大约在 3 倍桩身半径($\theta<3.16$)的范围内。大于 3 倍桩身半径($\theta>3.16$)后土体的扰动度基本相同,为 6%左右,该扰动可以认为由取样扰动产生。

距桩边 4.0cm、6.5cm 和 9.0cm 处($\theta=2.34$、3.16、4.00),取土样分别作了无侧限抗压试验。结合扰动度和对应的无侧限抗压强度 q_u,可以整理得到无侧限抗压强度 q_u 与扰动度的关系如图 4-70 所示。

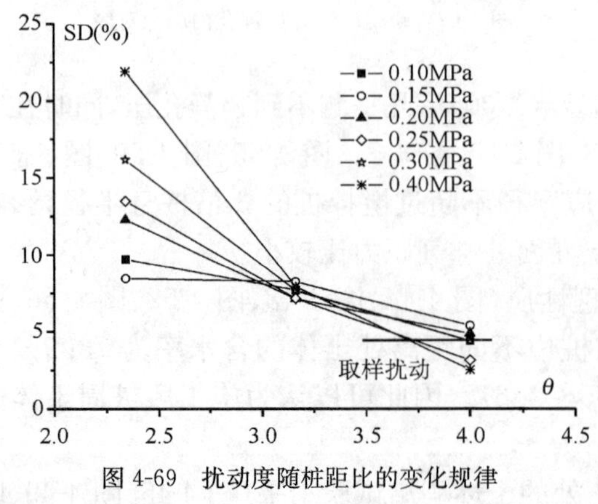

图 4-69　扰动度随桩距比的变化规律

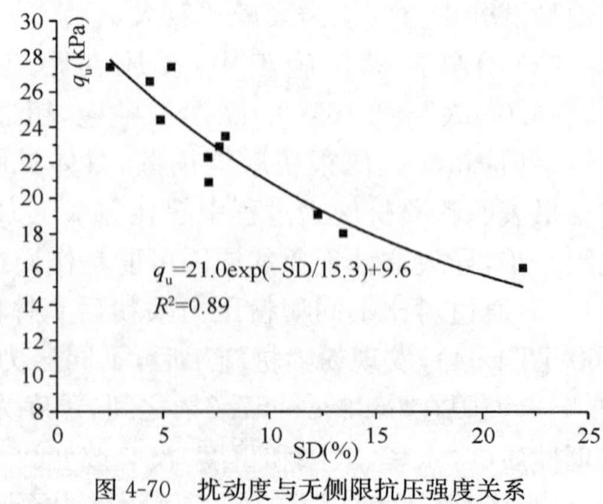

图 4-70　扰动度与无侧限抗压强度关系

图 4-70 描述了扰动度 SD 与土体无侧限抗压强度 q_u 之间的关系为 $q_u = 21.0\exp(-SD/15.3) + 9.6$，当土体完全扰动时（SD＝100％），土体的 q_u 为 9.6kPa，而原位土体（SD＝0％），土体的 q_u 为 30.6kPa。而土力学的研究表明，土体无侧限抗压强度 q_u 与十字板抗剪强度 C_u 之间为 2 倍的关系，即 $C_u = \frac{q_u}{2}$。根据此公式，转换得到土体原位十字板抗剪强度为 15.3kPa，而完全扰动土的强度为 4.9kPa。我们在现场 3.0m 处十字板试验得到的原位土体的十字板抗剪强度为 16.0kPa，而完全扰动土的抗剪强度为 3.7kPa，拟合公式推算得到的十字板剪切强度与现场实测基本一致，因而可以认为该拟合公式合理。

图 4-68 得到了喷射压力与桩周土无侧限抗压强度 q_u 之间的定性关系，但试验数据有些离散。结合图 4-70 建立的 q_u 与扰动度 SD 的关系，可以进一步分析不同喷粉压力对不同间距处的桩周土 q_u 的影响，关系如图 4-71、图 4-72 所示。

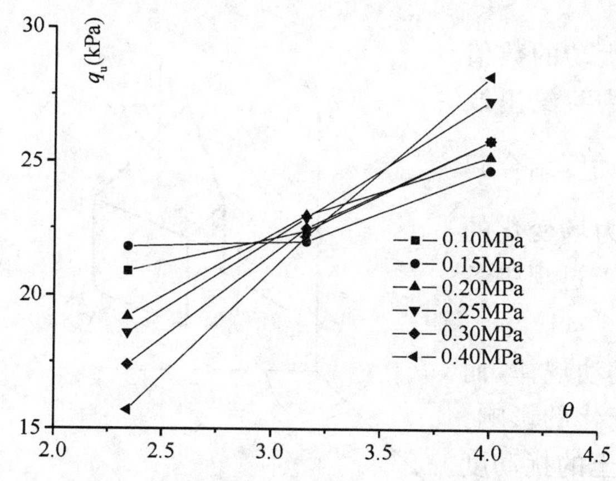

图 4-71　不同喷粉压力桩周土 q_u 随桩距比的变化

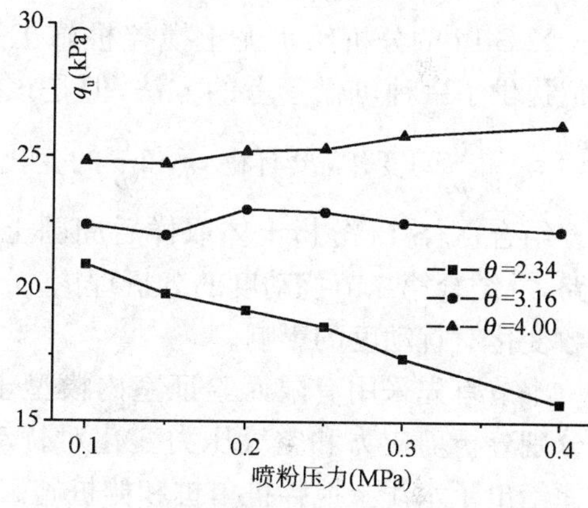

图 4-72　喷粉压力对桩周土 q_u 的影响

从图 4-71～图 4-72 可以看出水泥土搅拌桩施工的喷粉压力变化对桩周强度有影响，该图也表明对于埋藏较浅的土体而言，喷粉压力和剪切力对桩周土的交互影响范围桩距比超过3.16（约 3 倍桩身半径），但当桩距比超过 3.16（约 3 倍桩身半径）后土体强度变化比较小。

第三节　水泥土搅拌桩施工扰动的数值模拟

前两节对水泥土搅拌桩施工过程的桩周土扰动分别进行了理论分析和室内模型模拟试验，为了进一步分析水泥土搅拌桩施工对桩周土强度的影响，本节采用有限元理论进一步分析施工扰动对桩周土扰动度的影响。

有限元理论是目前分析土体在荷载作用下应力和变形的重要手段，它在岩土工程中得到广泛应用。为此不少学者尝试用有限元理论来模拟不同取土器取土时土样内部应力分布和变形，从而改善取样技术。X. S Li 和 J. Holland，Budhu，M. 和 Wu，C. S.，Santagata，M. C. 等人采用有限元法对取样过程中土样扰动进行描述和模拟。李湘崧(X. S Li)的论文中采用修正剑桥模型和 Biot 固结理论分析了取样应力卸除后，周围土体的 ε_q、$\frac{q}{p}$ 以及应力路径的变化，其中 ε_q 和 $\frac{q}{p}$ 表达式如下：

$$\varepsilon_q=\sqrt{\frac{2}{9}\left[(\varepsilon_{zz}-\varepsilon_{rr})^2+(\varepsilon_{rr}-\varepsilon_{\theta\theta})^2+(\varepsilon_{\theta\theta}-\varepsilon_{zz})^2+\frac{1}{3}\gamma_{rz}^2\right]} \tag{4-56}$$

$$q=\sqrt{\frac{1}{2}\left[(\sigma_{zz}-\sigma_{rr})^2+(\sigma_{zz}-\sigma_{\theta\theta})^2+(\sigma_{\theta\theta}-\sigma_{rr})^2+3\tau_{zr}^2\right]} \tag{4-57}$$

$$p=\frac{(\sigma_{rr}+\sigma_{\theta\theta}+\sigma_{zz})}{3} \tag{4-58}$$

式中应力如图 4-73 所示。

X. S Li 的分析给水泥土搅拌桩施工过程扰动的数值模拟提供了一种可供参考的方法，但是该分析中只给出取样后 ε_q 和 $\frac{q}{p}$ 的变化，没有将 ε_q 和 $\frac{q}{p}$ 的变化和扰动度结合起来。结合 X. S Li 分析土体取样后周围土体应力场变化的思路，并结合第二节扰动度的分析理论，分析施工过程中各参数变化对扰动度的影响。

本节首先采用有限元验证室内模型土样扰动规律，而后分别分析剪应力和空气压力变化对扰动度变化的影响，继而给出了水泥土搅拌桩单桩和群桩施工桩间土的扰动度变化，并对比目前国内取样扰动和施工扰动之间的定性关系。

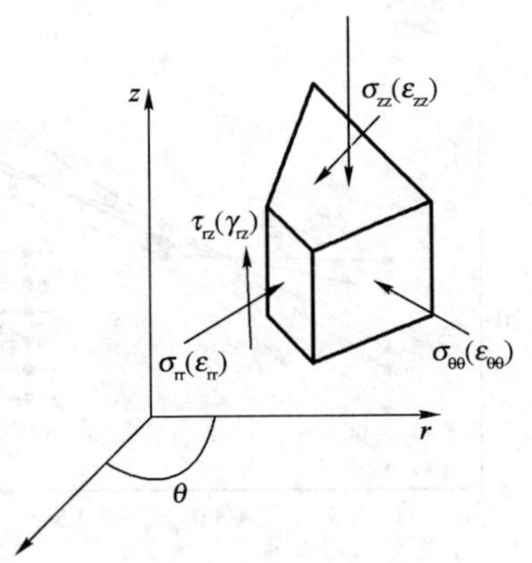

图 4-73　ε_q 和 $\frac{q}{p}$ 参数示意图

一、室内模拟试验的有限元分析

室内实验试样直径 30cm，喷射孔直径 6cm。根据第二节的研究，该土样取样扰动为 6%，对应的十字板剪切强度 C_u 为 12kPa。在有限元分析中，土体的模型采用总应力法的摩尔库伦模型，其 $c=12$kPa，$\varphi=0°$，因此 T_Q 为 12kPa。在实验中，水泥粉罐的压力为0.1MPa、0.2MPa、0.3MPa 和 0.4MPa，但实际作用在桩土界面处的空气压力约为水泥罐体压力的十分之一。本文的数值模拟中，喷射压力 p_j 按粉罐压力的十分之一进行选取，具体选值见表 4-5。

喷 射 压 力 选 值　　表 4-5

粉罐压力(kPa)	0.1MPa	0.2MPa	0.3MPa	0.4MPa
桩土边界处空气压力 P_j(kPa)	10	20	30	40

图 4-74 为计算网格示意图，计算中桩身直径为 6cm（内径），土体外径为 15cm（外径），(p_j, T_Q)作用在网格的内径上。计算土体参数见表 4-6。

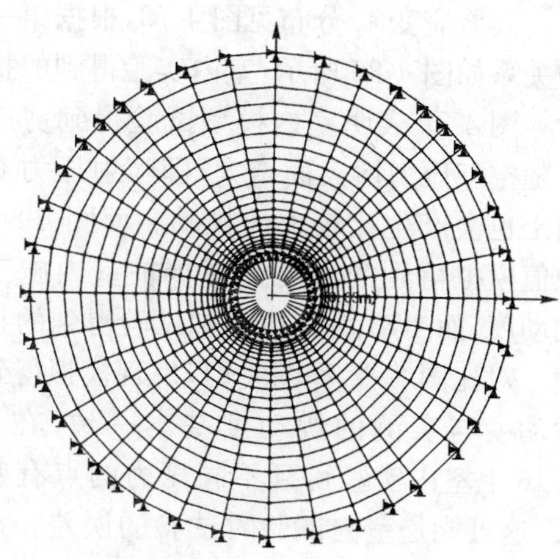

图 4-74　计算网格示意图

计算中土体参数　　表 4-6

E(MPa)	μ	c(kPa)	φ(°)
2.5	0.38	12	0

其余土性参数与理论分析和室内试验分析中一致，液限 $w_L=67\%$，初始孔隙比 $e_0=1.706$，静止土压力系数 $k_0=0.6$，抗剪系数 $D=0.08$，十字板抗剪强度 $C_u=15\text{kPa}$，浮容重 $\gamma=6.8\text{kN/m}^3$，地下水位为 0.5m。

通过有限元计算得到（P_j/T_Q）组合分别为（10kPa，12kPa），（20kPa，12kPa），（30kPa，12kPa）和（40kPa，12kPa）时桩土体的 ε_q 的分布图，见图 4-75～图 4-78。

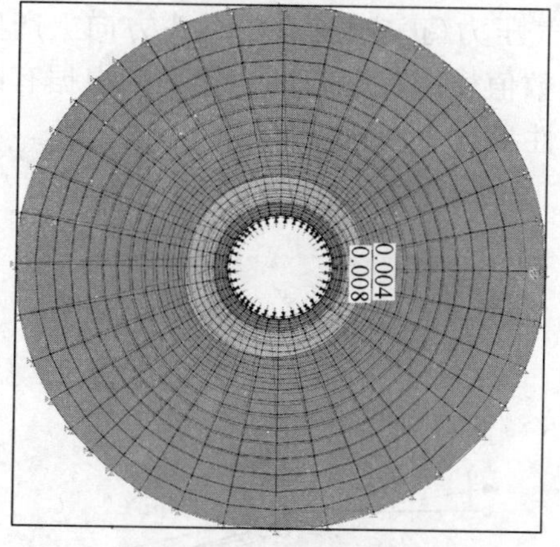

图 4-75　p_j 和 T_Q 为 10kPa，12kPa 时剪应变图

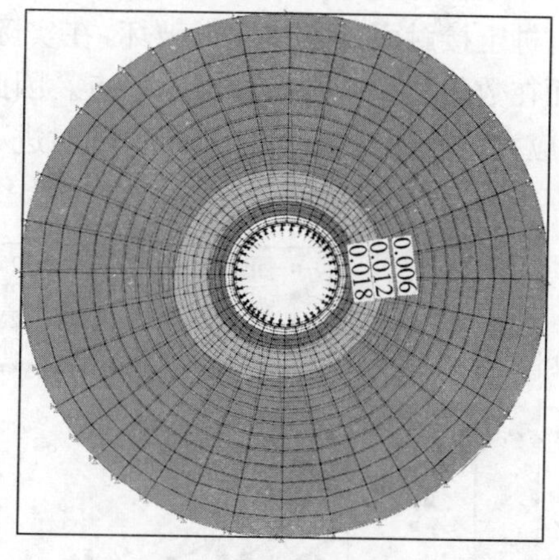

图 4-76　p_j 和 T_Q 为 20kPa，12kPa 时剪应变图

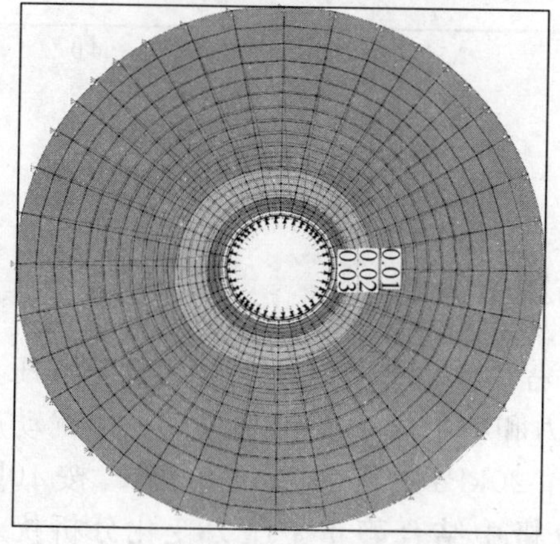

图 4-77　p_j 和 T_Q 为 30kPa，12kPa 时剪应变图

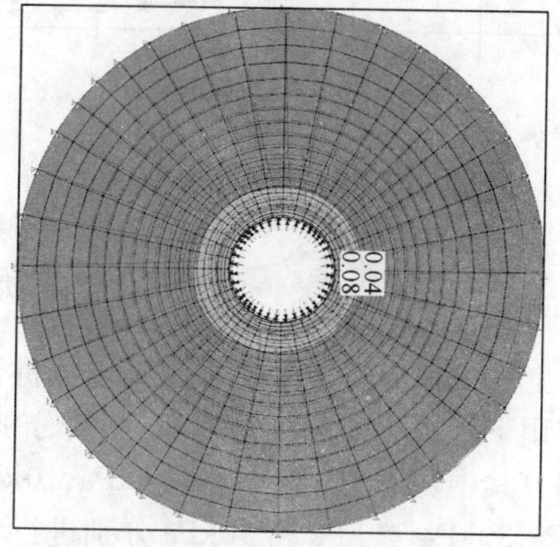

图 4-78　p_j 和 T_Q 为 40kPa，12kPa 时剪应变图

其剪应变 ε_q 分布见图 4-79，根据第一节扰动度的定义，整理得到扰动度与空气压力之间的关系如图 4-80 所示，室内实验得到的扰动度见图 4-81。

图 4-79 表明室内模型试验得到剪应变 ε_q 随空气压力增大而增大，即喷射压力对桩周土也会产生比较大的扰动。而图 4-80 为数值模拟得到的水泥土搅拌桩室内施工的扰动度，而 4-81 为室内模拟试验得到的扰动度。对比图 4-80 和图 4-81，发现模拟得到的扰动度与实测的扰动度基本一致，在 $\theta=3.16$ 上室内实验得到不同压力的点有些交叉，这可能是室内试验时试验的误差。在数值模拟中，正应力为 40kPa，剪应力为 12kPa，扰动度在靠近桩边时，扰动度有一些离异，导致这种现象的原因为在这种应力状态下，桩土接触面处土体发生破坏，在实际施工中空气压力（正应力）会沿钻头方向上产生消散，而在数值模拟中没有考虑这一点。因此可以认为数值模拟是可行的。接下来根据有限元分析应力的变化对扰动度的影响，同时进一步分析土性参数变化的影响。

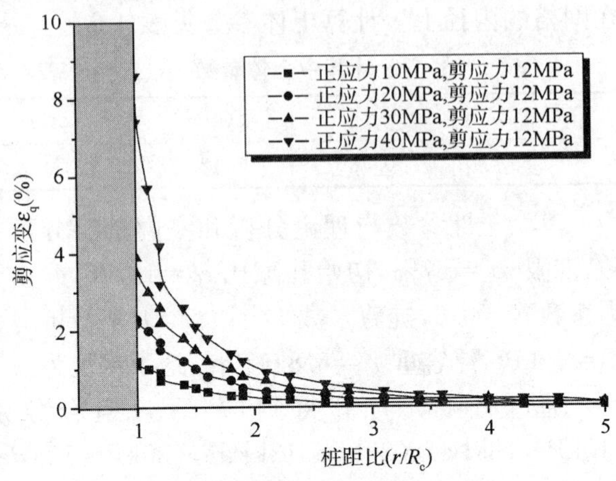

图 4-79　剪应变 ε_q 沿桩距比的分布

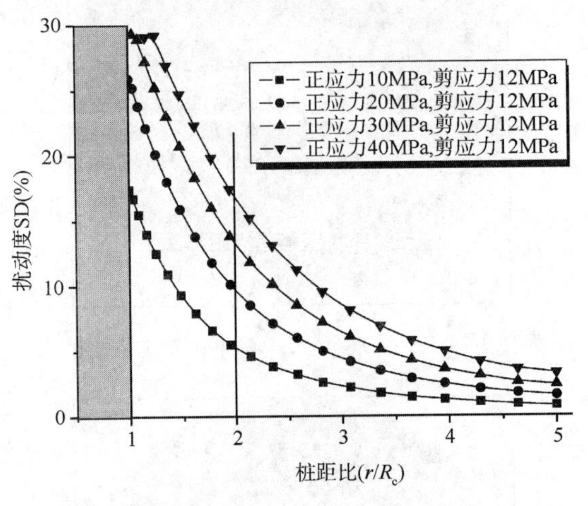

图 4-80　扰动度沿桩距比分布（有限元）

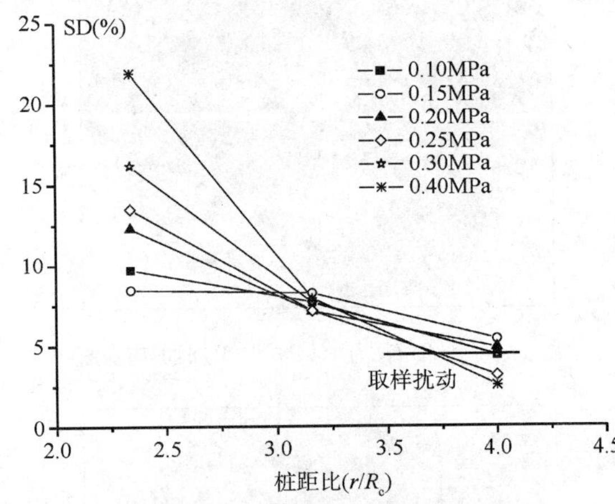

图 4-81　扰动度沿桩距比分布（室内试验）

二、影响扰动度分布因素分析

上述模拟分析得到了水泥土搅拌桩模拟施工过程中水泥土搅拌桩剪切力和空气压力共同作用下桩周土体的扰动度，有必要分别考虑剪切力和喷射压力变化对桩周土体扰动度的影响。其中剪应力 T_Q 分别取 5kPa、10kPa、15kPa 和 20kPa 进行考虑，正应力 P_j 按 10kPa、20kPa、30kPa、40kPa 和 50kPa 分别进行考虑。在分析中结合静止土压力变化分析扰动度变化。

1. 剪应力影响

剪应力 T_Q 为 5kPa、10kPa、15kPa、20kPa 时，根据有限元计算得到的 ε_q 的等值线图见图 4-82～图 4-85。

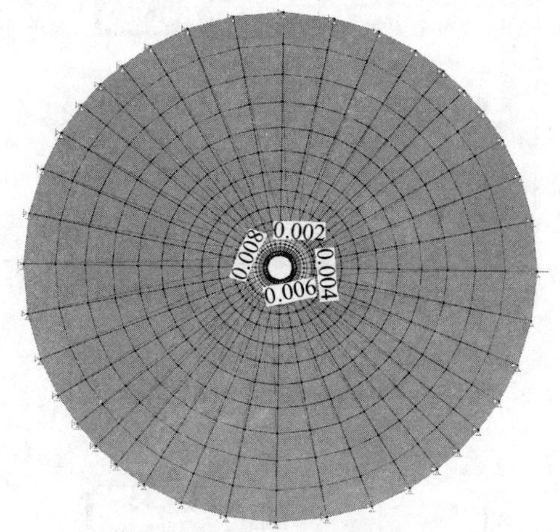

图 4-82　T_Q 为 5kPa 剪应变等值线图

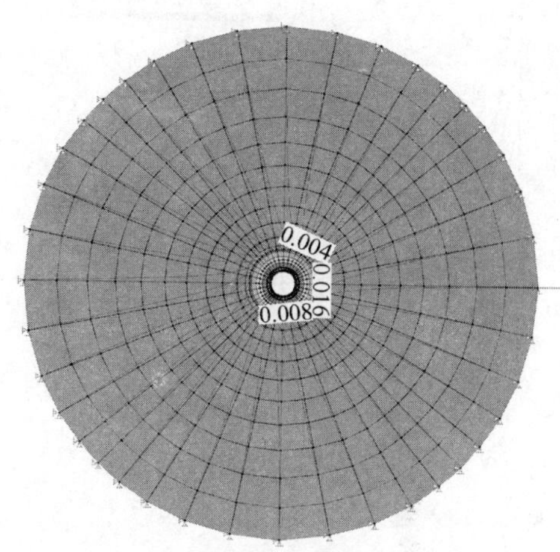

图 4-83　T_Q 为 10kPa 剪应变等值线图

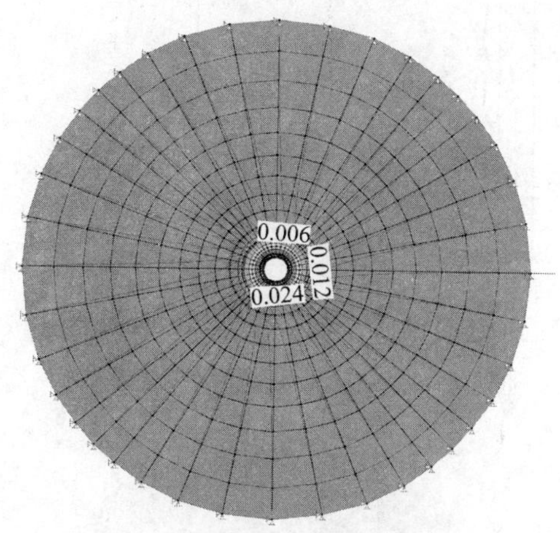

图 4-84　T_Q 为 15kPa 剪应变等值线图

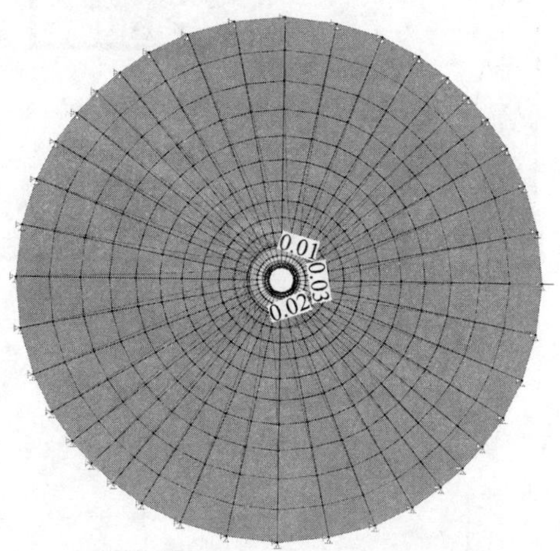

图 4-85　T_Q 为 20kPa 剪应变等值线图

将其进一步整理得到剪应变 ε_q 随桩距比的变化曲线见图 4-86；将其进一步整理得到扰动度沿深度的变化规律见图 4-87～图 4-90。

从图 4-86 可以看出，剪应变 ε_q 随桩距比增大呈指数规律减小，随剪切力 T_Q 增大而增大。而从图 4-87～图 4-90 可以看出深度（静止土压力）增加扰动度减小，即深度越深抗剪切扰动能力越大；同时剪切力 T_Q 增大，土体相应的扰动度增大。

2. 正应力影响

正应力 P_j 为 10kPa、20kPa、30kPa 和 40kPa 时，根据有限元计算得到的 ε_q 的等值线图见图 4-91～图 4-94。而图 4-95 为不同 P_j 作用下 ε_q 沿桩边距变化图；根据图 4-96～图 4-99 可以看出深度（静止土压力）增加扰动度减小，其变化规律和剪应力 T_Q 一致。

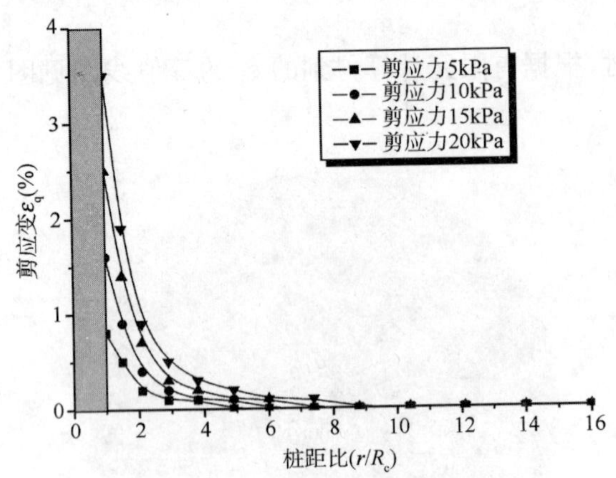

图 4-86 剪应力 T_Q 引起剪应变 ε_q 变化

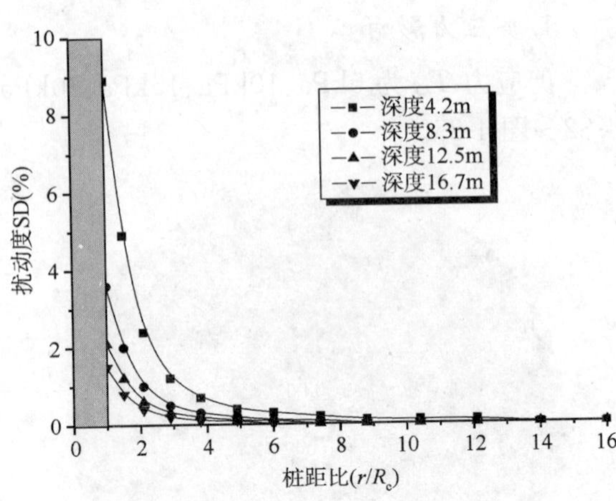

图 4-87 T_Q 为 5kPa,扰动度沿深度变化

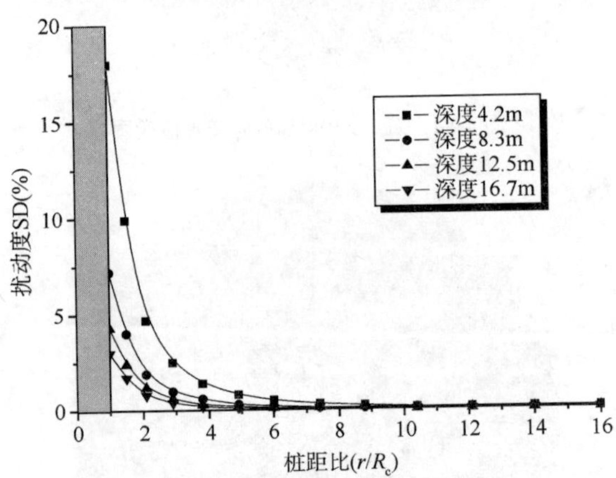

图 4-88 T_Q 为 10kPa,扰动度沿深度变化

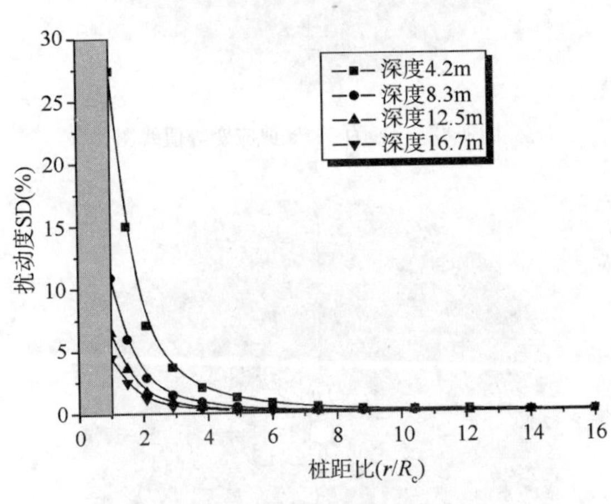

图 4-89 T_Q 为 15kPa,扰动度沿深度变化

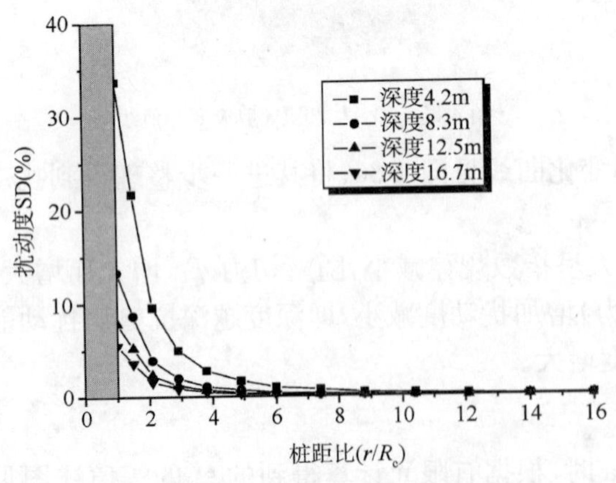

图 4-90 T_Q 为 20kPa,扰动度沿深度变化

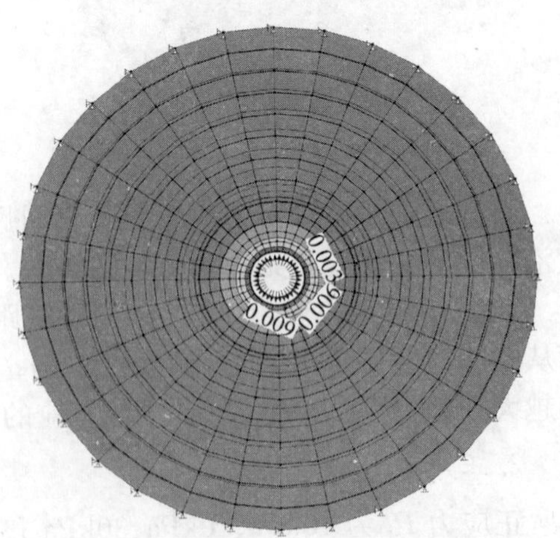

图 4-91 P_j 为 10kPa,剪应变等值线图

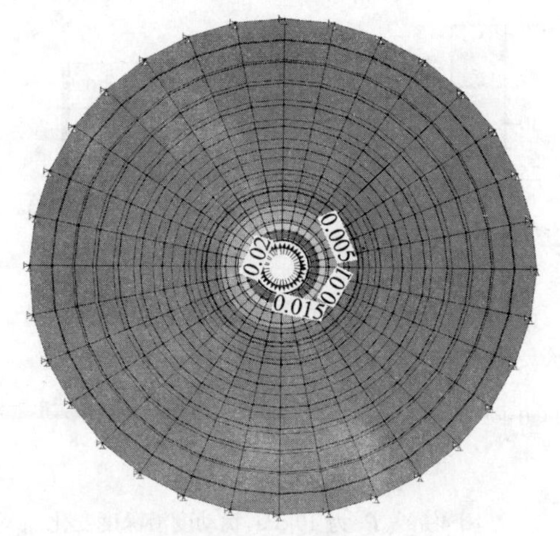

图 4-92 P_j 为 20kPa,剪应变等值线图

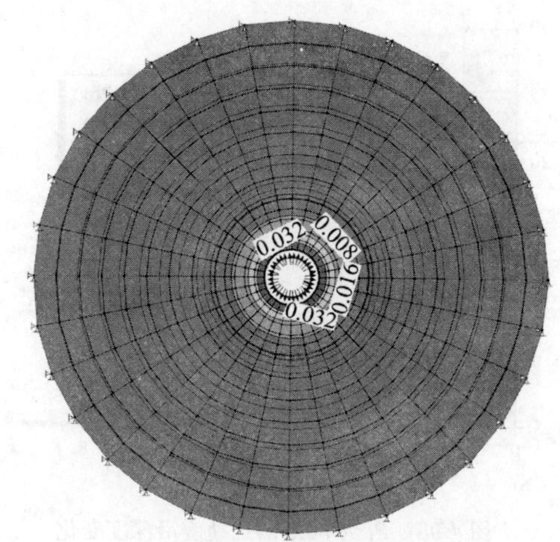

图 4-93 P_j 为 30kPa,剪应变等值线图

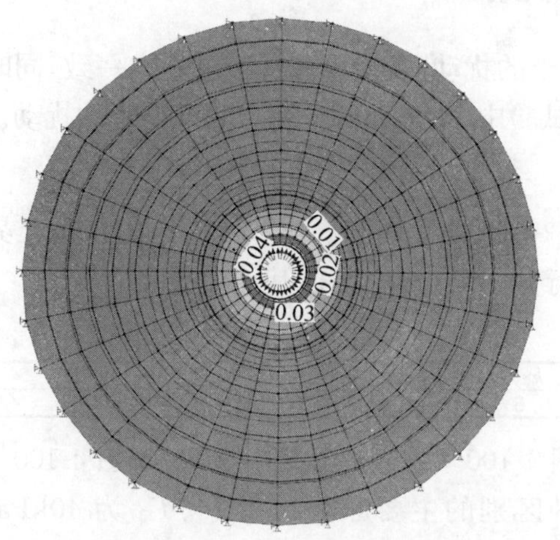

图 4-94 P_j 为 40kPa,剪应变等值线图

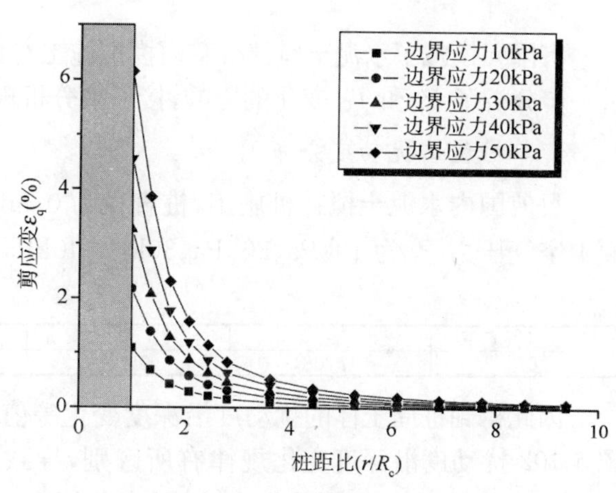

图 4-95 剪应变 ε_q 沿桩距比变化规律

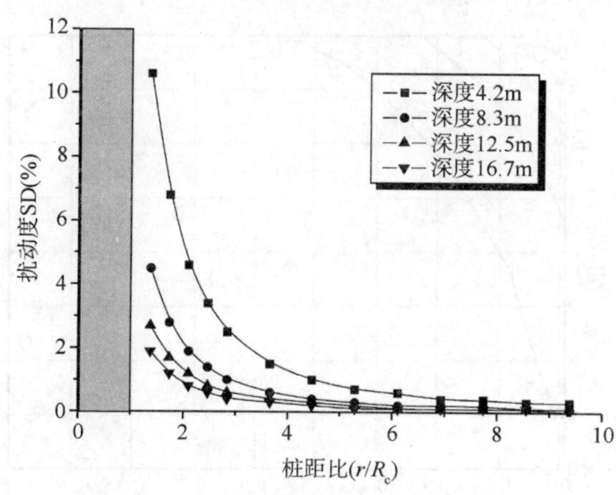

图 4-96 P_j 为 10kPa,扰动度沿深度变化

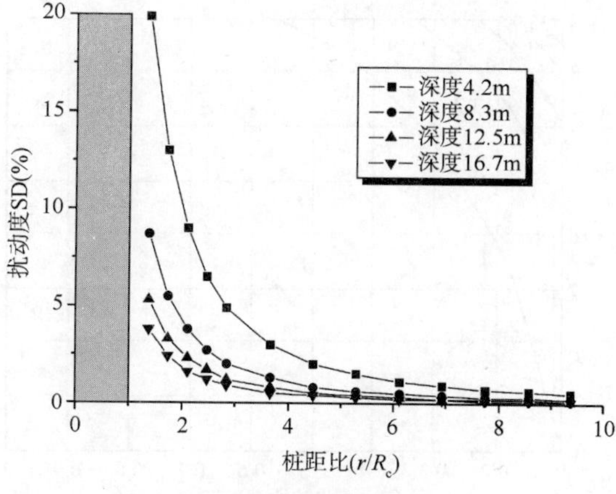

图 4-97 P_j 为 20kPa,扰动度沿深度变化

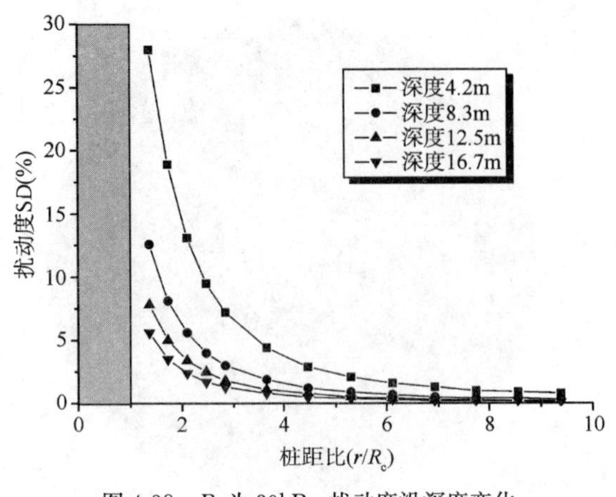

图 4-98 P_j 为 30kPa，扰动度沿深度变化

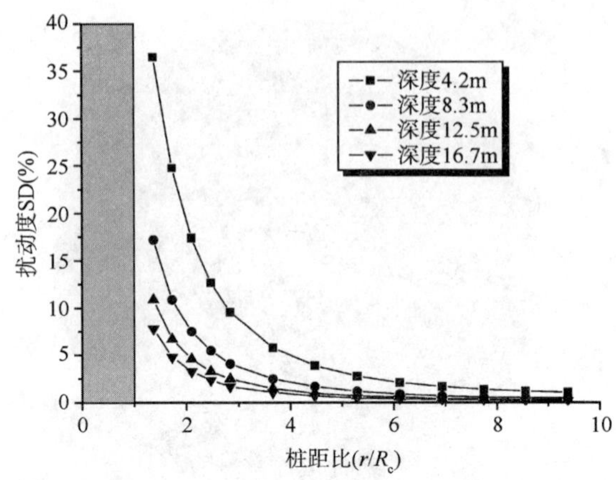

图 4-99 P_j 为 40kPa，扰动度沿深度变化

三、现场扰动度的模拟

有限元模拟了水泥土搅拌桩室内模拟施工对桩周土的扰动，发现该分析结果基本一致，同时进一步分析了 P_j 和 T_Q 变化的影响，接下来分析现场试验中，单桩和群桩施工对桩周土的扰动。

1. 单桩施工扰动度分布图

目前国内水泥土搅拌桩施工，桩直径为 0.5m。取软土地基的 C_u 为 15kPa，作用在桩土界面上空气压力 P_j 为 10kPa、20kPa、30kPa、40kPa 进行分析，分析中土体其他参数见表 4-7。

参　数　　表 4-7

w_L(%)	e_0	D	k_0	c(kPa)	φ(°)
67	1.708	0.08	0.6	15	0

因此得到桩周土体的扰动度沿深度变化等值线图 4-100～图 4-103。图 4-103 与图 4-100～图 4-102 扰动度沿深度变化规律有所区别，导致这种区别的主要原因是在 P_j、T_Q 为 40kPa、15kPa 时，桩土界面处土体发生破坏，在分析中应力能加上去，而在实际工程中一旦桩土界面处土体破坏了，空气压力会发生衰减，从而维持一种极限状态。

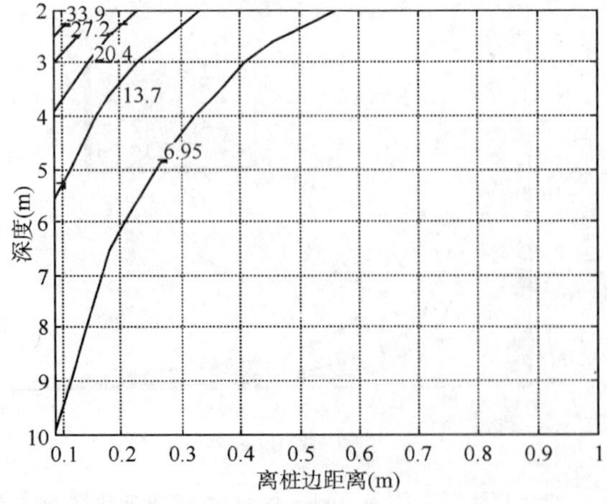

图 4-100 P_j 为 10kPa 和 T_Q 为 15kPa 时扰动度

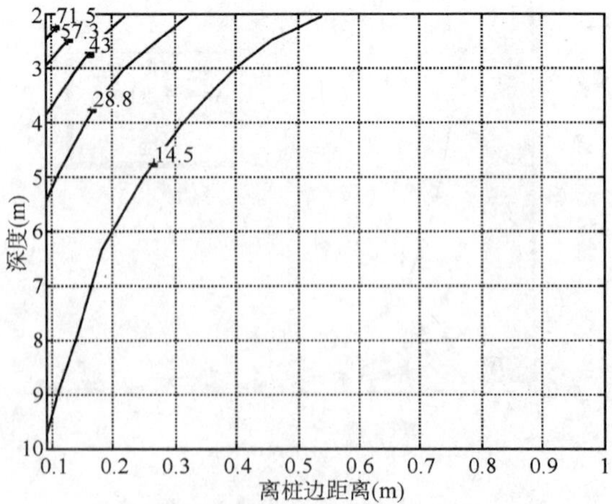

图 4-101 P_j 为 20kPa 和 T_Q 为 15kPa 时扰动度

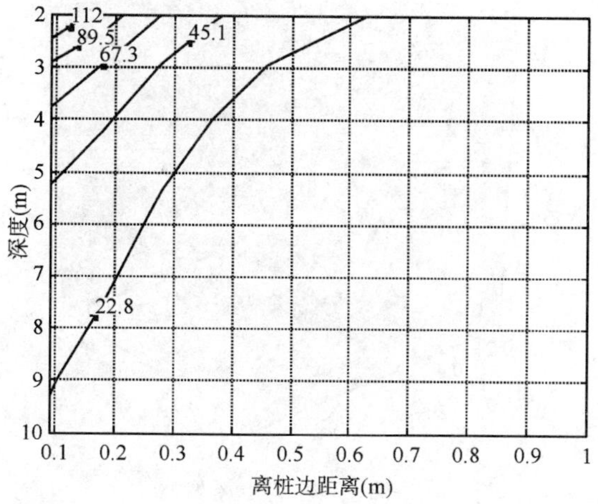

图 4-102 P_j 为 30kPa 和 T_Q 为 15kPa 时扰动度

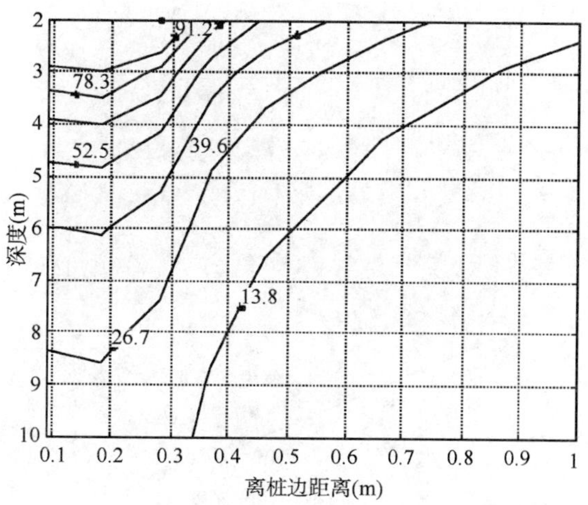

图 4-103 P_j 为 40kPa 和 T_Q 为 15kPa 时扰动度

2. 群桩施工扰动分布图

水泥土搅拌桩施工群桩布置主要按梅花形布置，在计算分析中网格按图 4-104 选取。在计算中，分别按三桩单独施工时对桩间土的扰动，而后线性叠加。计算中土体参数按单桩选取，而剪应力 T_Q 和 P_j 分别按 15kPa 和 30kPa 选取。计算得到不同深度(2m、5m、10m 和 15m 深度)的群桩施工的扰动度分别见图4-105～图 4-120。从图中可以看出桩周土体扰动度在桩边处最大，而在三桩中间最小，呈盆状分布。

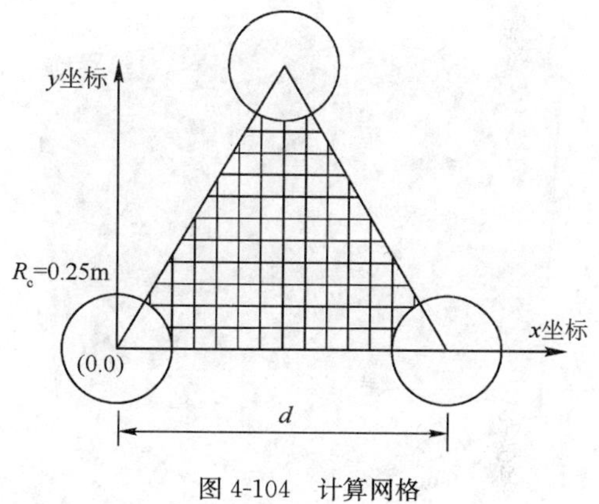

图 4-104 计算网格

1. 1m 桩间距扰动度等值线曲面见图 4-105～图 4-108。

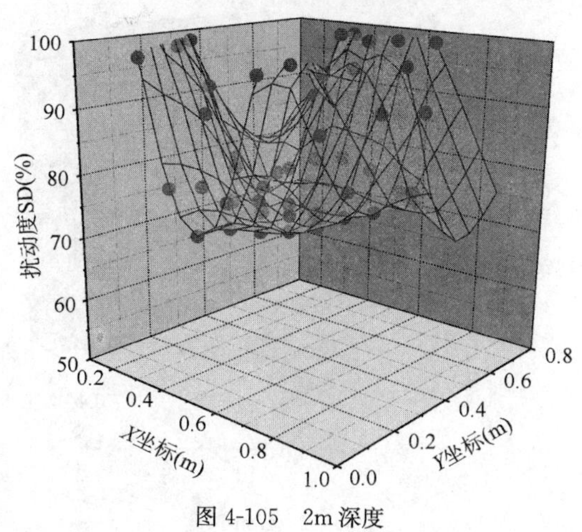

图 4-105 2m 深度

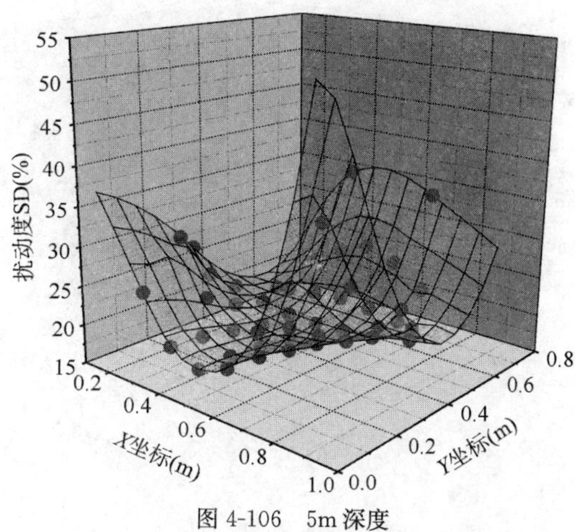

图 4-106 5m 深度

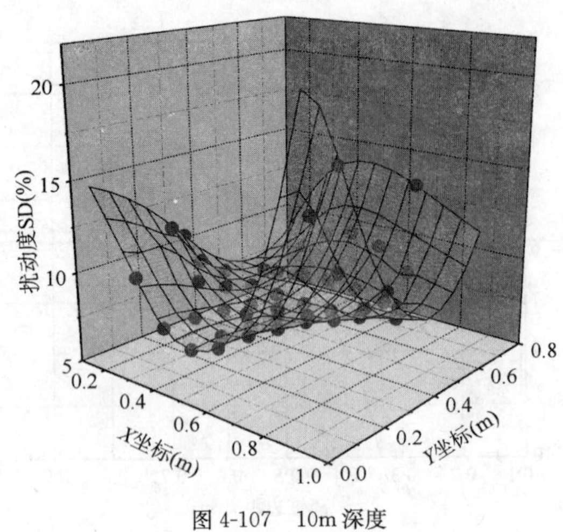

图 4-107　10m 深度

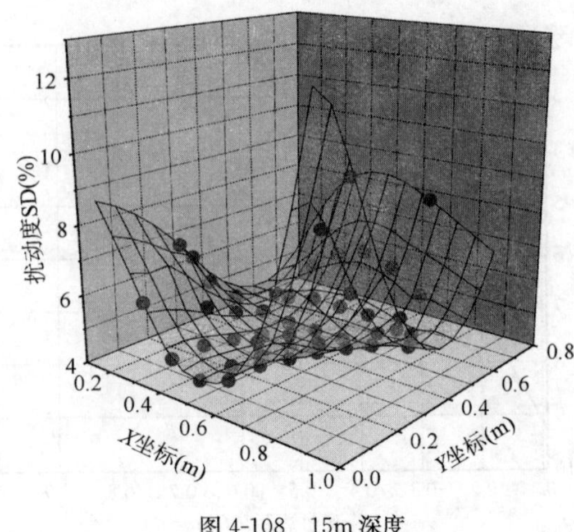

图 4-108　15m 深度

1.3m 桩间距扰动度等值线曲面见图 4-109～图 4-112。

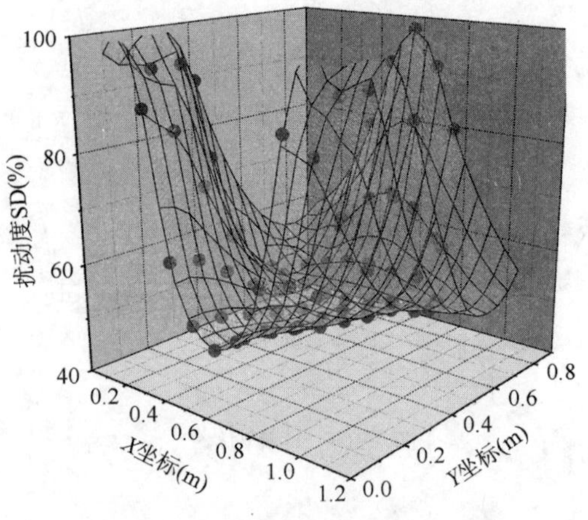

图 4-109　2m 深度

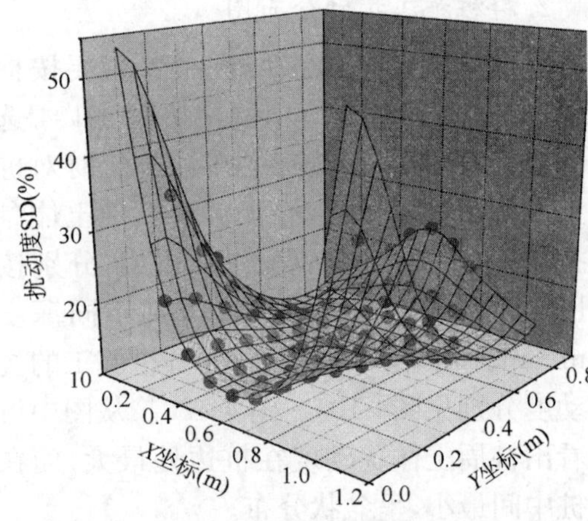

图 4-110　5m 深度

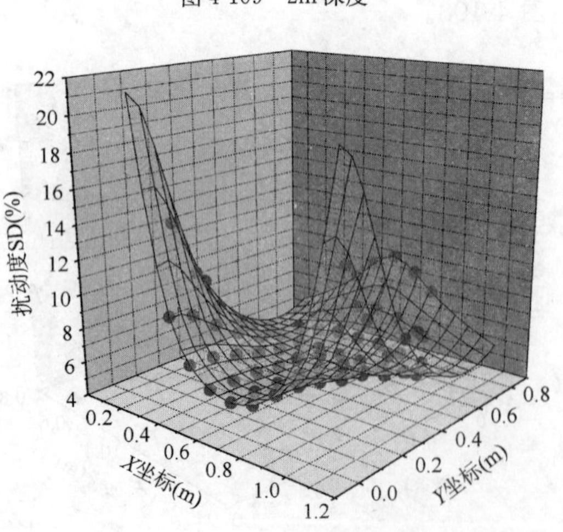

图 4-111　10m 深度

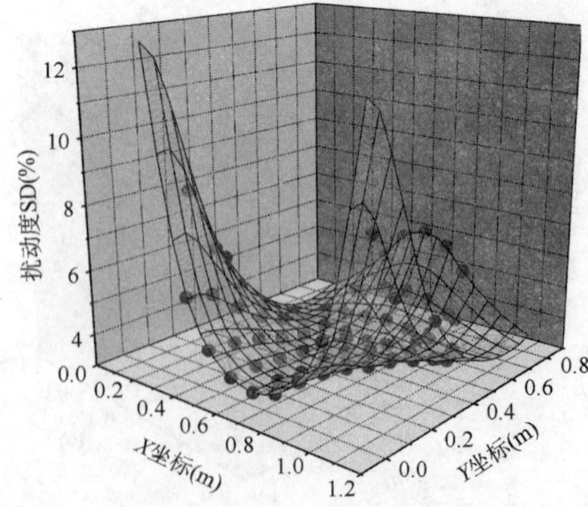

图 4-112　15m 深度

1.5m 桩间距扰动度等值线曲面见图 4-113～图 4-116。

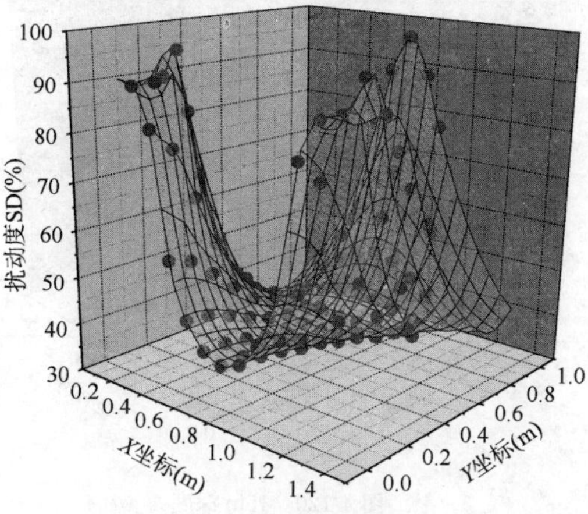

图 4-113　2m 深度

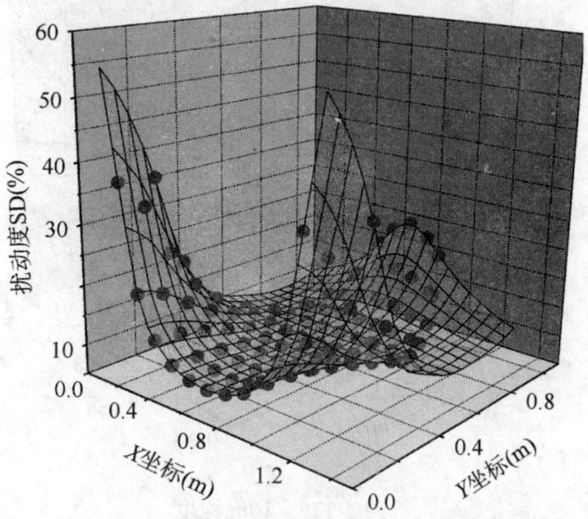

图 4-114　5m 深度

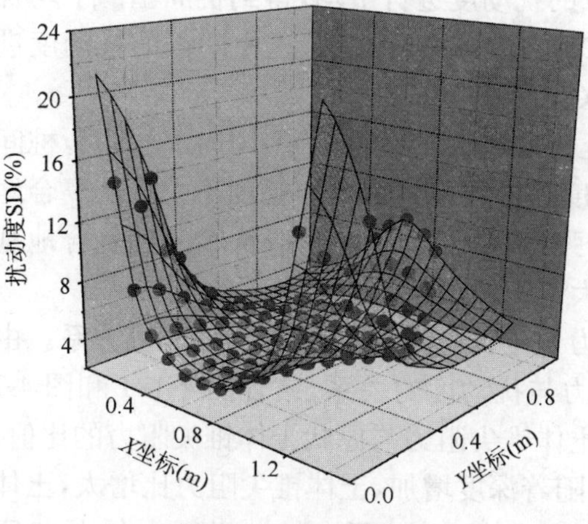

图 4-115　10m 深度

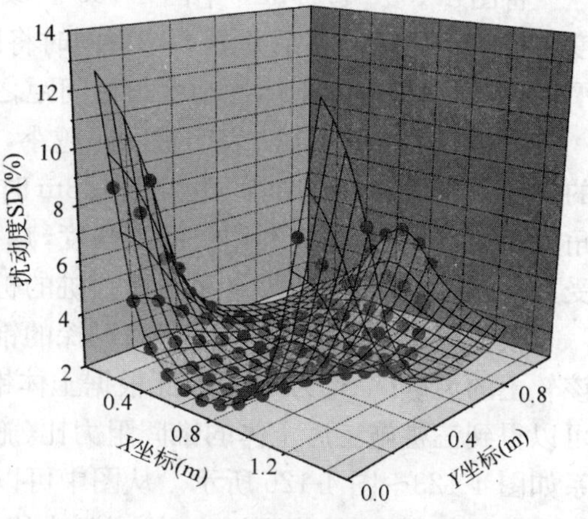

图 4-116　15m 深度

2.0m 桩间距扰动度等值线曲面见图 4-117～图 4-120。

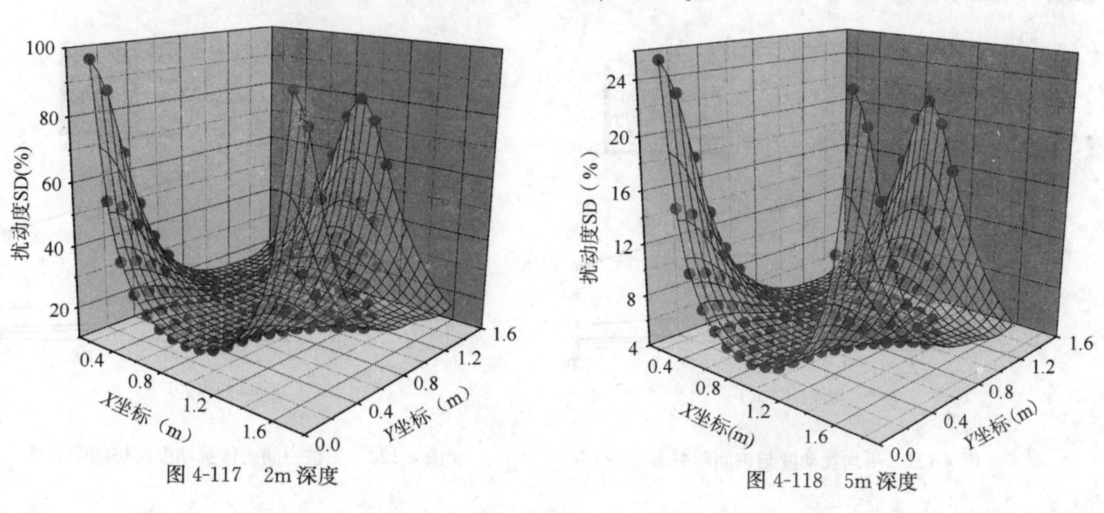

图 4-117　2m 深度

图 4-118　5m 深度

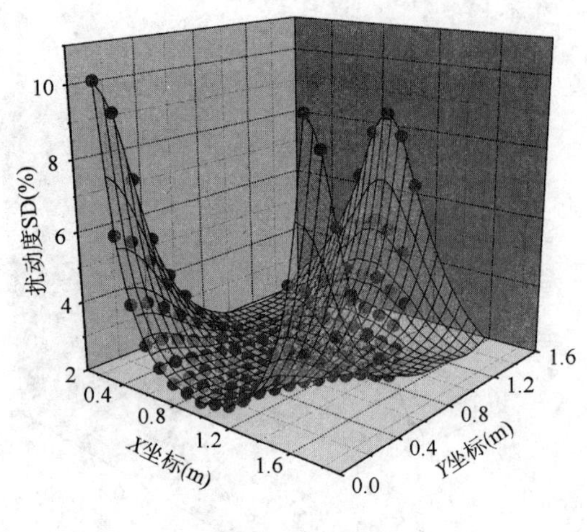

图 4-119　10m 深度

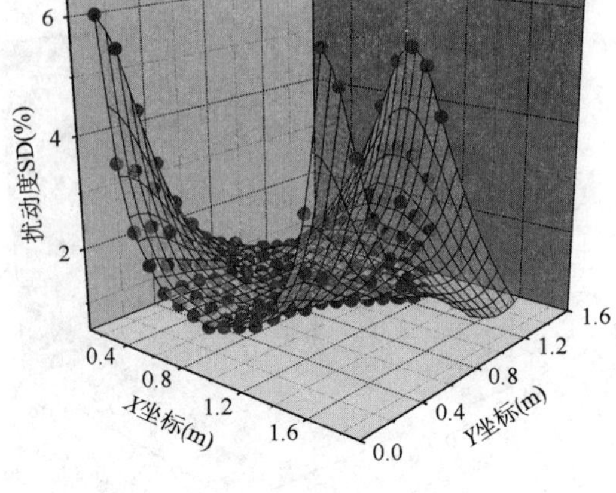

图 4-120　15m 深度

将图 4-105～图 4-120 中图 4-100 区域内各点的扰动度进行平均，得到桩周土的平均扰动度与桩间距之间的关系见图 4-121；同时将图 4-105～图 4-120 中三桩正中间点的扰动度进行平均，得到三桩中间土体扰动度与桩间距之间的关系见图 4-122。

图 4-121 和图 4-122 表明桩间距越小，桩间土扰动越大。在桩间距小于 1.3m 时，桩间土的扰动急剧增加，而在桩间距大于 1.3m 时，扰动度随桩间距减小增加幅度不大。从复合地基角度而言，希望尽可能利用桩间土强度，减小桩身强度，从而减小工程造价和改善复合地基的受力性能，因此可以认为水泥土搅拌桩的桩间距大于 1.3m 为宜。

根据第一节的研究，土体静力触探的锥尖阻力与土体扰动度和灵敏度有密切关系。由于该软土的灵敏度 S_t 为 4.0，因此根据土体锥尖阻力与扰动度的关系，结合图 4-121 和图 4-122 可以得到三桩施工后土体的锥间阻力比（施工后土体锥尖阻力与原状土体锥尖阻力的比值）关系如图 4-123～图 4-126 所示。从图中可以看出，随着深度增加，土体锥尖阻力比增大，土体抗扰动的性能增大；桩间距增大，锥尖阻力比增大，桩间土强度衰减较小；桩间距减小，锥尖阻力比减小，桩间土强度衰减较大。

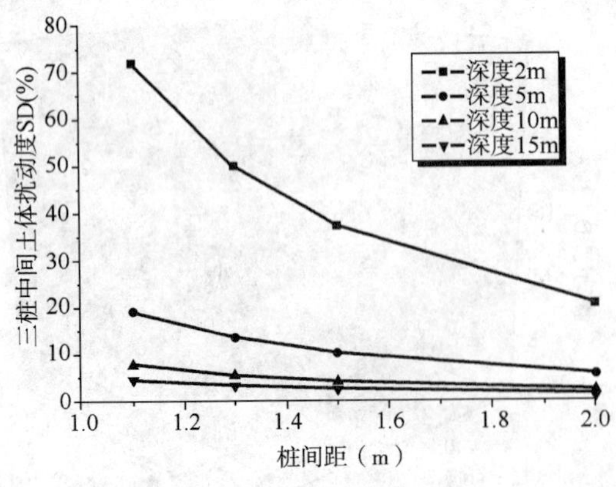

图 4-121　平均扰动度与桩间距关系

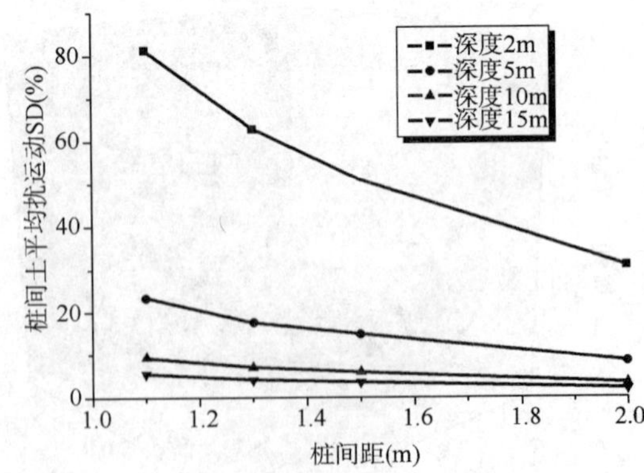

图 4-122　三桩中间土体扰动度与桩间距关系

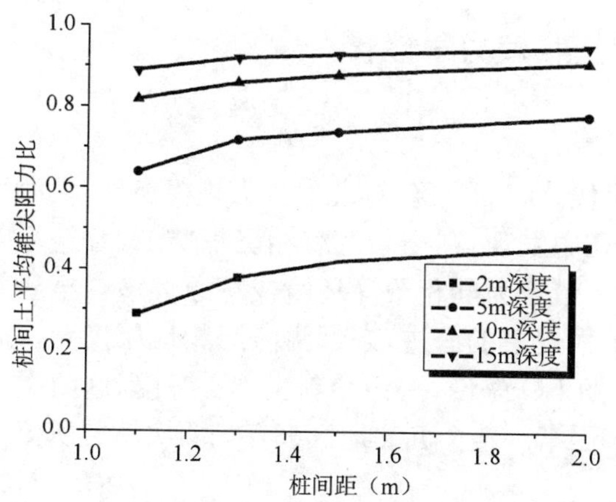

图 4-123　平均锥尖阻力比与桩间距变化关系

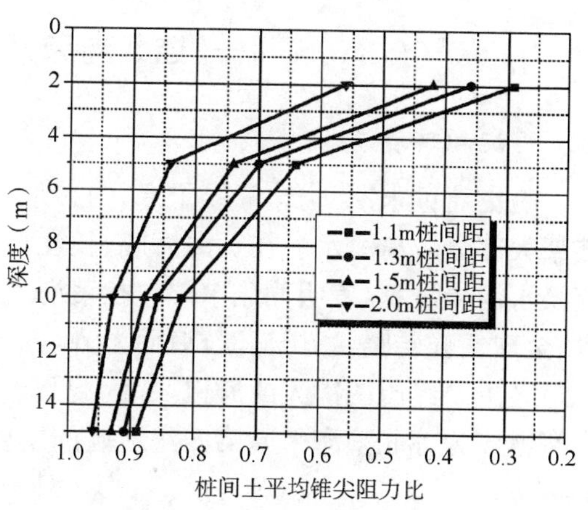

图 4-124　平均锥尖阻力比沿深度变化

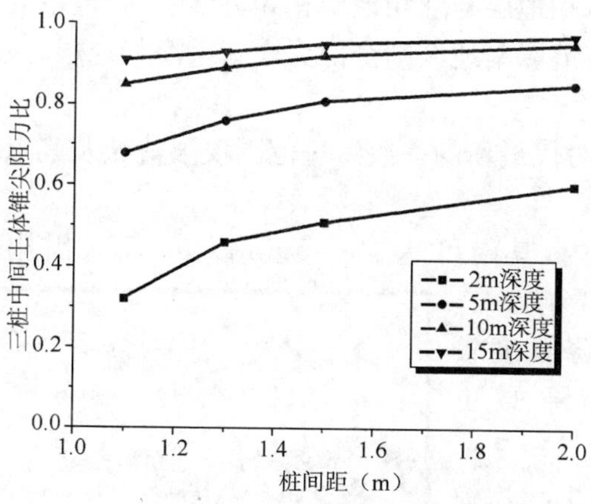

图 4-125　三桩中间土体锥尖阻力比与桩间距变化关系

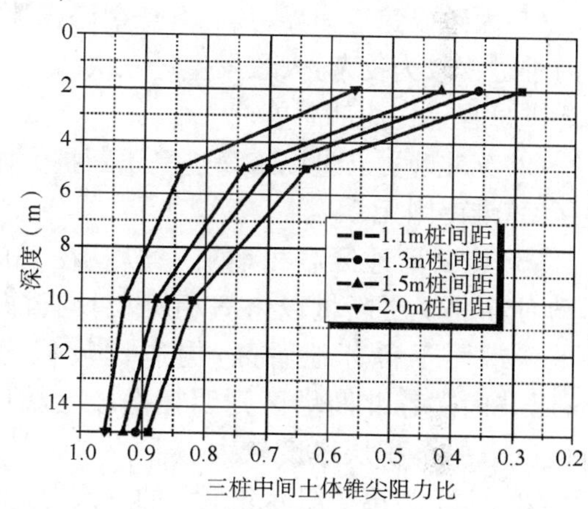

图 4-126　三桩中间土体锥尖阻力比沿深度变化

第四节　水泥土搅拌桩施工对桩周土强度影响的现场试验研究

在本章的第一节、第二节和第三节分别采用理论分析、室内试验和数值模拟的方法研究了水泥土搅拌桩施工对桩周土强度的影响，取得了相应的成果。以上分析中对边界条件和施工过程进行了一定的简化，在现场施工中影响因素复杂，为此本节进行了现场单桩和群桩试验，来验证已有分析的合理性。

本节首先对连云港海相软土的沉积环境和物理力学特性进行深入研究，而后对水泥土搅拌桩施工前以及施工后不同龄期土体的物理力学性质进行研究，总结水泥土搅拌桩施工对桩周土的强度以及物理性质的影响。

一、连云港天然沉积土物理力学性状

1. 沉积环境

晚更新世末期，全球气候干寒，为大理冰期时代。海面下降，苏北发生大规模海退，黄海大陆架大部分脱离海水。在黄海海底、长江口的钻孔中发现，在全新世海相沉积层下，普遍埋藏有淡水泥炭沉积，表明苏北东隅包括黄海大陆架一带曾为陆相沼泽环境或草原环境。至全新世，全球气候转暖，冰川消退，海面上升，苏北发生大规模的海进，东部沿海海相地层发育。苏北地区主要经历两次大的海侵，一为晚更新世末期 LG 海侵，一为全新世 PG 海侵，这两次海侵海退成为苏北滨海平原第四纪地层的主要影响因素。整个苏北地区都有该两次海侵所留下的痕迹。

从苏北晚更新世以来的海相地层分析可知，苏北晚更新世以来海进及其沉积具有如下几个特点：

(1)大致以弶港为界，其北有三期海相地层，海相地层与陆相地层相间，反映出弶港以北地区海进过程较为复杂，大致发生过三次海进。而弶港以南地区则全部为全新世海相地层，说明其海进过程远比北部简单。

(2)苏北晚更新世以来海进呈不断扩大之势，时代最新的一次海进范围仅限盐城及其以北地区，弶港南则无。

(3)连云港地区海相地层一般厚在 30m 以内，其南可达 40～50m 以上，反映出构造运动对苏北晚更新世以来海相沉积具有深刻的影响。连云港一带属于鲁苏地盾区，构造比较稳定，沉降幅度较小，而其南隅苏北断坳区则明显呈较大幅度的沉降，晚更新世以来的沉积层厚度较大。

图 4-127 为第四纪苏北最大的一次海进岸线图，该次海进也称为镇江海进，该次海进淹没了苏北沿海的大部分地区，它对沿海的地层沉积有着重大的影响，对长江三角洲的形成也有着举足轻重的作用。正是由于该次海进规模巨大的海侵，使得在该次海入侵中长江三角洲发育于以镇江附近为顶点向东扩展的河口湾内。

图 4-127 苏北全新世最大海进时的海岸线

图 4-128 为苏北地区海相地层对比图，从图中可以看到，整个苏北地区均发育着不同厚度的海相地层。这均是在第三及第四纪期间不同的海侵旋回形成的。由若干钻孔进行古地磁测不定期与海相地层的研究，亦证实在苏北东台至连云港之间的地域内晚更新世以来发生过三次海进，并留下了三期海相地层，只是历次海进规模有所不同，海相地层分布范围可北至连云港，南抵长江口，遍及苏北沿海地区。

连云港地区在浅部 40m 以上有三层海相地层，沿海岸线往南，海相地层的厚度增加。连云港最上面一层海相地层为主要的软土相地层，是在镇江海侵时形成的。而镇江海侵是在至今 7 000 年左右发生的，因此可推断连云港地区约 11m 以上的软土层堆积时间有 7 000 年的历史。该层软土主要是海相软土，其物源主要来自当时的海洋，当时的沉积环境据现土层性质推测是在一种还原环境下沉积而成的。

连盐线连云港段的典型地层剖面图如图 4-129 所示，第一层①为硬壳层（亚黏土），第二层②为软土层，第三层③为硬黏土层。剖面示意图只示意到 30m 以上的土层。在连云港地区，根据钻孔揭示的资料，在 30.0～30.5m 之间，夹着一层粉砂。

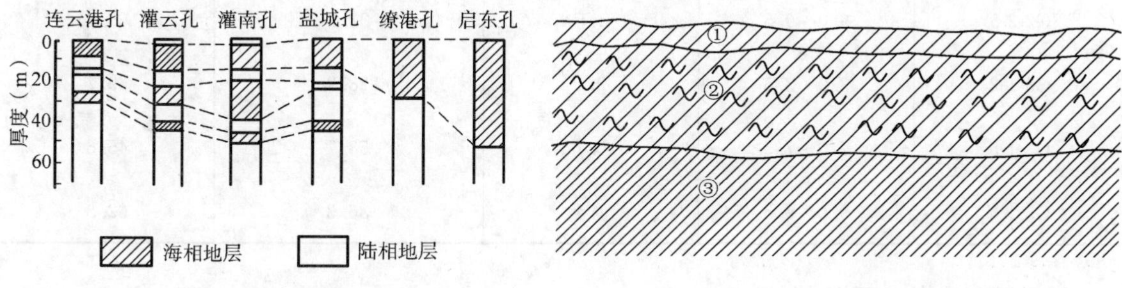

图 4-128　苏北沿海地区海相地层对比图

图 4-129　连盐线连云港段局部剖面示意图

2.天然沉积土物理性质

图 4-130 显示天然含水率随深度的变化，各孔含水率变化趋势一致，在浅于 1.5～2m 的地表层，由于干湿循环作用，含水率较低，在 2～5m 区间，天然含水率随深度增加而增大，在 5m 左右达到最高值，约为 76%～80%。在其以下的软土层含水率分布在 50%左右，约 11m 以下深含水率急剧减小，为强度较高的亚黏土层。软土层土样典型的颗分分析结果见表 4-8。软黏土基本上由黏土和粉土组成。液塑限试验采用 LP-100 型液限塑限联合测定仪测定，锥质量为 100g，锥角为 30°，典型的塑性图见图 4-131。所有的连云港软土样的塑形指数 PI 均处于 A-line 之上，说明软土层为非有机质的黏性土组成。A-line为下式所定义：

$$PI = 0.73(w_L - 20) \tag{4-59}$$

式中：w_L——液限，%。

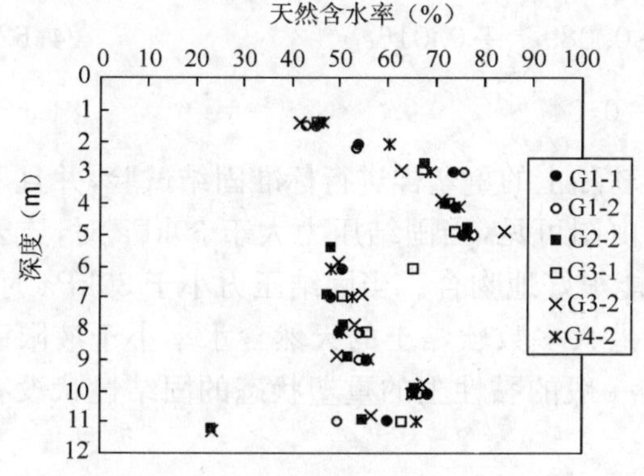

图 4-130　天然含水率随深度的变化

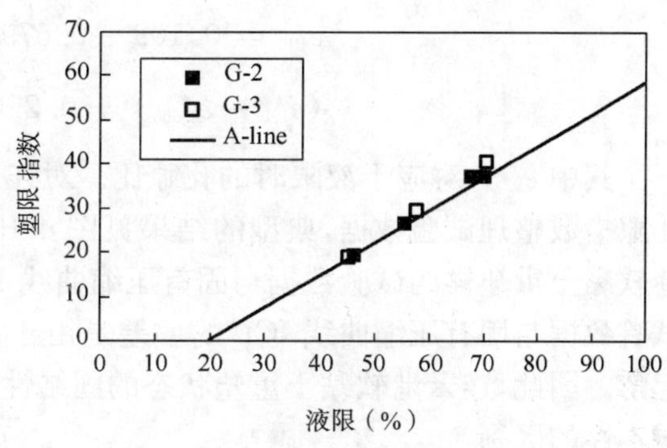

图 4-131　典型的塑性图

软土层土样典型的颗分分析结果　　表 4-8

土样编号	深度(m)	砂＞0.074mm	粉土 0.074～0.005mm	黏土＜0.005mm
G2-2-3	5.0～5.5	1.8	28.9	69.3
G2-2-4	7.0～7.5	0.6	55.0	44.4
G2-2-5	9.0～9.5	1.5	32.2	66.3
G3-1-2	3.0～3.5	2.1	28.2	69.7
G3-1-5	7.0～7.5	0.7	53.7	45.6
G3-1-6	9.0～9.5	1.4	36.3	62.3

3. 天然沉积软土固结特性

Burland(1990)导入了一个评价天然沉积土压缩性状的归一化指标 —— 孔隙指数，对各种初始含水率为液限 1.0～1.5 倍的重塑土的压缩曲线进行归一化。孔隙指数 I_v 的表达式如下(Burland，1990)。

$$I_v = \frac{(e - e_{100}^*)}{(e_{100}^* - e_{1000}^*)} \tag{4-60}$$

其中 e 为孔隙比，e_{100}^* 和 e_{1000}^* 分别是初始含水率为液限 1.0～1.5 倍的重塑土在一维固结试验中对应于外加固结应力 $p = 100\text{kPa}$ 和 1 000kPa 时的孔隙比。基于欧米的具有不同液限的初始含水率为液限 1.0～1.5 倍的重塑土固结试验数据，Burland(1990)建立了归一化的固有压缩曲线(Intrinsic Compression Line，简称 ICL)，其表达式如下：

$$I_v = 2.45 - 1.285\lg p + 0.015(\lg p)^3 \tag{4-61}$$

当初始含水率为液限 1.0～1.5 倍的重塑土的固结试验数据欠缺时，Burland(1990)建议用下列经验公式计算 e_{100}^* 和($e_{100}^* - e_{1000}^*$)。

$$e_{100}^* = 0.109 + 0.679e_L - 0.089e_L^2 + 0.016e_L^3 \tag{4-62}$$

$$(e_{100}^* - e_{1000}^*) = 0.256e_L - 0.04 \tag{4-63}$$

其中 e_L 为对应于液限时的孔隙比。对连云港软黏土的重塑样进行标准固结试验，并且用孔隙指数整理试验数据，典型的结果见图 4-132。由图可见，当固结压力大于 30kPa 时，连云港软黏土重塑样的试验数据与固有压缩曲线 ICL 能很好地吻合。当固结压力小于 30kPa 时，试验数据与固有压缩曲线 ICL 的偏差是由于连云港大多数软黏土的天然含水率小于液限引起的。因此，连云港软黏土重塑状态的固结性状与一般的黏性土的重塑状态的固结性状没有根本性的区别。

薄壁取样器所得的不扰动土样的天然孔隙指数 I_{v0} 由下式表达 (Burland，1990)：

$$I_{v0} = (e_0 - e_{100}^*)/(e_{100}^* - e_{1000}^*) \tag{4-64}$$

天然孔隙指数 I_{v0} 和上覆压力 p_{v0} 的典型关系见图 4-133。所有的天然孔隙指数 I_{v0} 均位于固有压缩曲线之上，除了浅层土之外，大部分天然孔隙指数 I_{v0} 高于沉积压缩曲线（Sedimentation Compression Line，SCL）。沉积压缩曲线 SCL 是由 Burland（1990）根据 Skempton（1970）发表的以欧米天然沉积土为主的沉积数据整理而成的。位于沉积压缩曲线 SCL 之上的天然沉积土具有强的结构性和较大的压缩性，其力学性状与重塑土样有着根本性的区别，易于受到机械扰动的影响，室内试验得到的力学参数容易失真。位于沉积压缩曲线 SCL 和固有压缩曲线 ICL 之间的天然沉积土的结构性较弱，压缩性一般。而位于固有压缩曲线 ICL 附近的天然沉积土灵敏度低，对机械扰动不敏感，压缩性低，其力学性状与重塑土样没有根本的区别。因此，大多数连云港软黏土有较强的结构性，压缩性较大，易于受到机械扰动的影响。

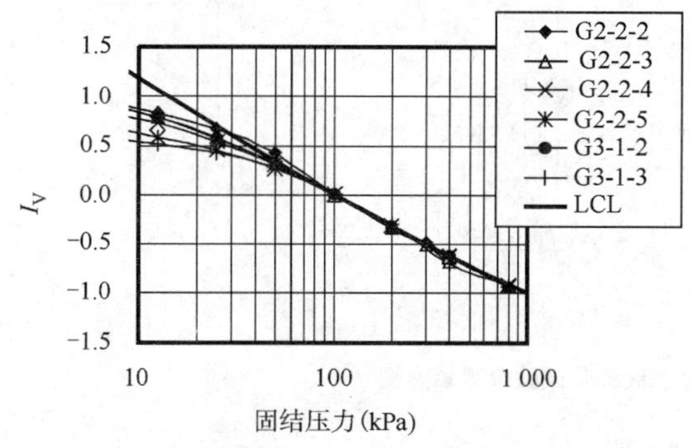

图 4-132　连云港软黏土的重塑样孔隙指数与固结压力关系

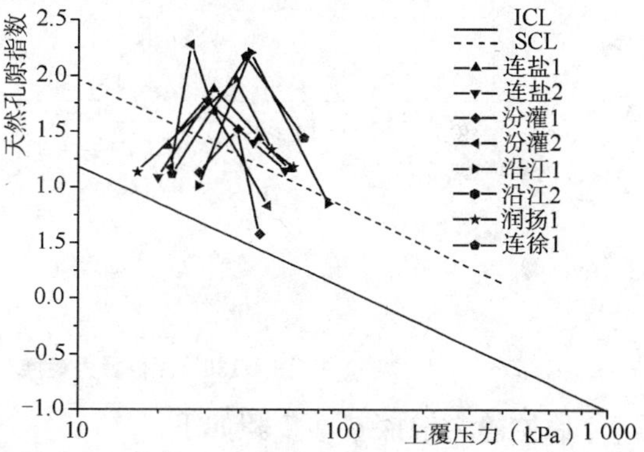

图 4-133　天然孔隙指数 I_{v0} 和上覆压力 p_{v0} 的典型关系

用孔隙指数整理的不扰动土样的固结压缩曲线见图 4-134。由图可见，除了 G2-2-4 不扰动样外，其余所有土样的固结压缩曲线均显示固结屈服阶段前的压缩性较小，达到屈服后随着应力水平的增大压缩性急剧增大，压缩曲线逐渐趋于固有压缩曲线。G2-2-4 不扰动样屈服后随着应力水平的增大压缩曲线沿着沉积压缩曲线变化，与一般的天然沉积土固结特性不同，其理由不明，可能是试验误差引起的。另外，应该指出，除了 G2-2-3 不扰动样的固结压缩曲线是穿过沉积压缩曲线而逐渐趋于固有压缩曲线的之外，其余的不扰动样固结压缩曲线均位于沉积压缩曲线之下，结合图 4-133 的天然孔隙指数 I_{v0} 分布结果可知，薄壁取样器所得的不扰动样在取样、运输、成样过程所受的扰动程度较大，室内试验得到的不扰动压缩曲线有一定程度的失真。

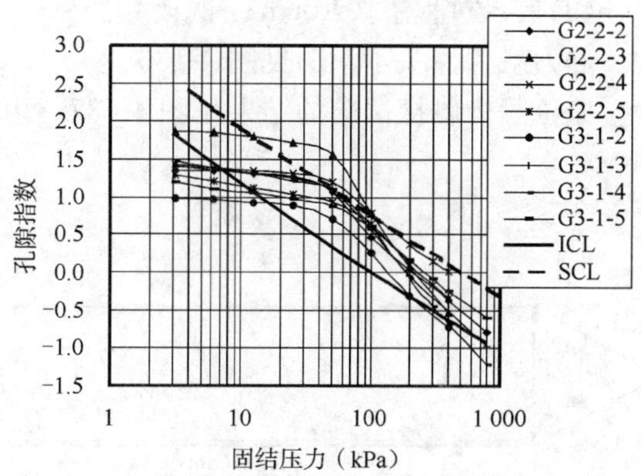

图 4-134　孔隙指数整理的不扰动土样的固结压缩曲线

4. 天然沉积软土强度特性

为了了解掌握连云港天然沉积土的强度特性，分别进行了原位静力触探、原位十字板、室内无侧限抗压试验。原位静力触探和原位十字板试验是分别在对应于现场试验的4个断面的6个孔进行的，试验位置见图4-135。原位静力触探试验的孔号分别是C1-2、C2-1、C2-2、C3-1、C3-2和C4-2，原位十字板试验的孔号分别是V1-2、V2-1、V2-2、V3-1、V3-2和V4-2。

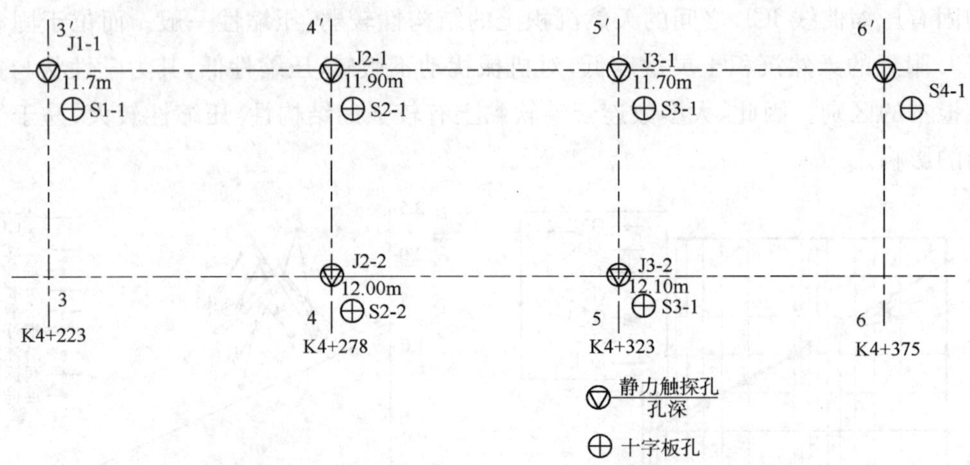

图4-135　原位静力触探和原位十字板试验试验位置示意图

原位静力触探基本步骤如下：

(1)将探头压入地表0.3m左右，经一段时间(1min)后将探头提升悬空，仪器清零。

(2)贯入速度为0.5～1.0m/min，一个孔大约30min完成。

(3)贯入过程中按10cm一次读数。

静力触探探头示意图见图4-136。

原位静力触探试验的结果见图4-137。由图可见，6孔的锥尖阻力 q_c 与深度的变化关系

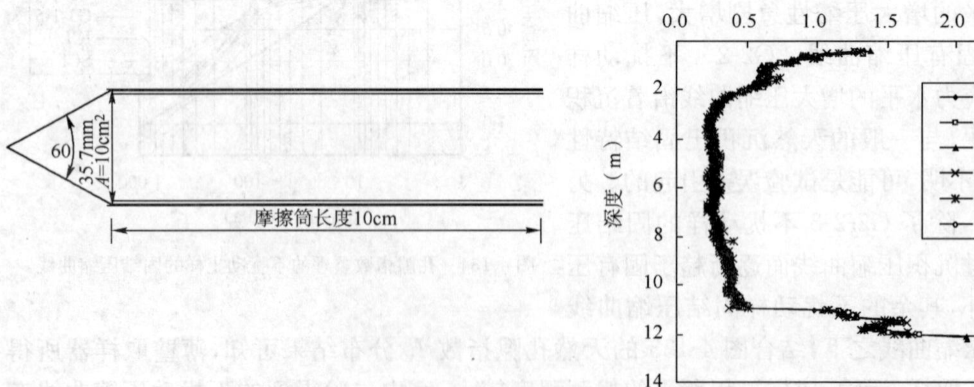

图4-136　静力触探探头示意图

图4-137　天然沉积地基处理前原位静力触探试验结果

基本一致，说明该试验场地在水平方向是基本均质的，这与天然含水率的结果也是一致的。另外，从锥尖阻力 q_c 与深度的关系可见地表层有 1.5～2.0m的硬壳层，硬壳层下沉积着约 9m 的相对均质的软土层，深度达 11m 左右时锥尖阻力 q_c 遽然增大，由 0.5MPa 左右增大到 1.2～2.7MPa。这一强度试验结果与地质沉积环境分析、物理试验结果相当一致。

原位十字板试验基本步骤如下：

(1)将十字板探头悬空，清零。

(2)将探头压入到指定深度，上紧扭动卡环。

(3)以 10s 一圈左右速度旋转蜗轮转盘。在 3～5min 内达到最大应变值。

(4)达到峰值后，松动扭动卡环，然后把轴杆连续转 3～6 圈，然后上紧卡环，重复(3)步骤。

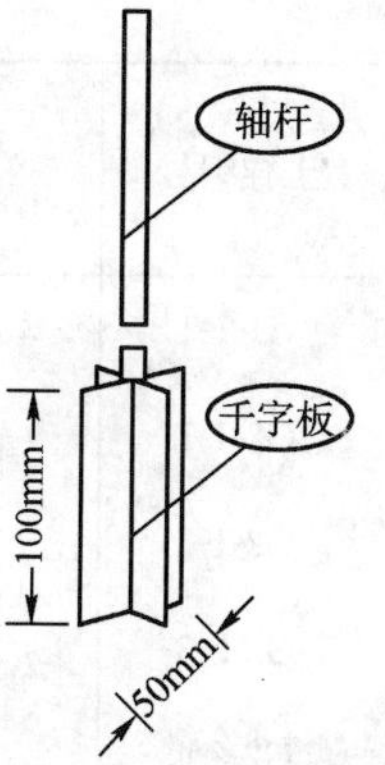

轴杆
千字板
100mm
50mm

图 4-138　十字板剪切试验仪器示意图

原位十字板的尺寸见图 4-138。

原位十字板试验的结果见图 4-139。由图可见，5 孔的十字板剪切强度 C_u 与深度的变化关系基本一致。锥尖阻力 q_c 与十字板剪切强度 C_u 的关系见图 4-140。两者有较好的线性相关关系，可近似用下式表达。

$$q_c = 14C_u \tag{4-65}$$

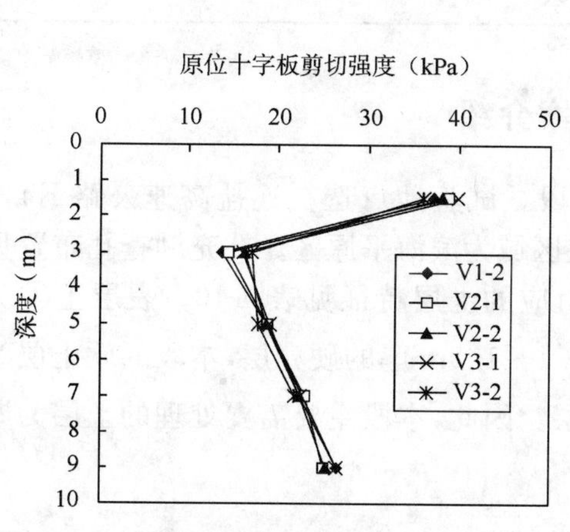

图 4-139　天然沉积地基处理前原位十字板试验结果

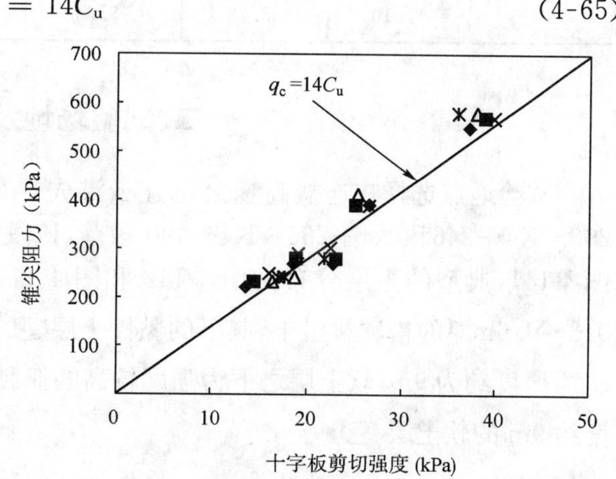

图 4-140　天然沉积地基处理前原位十字板强度与原位锥尖阻力的关系

室内无侧限抗压试验也经常用于测定非排水强度，在此也对原状土不扰动试样进行无侧限抗压试验，试样的尺寸为：直径 3.91cm，高度 7.94cm，剪切速率为 1%/min，结果见表 4-9，破坏应变为 3.4%～10.0%，比日本标准软黏土取样器(固定活塞双管薄壁取样器)所得的不扰动软黏土样(一般不大于 1%～2%)大得多，而 $E_{50}/(q_u/2)$ 值比固定活塞双管薄壁取样器所得的不扰动软黏土样的一般值 100～130 小得多，仅为 27.4～85.4，说明我国的活动活塞薄壁取样器所取得的不扰动软黏土样扰动程度偏大，这与不扰动试样的固结试验结果一致。测定的无侧限抗压强度偏低，虽然偏于安全，但是可能造成不必要的浪费。从表 4-9 也可见 $q_u/2$ 与十字板强度的相关性很差，这很可能是试样扰动引起的，每个试样的扰动程度变化较大。无侧限抗压强度($q_u/2$)与原位十字板强度之比为 0.36～0.95，平均为 0.63。

室内无侧限抗压试验结果　　表 4-9

土样编号	深度 (m)	q_u (kPa)	破坏应变 (%)	E_{50} (kPa)	$E_{50}/(q_u/2)$	C_u(kPa)	$(q_u/2)/C_u$
G1-1-1	1.60	37.60	4.8	1 605	85.4	37.30	0.50
G2-1-1	1.60	28.03	3.9	672	47.9	38.87	0.36
G2-1-2	3.25	27.30	5.9	755	55.3	14.41	0.95
G2-2-3	5.25	28.41	3.7	958	67.4	18.65	0.76
G2-2-4	7.25	25.16	4.2	632	50.2	22.37	0.56
G2-2-5	9.25	32.30	3.4	883	54.7	25.39	0.64
G3-1-3	5.25	24.30	10.0	333	27.4	19.11	0.64
G3-1-4	7.25	18.39	7.1	302	32.8	22.50	0.41
G3-1-5	9.25	43.65	7.7	784	35.9	26.58	0.82
G3-1-6	11.10	63.60	3.7	2 084	65.5		

二、试验场地及方案介绍

试验地点选择在连盐高速公路连云港先导试验段。试验地点选在连盐高速公路 K4＋200～K4＋246和 K4＋266～K4＋400 段落，该段所在区域为滨海平原区。补充勘查孔布置见图 4-141，典型的土层分布见图 4-142 和图 4-143。对应的土层特征见表 4-10。表层土①为 0.3～0.6m厚的松软耕植土，其下的黏性土层②-1为 1.1～1.3m 厚的硬壳层，本段的软土层为②-2，厚度约为 9m，软土层之下为强度较高的亚黏土层。因此，本段主要需要处理的土层为厚度约 9m 的软土层②-2。

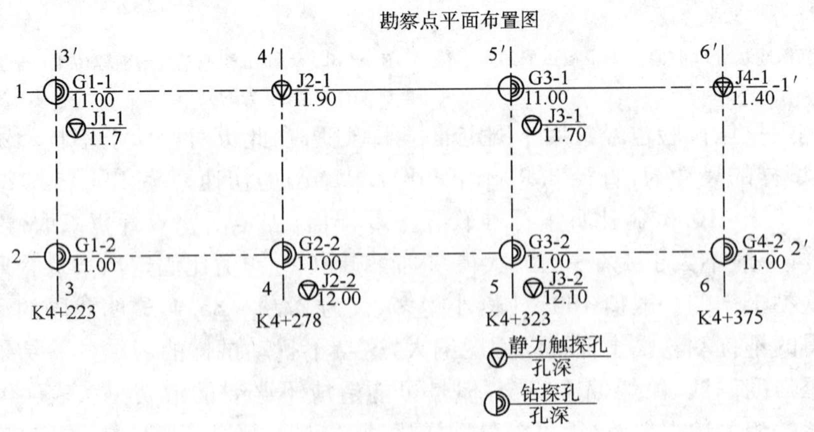

图 4-141　勘查孔布置图

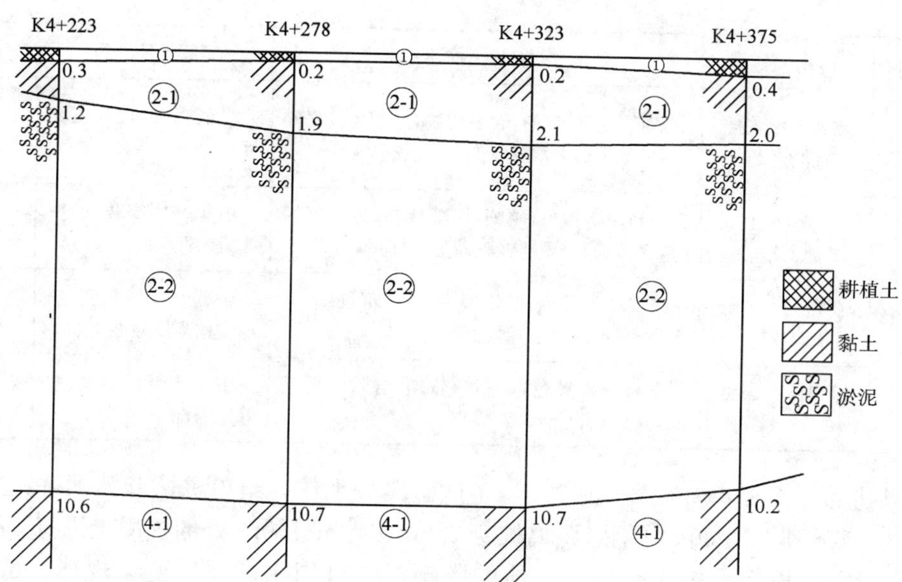

图 4-142　1-1 断面剖面图

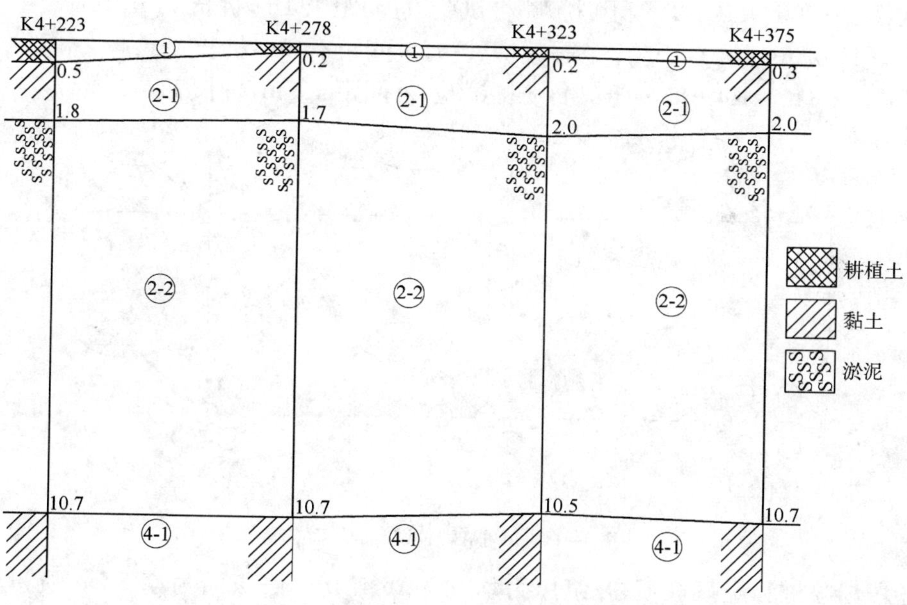

图 4-143　2-2 断面剖面图

典型的土层主要特征

表 4-10

成因年代	土层名称	土层特征描述	工程地质性质	厚度(m)
新近	耕植土(1)	灰黄～灰褐色，松软，以软塑状黏性土为主，夹植物根茎	低强度，高压缩性	0.3～0.6
新近沉积土	黏土(2-1)	灰黄～黄灰色，硬塑～软塑，见少量铁锰质浸染斑，呈上硬下软状，非均质	低强度，高压缩性，为本地硬壳层	1.1～1.3

续上表

成因年代	土层名称	土层特征描述	工程地质性质	厚度(m)
新近沉积土	淤泥～淤泥质亚黏土(2-2)	灰色,饱和,流塑,含腐殖物,见少量贝壳碎屑,局部下部夹薄层状亚砂土、粉砂	极低强度,极高压缩性	86～8.9
一般沉积土	(亚)黏土(4-1)	灰黄～褐黄色,硬塑,局部软塑,见铁锰结核,含砂礓石,局部夹亚砂土,欠均质	中等～中高强度,中等压缩性	3.9～5.3
	亚黏土～黏土(4-2)	灰黄～褐黄色,以软塑为主,局部硬塑,夹亚砂土,粉砂薄层,偶见砂礓石	中低～中等强度,中～中偏高压缩性	4～6.8
	亚黏土～黏土(4-4)	灰黄～褐黄色,硬塑～软塑,含铁锰质结核,偶夹亚砂土,欠均质	中～中偏高强度,中等压缩性	3.7～5.0

本次共进行了3根单桩现场施工试验,各试验段分别作一组单桩试验。试桩完工后,在第7～9d、13～15d和28～30d分别对距离桩身0.2m、0.5m、1.0m处的桩周土进行CPT试验和十字板剪切试验,以揭示施工对周围土体的影响以及桩周土的强度变化规律。试验布设见图4-144。试验段分为A、B、C三个区,三个区的具体情况如下。

A区:K4+200～K4+246,干(粉)喷桩试验,桩间距1.1m,桩长11m;

B区:K4+266～K4+310,干(粉)喷桩试验,桩间距1.3m,桩长11m;

C区:K4+310～K4+355,干(粉)喷桩试验,桩间距1.5m,桩长11m。

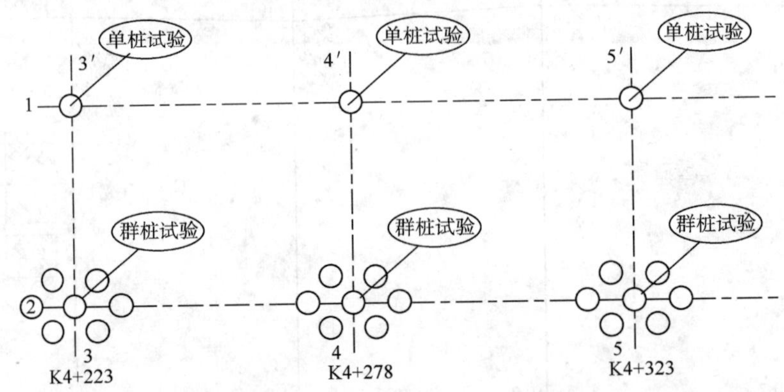

图4-144 单桩和群桩试验的平面布置

试验段粉喷桩和湿喷桩喷粉/浆压力均约为0.4MPa,停灰面为0.3m。喷粉/浆量见表4-11。湿喷桩水灰比为0.5。

试验段水泥掺入量情况表 表4-11

干喷桩					
A试验段		B试验段		C试验段	
深度(m)	喷粉量(kg/m)	深度(m)	喷粉量(kg/m)	深度(m)	喷粉量(kg/m)
0.8	34	0.8	34	0.8	31
1.8	61	2.8	66	1.8	64

续上表

干喷桩					
A 试验段		B 试验段		C 试验段	
深度(m)	喷粉量(kg/m)	深度(m)	喷粉量(kg/m)	深度(m)	喷粉量(kg/m)
2.8	61	2.8	66	2.8	60
3.8	61	3.8	66	3.8	61
4.8	61	4.8	65	4.8	62
5.8	62	5.8	66	5.8	61
6.8	60	6.8	65	6.8	61
7.8	80	7.8	71	7.8	81
8.8	61	8.8	66	8.8	60
9.8	61	9.8	66	9.8	60
10.8	61	10.8	65	10.8	61

在单桩和群桩施工完成后，在第 7d、14d 和 28d 分在单桩施工后距桩边 0.2m、0.5m，1.0m 处分别进行 CPT 试验和十字板剪切试验，见图 4-145；在第 7d、14d 和 28d 分在群桩施工后距离桩边 0.2m、三桩中间处的桩周土进行 CPT 试验和十字板剪切试验，以桩间距 1.3m 为例，如图 4-146 所示。试桩施工后 14d 和 28d，钻机于三桩的中心处用薄壁取土器在三桩中间取土进行室内试验研究，取样孔见图 4-147。

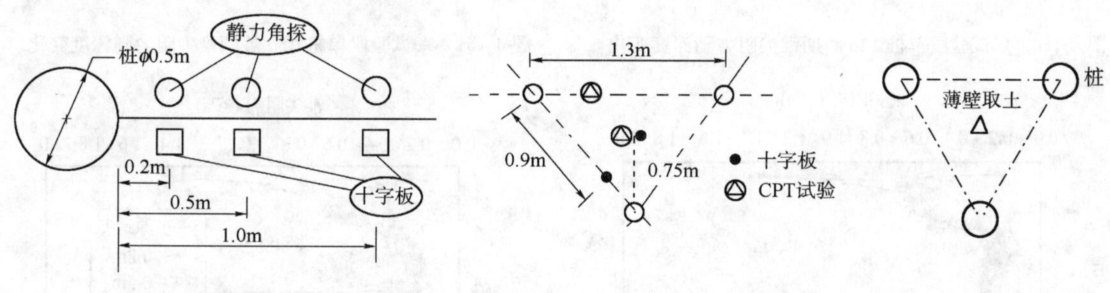

图 4-145 单桩试验静力触探和十字板布置　　图 4-146 试桩后测试布置图　　图 4-147 取土孔布置图

三、现场单桩试验和分析

1. 原位静力触探试验

现场单桩施工后不同龄期，在 A、B、C 区对距离桩边 0.2m、0.5m、1.0m 处的桩周土进行 CPT 试验，锥尖阻力比与深度的关系见图 4-148～图 4-153。

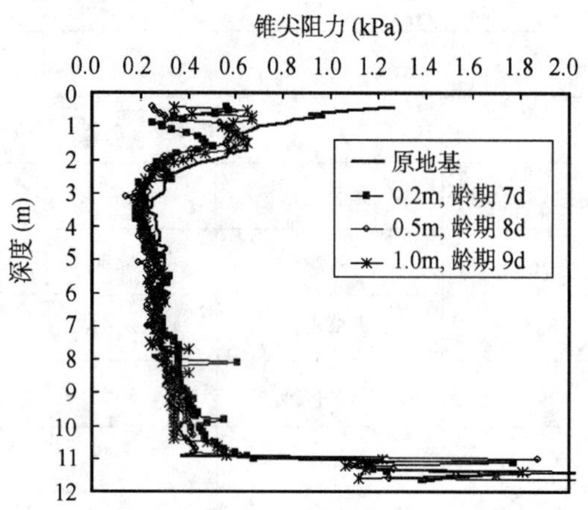

图 4-148 B试验段单桩 8d 龄期锥尖阻力随深度变化

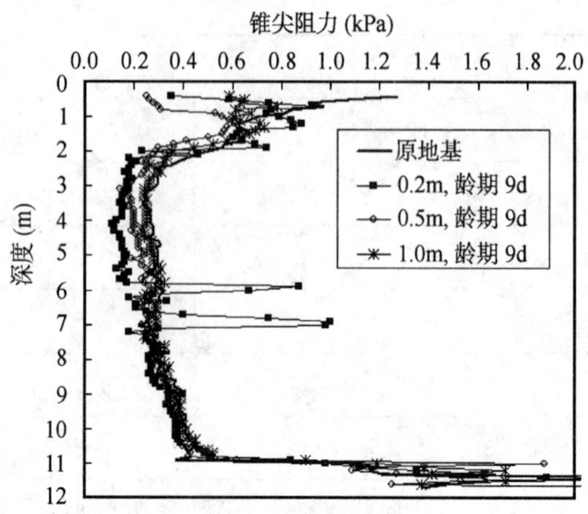

图 4-149 C试验段单桩 9d 龄期锥尖阻力随深度变化

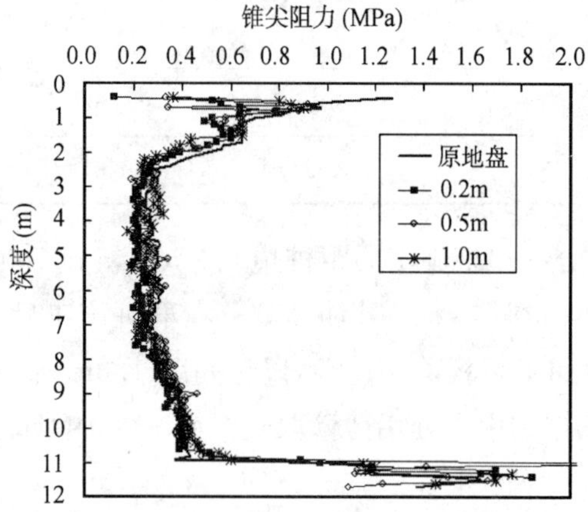

图 4-150 C试验段单桩 14d 龄期锥尖阻力随深度变化

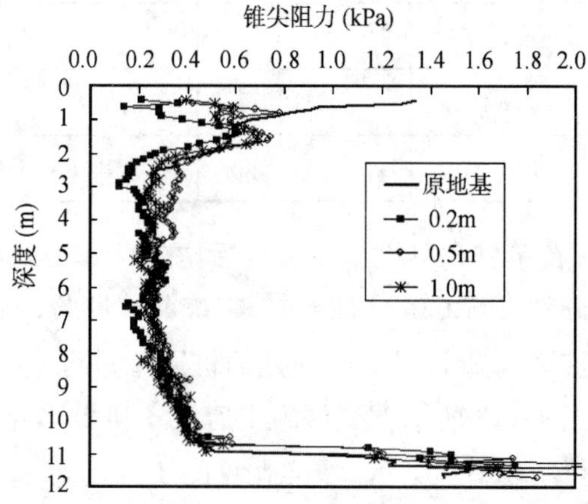

图 4-151 A试验段单桩 28d 龄期锥尖阻力随深度变化

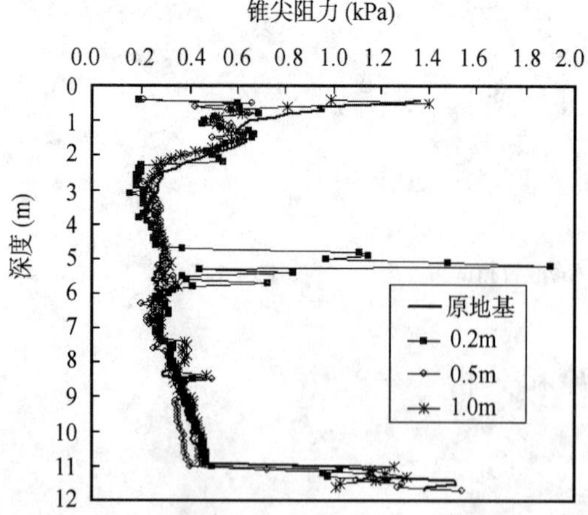

图 4-152 B试验段单桩 28d 龄期锥尖阻力随深度变化

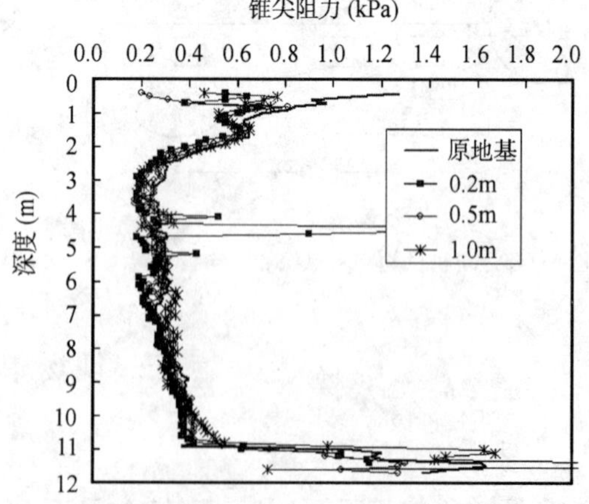

图 4-153 C试验段单桩 28d 龄期锥尖阻力随深度变化

由图可见，在表层2m左右的硬壳层，单桩施工后的桩周土锥尖阻力 q_c 比天然地基有较大程度的明显降低，在大多数软土层范围内桩周土锥尖阻力 q_c 低于天然地基锥尖阻力 q_c 的趋势也很明显。把施工后的锥尖阻力 q_c 与天然地基的锥尖阻力 q_c 之比定义为锥尖阻力比，随深度变化的典型关系见图 4-154～图 4-156。

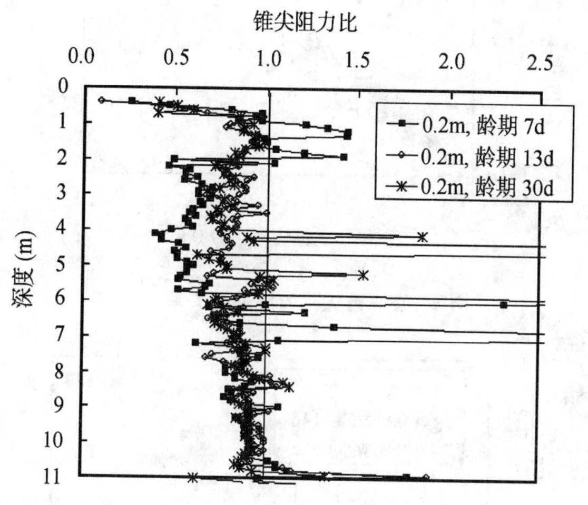

图 4-154 C试验段锥尖阻力比随深度变化结果

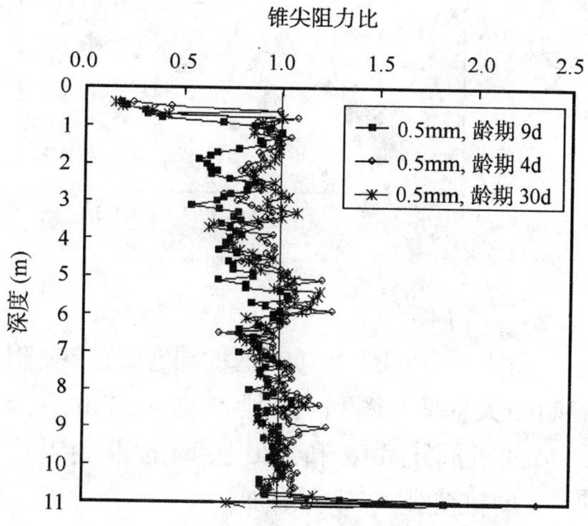

图 4-155 C试验段锥尖阻力比随深度变化结果

由图可见，就总的趋势而言，锥尖阻力比随着深度的增加而增加。在同一深度，锥尖阻力比随着离桩边的距离增大而增大。桩施工过程中不可避免产生机械扰动，机械扰动必然导致桩周具有强结构性的连云港天然沉积土的结构破坏，土结构的破坏必定导致强度的降低。随着深度的增大，桩周土的侧限围压变大，抵抗机械扰动的抵抗力也就越大。因此，锥尖阻力比随着深度的增加而增加。也就是说，离桩边距离越远的桩周土受到的机械扰动程度就越低，其锥尖阻力比就越高。当然，桩施工过程中，机械振动能量会有一定的变动，这也是引起图4-154～图 4-156 的锥尖阻力比波动的原因之一。此外，从图 4-154 也可看出，离桩边 0.2m 的桩周土锥尖阻力 q_c 的一些试验数据有很大的离异性，比原状土的桩周土锥尖阻力 q_c 大几倍，而离桩边 0.5m 和 1.0m 的桩周土锥尖阻力 q_c 则基本没有显示这一现象。粉喷桩施工喷粉压力为 0.4MPa，远远大于静止总土压力(深度 0.3～11m 约为 5～180kPa)，这可能会导致局部劈裂现象，使得水泥粉喷出桩体直径范围，局部桩周土有水泥固化反应，产生比天然沉积土强度高得多的强度。从图 4-157～图 4-159 也可看出，这种劈裂现象是局部的，沿着桩周也不是全方位的。

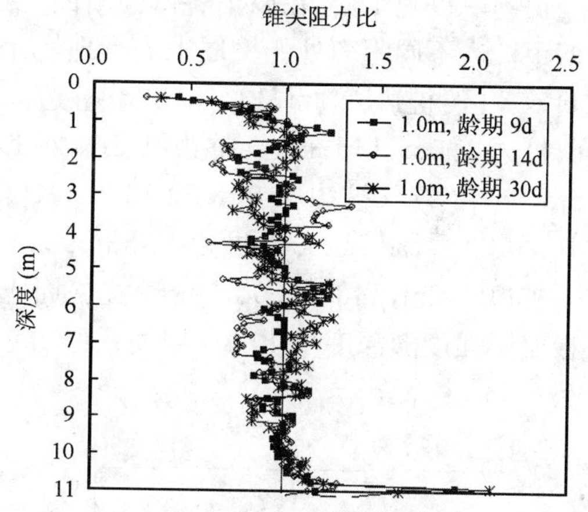

图 4-156 C试验段锥尖阻力比随深度变化结果

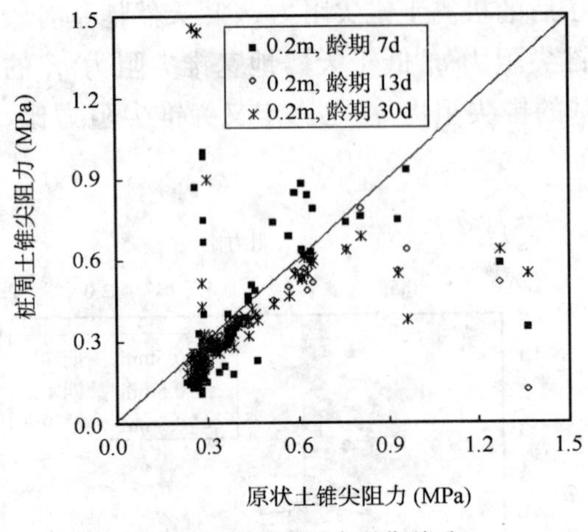

图 4-157　锥尖阻力与龄期关系

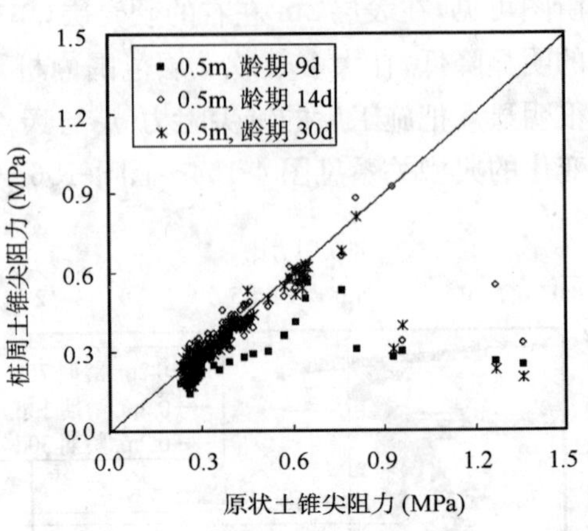

图 4-158　锥尖阻力与龄期关系

图 4-157～图 4-159 显示典型的锥尖阻力与龄期的关系，由图可见，距桩边 0.2m、0.5m 和 1.0m的桩周土 14d 和 28d 龄期的锥尖阻力比龄期 7d 的锥尖阻力有所增加。

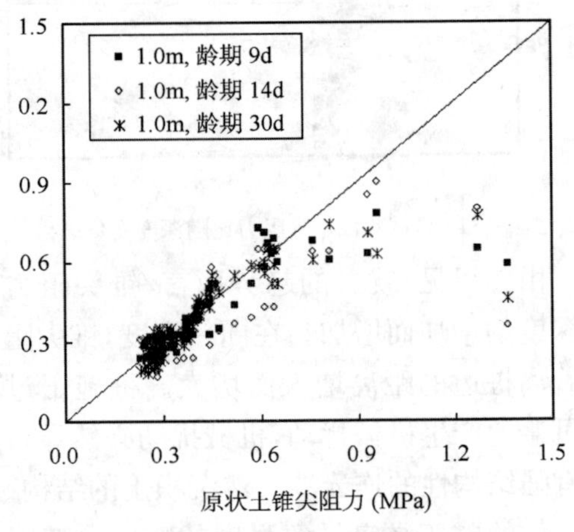

图 4-159　锥尖阻力与龄期关系

2. 原位十字板试验

现场单桩施工后，在以下各试验断面，对不同龄期距桩边不同距离处的桩周土进行现场十字板试验。A 区：桩边 0.2m，13d 和 32d；桩边 0.5m，14d；桩边 1.0m，14d；B 区：桩边 0.2m，27d；桩边 0.5m，8d 和 27d；桩边 1.0m，9d 和 27d；C 区：桩边 0.2m，9d、13d 和 30d；桩边 0.5m，9d、14d 和 30d；桩边 1.0m，14d 和 30d。粉喷桩桩周土的十字板剪切强度随深度变化的典型关系见图 4-160～图 4-162。总的趋势与锥尖阻力变化一样，

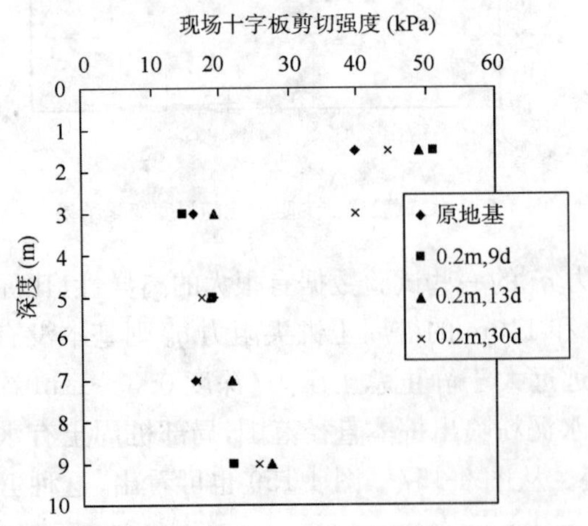

图 4-160　C 区现场十字板剪切试验结果

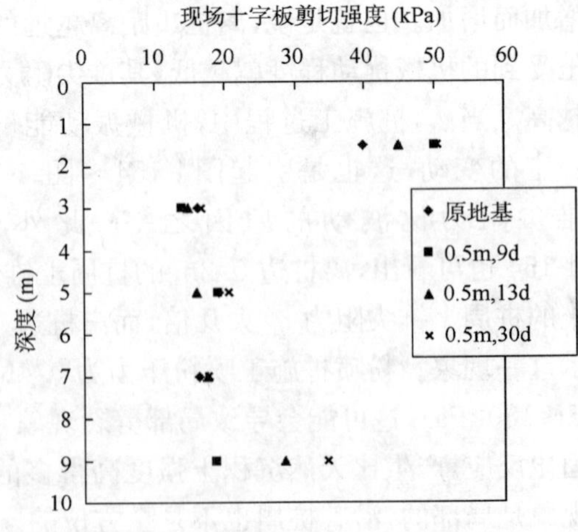

图 4-161　C 区现场十字板剪切试验结果

离桩边 0.2m 的桩周土十字板剪切强度的一些试验数据有很大的离异性，比原状土的桩周土十字板剪切强度大得多，而离桩边 0.5m 和 1.0m 的桩周土十字板剪切强度则基本没有显示这一现象。除了这些有很大的离异性的试验数据外，施工后的桩周土十字板剪切强度比原地基强度低。由于每孔的十字板试验试验数据只有很少的 4～5 个试验数据，比静力贯入试验数据少得多，静力贯入试验具有连续性和试验数据多的优势，比现场十字板更能反应施工前后桩周土强度性状的变化。

施工后桩周土的十字板剪切强度 C_u 与锥尖阻力 q_c 的关系见图 4-163。两者有较好的线性相关关系，其线性相关关系式与本章天然地基所得的关系式一致，为 $q_c = 14C_u$。在图 4-163 中有些试验数据远远偏离 $q_c = 14C_u$ 这一相关线，主要是由于离桩边 0.2m 的桩周土有局部水泥粉或水泥浆液渗入使得局部桩周土强度大幅度提高，而同一深度发生的局部渗入在径向也是沿着径向方向有很大的差异的，因此，同一深度离桩边 0.2m 的不同位置的强度可能会有较大的区别，从而桩周土的十字板剪切强度 C_u 与锥尖阻力 q_c 的点可能远远偏离 $q_c = 14C_u$ 这一相关线。

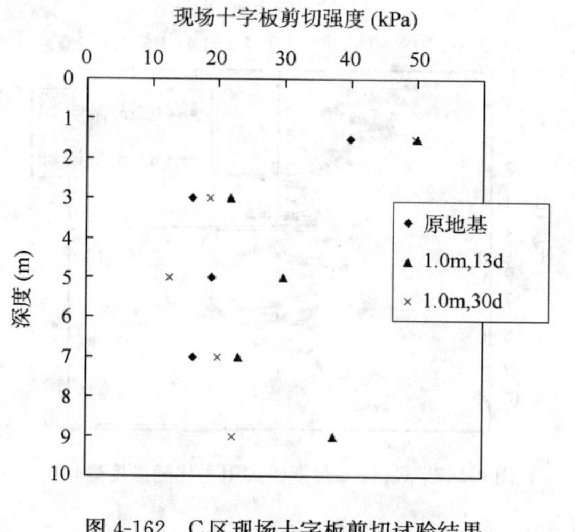

图 4-162　C 区现场十字板剪切试验结果

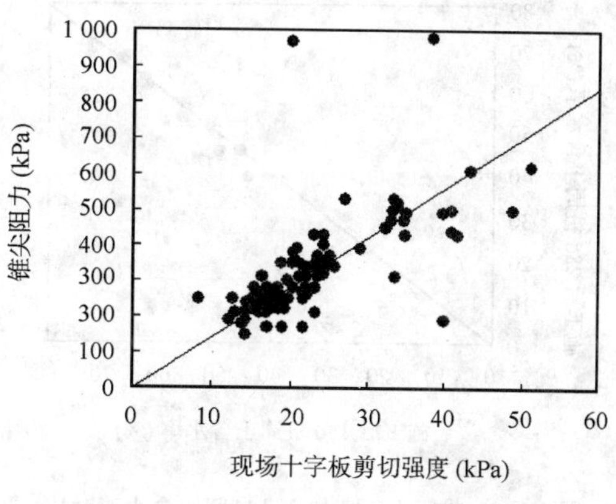

图 4-163　十字板剪切强度与锥尖阻力关系式

四、现场群桩试验和分析

1. 施工后桩周土的含水率和压缩性状变化

图 4-164 显示典型的施工前天然地基与施工后桩周土天然含水率的变化。由图 4-164 可见，施工后桩周土产生固结，天然含水率降低，说明施工机械扰动会引起土体结构的破坏和超静孔压的产生。图 4-165 显示施工后 14d 和 28d 三桩中间位置桩周土天然含水率的关系。由图 4-166 可见，施工后 28d 的天然含水率比 14d 的天然含水率稍微小一些。粉喷桩和湿喷桩桩间土 28d 的平均天然含水率均比 14d 小约 3%。

2. 原位静力触探试验

现场群桩施工后不同龄期，在 A、B、C 区对距离桩边 0.2m、三桩中心处的桩周土进行

CPT 试验，施工后的锥尖阻力 q_c 与天然地基的锥尖阻力 q_c 之比（定义为锥尖阻力比）与深度的关系见图 4-167～图 4-173。

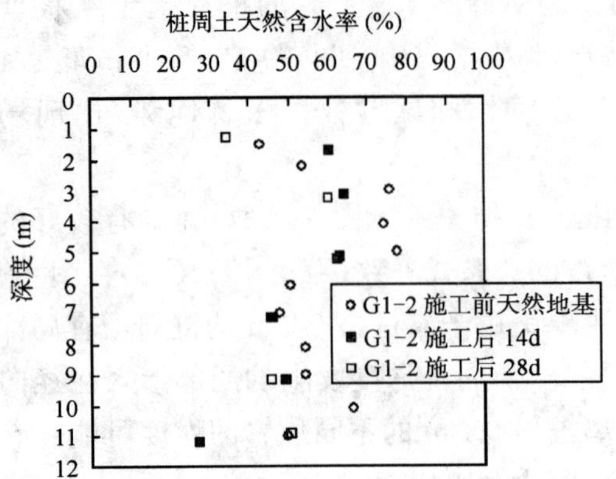

图 4-164　桩间土含水率随龄期变化

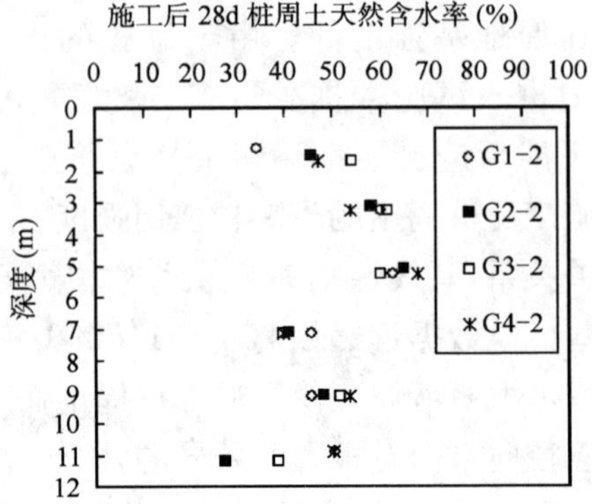

图 4-165　不同间距的含水率关系

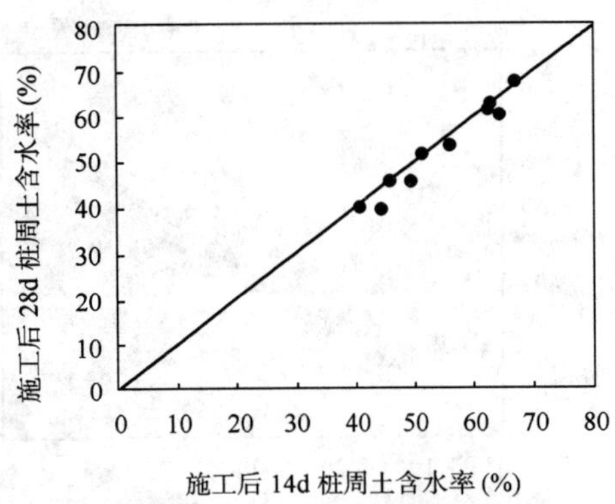

图 4-166　桩间土 14d 与 28d 桩间土含水率对比

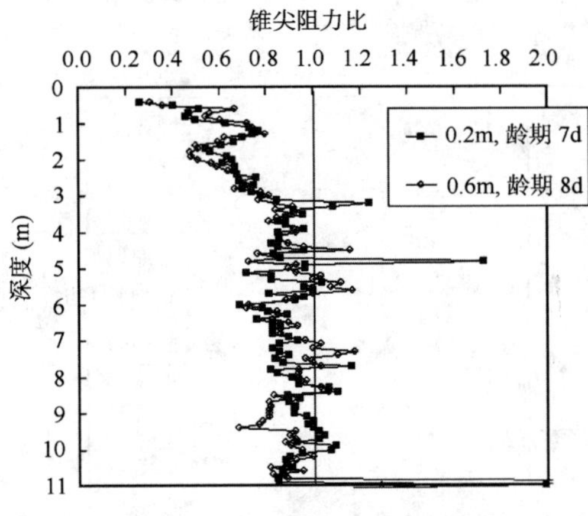

图 4-167　C 区 7d 龄期锥尖阻力比随深度变化

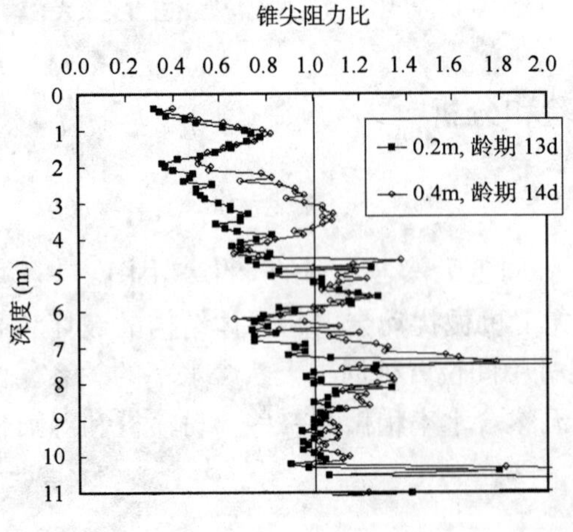

图 4-168　A 区 14d 龄期锥尖阻力比随深度变化

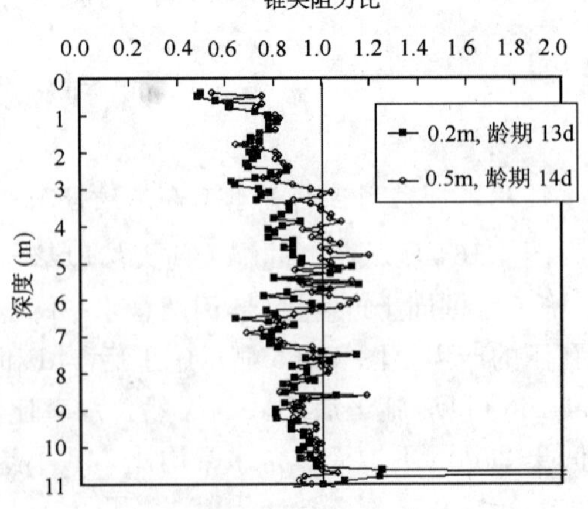

图 4-169　B 区 14d 龄期锥尖阻力比随深度变化

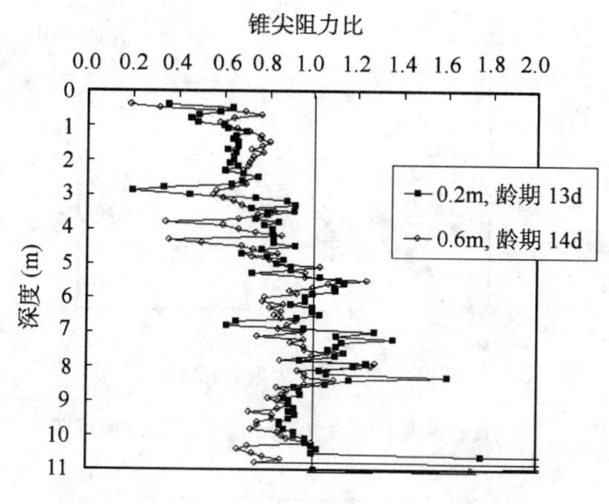

图 4-170　C 区 14d 龄期锥尖阻力比随深度变化

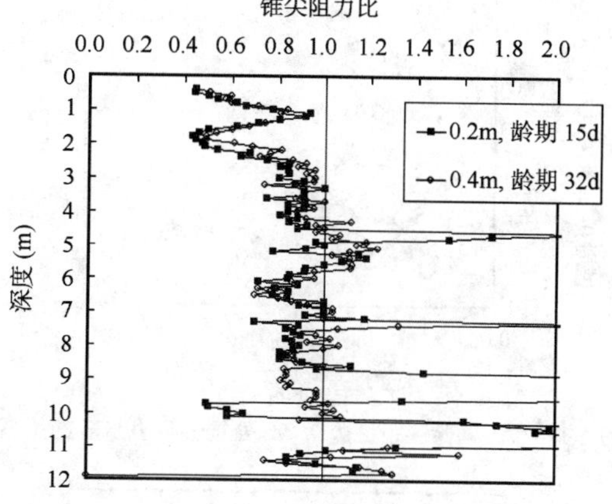

图 4-171　A 区 28d 龄期锥尖阻力比随深度变化

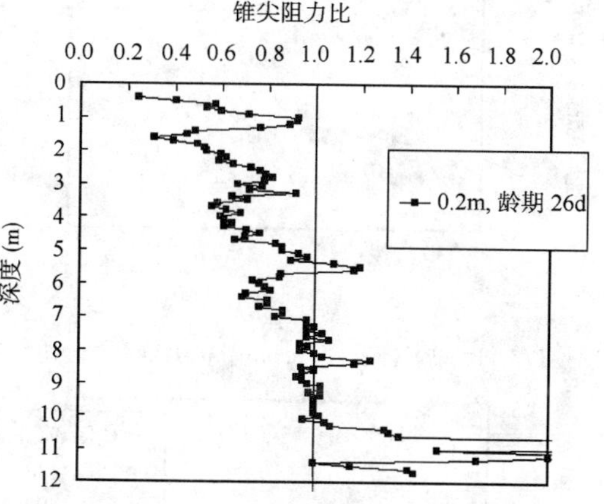

图 4-172　B 区 28d 龄期锥尖阻力比随深度变化

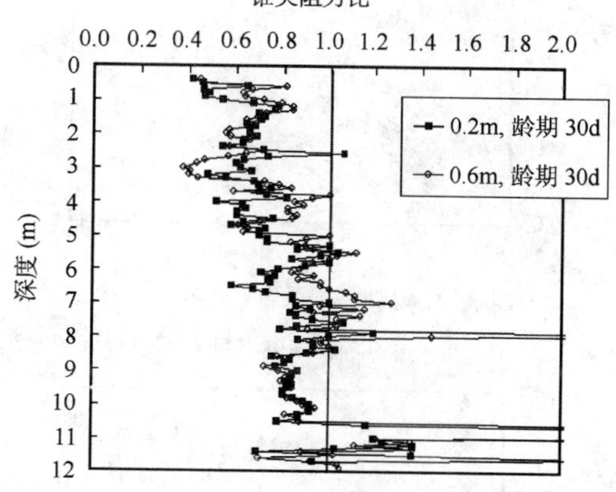

图 4-173　C 区 28d 龄期锥尖阻力比随深度变化

由图可见，与单桩一样，在表层 2m 左右的硬壳层和大多数软土层范围内桩周土锥尖阻力 q_c 低于天然地基锥尖阻力 q_c 的趋势很明显。锥尖阻力比随着深度的增加而增加。进一步证实搅拌桩施工过程中不可避免产生机械扰动，从而使得桩周具有强结构性的连云港天然沉积土结构遭受一定程度的破坏，导致强度的降低。随着深度的增大，桩周土的侧限围压变大，抵抗机械扰动的抵抗力也就越大，使得强度降低程度减少。

对比现场群桩试验不同桩间距桩间土锥尖阻力比的变化规律和图 4-125～图 4-126，可以发现两者之间能够很好吻合。

图 4-174～图 4-179 显示各试验段锥尖阻力与龄期的关系。由图可见，施工 7d 后桩周土锥尖阻力与龄期几乎没有关系，这一结果与单桩试验结果相同。另外，群桩试验不仅进一步证实了离桩边 0.2m 的桩周土锥尖阻力 q_c 的一些试验数据有很大的离异性，在一些试验断面的三桩中心点也有少数一些锥尖阻力 q_c 比天然地基的锥尖阻力大得多，说明在群桩施工中所有桩周土范围内均可能有局部劈裂现象产生，但是，必须指出这种劈裂现象只发生在极为局部的桩周土，对桩周整体强度影响不大，并且无法预测发生的位置及范围。

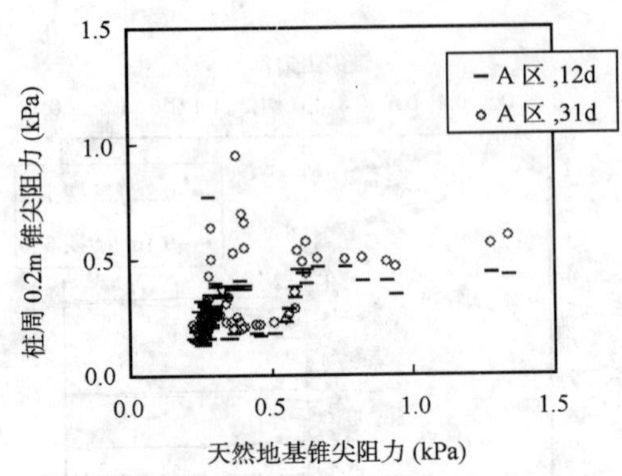

图 4-174　A 试验区距桩边 0.2m 处锥尖阻力与龄期关系

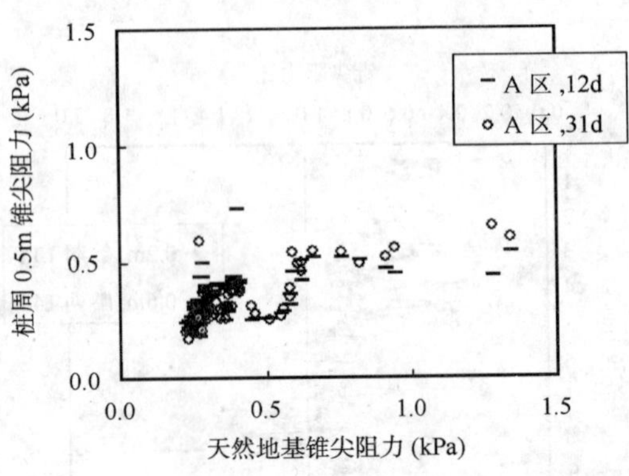

图 4-175　A 试验区距桩边 0.5m 处锥尖阻力与龄期关系

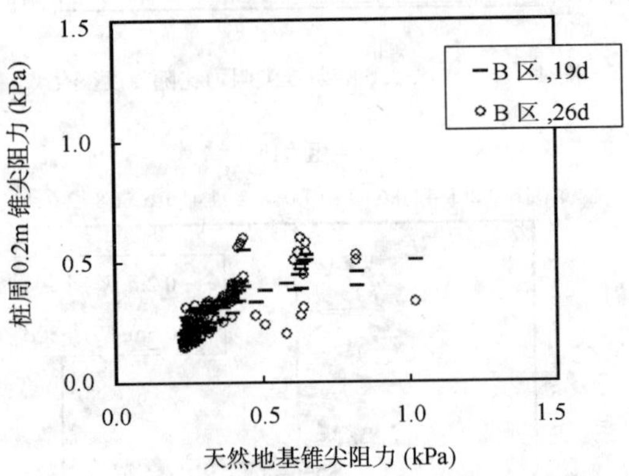

图 4-176　B 试验区距桩边 0.2m 处锥尖阻力与龄期关系

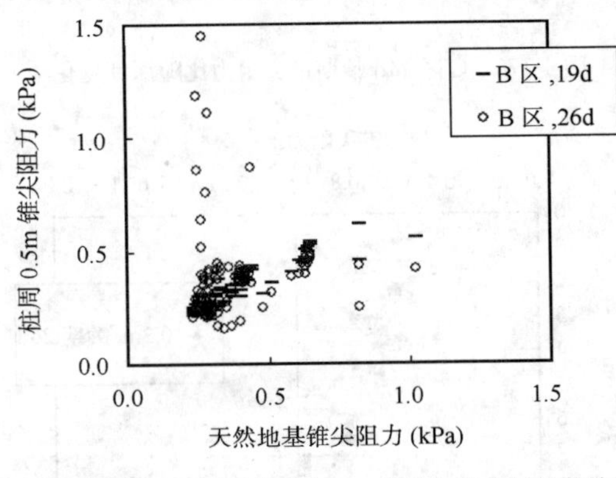

图 4-177　B 试验区距桩边 0.5m 处锥尖阻力与龄期关系

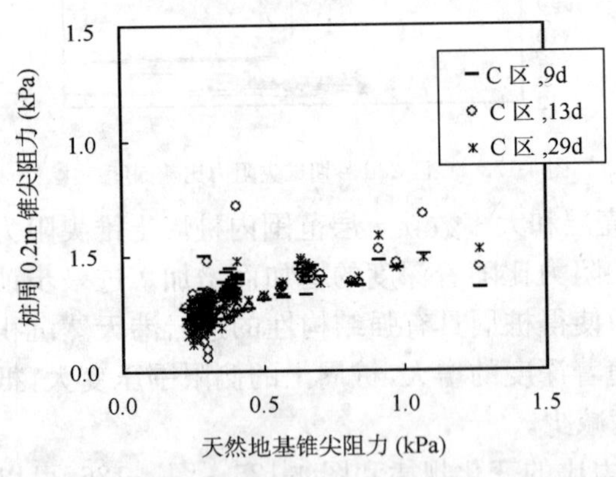

图 4-178　C 试验区距桩边 0.2m 处锥尖阻力与龄期关系

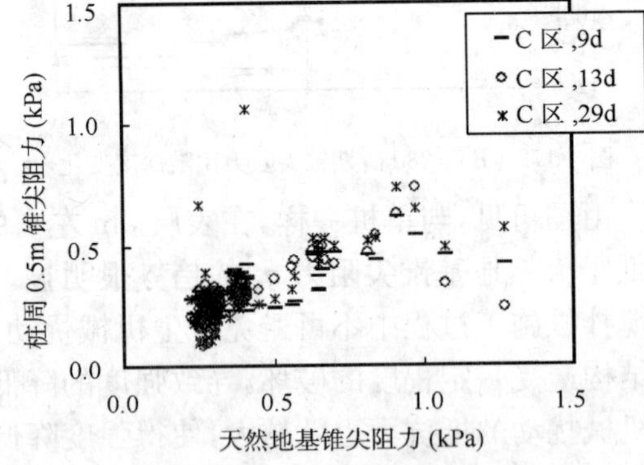

图 4-179　C 试验区距桩边 0.5m 处锥尖阻力与龄期关系

图 4-180～图 4-181 显示干喷桩龄期 26～31d 的桩周土锥尖阻力随桩间距的变化。桩间距越小,桩周土锥尖阻力就越小,尤其是天然沉积地基锥尖阻力大于 0.4MPa 时,这一趋势更为明显。另外,群桩与单桩的距桩边 0.2m 处桩周土锥尖阻力比较见图 4-182。单桩的桩周土锥尖阻力比群桩的桩周土锥尖阻力大,进一步证实群桩施工的重复扰动引起桩周土强度的降低。有一点值得指出的是,当天然沉积地基锥尖阻力在 0.25～0.4MPa 范围内时,图 4-180 的 B 区三桩中心处锥尖阻力比 A 和 C 区的锥尖阻力大得多,超过天然沉积地基锥尖阻力,当天然沉积地基锥尖阻力大于 0.4MPa 时,锥尖阻力比 A 和 C 区的锥尖阻力小,这说明粉喷桩施

工可能存在较大的变异性。

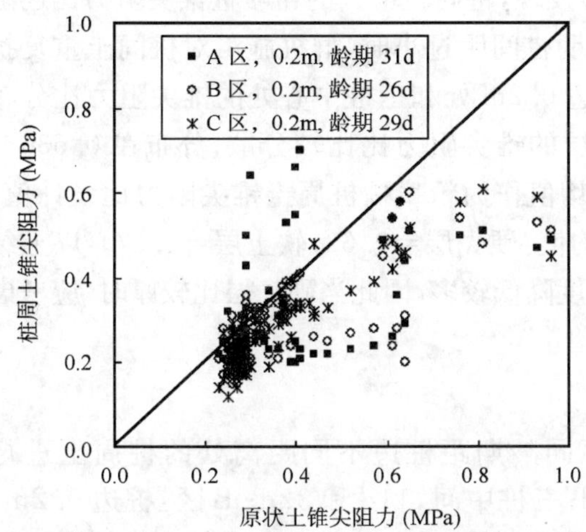

图 4-180　粉喷桩距桩边 0.2m 处锥尖阻力随龄期变化

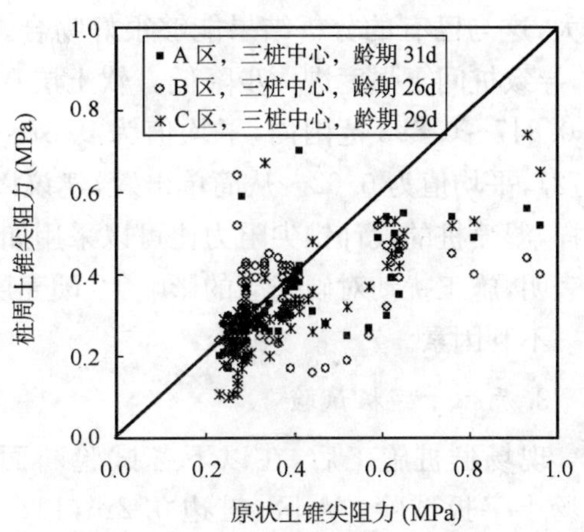

图 4-181　粉喷桩三桩中间锥尖阻力随龄期变化

以上分析了各种因数对桩周土锥尖阻力的影响，表 4-12～表 4-13 给出各试验区域不同龄期桩周土在硬壳层(深度＜2.0m)和软土层(2.0～10.5m)的平均锥尖阻力比值。如上所述，在群桩施工中有可能产生局部劈裂现象，但是，这种劈裂现象只发生在极为局部的桩周土，对桩周整体强度影响不大，而且由于无法预测发生的位置及范围，设计中也难以加以考虑。因此，在整理平均值时剔除了这些异常大的锥尖阻力比值。考虑到 7d 后龄期对桩周土的影响可以忽略不计，取平均值作为锥尖阻力比设计参考指标如下。

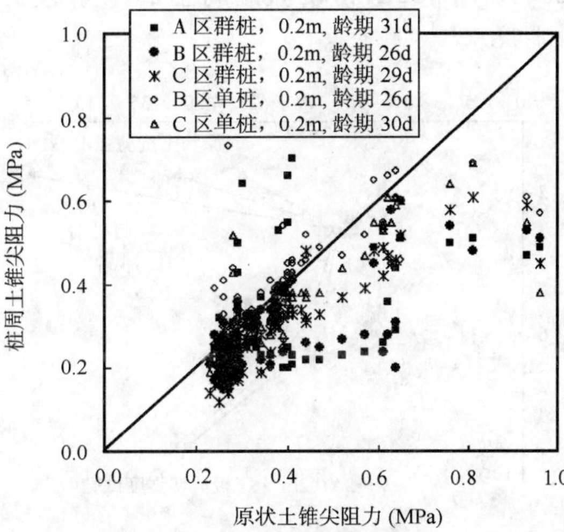

图 4-182　群桩与单桩的距桩边 0.2m 处桩周土锥尖阻力比较

各层土锥尖阻力比平均值　　表 4-12

锥尖阻力(kPa)	A 区，距桩边 0.2m		B 区，距桩边 0.2m		C 区，距桩边 0.2m		
	12d	32d	19d	26d	9d	13d	29d
硬壳层(＜2.0m)	0.536	0.606	0.692	0.672	0.680	0.691	0.716
软土层(2.0～10.5m)	0.841	0.852	0.879	0.885	0.869	0.906	0.893

各层土锥尖阻力平均值　　表 4-13

锥尖阻力(kPa)	A 区，三桩中心		B 区，三桩中心	C 区，三桩中心		
	12d	32d	19d	9d	13d	29d
硬壳层(＜2.0m)	0.596	0.643	0.734	0.634	0.718	0.747
软土层(2.0～10.5m)	0.854	0.861	0.868	0.885	0.891	0.921

分析各试验段锥尖阻力比(表 4-12～表 4-13)发现,桩间距增大的粉喷桩锥尖阻力比逐渐增大,这与已有的分析结果能够很好吻合。这表明桩间距过小时,群桩施工对桩间土重复扰动,导致桩间土强度进一步降低。软土层在距桩边 0.2m 处和三桩中心处的锥尖阻力比分布在 0.847～0.893 范围内,平均值为 0.87。硬壳层的锥尖阻力比比较分散,分布在 0.536～0.721,平均值为 0.62。从简单出发,建议以上平均值作为粉喷桩桩周土锥尖阻力比设计值。同样,湿喷桩的设计锥尖阻力比可以采用如下平均值:硬壳层=0.62,软土层=0.87。以上结果表明,施工扰动对硬壳层的影响大,硬壳层的强度降低较多,因此当硬壳层比较厚时,应考虑这一不利因素。

3. 原位十字板试验

现场群桩施工后,在以下各试验断面,对不同龄期距桩边不同距离处的桩周土进行现场十字板试验。A 区:桩边 0.2m,11d 和 32d;三桩中间,11d 和 32d; B 区:桩边 0.2m,8d、19d 和 27d;三桩中间,8d、19d 和 26d; C 区:桩边 0.2m,12d、16d 和 32d;三桩中间 12d、16d 和 32d;粉喷桩桩周土的十字板剪切强度随深度变化的典型关系见图 4-183～图 4-188。

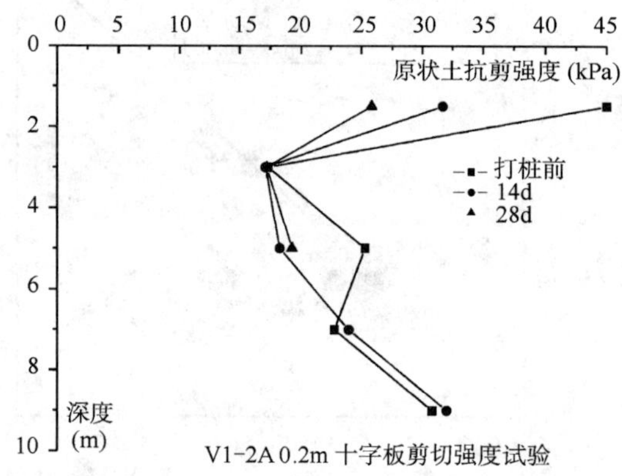

图 4-183　A 群桩试验区十字板剪切强度(距桩边 0.2m)

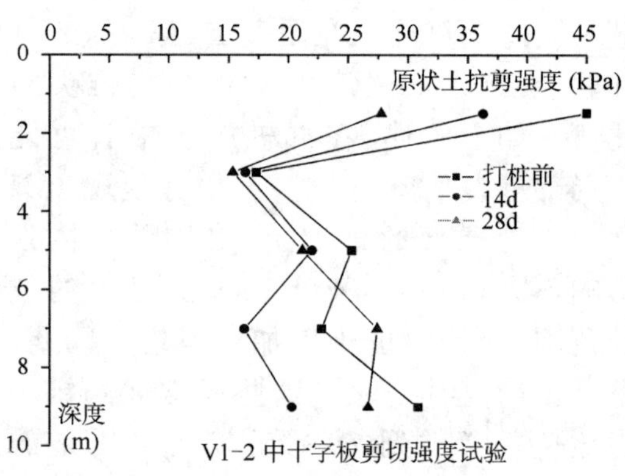

图 4-184　A 群桩试验区十字板剪切强度(三桩中间)

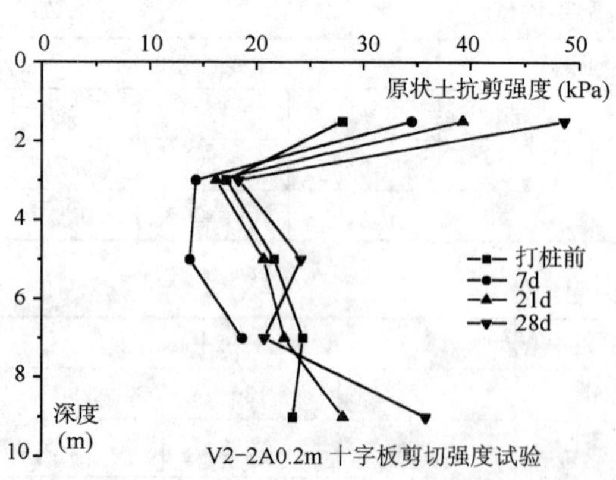

图 4-185　B 群桩试验区十字板剪切强度(距桩边 0.2m)

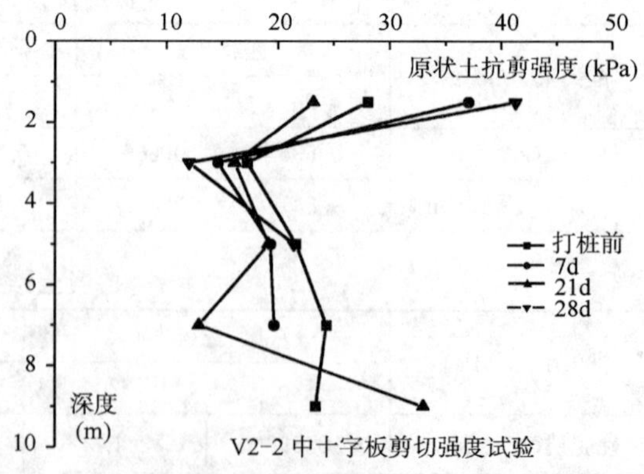

图 4-186　B 群桩试验区十字板剪切强度(三桩中间)

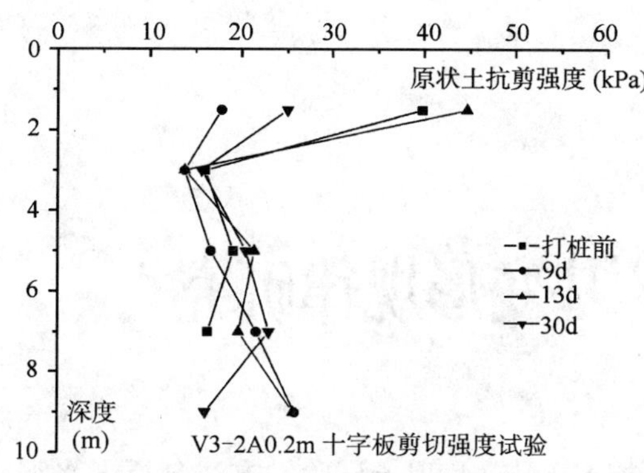

图 4-187　C 群桩试验区十字板剪切强度(距桩边 0.2m)

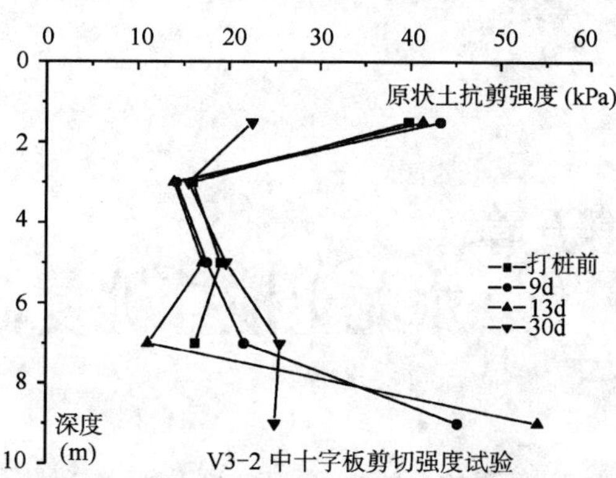

图 4-188　C 群桩试验区十字板剪切强度(三桩中间)

总的趋势与锥尖阻力变化一样,离桩边 0.2m 的桩周土十字板剪切强度的一些试验数据有很大的离异性,而三桩中间的桩周土十字板剪切强度则基本没有显示这一现象。除了这些有很大的离异性的试验数据外,施工后的桩周土十字板剪切强度比天然地基强度低。由于每孔的十字板试验数据只有很少的 4～5 个,比静力贯入试验数据少得多,静力贯入试验具有连续性和试验数据多的优势,比现场十字板更能反应施工前后桩周土强度性状的变化。

第五章
水泥土搅拌桩复合地基变形规律研究

在第四章的分析中采用理论分析、室内模型、数值模拟以及现场试验的方法分析了水泥土搅拌桩施工对桩周土的扰动，并得到了水泥土搅拌桩复合地基设计的最小桩间距。对于路堤荷载作用下水泥土搅拌桩地基而言，当桩间距过大时，水泥土搅拌桩在地基中如在“豆腐中插针”，对软土区加固效果不明显。为此有必要进一步探讨对于路堤荷载作用下，水泥土搅拌桩设计的最大桩间距。在目前水泥土搅拌桩的实践过程中，水泥土搅拌桩桩间距一般没有超过1.8m，为此不可能通过现场实测资料分析水泥土搅拌桩设计的最大桩间距。

有限元法分析土体的应力和变形，可以考虑各种复杂情况，如土体的应力应变的非线性关系，复杂边界条件和加荷条件，水与土骨架上的应力耦合关系，时间因素等，将其应用到路堤中无疑会使我们对水泥土搅拌桩复合地基的路堤应力变形的规律有深入了解。用有限元的方法从理论上研究水泥土搅拌桩复合地基在路堤分级填筑过程中的力学特性，比较不同桩间距和桩身强度的复合地基的工作性态，为此本章采用有限元分析路堤荷载作用下，水泥土搅拌桩地基的变形规律。

对水泥土搅拌桩复合地基进行有限元分析时，通常有两种考虑方法：

(1)把土和桩直接用有限元的网格相连，中间不采用接触面单元。该方法在目前的有限元分析中得到广泛的应用。

(2)土和桩之间采用界面单元连接，该方法在目前水泥土搅拌桩复合地基的有限元分析中应用较少，但是该分析方法与实际的工程应用相吻合，同时也更能模拟桩土之间的相互作用。

本次有限元分析中采用第二种方法，并作如下假设：

(1)路堤足够长，可以按平面应变问题处理。

(2)水泥土搅拌桩桩体假设为弹性材料，其模量按照面积均一化的原理进行折减。

(3)地基土的本构关系采用修正剑桥模型。

(4)地下水位为0.25m，地下水位以下的土单元考虑土的固结，固结模型选用Biot固结理论。

(5)桩土之间的模量比相差比较大，应设立接触面单元，本次计算中采用Desai薄层单元。

(6)路堤采用邓肯-张模型。

本章首先简要介绍有限元理论，而后针对路堤荷载作用下水泥土搅拌桩地基变形这一问题提出一种平面简化方法，并采用实例验算该方法和参数的合理性，进而才有平面有限元分析水泥土搅拌桩不同设计参数对地基变形行为的影响，从而得到水泥土搅拌桩设计时最大桩间距和有效的桩身模量。

第一节　有限元分析理论

一、考虑流固耦合有限元理论

1. 土的本构单元分析

本构关系就是指土体材料的应力应变关系。由于土体本构关系比其他材料复杂得多，理想土的应力应变模型应能描述各种类型加荷条件下及任意时间内土体变形和孔隙水压力的变化规律，其强度则作为应力应变关系中的一个关系值。事实上，没有任何一种本构关系模型能够同样应用于所有的土类与加荷情况。比较实用的办法是结合具体工程选用，既能包括主要因素，而在参数的确定和计算方法上又不太复杂的简化模型。

由于土属于弹塑性变形的混合体，人们根据多年的工程实践和理论分析已经意识到线弹性理论根本不适合分析土体的变形，近三十多年来，已经提出了大量的土体非线性本构关系理论。归纳起来，可以分为两大类，一是弹性非线性本构模型研究。它以弹性理论为基础，在各微小的荷载量的范围内，把土体看成弹性材料，从一个荷载增量到另一个荷载增量，土体的弹性常数发生变化以考虑非线性；二是弹塑性本构模型理论，认为土体的变形包括弹性变形和塑性变形两部分，把弹性理论和塑性理论结合起来建立土体本构模型。

在软土问题的计算中，弹塑性的修正剑桥模型应用的最广，而且与实际情况较为吻合。

英国剑桥大学 Roscoe 和 Burland 在 1968 年对他们提出的剑桥模型的弹头形屈服面形状作了修正，认为屈服面在 p 和 q 的平面上应为椭圆，推导得到修正剑桥模型的屈服面方程为：

$$\left(1+\frac{q^2}{M^2 p^2}\right)p = p_0 \tag{5-1}$$

其中

$$p_0 = p_a e^{\left(\frac{1+e_a}{\lambda-\kappa}\varepsilon_v^p\right)}$$

式中：p_a、e_a——前期固结压力和对应的孔隙比。

对弹塑性有限元而言，总变形可以由弹性和塑性两部分组成。

$$d\varepsilon_{ij} = d\varepsilon_{ij}^e + d\varepsilon_{ij}^p \tag{5-2}$$

弹塑性的本构方程可用下式表示：

$$d\sigma_{ij} = D_{ijkl}^{ep} d\varepsilon_{kl}$$

其中 D_{ijkl}^{ep} 为弹塑性模量张量，如表达式(5-3)所示：

$$D_{ijkl}^{ep} = D_{ijkl} - \frac{D_{ijpq}\dfrac{\partial g}{\partial \sigma_{pq}}\dfrac{\partial \phi}{\partial \sigma_{rs}}D_{rskl}}{A + \dfrac{\partial \phi}{\partial \sigma_{mn}}D_{mnuv}\dfrac{\partial g}{\partial \sigma_{uv}}} \tag{5-3}$$

式中：g——塑性势函数；

ϕ——屈服函数；

A——硬化函数；

D_{ijkl}——弹性模量张量。

取相关联的流动法则，则 $g=\phi=p+\frac{q^2}{M^2 p}$

$$A=F'\frac{\partial g(\sigma)}{\partial q} \tag{5-4}$$

该模型主要参数由固结实验得到 κ、λ、Γ、OCR、p'_0 以及土体的泊松比 μ 和临界状态线的斜率 M。

临界状态线斜率可按以下公式得到：

$$M=\frac{6\sin\varphi'}{3-\sin\varphi'} \tag{5-5}$$

其中 φ' 为有效内摩擦角，可以由三轴试验得到。图 5-1 为土体 e-ln$p$ 曲线。

2. 边界面单元

本次数值计算的边界面单元采用薄层的 Desai 单元，见图 5-2。

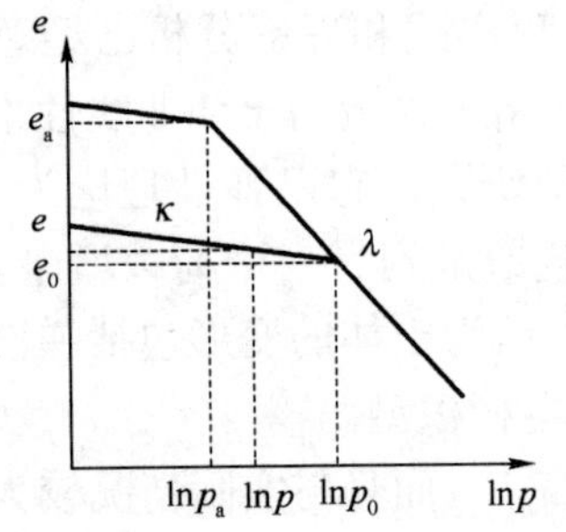

图 5-1　土体 e-ln$p$ 曲线

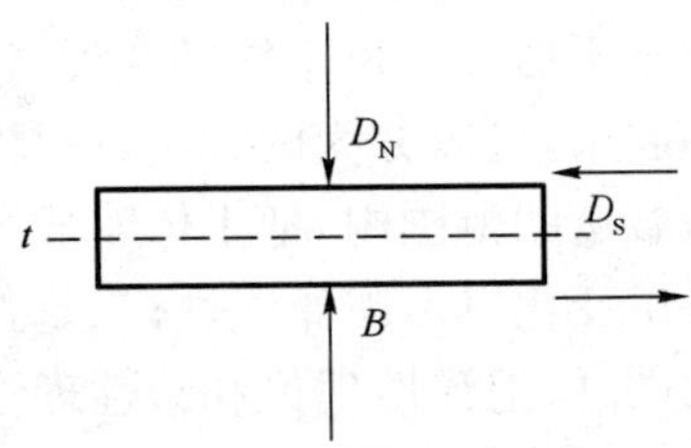

图 5-2　Desai 单元简图

D_N 为法向刚度，D_s 为剪切刚度，B 为剪切面的长度，t 为剪切面的厚度。当 t 取得过大，与 B 处于同一个数量级时，接触面单元与普通单元就没有什么差别，单 t 取得太小时，也会使相对剪切位移的计算产生误差，研究表明，接触面厚度宜取 $t=(0.01\sim0.1)B$。

3. 路堤填筑材料模型

路堤填筑材料按邓肯-张模型考虑，该模型主要参数有 k_L、n、R_f、μ、C、φ 六个，可以室内三轴试验得到，模量的表达式如下：

$$E_t=\left[1-R_f\frac{(1-\sin\varphi)(\sigma_1-\sigma_3)}{2c\cos\varphi+2\sigma_3\sin\varphi}\right]k_L P_a\left(\frac{\sigma_3}{p_a}\right)^n \tag{5-6}$$

4. 比奥固结理论

固结和沉降使人们整整研究了近一个世纪的时间。自从 Terzaghi 于 1924 年提出有效应力原理和一维固结理论后，才有一种合理的定量计算方法。半个多世纪以来，现代工业的发展和科学技术的进步促进了土力学的发展，固结理论也不断得到发展和完善。

Terzaghi 一维固结理论假设固结过程中土的骨架是小变形而且应力—应变为线性关系，不考虑固结过程中体积总应力的改变。用该理论计算工程的实际问题，常有较大的误差。然而由于它的简单，在工程中仍然广泛应用。而后 Rendulic 于 1936 年把 Terzaghi 一维固结理论推广至二维和三维。

1941 年 Biot 考虑了固结过程中孔隙压力和土骨架变形之间的依赖关系，提出了 Biot 固结理论。该理论使处理非均质材料、非线性应力—应变关系以及复杂的边界条件成为可能。

Biot 固结理论的平面应变微分方程为：

$$
\begin{aligned}
&-\frac{\partial}{\partial x}\left[D_{11}\frac{\partial u}{\partial x}+D_{12}\frac{\partial v}{\partial y}+D_{13}\left(\frac{\partial v}{\partial x}+\frac{\partial u}{\partial y}\right)\right]-\frac{\partial}{\partial y}\left[D_{31}\frac{\partial u}{\partial x}+D_{32}\frac{\partial v}{\partial y}+D_{33}\left(\frac{\partial v}{\partial x}+\frac{\partial u}{\partial y}\right)\right]+\frac{\partial p}{\partial x}=0\\
&-\frac{\partial}{\partial x}\left[D_{31}\frac{\partial u}{\partial x}+D_{32}\frac{\partial v}{\partial y}+D_{33}\left(\frac{\partial v}{\partial x}+\frac{\partial u}{\partial y}\right)\right]-\frac{\partial}{\partial y}\left[D_{21}\frac{\partial u}{\partial x}+D_{22}\frac{\partial v}{\partial y}+D_{23}\left(\frac{\partial v}{\partial x}+\frac{\partial u}{\partial y}\right)\right]+\frac{\partial p}{\partial x}+\gamma=0\\
&\frac{\partial}{\partial t}\left(\frac{\partial u}{\partial x}+\frac{\partial v}{\partial y}\right)-\frac{1}{\gamma_w}\left(\frac{\partial^2 p}{\partial x^2}k_x+\frac{\partial^2 p}{\partial y^2}k_y\right)=0
\end{aligned}
\tag{5-7}
$$

式中：γ_w——水的重度；

k_x、k_y——土体 x 和 y 方向的渗透系数；

u、v——单元 x 和 y 方向的位移；

p——孔隙水压力；

γ——单元土体的重度；

$D_{11} \sim D_{33}$——变形的刚度矩阵。

二、平面简化计算方法

水泥土搅拌桩在高速公路地基处理中分布形式有两种，主要是梅花形，另外还有少部分用方形，见图 5-3 和图 5-4。

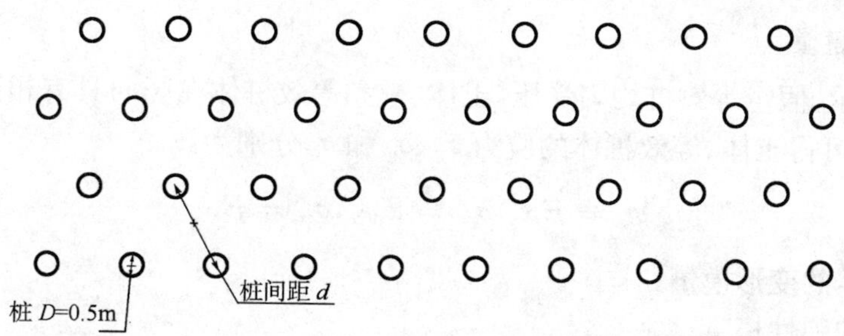

图 5-3　梅花形布设

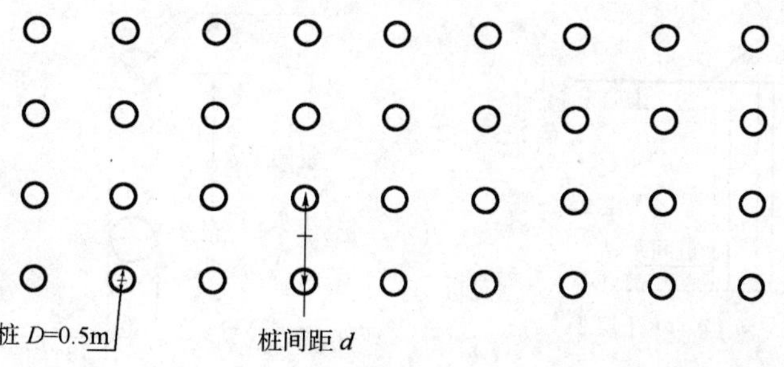

图 5-4　方形布设

水泥土搅拌桩复合地基要采用三维模型进行分析，要考虑土单元、桩单元、桩土接触面单元以及路堤单元，若计算长度取加固段长 100m，则计算单元至少超过 5～10 万个，若单元为 4 节点，则数组至少为 20～40 万个。这个计算量是非常大的，在一般的 PC 机中很难实现，同时由于数组巨大，在计算中容易导致数组的畸形和计算的不收敛。

因此在计算中，一般简化为二维的平面应力模型进行计算，并采用如下的二维平面模型进行模拟，进行平面简化后单元数可以简化到小于 5 000 个，节点数简化到小于 20 000 个，计算数组也可以大大减小。

图 5-5 为平面简化计算的模式图，在简化计算中，一般保持桩身直径和桩间距不变，通过对桩身强度和渗透系数等参数的折减来达到预期的目标。如果在平面数值模拟计算中，不进行参数的折减，则水泥土搅拌桩沿里程号方向形成一条条强度很高、渗透性很小的墙体。这样模拟出来的结果与实测结果将会有很大的差异。

陈善民把水泥土搅拌桩加固区作为一个等效土体进行数值计算，在参数折减中认为桩身强度按面积置换率进行折减存在以下问题：

(1)把加固区作为一个整体进行数值计算，不能很好地描述桩土的相互作用。这是由于现有的水泥土搅拌桩桩身强度远远大于桩间土的强度，在路堤的柔性荷载作用下桩土之间的差异变形所致。

(2)如果桩身强度按照面积置换率进行折减，其渗透系数和固结系数的折减会变得很复杂；同时在外荷作用下流体会沿最小能量损耗(最大水力梯度)方向迁移，这样按面积置换率折减的渗透系数将会改变流网形态和土体的变形特性。

因此，结合本文的分析，可以进行如下折减。

1. 等效桩身模量

如图 5-6 所示，假定等效桩均匀受压，土体、桩和等效桩体在竖向具有相同的压缩应变 ε_z，由应力应变关系可得土体、等效桩体的应力 σ_{sz}、σ_{pz}和 σ_{cz}分别为：

$$\sigma_{sz} = E_s\varepsilon_z, \sigma_{pz} = E_p\varepsilon_z, \sigma_{cz} = E_c\varepsilon_z \tag{5-8}$$

式中：E_s——土体的变形模量；

E_p——桩的弹性模量；

E_c——等效桩体的模量。

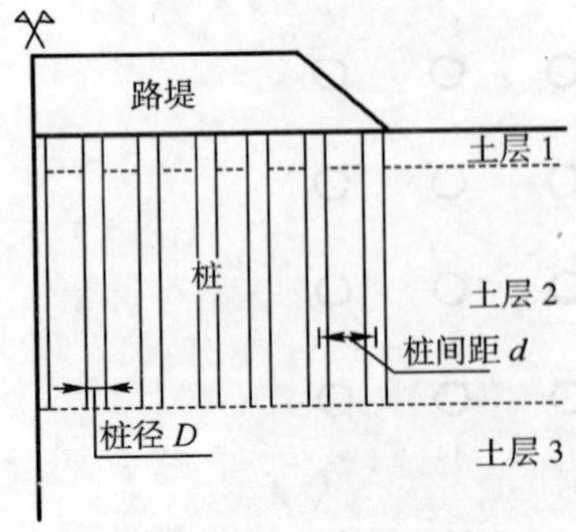

图 5-5　平面简化计算模式

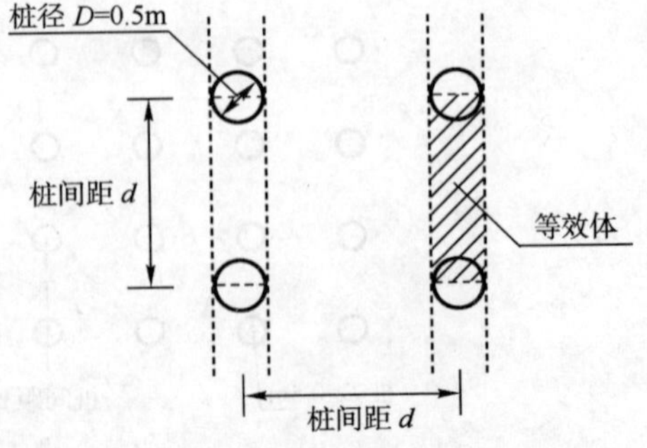

图 5-6　桩身模量折减模式

由力的平衡条件可得 σ_{sz}、σ_{pz} 和 σ_{cz}。

$$\sigma_{cz}=\sigma_{sz}\left(1-\frac{D}{d}\right)+\sigma_{pz}\frac{D}{d} \tag{5-9}$$

目前水泥土搅拌桩身直桩径为 0.5m，结合式(5-8)和式(5-9)，即可得到平面简化时等效桩体模量为：

$$E_p^{cal}=\frac{E_p}{2d}+\frac{(2d-1)E_s}{2d} \tag{5-10}$$

2. 竖向渗透系数

假设固结渗流是一维，在等效桩体顶面以下 z 深度处取一微单元体，外荷施加后某一时间 t，为单元体的水量变化为：

$$q_c=k_{pz}^{cal}\frac{\partial^2 h_c}{\partial z^2}\mathrm{d}x\mathrm{d}y\mathrm{d}z \tag{5-11}$$

式中：k_{pz}^{cal}——等效桩体的竖向渗透系数；

h_c——等效桩体的水头。

对于等效桩体中微单元土体而言：

$$q_s=k_{sz}\left(1-\frac{1}{2d}\right)\frac{\partial^2 h_s}{\partial z^2}\mathrm{d}x\mathrm{d}y\mathrm{d}z \tag{5-12}$$

式中：k_{sz}——土体的竖向渗透系数。

由于桩身的渗透系数为土体的 0.001～0.000 1 倍，可以认为桩身不排水。同时等效前后 $q_s=q_c$，$h_c=h_s$。因此可得到等效桩体的渗透系数：

$$k_{pz}^{cal}=\left(1-\frac{1}{2d}\right)k_{sz} \tag{5-13}$$

3. 水平渗透系数

借用竖直向渗透系数的推导方法，可以得到等效桩体水平向渗透系数的表达式如下：

$$k_{px}^{cal}=\left(1-\frac{1}{2d}\right)k_{sx} \tag{5-14}$$

第二节　数值计算模式以及参数验证

连盐高速公路 K4＋300～K4＋350 的土层剖面如图 5-7 所示，试验得到桩土参数见表 5-1～表 5-4。

桩 的 参 数 表 5-1

$E(10^5\text{kPa})$	μ	$k_x=k_y(10^{-10}\text{m/d})$
2	0.2	1.52

土 层 计 算 参 数 表 5-2

参 数	OCR	λ	κ	μ	Γ	$p_c'(\text{kPa})$	M	$k_x=k_y(10^{-3}\text{m/d})$
硬壳层		0.08	0.02	0.35	2.2	70	1.0	9
软土层	1.1	0.2	0.04	0.38	2.7		0.7	0.4
下卧层	1.2	0.024	0.006	0.35	1.7		1.2	1.6

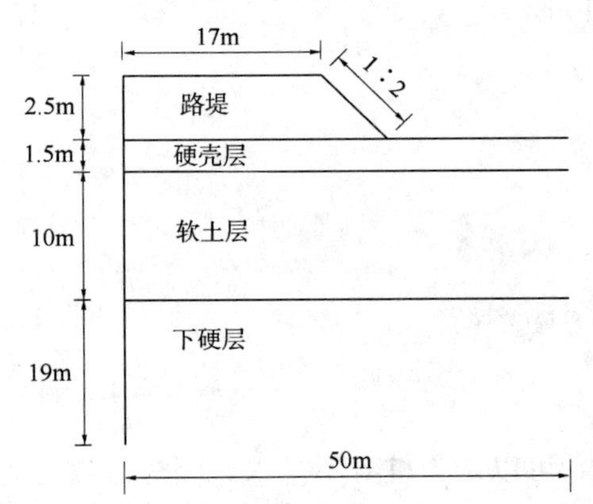

图 5-7 土层参数

接触面的计算参数 表 5-3

$K_N(10^8\text{kPa})$	$K_s(10^4\text{kPa})$
1.6	2

路堤计算参数 表 5-4

K_L	n	R_f	C(kPa)	φ(°)	μ	$k_x=k_y$ (m/d)
150	0.4	0.9	30	28	0.30	1

根据上一节的研究，计算中桩折减后参数见表 5-5。

折减后桩计算参数 表 5-5

$E(10^5\text{kPa})$	μ	$k_x=k_y(10^{-3}\text{m/d})$
0.70	0.25	0.3

计算中取桩长 10.5m，桩径 0.5m。接触面单元厚度为 0.05m。每层填土厚度为 0.25m，地下水位为距地表 0.25m，填土重度取 20kN/m^3。图 5-8～图 5-9 分别为应力边界条件和渗透边界条件。

图 5-8 为应力边界条件，根据轴对称的性质，取一半路堤的性质进行分析。故在路中边界为滑动简支，同时在距路中心 50m 也设为滑动简支，即该节点沿着 y 方向可以有变形，而在路堤的底部沿两个方向都为不可变形。

图 5-9 为有限元计算中渗透边界条件，土中的圆点表明该节点的水头始终为 0，为透水边界。

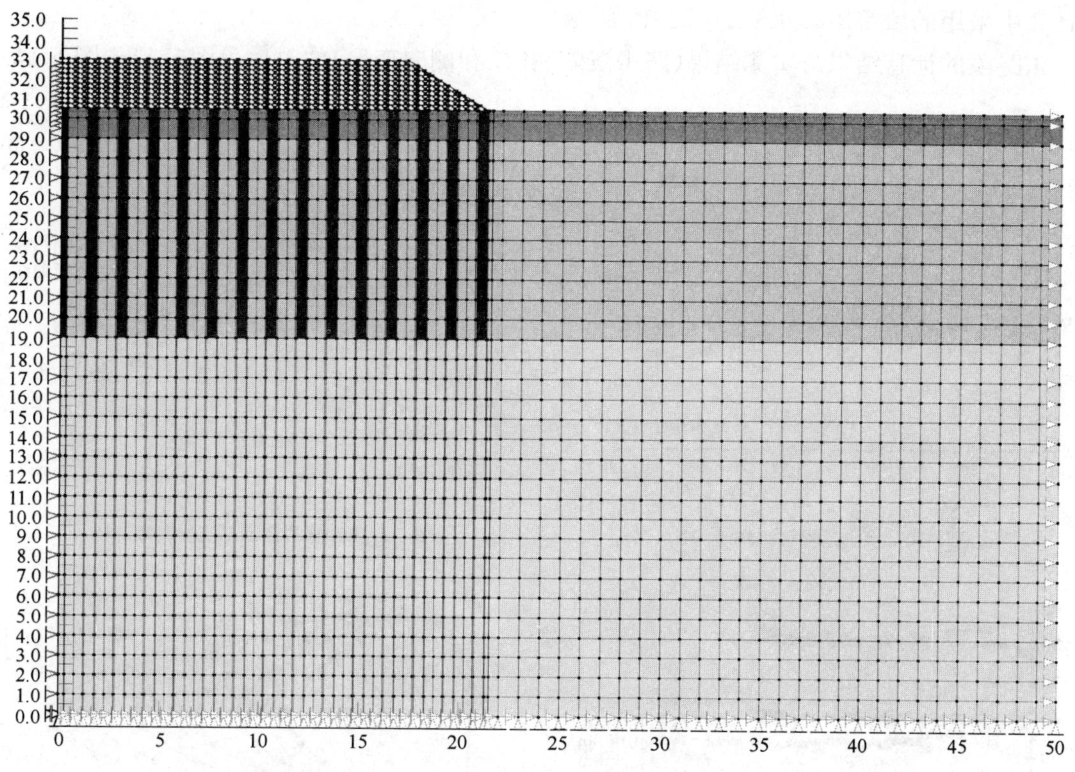

图 5-8　数值计算应力边界条件

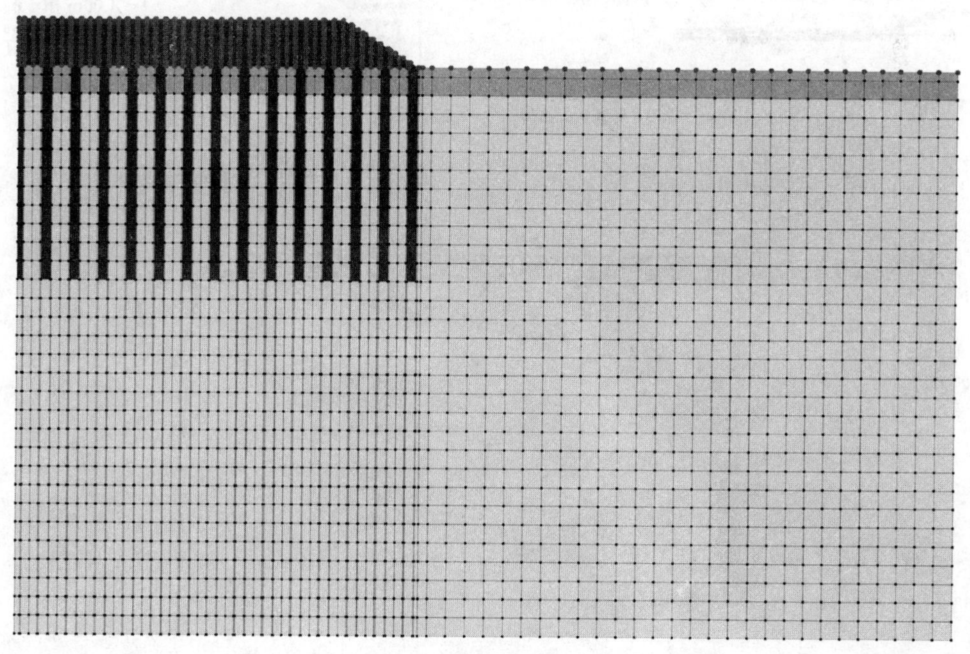

图 5-9　渗透边界条件

连盐高速公路 K4＋300～K4＋350 段为 1.5m 桩间距的水泥土搅拌桩路段，其填筑曲线和计算中采用的填筑历时曲线如图 5-10 所示。

该路段的计算结果与实测结果（路中沉降、孔压和侧向变形）的对比见图 5-11～图 5-14。

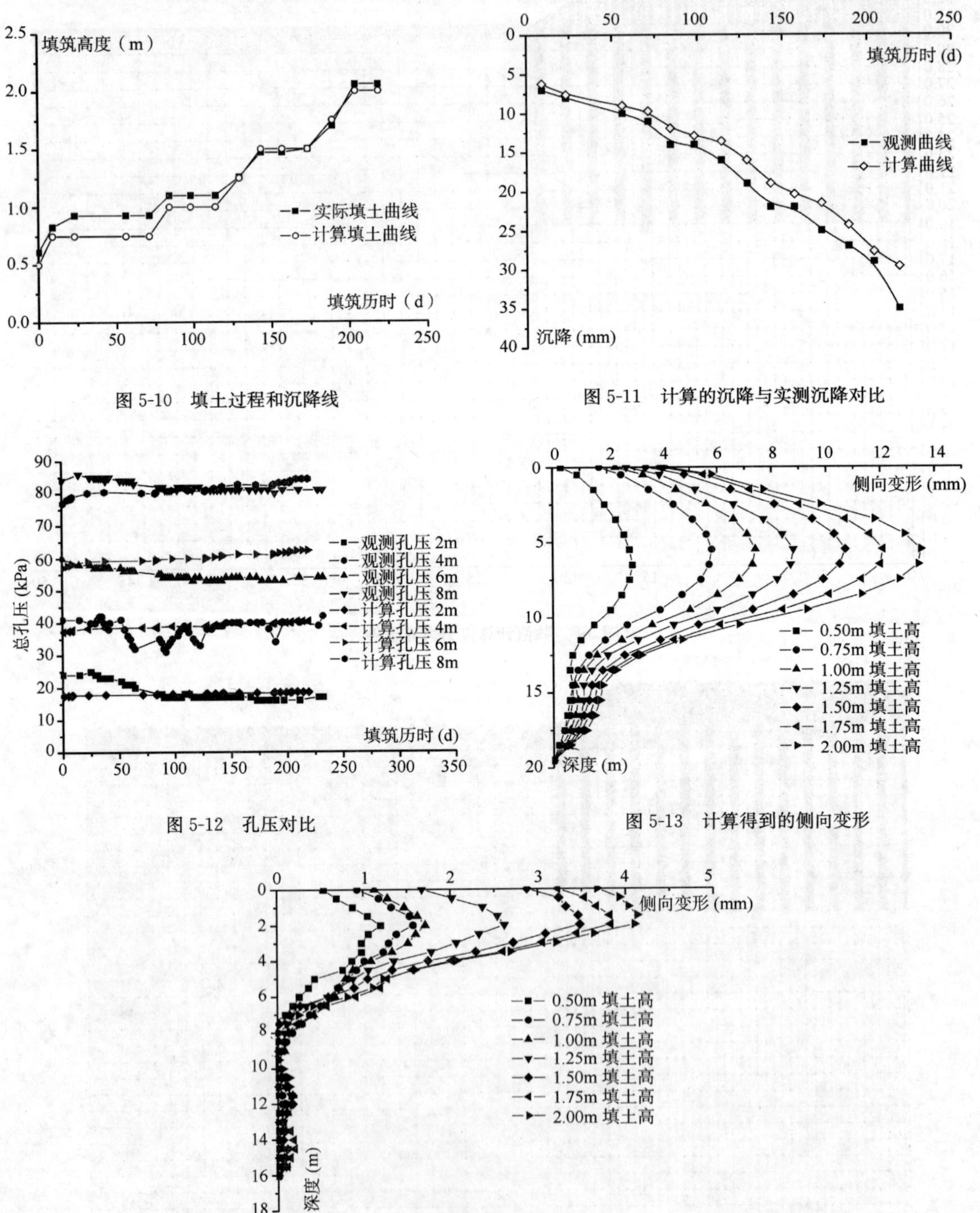

图 5-10　填土过程和沉降线

图 5-11　计算的沉降与实测沉降对比

图 5-12　孔压对比

图 5-13　计算得到的侧向变形

图 5-14　现场观测得到侧向变形

K4＋200～K4＋250 路段为 1.1m 间距水泥土搅拌桩处理路段，K4＋250～K4＋300 路段为 1.3m 间距水泥土搅拌桩处理路段，将各自路段桩身参数带入有限元软件中计算，得到各自路段计算沉降与实测沉降对比见图 5-15～图 5-16。

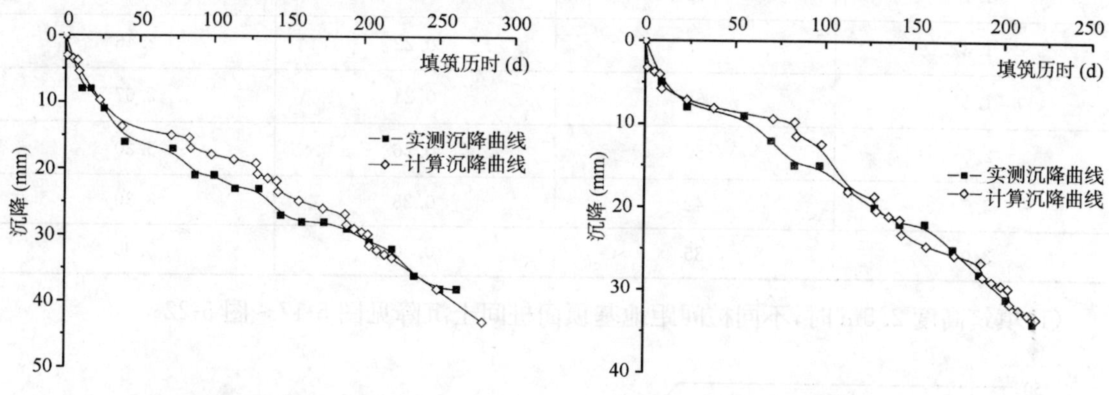

图 5-15　计算沉降与实测沉降对比(1.1m)

图 5-16　计算沉降与实测沉降对比(1.3m)

对比现场的实测结果和计算结果可以认为，该简化方法在模拟水泥土搅拌桩复合地基，模拟路堤沉降和孔隙水压力方面与实测的比较吻合，而在模拟侧向变形时与实测的有较大的出入，导致这种差异的原因主要是在路堤坡脚处的边界与实际情况有较大的出入。

第三节　路堤荷载作用下搅拌桩地基变形特性

影响高速公路路堤沉降变形的因素主要有水泥土搅拌桩的桩间距、桩身模量、地基土的变形特性等。

本章主要研究桩间距、桩身模量这两个设计参数对路堤沉降变形的影响。计算过程中，采用连盐高速公路连云港段 1.5m 桩间距粉喷桩路段的土性参数，硬壳层的厚度不变；通过改变软土层厚度、桩间距、填筑高度和桩身模量等参数来模拟设计参数变化对水泥土搅拌桩地基变形的影响。

一、桩间距(置换率)对路堤沉降的影响分析

桩间距的选择涉及两个方面的问题，一个是技术上的可行性，即满足控制路堤沉降的需要；另一个是经济的合理性，即在技术可行性的前提下，尽可能地增大桩间距，以降低工程的费用。

为了分析不同桩间距(置换率)对路堤沉降的影响，对填筑高度为 2.5m、4.5m 和 6.5m，加固区深度(软土层底深度)为 5.5m、11.5m、16.5m 和桩间距分别为 1.1m、1.3m、1.5m、2.0m、2.5m 和 3.0m 地基沉降进行了计算。

在分析中，桩、土、接触面以及路堤材料的参数见表 5-1～表 5-4。而等效桩体的参数按式(5-10)、式(5-13)、式(5-14)进行等效选取，等效后参数见表 5-6。填筑速率按每月 0.2m 均匀填筑进行考虑。

桩身等效参数　　表 5-6

桩间距(m)	等效模量(MPa)	等效泊松比	等效渗透系数(10^{-4}m/d)
1.1	92	0.20	2.18
1.3	78	0.22	2.46
1.5	68	0.24	2.67
2.0	52	0.26	3.20
2.5	42	0.28	3.30
3.0	35	0.30	3.30

(1)填筑高度 2.5m 时,不同桩间距地基顶面桩间土沉降见图 5-17～图 5-22。

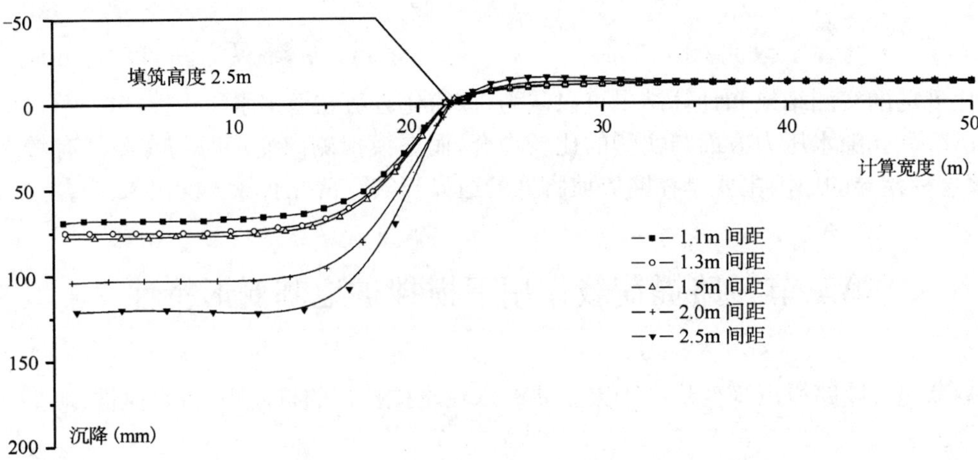

图 5-17　施工结束时沉降曲线(加固区深度 6.5m)

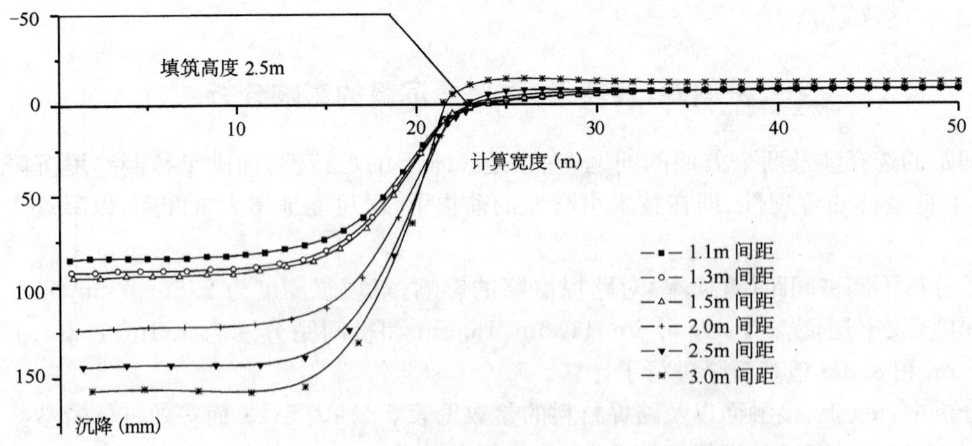

图 5-18　竣工 15 年后沉降曲线(加固区深度 6.5m)

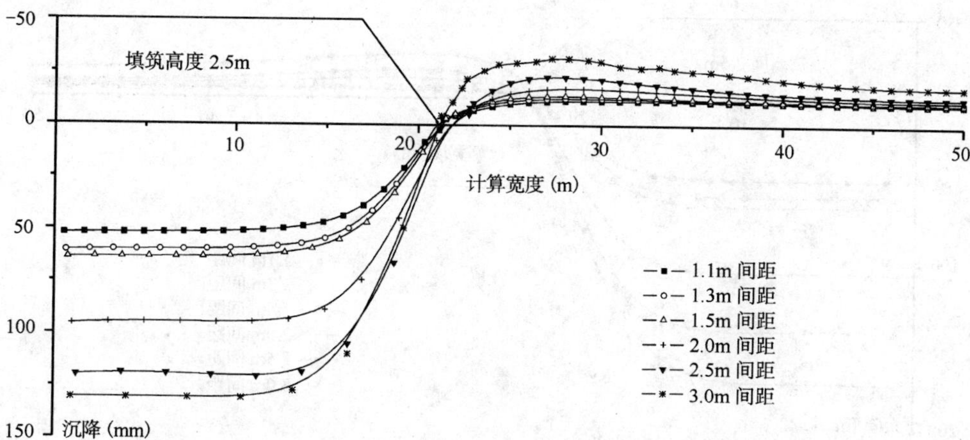

图 5-19　施工结束时沉降曲线(加固区深度 11.5m)

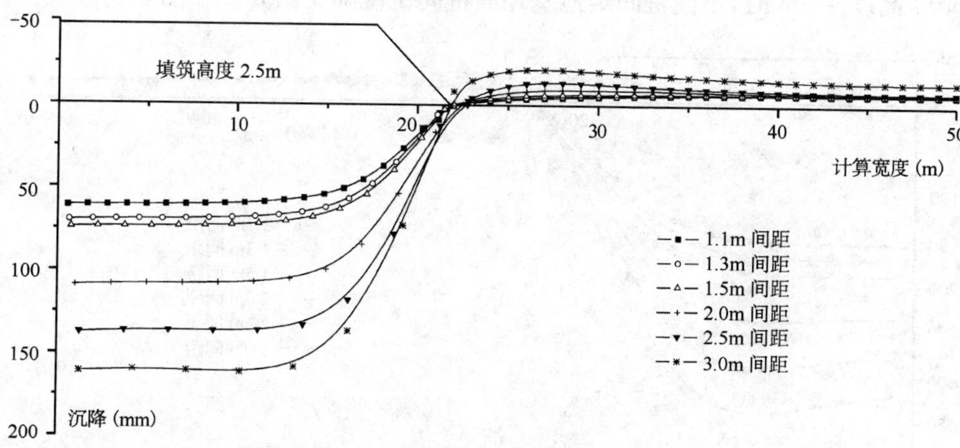

图 5-20　竣工 15 年后沉降曲线(加固区深度 11.5m)

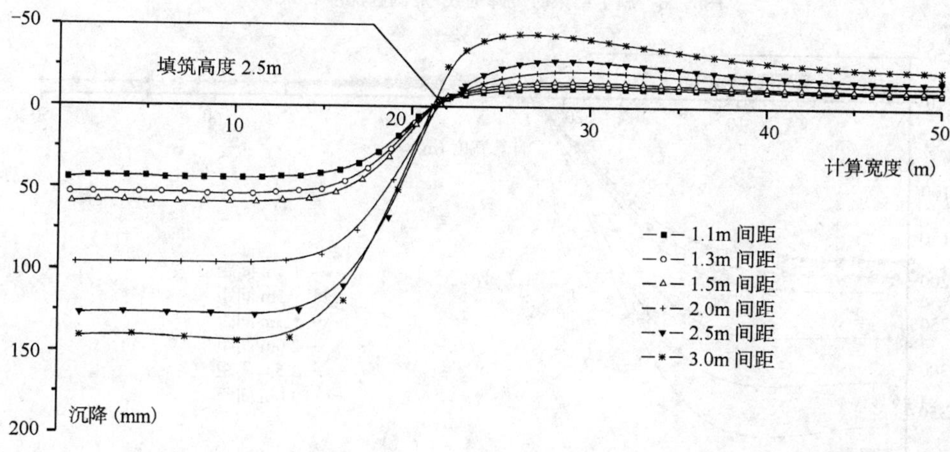

图 5-21　施工结束时沉降曲线(加固区深度 16.5m)

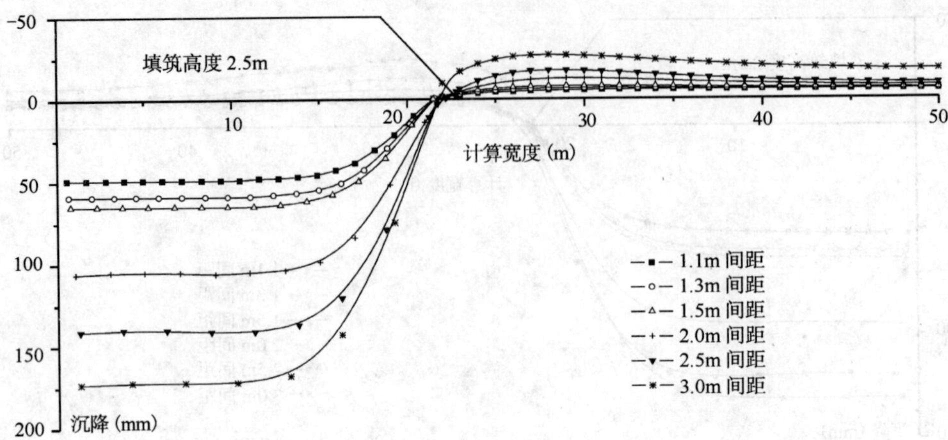

图 5-22 竣工 15 年后沉降曲线(加固区深度 16.5m)

(2)填筑高度 4.5m 时,不同桩间距地基顶面桩间土沉降见图 5-23～图 5-28。

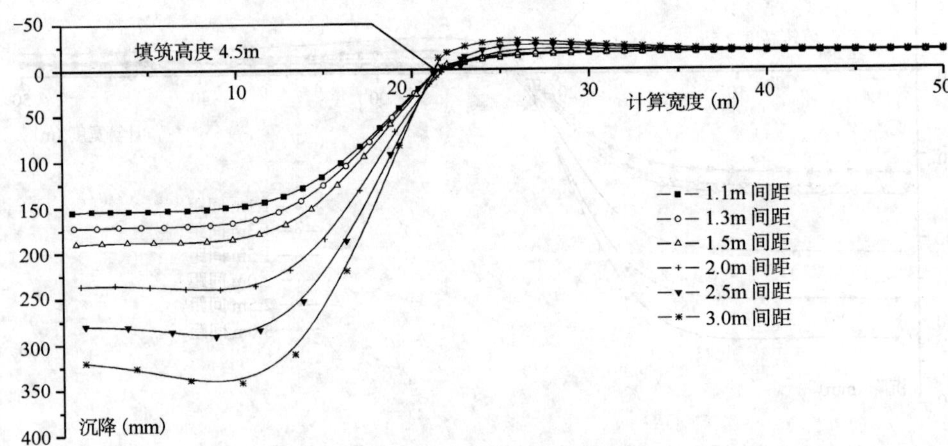

图 5-23 施工结束时沉降曲线(加固区深度 5.5m)

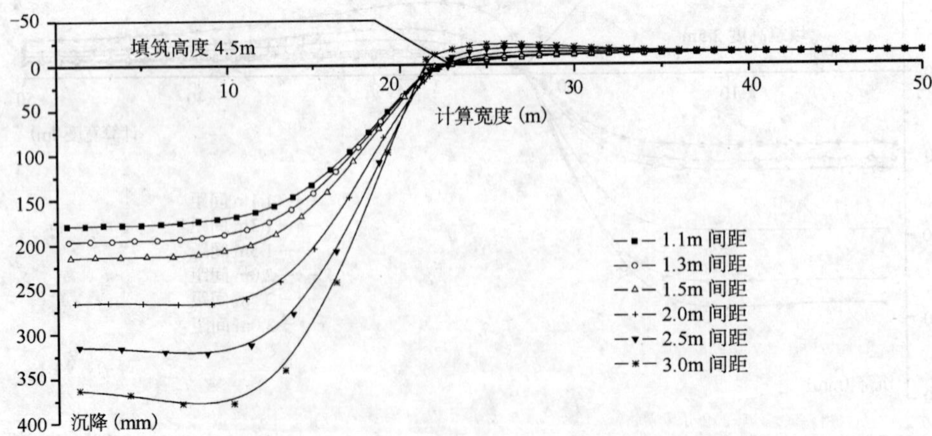

图 5-24 竣工 15 年后沉降曲线(加固区深度 5.5m)

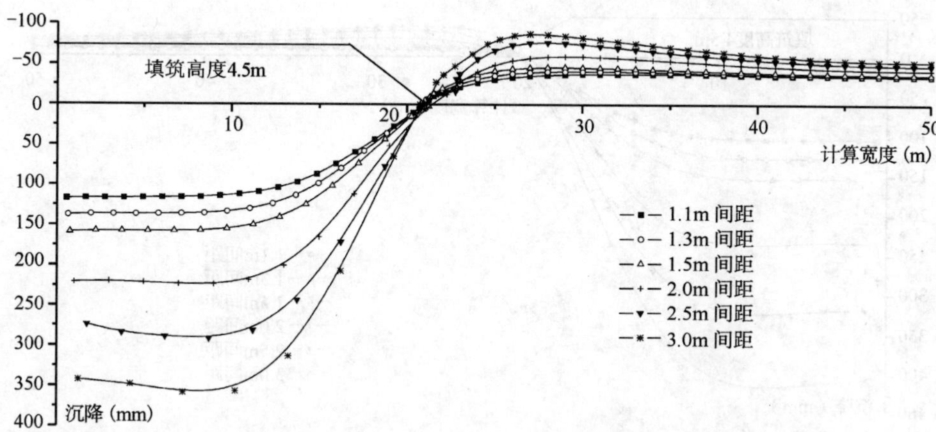

图 5-25 施工结束时沉降曲线(加固区深度 11.5m)

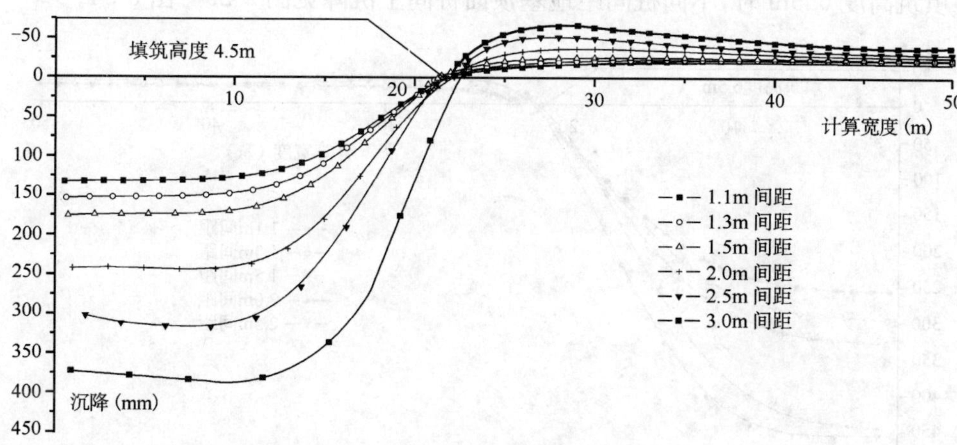

图 5-26 竣工 15 年后沉降曲线(加固区深度 11.5m)

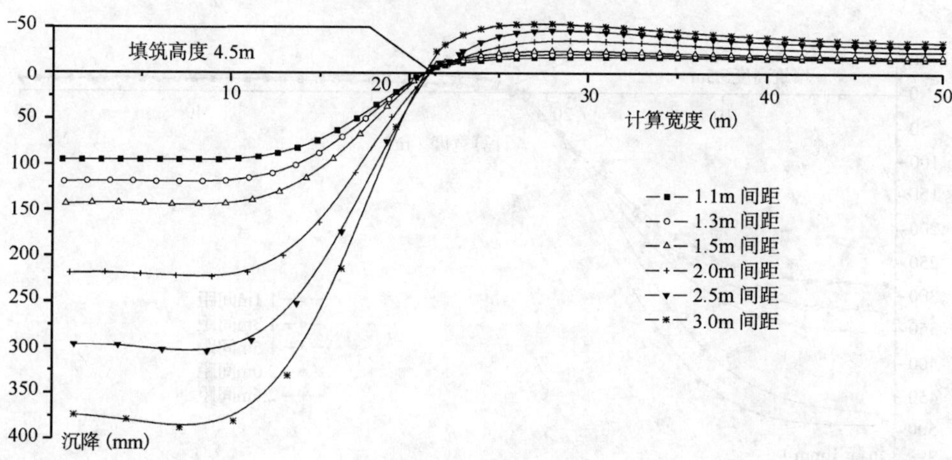

图 5-27 施工结束时沉降曲线(加固区深度 16.5m)

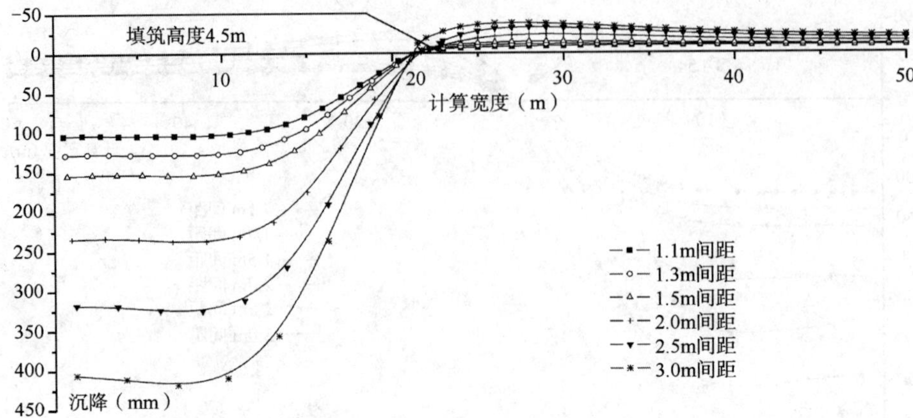

图 5-28　竣工 15 年后沉降曲线(加固区深度 16.5m)

(3)填筑高度 6.5m 时,不同桩间距地基顶面桩间土沉降见图 5-29～图 5-34。

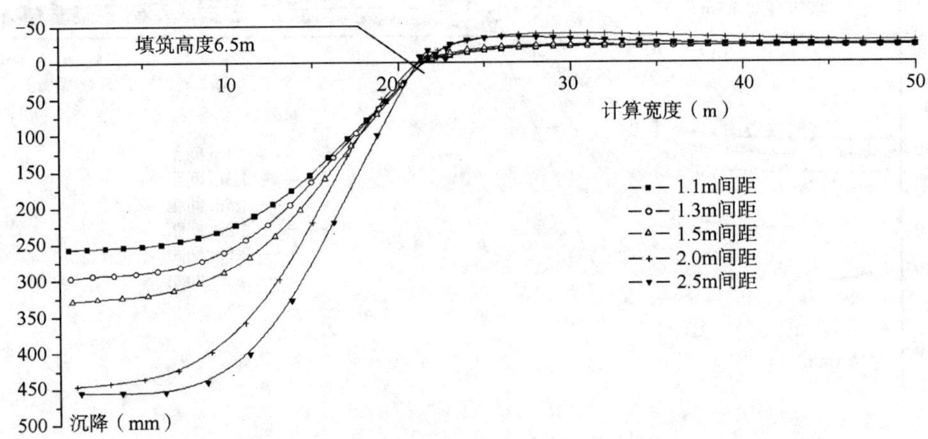

图 5-29　施工结束时沉降曲线(加固区深度 6.5m)

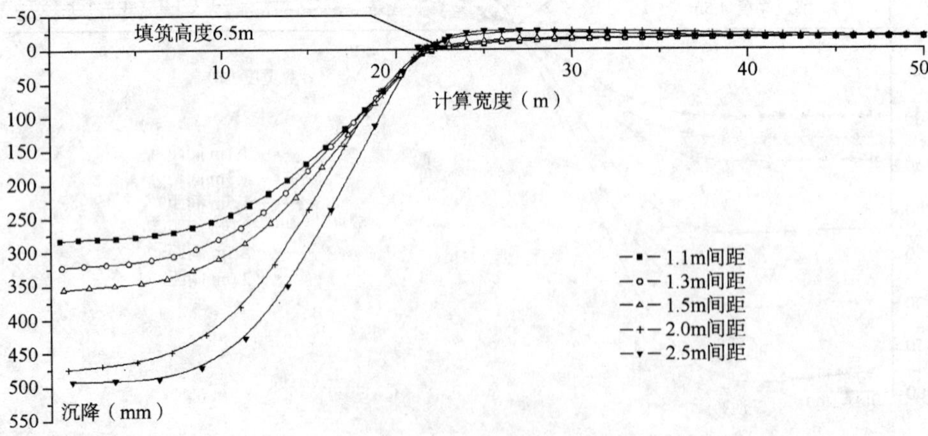

图 5-30　竣工 15 年后沉降曲线(加固区深度 6.5m)

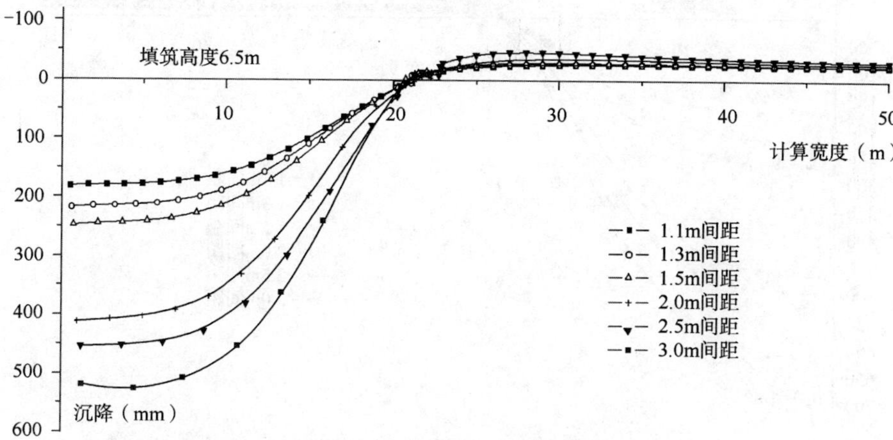

图 5-31 施工结束时沉降曲线(加固区深度 11.5m)

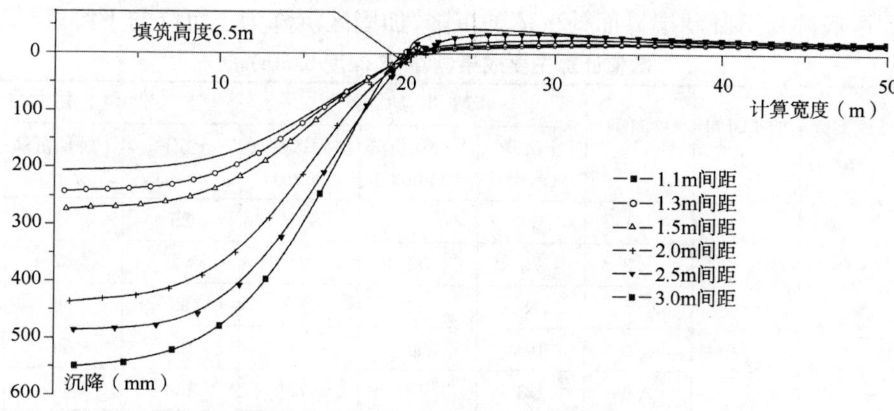

图 5-32 竣工 15 年后沉降曲线(加固区深度 11.5m)

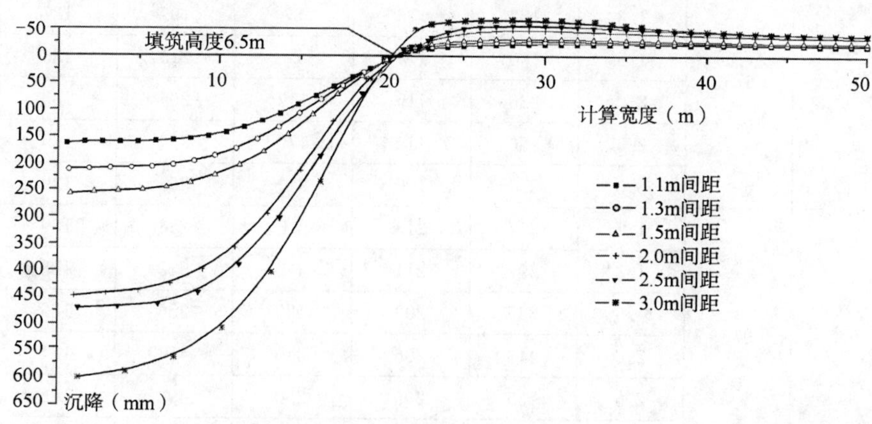

图 5-33 施工结束时沉降曲线(加固区深度 16.5m)

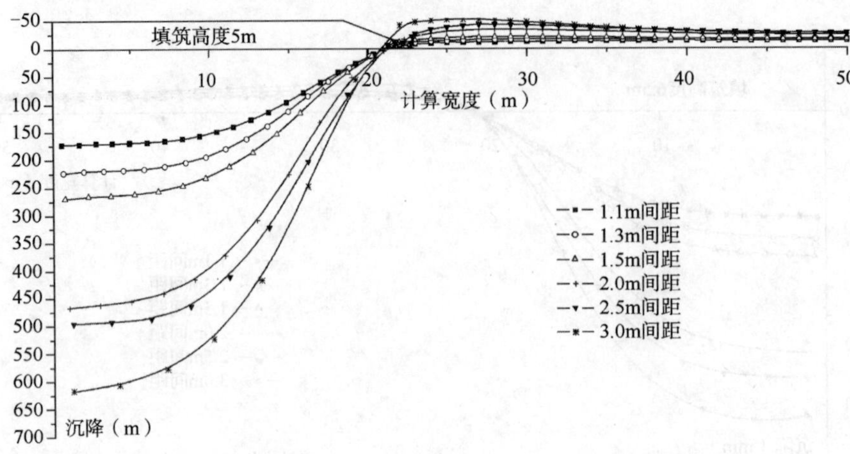

图 5-34　竣工 15 年后沉降曲线(加固区深度 16.5m)

将图 5-17～图 5-34 不同桩间距对应的不同填筑高度和加固深度地基变形主要参数进行归纳,得到表 5-7～表 5-9。表中土沉降为路堤中心处地基顶部桩间土体最大沉降值;下卧层沉降为加固区底部与下卧硬层界面处土体的沉降;加固区沉降为土沉降与下卧层沉降的差值。

数值计算主要成果(加固区深度 6.5m)　　表 5-7

软土深度处理深度(m)	填筑高度(m)	填筑时间(d)	桩间距(m)	填筑结束			竣工 15 年后		
				土沉降(mm)	下卧层沉降(mm)	加固区变形(mm)	土沉降(mm)	下卧层沉降(mm)	加固区变形(mm)
6.5	2.5	375	1.1	69	54	15	85	67	18
			1.3	75	52	23	92	67	25
			1.5	78	52	26	95	66	29
			2.0	104	50	54	124	65	59
			2.5	121	49	72	144	64	80
			3.0	137	47	90	157	63	94
	4.5	675	1.1	155	116	39	179	139	40
			1.3	172	115	57	197	137	60
			1.5	190	114	76	215	136	79
			2.0	236	119	117	266	135	131
			2.5	280	110	170	315	135	180
			3.0	320	109	211	363	129	234
	6.5	975	1.1	257	213	44	283	189	94
			1.3	297	211	86	322	188	134
			1.5	329	209	120	356	186	170
			2.0	446	206	240	474	184	290
			2.5	455	205	250	492	182	310
			3.0	456	203	253	474	182	292

数值计算主要成果(加固区深度 11.5m)　　表 5-8

软土深度处理深度(m)	填筑高度(m)	填筑时间(d)	桩间距(m)	填筑结束			竣工 15 年后		
				土沉降(mm)	下卧层沉降(mm)	加固区变形(mm)	土沉降(mm)	下卧层沉降(mm)	加固区变形(mm)
11.5	2.5	375	1.1	52	32	20	61	40	21
			1.3	60	32	28	70	40	30
			1.5	64	32	32	74	40	34
			2.0	95	31	64	109	39	70
			2.5	120	30	90	138	38	100
			3.0	121	27	94	161	38	123
	4.5	675	1.1	117	71	46	133	85	48
			1.3	138	71	67	154	84	70
			1.5	159	70	89	176	84	92
			2.0	221	68	153	243	83	160
			2.5	274	66	208	302	82	220
			3.0	343	65	278	381	83	298
	6.5	975	1.1	181	117	64	206	136	70
			1.3	218	117	101	243	134	109
			1.5	248	115	133	274	133	141
			2.0	413	115	298	437	133	304
			2.5	455	112	343	487	132	355
			3.0	534	112	422	551	132	419

数值计算主要成果(加固区深度 16.5m)　　表 5-9

软土深度处理深度(m)	填筑高度(m)	填筑时间(d)	桩间距(m)	填筑结束			竣工 15 年后		
				土沉降(mm)	下卧层沉降(mm)	加固区变形(mm)	土沉降(mm)	下卧层沉降(mm)	加固区变形(mm)
16.5	2.5	375	1.1	44	19	25	49	23	26
			1.3	53	18	35	59	22	37
			1.5	59	18	41	65	22	43
			2.0	96	18	78	106	22	84
			2.5	127	17	110	141	22	119
			3.0	141	16	125	173	22	151
	4.5	675	1.1	95	41	54	104	48	56
			1.3	119	41	78	128	48	80
			1.5	143	41	102	154	47	107
			2.0	219	39	180	234	47	187
			2.5	297	38	259	318	47	271
			3.0	374	37	337	406	47	359

续上表

软土深度处理深度(m)	填筑高度(m)	填筑时间(d)	桩间距(m)	填筑结束			竣工15年后		
				土沉降(mm)	下卧层沉降(mm)	加固区变形(mm)	土沉降(mm)	下卧层沉降(mm)	加固区变形(mm)
16.5	6.5	975	1.1	162	70	92	173	79	94
			1.3	212	70	142	224	79	145
			1.5	257	69	188	270	78	192
			2.0	448	68	380	467	78	389
			2.5	471	68	403	496	77	419
			3.0	600	68	532	617	77	540

从表5-7～表5-9可以发现，水泥土搅拌桩地基随着桩间距增大，加固区变形增大；同时，地基的沉降变形随着填筑高度增加而增大，桩间距的变化对下卧层变形的影响不大，即同一填筑高度时，桩间距增大导致地基整体沉降变形增大主要是由加固区桩间土沉降引起。

为了进一步分析水泥土搅拌桩加固区变形特性与桩间距之间的关系，将路堤中间地基顶面桩间土沉降与下卧层顶面沉降差值作为加固区变形，可将表5-7～表5-9整理为图5-35～图5-40。

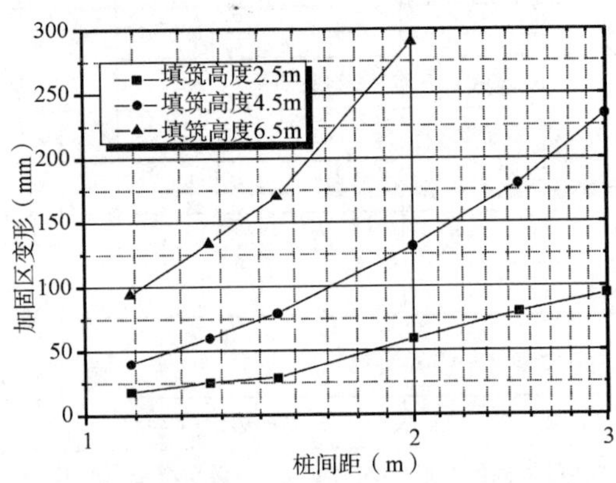

图5-35　加固区变形与桩间距关系(加固深度6.5m)

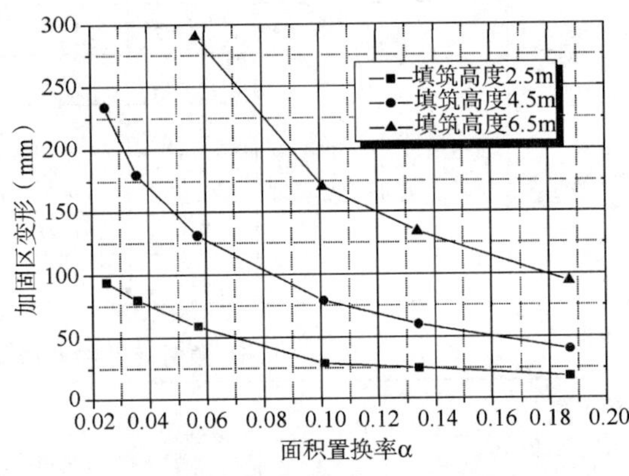

图5-36　加固区变形与面积置换率关系(加固深度6.5m)

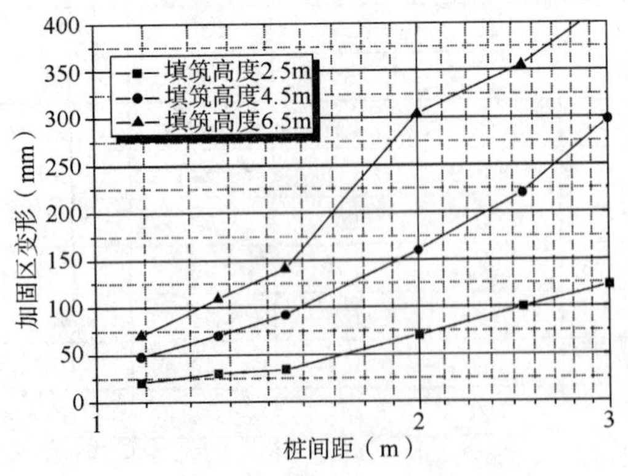

图5-37　加固区变形与桩间距关系(加固深度11.5m)

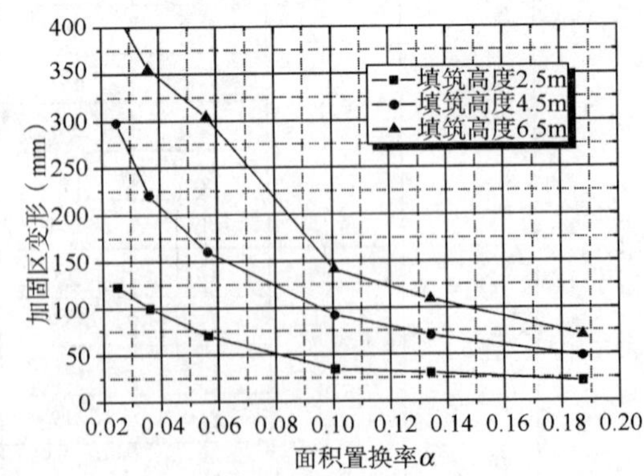

图5-38　加固区变形与面积置换率关系(加固深度11.5m)

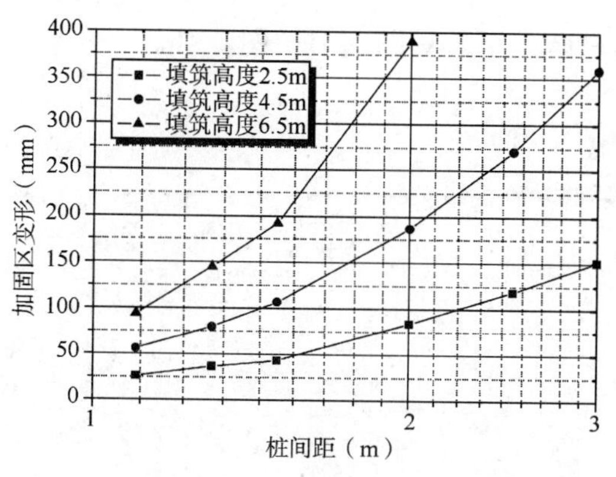

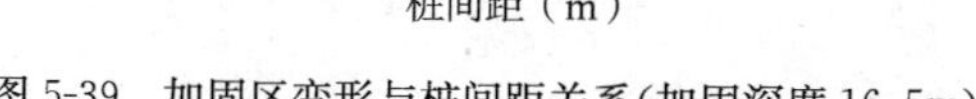
图 5-39　加固区变形与桩间距关系(加固深度 16.5m)

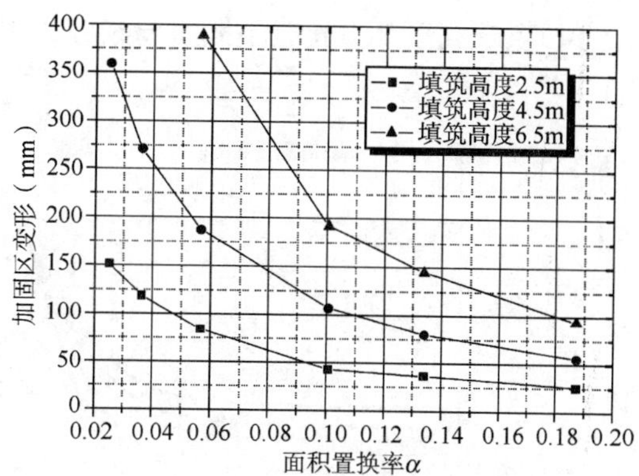

图 5-40　加固区变形与面积置换率关系(加固深度 16.5m)

图 5-35 和图 5-40 表明搅拌桩地基加固区变形与桩间距和面积置换率之间关系明显，同时也表明加固区变形随填筑高度增加而增大。从图 5-35～图 5-40 可以发现水泥土搅拌桩地基桩间距大于 1.5m 后加固区变形明显增大，导致这种现象的主要原因为桩间距超过 1.5m(面积置换率小于 0.10)时，桩土不能很好地一起协同变形。在桩间距小于 1.5m 时，加固区变形基本上随面积置换率线 α 性减小，而当桩间距大于 1.5m 时，加固区变形随面积置换率减小而急剧增大，即此时搅拌桩加固对减小桩间土沉降效果不明显。考虑到数值计算中桩间距变化不连续，将面积置换率大于 0.1(桩间距小于 1.5m)的数据点进行延伸，并与面积置换率 0.057(桩间距为 2.0m)和面积置换率为 0.036(桩间距为 2.5m)的数据点连线的交叉点面积作为水泥土搅拌桩加固高速公路柔性地基的桩间距的极值，即水泥土搅拌桩的面积置换率不宜小于 0.078，桩间距不宜大于 1.7m。

二、桩身模量变化对路堤沉降的影响

在水泥土搅拌桩复合地基中，搅拌桩的强度是影响路堤沉降的主要因素。计算桩间距为 1.5m，土层参数同试验段 1.5m 间距的搅拌桩的数值计算相同。计算中桩身模量取 25MPa、50MPa、100MPa、150MPa 和 200MPa，等效后桩体计算参数见表 5-10。计算过程中填筑速率按每月 0.2m 均匀填筑进行考虑。

桩 身 等 效 参 数　　表 5-10

桩身模量(MPa)	等效模量(MPa)	等效泊松比	等效渗透系数(10^{-4}m/d)
25	9.7	0.34	2.67
50	18.0	0.32	2.67
100	34.7	0.29	2.67
150	51.3	0.27	2.67
200	68.0	0.24	2.67

(1)填筑高度2.5m时不同桩身模量地基顶面桩间土沉降见图5-41～图5-46。

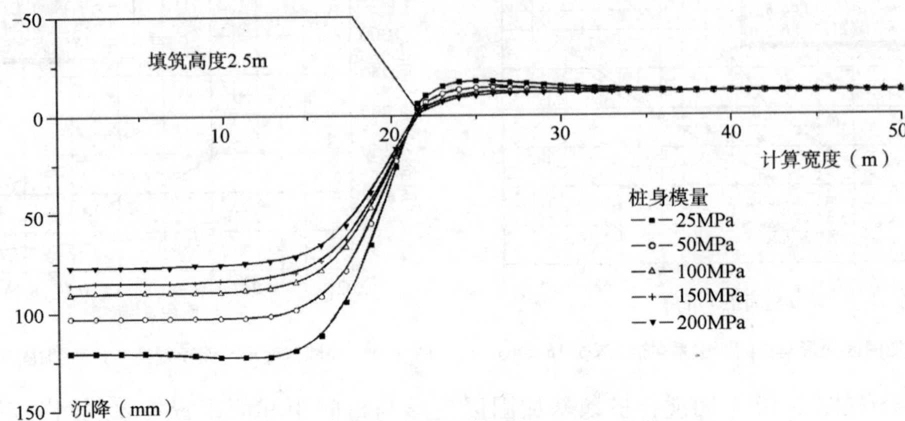

图5-41　施工结束时沉降曲线(加固区深度6.5m)

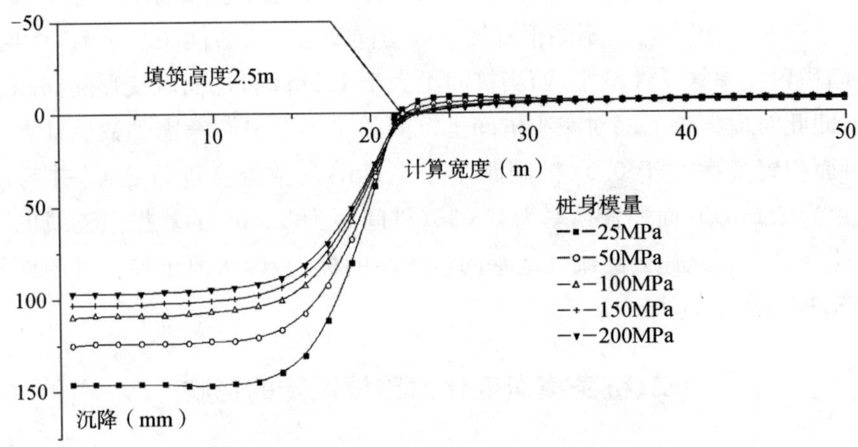

图5-42　竣工15年后沉降曲线(加固区深度6.5m)

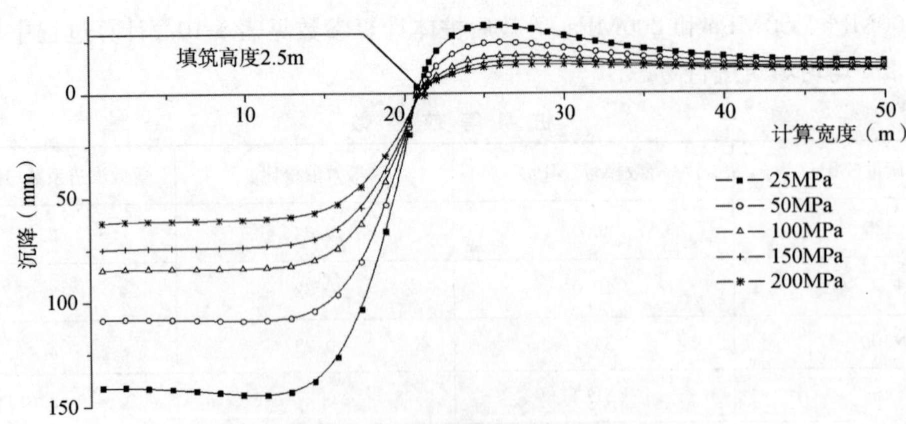

图5-43　施工结束时沉降曲线(加固区深度11.5m)

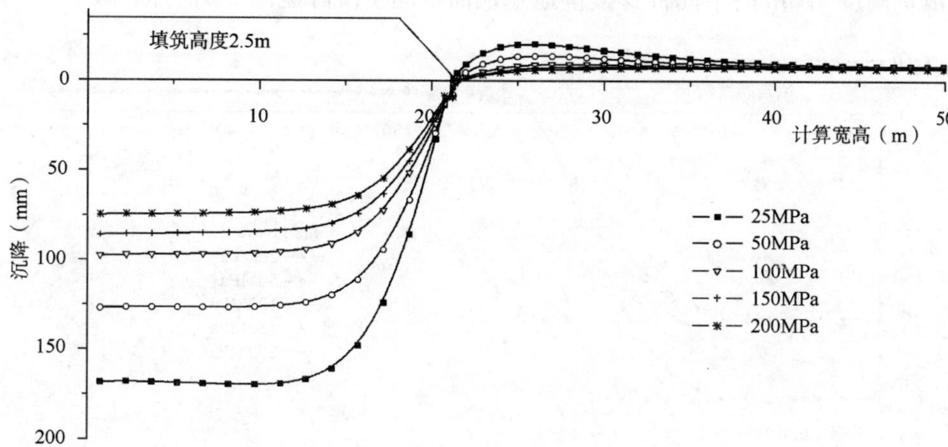

图 5-44　竣工 15 年后沉降曲线(加固区深度 11.5m)

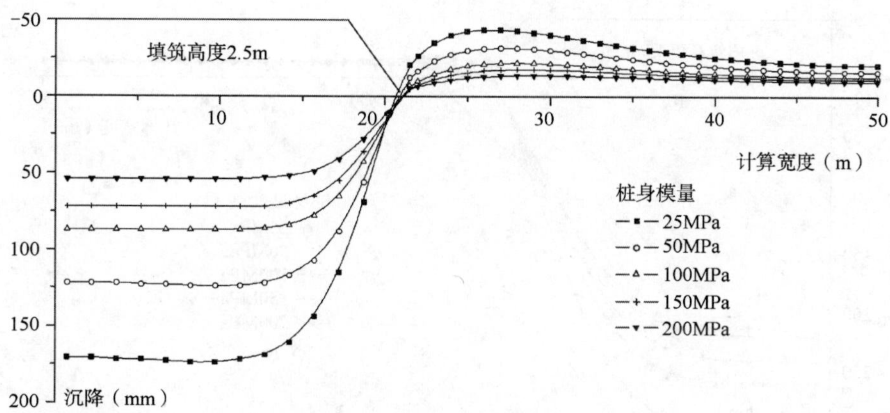

图 5-45　施工结束时沉降曲线(加固区深度 16.5m)

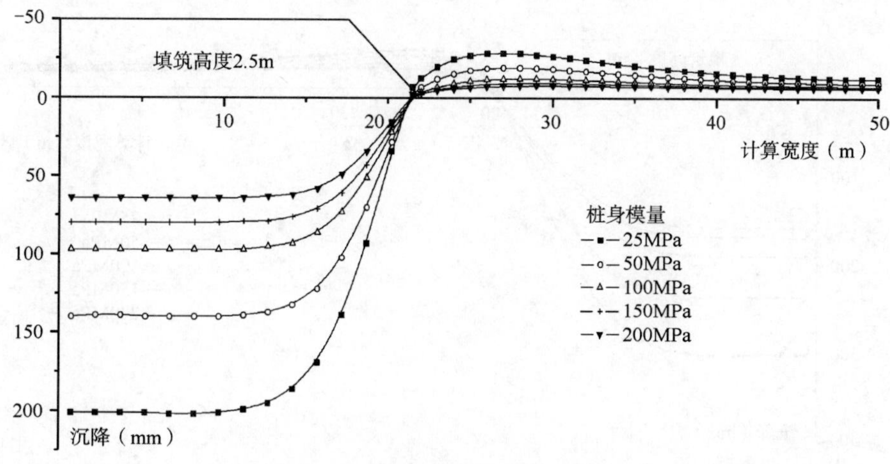

图 5-46　竣工 15 年后沉降曲线(加固区深度 16.5m)

(2)填筑高度 4.5m 时不同桩身模量地基顶面桩间土沉降见图 5-47～图 5-52。

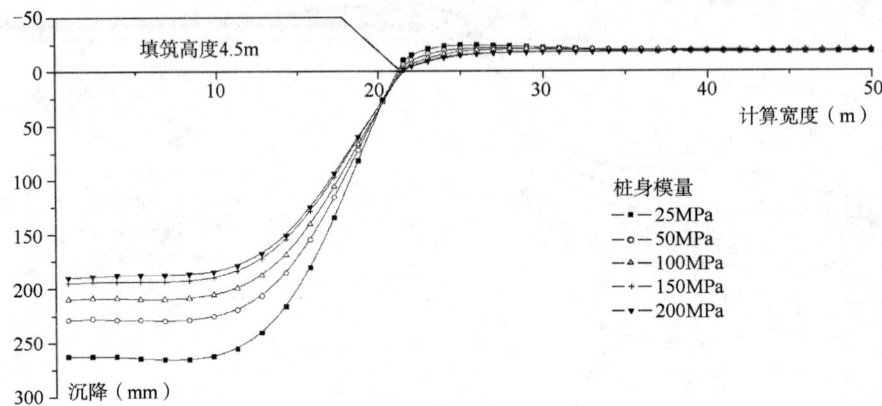

图 5-47 施工结束时沉降曲线(加固区深度 6.5m)

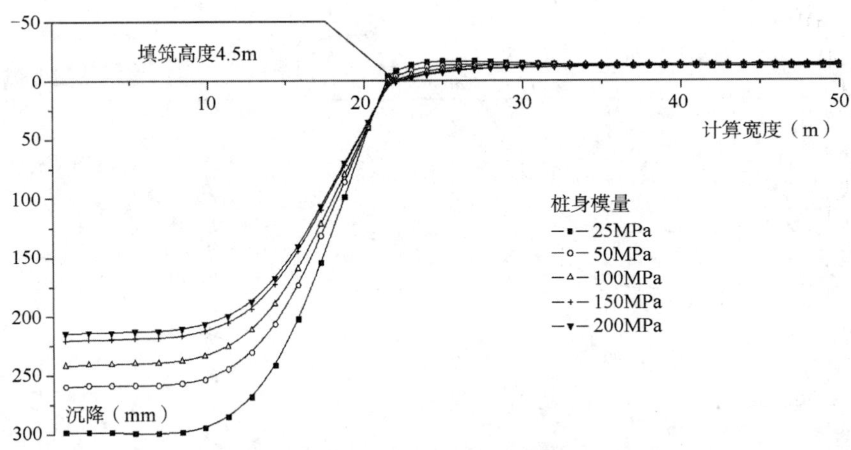

图 5-48 竣工 15 年后沉降曲线(加固区深度 6.5m)

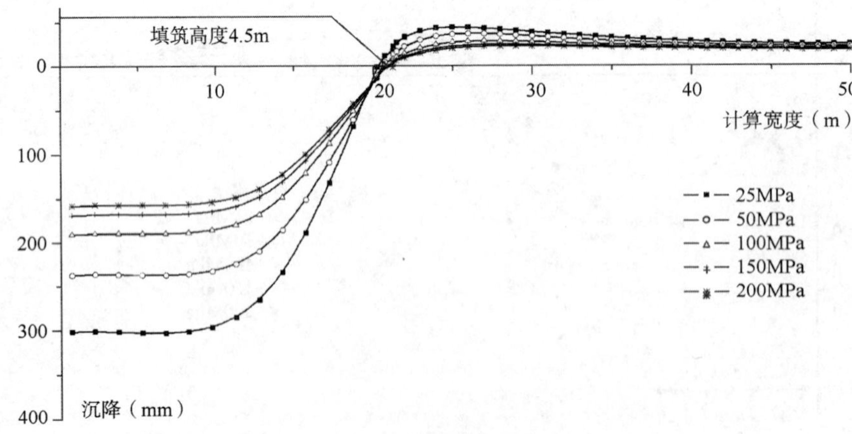

图 5-49 施工结束时沉降曲线(加固区深度 11.5m)

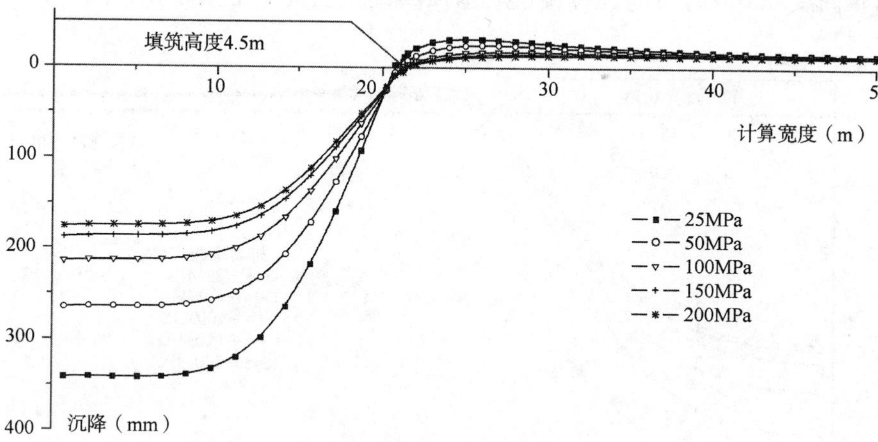

图 5-50　竣工 15 年后沉降曲线(加固区深度 11.5m)

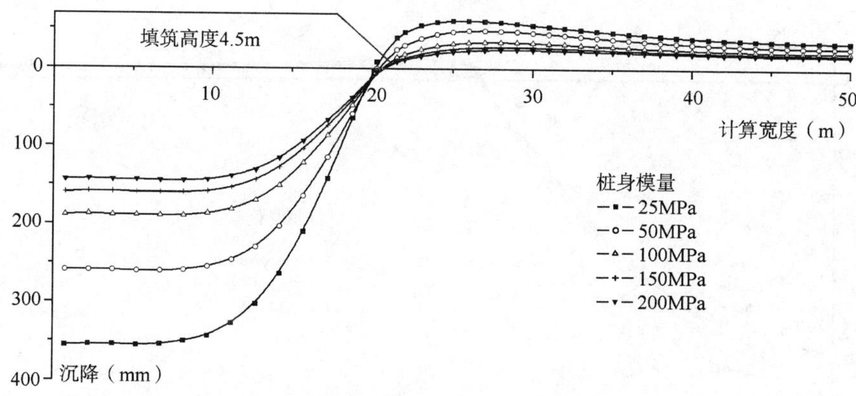

图 5-51　施工结束时沉降曲线(加固区深度 16.5m)

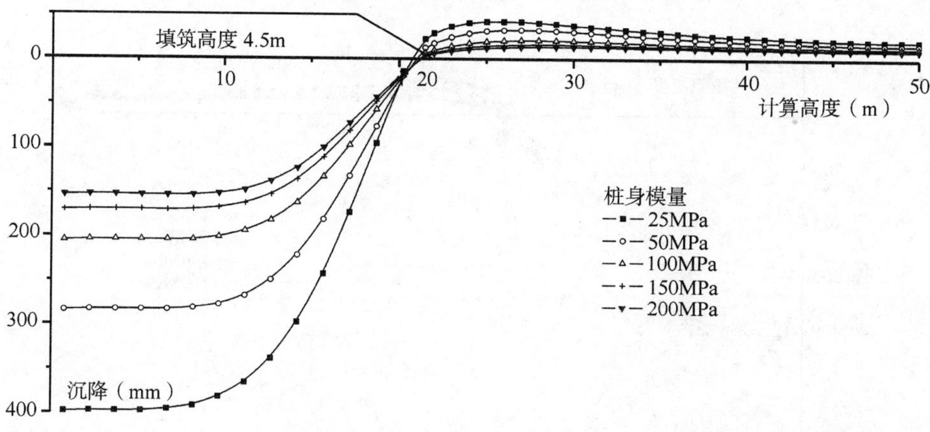

图 5-52　竣工 15 年后沉降曲线(加固区深度 16.5m)

(3)填筑高度6.5m时不同桩身模量地基顶面桩间土沉降见图5-53~图5-58。

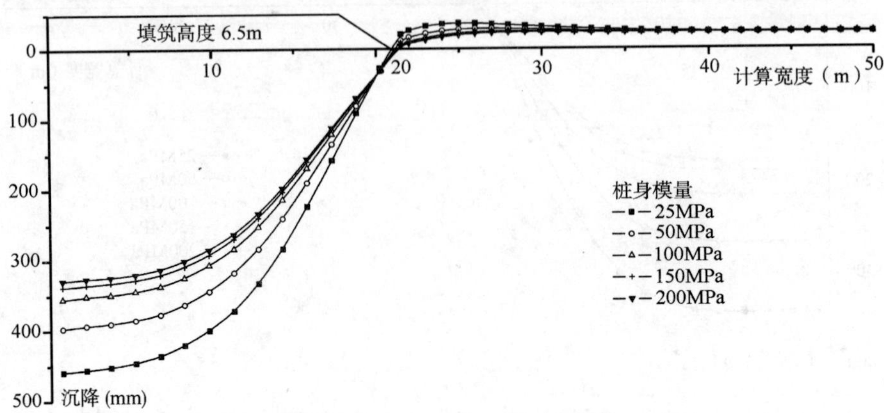

图5-53　施工结束时沉降曲线(加固区深度6.5m)

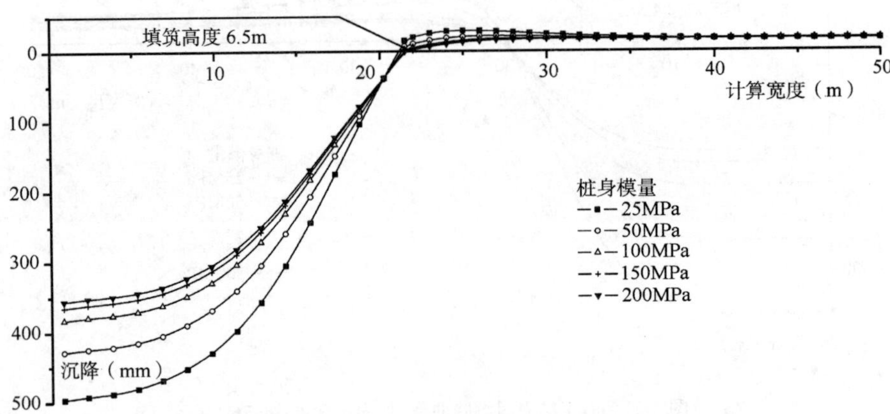

图5-54　竣工15年后沉降曲线(加固区深度6.5m)

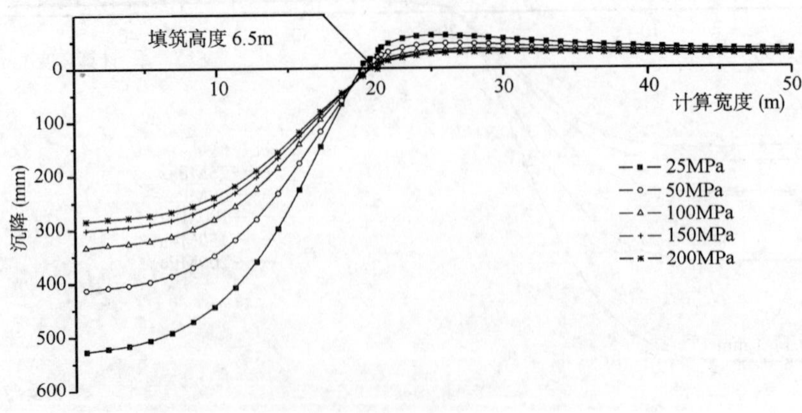

图5-55　施工结束时沉降曲线(加固区深度11.5m)

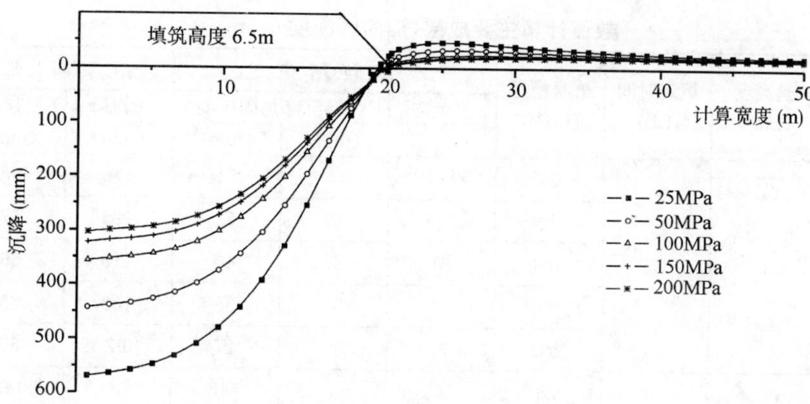

图 5-56　竣工 15 年后沉降曲线(加固区深度 11.5m)

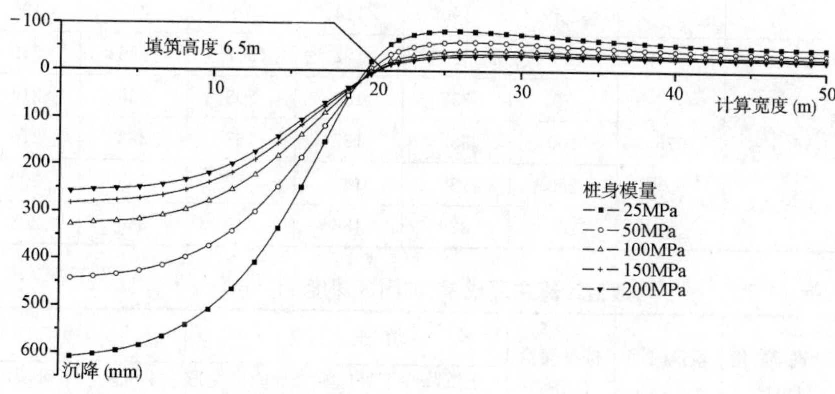

图 5-57　施工结束时沉降曲线(加固区深度 16.5m)

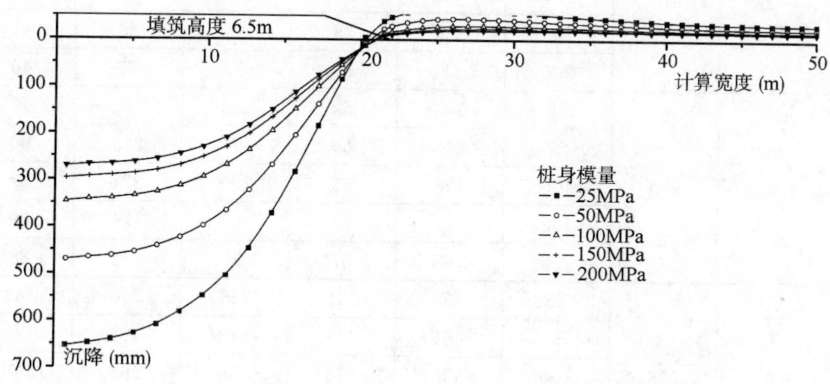

图 5-58　竣工 15 年后沉降曲线(加固区深度 16.5m)

将图5-41～图5-58不同桩身模量地基的路堤变形响应进行总结，见表5-11～表5-13。

数值计算主要成果(加固区深度6.5m)　　表5-11

软土深度处理深度(m)	填筑高度(m)	填筑时间(d)	桩身模量(MPa)	填筑结束			竣工15年后		
				土沉降(mm)	下卧层沉降(mm)	加固区变形(mm)	土沉降(mm)	下卧层沉降(mm)	加固区变形(mm)
6.5	2.5	375	25	121	50	71	146	68	78
			50	103	51	52	125	67	58
			100	91	51	40	110	66	44
			150	86	51	35	103	66	37
			200	77	50	27	97	66	31
	4.5	675	25	263	115	148	299	142	157
			50	229	114	115	260	139	121
			100	210	119	91	242	145	97
			150	195	114	81	221	136	85
			200	190	114	76	215	136	79
	6.5	975	25	459	192	267	496	219	277
			50	397	189	208	428	214	214
			100	355	187	168	383	210	173
			150	338	186	152	365	209	156
			200	329	186	143	356	208	148

数值计算主要成果(加固区深度11.5m)　　表5-12

软土深度处理深度(m)	填筑高度(m)	填筑时间(d)	桩身模量(MPa)	填筑结束			竣工15年后		
				土沉降(mm)	下卧层沉降(mm)	加固区变形(mm)	土沉降(mm)	下卧层沉降(mm)	加固区变形(mm)
11.5	2.5	375	25	147	30	117	172	42	130
			50	111	30	81	129	42	87
			100	86	29	57	100	41	59
			150	76	29	47	88	41	47
			200	63	28	35	76	40	36
	4.5	675	25	313	69	244	352	90	262
			50	246	69	177	273	90	183
			100	198	68	130	221	89	132
			150	175	68	107	194	89	105
			200	165	67	98	182	88	94
	6.5	975	25	599	118	481	640	143	497
			50	461	118	343	491	143	348
			100	375	116	259	398	140	258
			150	342	116	226	362	140	222
			200	324	114	210	343	137	206

数值计算主要成果(加固区深度 16.5m)　　表 5-13

软土深度处理深度(m)	填筑高度(m)	填筑时间(d)	桩身模量(MPa)	填筑结束			竣工 15 年后		
				土沉降(mm)	下卧层沉降(mm)	加固区变形(mm)	土沉降(mm)	下卧层沉降(mm)	加固区变形(mm)
16.5	2.5	375	25	171	17	154	201	25	176
			50	122	18	104	140	24	116
			100	87	18	69	97	23	74
			150	72	18	54	80	23	57
			200	54	18	36	64	22	42
	4.5	675	25	355	40	315	398	54	344
			50	259	40	219	284	51	233
			100	188	41	147	205	50	155
			150	159	40	119	171	48	123
			200	143	40	103	154	47	107
	6.5	975	25	609	70	539	654	87	567
			50	443	70	373	470	84	386
			100	328	70	258	346	80	266
			150	283	69	214	297	79	218
			200	258	69	189	271	78	193

图 5-41～图 5-58 和表 5-11～表 5-13 给出不同桩身模量的加固区变形，结果表明，加固区变形随桩身模量增加而减小，当桩身模量比较小(E_p=25MPa)时，加固区变形很大；而桩身模量比较大 E_P＞100MPa 时，加固区变形比较小。并且当桩身模量超过 100MPa 时，桩身强度增加对加固区变形影响不大。为了进一步分析桩身模量变化对加固区变形影响，将表 5-11～表 5-13 整理得到图 5-59～图 5-61。

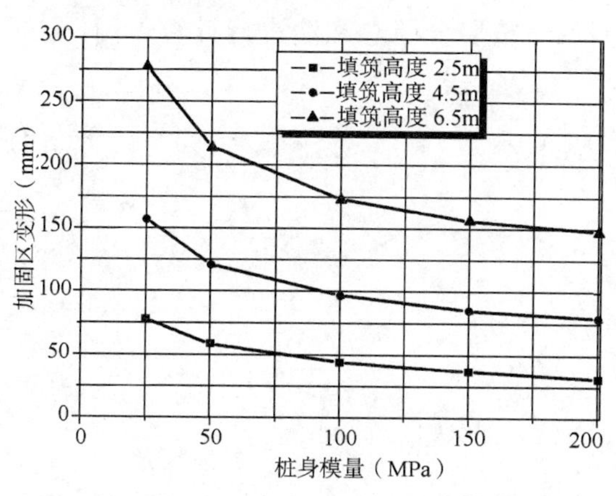

图 5-59　桩身模量与加固区变形关系(加固深度 6.5m)

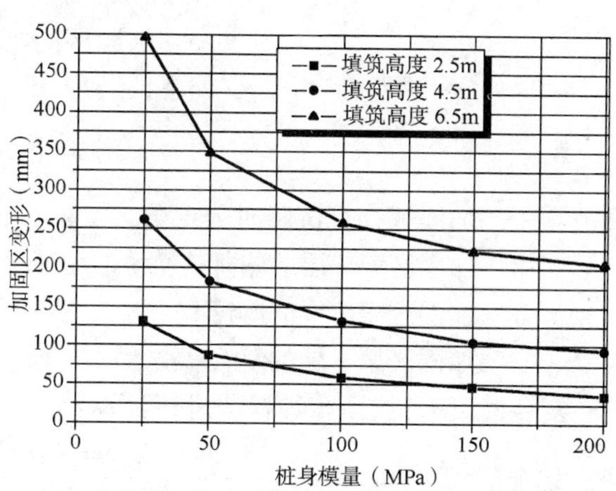

图 5-60　桩身模量与加固区变形关系(加固深度 11.5m)

根据表 5-11～表 5-13 和图 5-59～图 5-61 可以得到以下结论：随着桩身模量增大，路堤沉降呈减小的趋势；沉降并非随桩身模量的变化呈线性变化，当桩身模量小于 100MPa，即桩身强度小于 0.8MPa 时，路堤的沉降对桩身模量的变化比较敏感；超过此值时桩身强度增大对路堤的沉降几乎没有影响。而当桩身模量小于 50MPa 时地基的沉降会有显著增加，因此可以认为桩身模量在 50～100MPa 时，即桩身强度为 0.4～0.8MPa 时搅拌桩的设计最佳，高路堤时取大值，低路堤时取小值。

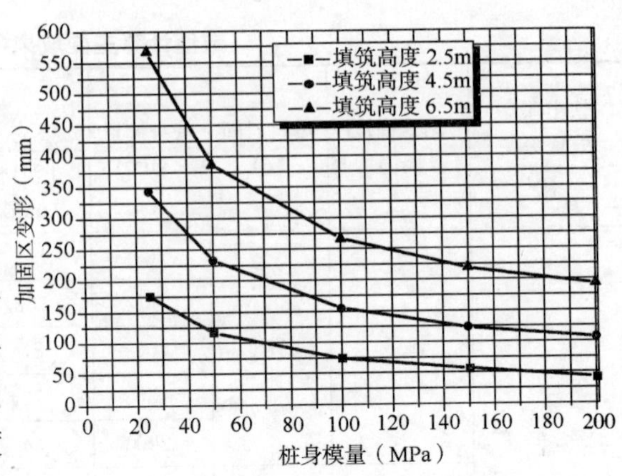

图 5-61　桩身模量与加固区变形关系（加固深度 16.5m）

第四节　水泥土搅拌桩桩身模量与变形关系确定

通过对不同桩身模量水泥土搅拌桩地基在路堤荷载作用下的变形响应分析，发现桩身与桩间土变形有一定的差异，这与已有的现场实测相吻合。分析结果也表明水泥土搅拌桩桩身模量在柔性荷载作用下，并不一定能完全发挥。为此有必要进一步进行分析，在柔性荷载作用下，水泥土搅拌桩桩身模量的发挥程度以及合理桩身模量的确定。

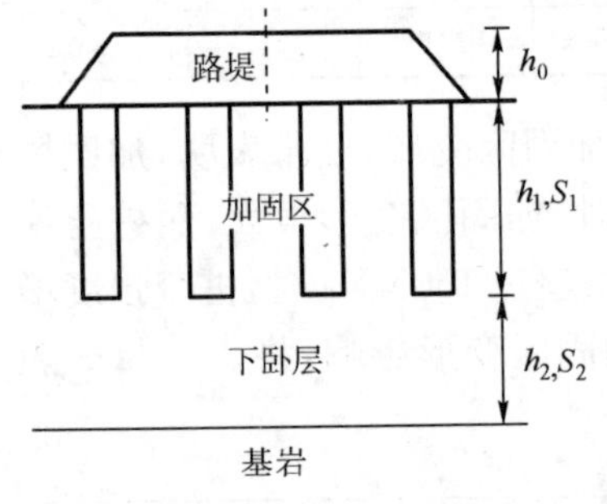

图 5-62　复合地基示意图

根据《公路路基设计规范》（JTG D30—2004）及《公路软土地基路堤设计与施工技术规范》（JTJ 017—96），水泥土搅拌桩复合地基加固区的沉降量 S_1，计算时附加应力按 Boussinesq 方法确定，计算模式见图 5-62。

加固区的沉降量 S_1 按照分层总和法进行计算，计算公式如下：

$$S_1=\sum_{i=1}^{n}\frac{\sigma_i}{E_{spi}}\Delta h_i \tag{5-15}$$

式中：n——加固区计算沉降时分层数；

σ_i——加固区第 i 层的附加应力；

Δh_i——加固区第 i 层的厚度；

E_{spi}——加固区第 i 层的复合模量。

复合模量 E_{sp} 按面积加权法进行计算：

$$E_{sp}=(1-\alpha)E_s+\alpha E_p \tag{5-16}$$

根据表 5-11～表 5-13 的分析，认为水泥土搅拌桩桩模量为 0.4～0.8MPa 比较合适，为此可以进一步分析桩身模量在 0.4～0.8MPa 时，桩身强度的发挥程度。由加固区桩间土体最终变形量(竣工 15 年后的沉降)，结合表达式(5-15)，可以反算得到加固区对应的模量 E_{sp}。而后根据复合模量的表达式(5-16)，反算出桩身模量在路堤荷载作用下实际发挥程度。通过上述分析，可以整理得到表 5-14。

数值计算主要成果　　表 5-14

软土深度处理深度(m)	填筑高度(m)	桩身模量 E_p(MPa)	加固区变形(mm)	等效复合模量(MPa)	桩身模量发挥 E'_p(MPa)	发挥比 E'_p/E_p(%)
6.5	2.5	50	58	5.6	38	0.76
		100	44	7.3	55	0.55
	4.5	50	121	4.8	30	0.60
		100	97	6.0	42	0.42
	6.5	50	214	3.9	21	0.42
		100	173	4.8	30	0.30
11.5	2.5	50	87	5.9	41	0.82
		100	59	8.7	69	0.69
	4.5	50	183	5.0	32	0.64
		100	132	7.0	52	0.52
	6.5	50	348	3.8	20	0.40
		100	258	5.2	34	0.34
16.5	2.5	50	116	6.6	48	0.96
		100	74	10.4	86	0.86
	4.5	50	233	5.9	41	0.82
		100	155	8.9	71	0.71
	6.5	50	386	5.2	34	0.68
		100	266	7.5	57	0.57

由表 5-14 可以发现桩身模量发挥程度与软土加固区深度、填筑高度等因素密切相关，为此进一步确定桩身模量发挥程度与这两个因素之间的关系。定义桩身模量发挥程度 β 为桩体实际模量 E_p 与在柔性荷载作用下桩身模量实际发挥部分E'_p的比值，加固区厚度用 H_s 表示，填筑高度用 H_b 表示，它们之间的关系见图 5-63。

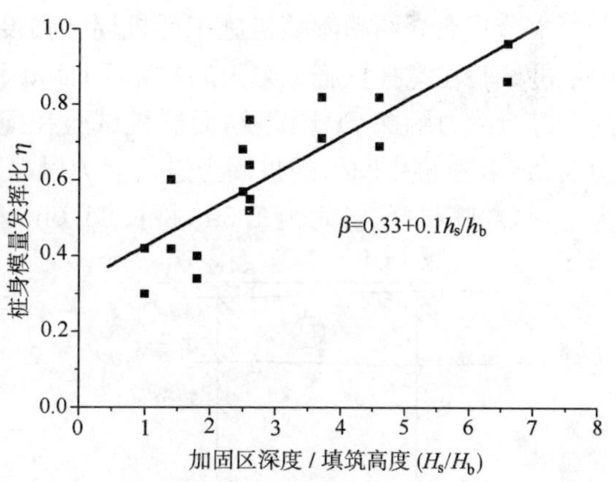

图 5-63　桩身模量发挥比与加固区深度和填筑高度关系

图 5-63 表明水泥土搅拌桩地基在路堤荷载作用下，桩身强度(模量)并不是完全发挥的，为此在用复合模量法计算加固区沉降变形时，要对桩身模量进行修正，修正表达式如下：

$$E_{sp} = (1-\alpha)E_s + \beta\alpha E_p \tag{5-17}$$

式中：β——桩身模量发挥系数；

α——面积置换率；

E_p——桩身模量；

E_s——桩间土模量。

第六章 水泥土搅拌桩粉湿喷法加固海相软土比较

为了研究水泥土搅拌桩(粉湿喷桩)在高含水率地区的适用性，本章根据连盐高速公路连云港段粉湿喷桩施工效应的现场数据，水泥土搅拌桩桩身强度的统计分析，载荷试验以及路堤荷载作用下地基变形规律对比和大量的不同含水率和液限等资料的不同掺灰量的水泥土搅拌桩的桩身强度资料进行研究分析，以得到水泥土搅拌桩(粉湿喷桩)加固海相软土的特性，从而得到水泥土搅拌桩在高含水率地区变形和力学特征以及高含水率地区粉湿喷桩合理的选用方法。

第一节　粉湿喷桩施工效应对比研究

试验地点选择在连盐高速公路连云港先导试验段，高速公路 K4＋310～K4＋355(粉喷桩路段)与 K4＋355～K4＋400 路段(湿喷桩路段)，该段所在区域为滨海平原区，土层分布见图6-1，场地工程地质条件见第四章第四节。

本节重点介绍粉湿喷桩施工后桩周土强度变化规律，为此进行了单桩和群桩施工试验。其中单桩试验在搅拌桩施工结束后的第 7d、14d 和 28d 分别对距离桩身 0.2m、0.5m、1.0m 处的桩周土进行静力触探 CPT 试验，而群桩试验在搅拌桩施工结束后的第 7d、14d 和 28d 分在距离桩边 0.2m 和三桩中间处的桩周土进行静力触探 CPT 试验试验。试验布设见图 6-2。试验段分别为 C 区(粉喷桩区，桩间距 1.5m，桩长 11.0m)和 D 区(湿喷桩区，桩间距 1.5m，桩长 11.0m)。

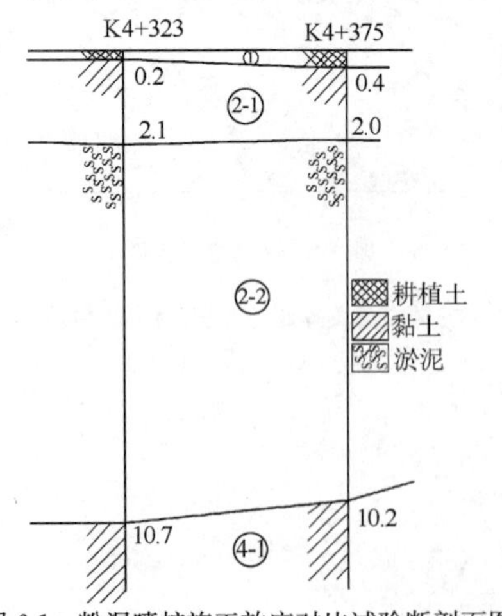

图 6-1　粉湿喷桩施工效应对比试验断剖面图

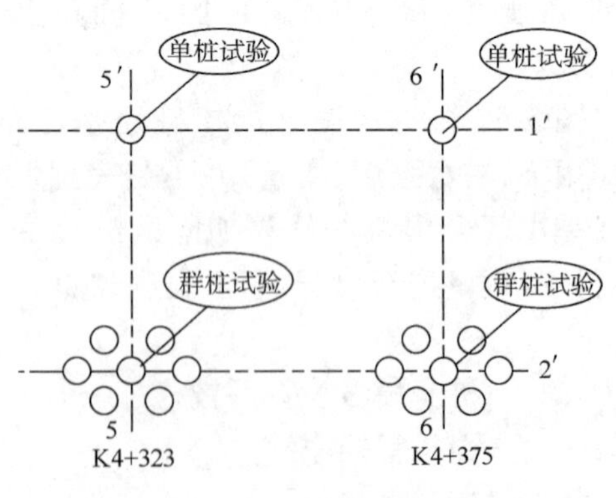

图 6-2　单桩和群桩试验的平面布置

试验段粉喷桩和湿喷桩喷粉/浆压力均约为0.4MPa，停灰面为0.3m。喷粉/浆量见表6-1。湿喷桩水灰比0.5。

试验段水泥掺入量情况表　　表6-1

干喷桩		湿喷桩	
C试验段		D试验段	
深度(m)	喷粉量(kg/m)	深度(m)	喷浆量(L)
0.8	31	0.3	25
1.8	64	1.3	65
2.8	60	2.3	65
3.8	61	3.3	65
4.8	62	4.3	65
5.8	61	5.3	65
6.8	61	6.3	65
7.8	81	7.3	65
8.8	60	8.3	65
9.8	60	9.3	65
10.8	61	10.3	66
		11.3	65

一、现场单桩试验和分析

现场单桩施工后不同龄期，在C区和D区对距离桩边0.2m、0.5m、1.0m处的桩周土进行CPT试验，锥尖阻力比与深度的关系见图6-3～图6-8。

由图可见，对于粉湿喷桩而言，其施工结束后表层2m左右的硬壳层的锥尖阻力 q_c 比天然地基有较大程度的降低，在大多数软土层范围内桩周土锥尖阻力 q_c 低于天然地基锥尖阻力 q_c 的趋势也很明显。该结果表明粉湿喷桩施工均会对桩周土产生扰动，从而使桩周土强度降低，其规律也大体一致。图6-9～图6-11是水泥土搅拌桩(粉湿喷桩)施工后桩周土强度的对比。

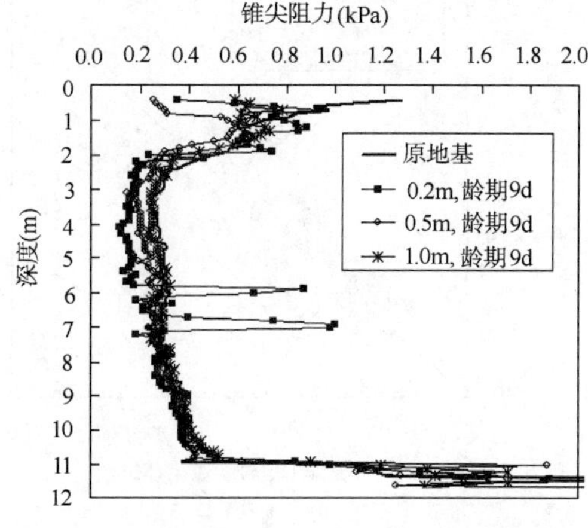

图6-3　C试验段单桩9d龄期锥尖阻力随深度变化

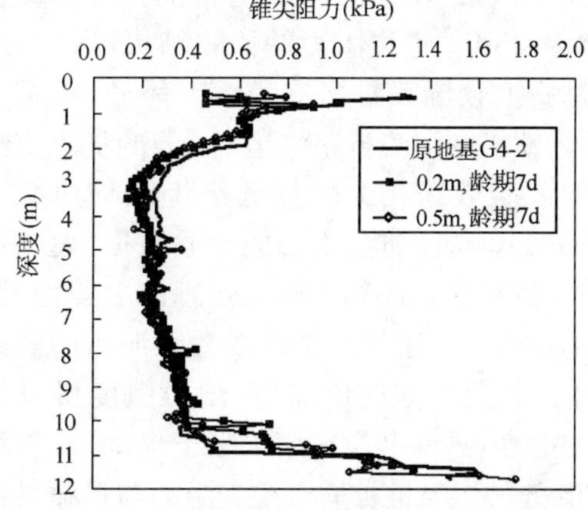

图6-4　D试验段单桩7d龄期锥尖阻力随深度变化

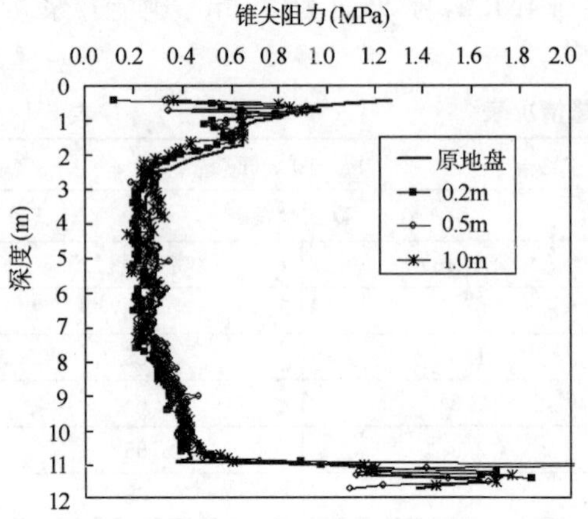

图 6-5　C 试验段单桩 14d 龄期锥尖阻力随深度变化

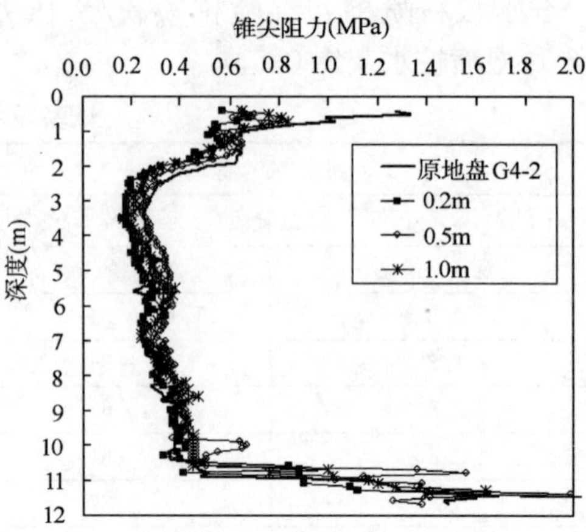

图 6-6　D 试验段单桩 14d 龄期锥尖阻力随深度变化

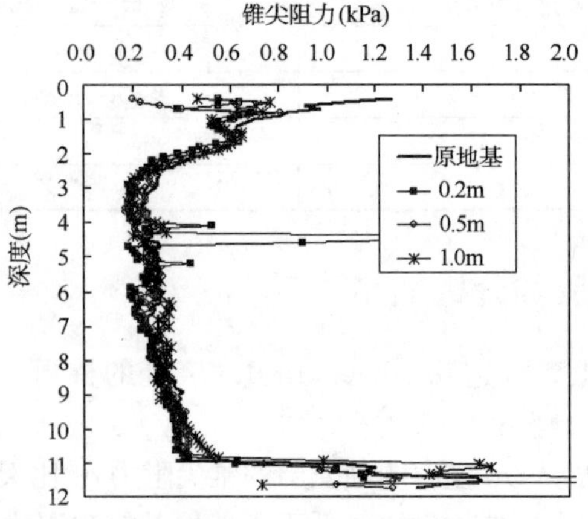

图 6-7　C 试验段单桩 28d 龄期锥尖阻力随深度变化

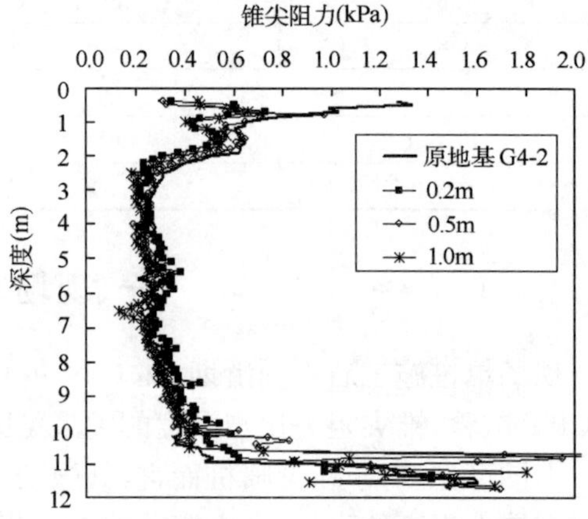

图 6-8　D 试验段单桩 28d 龄期锥尖阻力比随深度变化

图 6-9～图 6-11 显示距粉喷桩和浆喷桩距桩边 0. 2m、0. 5m 和 1. 0m 的桩周土在龄期为 7d、14d 和 28d 的锥尖阻力的比较结果，由图可见，干喷桩施工较湿喷桩影响稍大。另外，由图 6-9 可见，粉喷桩和湿喷桩距桩边 0. 2m 的桩周土锥尖阻力的试验数据相关性远远小于距桩边 0. 5m 和 1. 0m 的桩周土锥尖阻力的试验数据，表明距桩边 0. 2m 的桩周土的确受施工过程的变异性的影响，局部桩周土由于水泥浆液或者水泥粉的渗出和桩边附近桩周土起化学反应，使得强度得以较大幅度的提高，这种劈裂现象仅限于局部，使得距桩边 0. 2m处的湿喷桩桩周土锥尖阻力与粉喷桩桩周土锥尖阻力的相关性大为降低。

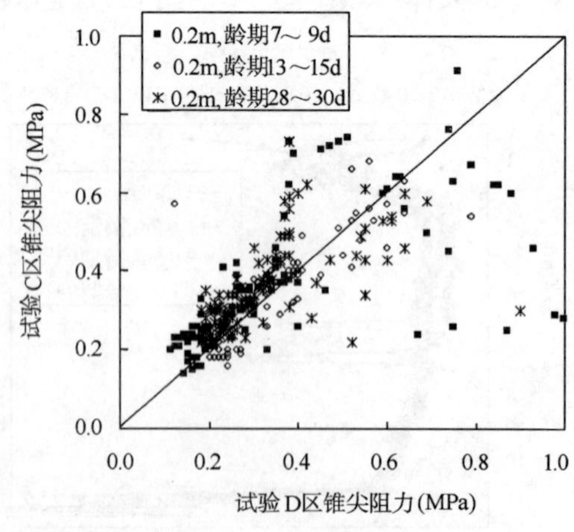

图 6-9　干湿喷桩锥尖阻力对比(距桩边 0. 2m)

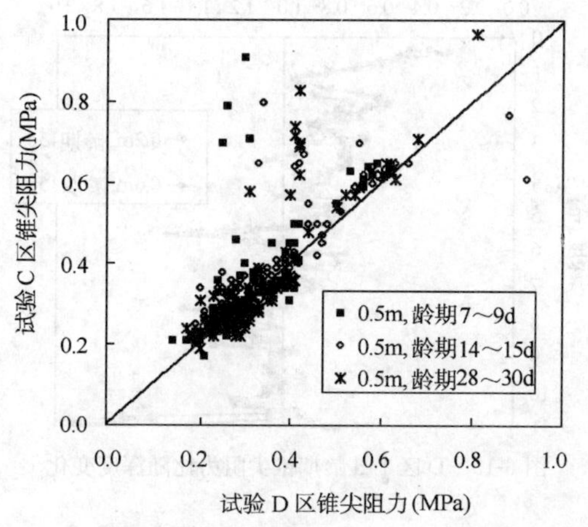

图 6-10　干湿喷桩锥尖阻力对比(距桩边 0.5m)

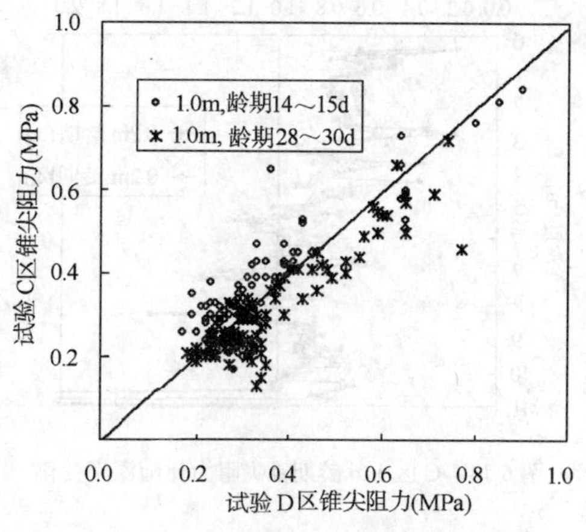

图 6-11　干湿喷桩锥尖阻力对比(距桩边 1.0m)

二、现场群桩试验和分析

图 6-12～图 6-17 是群桩试验结束后不同龄期的锥尖阻力比(锥尖阻力比为施工后桩周土锥尖阻力与施工前锥尖阻力的比值)沿深度变化图。

由图 6-11～图 6-17 可见，与单桩一样，在表层 2m 左右的硬壳层和大多数软土层范围内桩周土锥尖阻力低于天然地基锥尖阻力的趋势很明显。锥尖阻力比随着深度的增加而增加。进一步证实搅拌桩施工过程中不可避免产生机械扰动，从而使得桩周具有强结构性的连云港天然沉积土结构遭受一定程度的破坏，导致强度的降低。随着深度的增大，桩周土的侧限围压变大，抵抗机械扰动的抵抗力也就越大，使得强度降低程度减少。

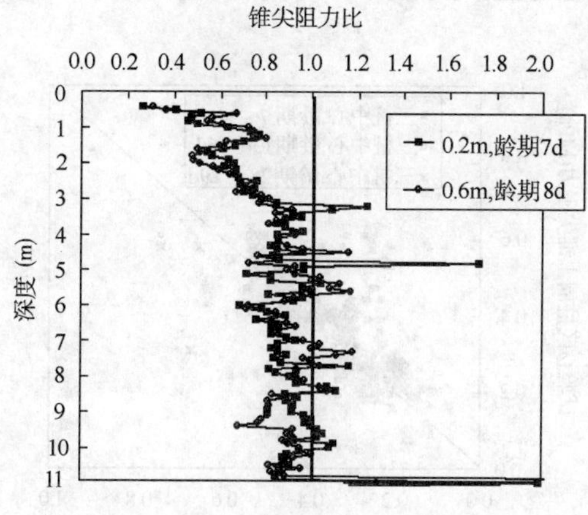

图 6-12　C 区 7d 龄期锥尖阻力比随深度变化

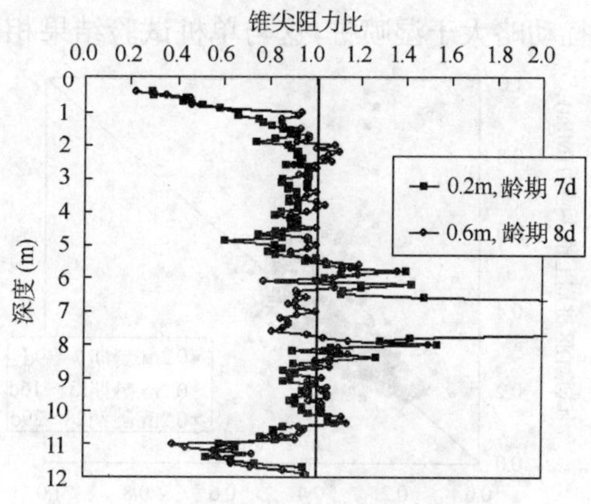

图 6-13　D 区 7d 龄期锥尖阻力比随深度变化

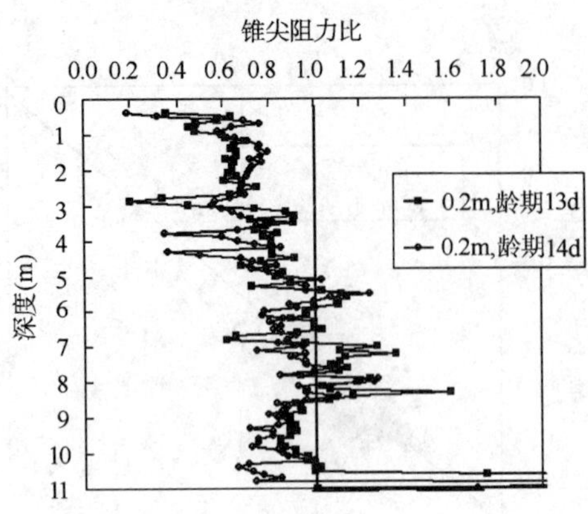

图 6-14 C区 14d 龄期锥尖阻力比随深度变化

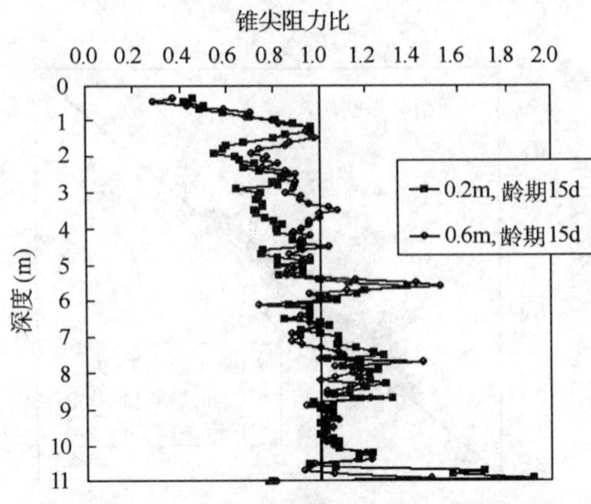

图 6-15 D区 14d 龄期锥尖阻力比随深度变化

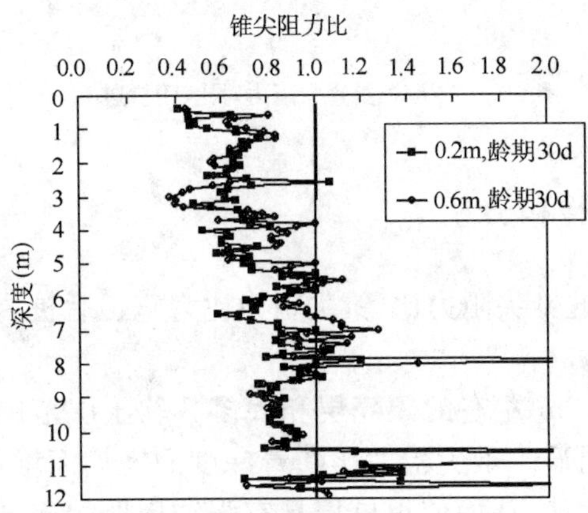

图 6-16 C区 28d 龄期锥尖阻力比随深度变化

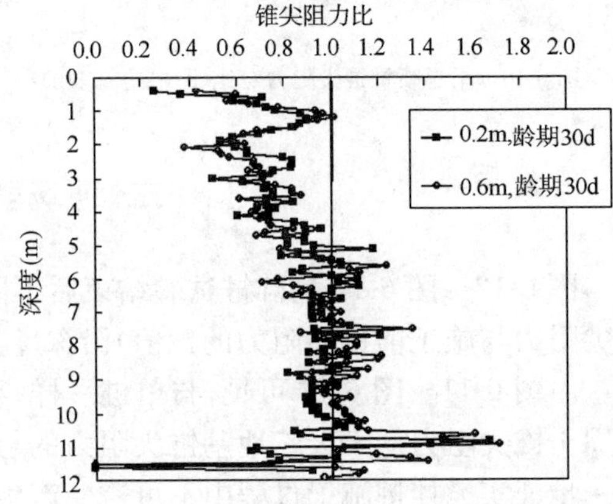

图 6-17 D区 28d 龄期锥尖阻力比随深度变化

粉喷搅拌桩和湿喷桩两种不同施工方法的桩周土锥尖阻力对比见图 6-18～图 6-19。由图可见,浆喷桩的桩周土锥尖阻力略大于干喷桩的桩周土锥尖阻力,即粉喷桩施工对桩周土施工扰动略大于湿喷桩,这与单桩试验结果相同。

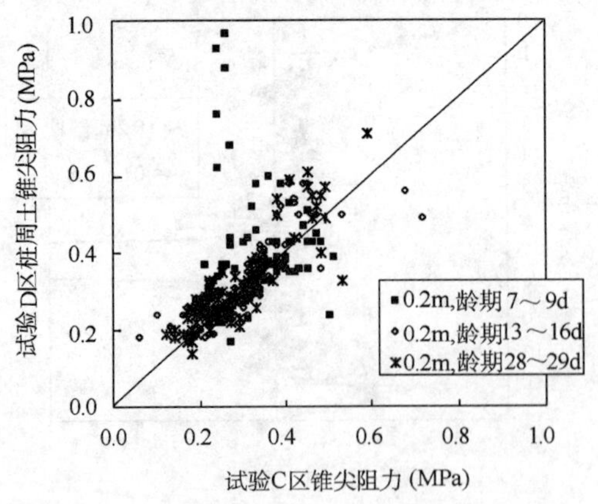

图 6-18 粉湿喷桩距桩边 0.2m 处锥尖阻力比较

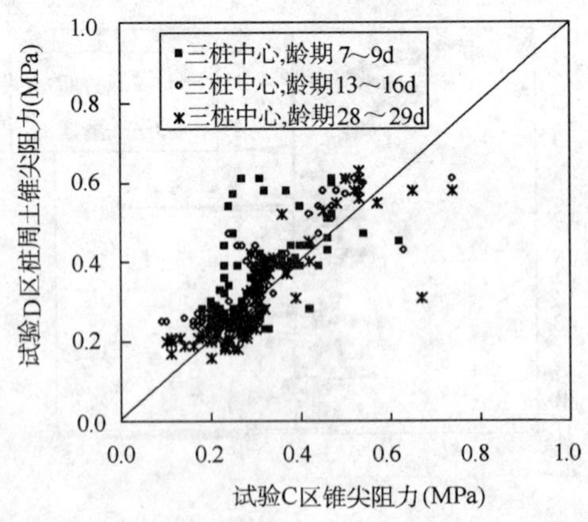

图 6-19 粉湿喷桩距桩边 0.6m 处锥尖阻力比较

第二节　粉湿喷桩桩体强度的对比

第一节给出了粉湿喷桩施工对桩周土强度的影响，对于含水率高，液限高和黏粒含量高的海相软土而言，粉湿喷桩桩身强度为工程界所关注。为此本节对比了连盐高速公路先导试验段进行干湿喷桩施工后桩身强度，桩身强度采用标准贯入试验进行测试。标准贯入试验的锥重63.5kg，自由落距为76cm，贯入器外径51mm，内径35mm，长500mm。试验中先用钻机钻至相应深度，然后较贯入器先打入15cm，不计读数，继续打入30cm，其锤击数为标准贯入击数。标准贯入试验在水泥土搅拌桩强度测试中得到广泛应用，是目前常用的测试方法。表6-2～表6-5分别为连盐高速公路连云港试验先导段（K4＋200～K4＋400路段）搅拌桩试验测试统计结果。

K4＋200～K4＋250标贯击数（A区粉喷桩，1.1m桩间距）　　表6-2

N	桩1	桩2	桩3	桩4	桩5	桩6	桩7
深度(m)	14*d*	16*d*	16*d*	28*d*	29*d*	30*d*	30*d*
1.5	13	15	16	19	22	28	35
3	17	20	18		21		
4.5	20	26	17	15	28		21
6	23	28	24	23	24		28
7.5	11	26	20	19	30		28
9	10	17	17	18	18		
10.5	24	15	26		32	25	27
11.3	8	9	10	9	9	11	10

K4＋250～K4＋300路段标贯击数
（B区粉喷桩，1.3m桩间距）　　表6-3

N	桩1	桩2	桩3
深度(m)	28*d*	28*d*	28*d*
1.5	26	25	24
3		24	22
4.5	20	27	23
6	25	23	26
7.5	15	21	25
9		22	25
10.5	16		25
11.3	8	9	9

K4＋300～K4＋350路段标贯击数
（C区粉喷桩，1.5m桩间距）　　表6-4

N	桩1	桩2
深度(m)	13*d*	28*d*
1.5	22	24
3	20	
4.5	26	22
6	30	21
7.5	24	24
9	15	28
10.5	12	30
11.3	7	9

K4+350～K4+400 标贯击数（D 区湿喷桩，1.5m 桩间距） 表 6-5

N	桩 1	桩 2	桩 3	桩 4	桩 5	桩 6	桩 7	桩 8	桩 9
深度(m)	13*d*	14*d*	14*d*	28*d*	28*d*	28*d*	29*d*	29*d*	34*d*
1.5	10	12	11	15	16	21	13	18	22
3	10	11	10	17	17	24	13		
4.5	16	13	13	25	16	23	13	18	18
6	10	10	11	16	14	19	10	17	18
7.5	14	14	14	15	14	13	12	11	15
9	13	14	13	17	11	14	15	10	11
10.5	9	15	14	16	14	12	12	12	10

表 6-2～表 6-5 显示了试验段各里程号桩体标准贯入击数。A 区 14～16d 龄期的标准贯入击数为 8～26；28～30d 龄期的标准贯入击数为 9～30；B 区 28d 龄期的标准贯入击数为 9～27；C 区 13d 龄期的标准贯入击数为 7～30；28d 龄期的标准贯入击数为 9～24。D 区的浆喷桩体 13～14d 龄期的标准贯入击数为 9～16；28～34d 龄期的标准贯入击数为 10～25。

图 6-20～图 6-21 为用标准贯入击数比较了粉喷桩和湿喷桩在龄期 13～16d 以及 28～34d 的桩体质量。由图可见，在龄期 13～16d 时，粉喷桩的标准贯入击数比湿喷桩的标准贯入击数大得多，前者的平均值(19.7)为后者(12.2)的 1.6 倍。在龄期 28～34d 时，粉喷桩的标准贯入击数与湿喷桩的标准贯入击数之差则变小，前者的平均值(22.8)为后者(16.4)的 1.4 倍。从龄期 13～16d 到 28～34d，粉喷桩的标准贯入击数增长了 21.8%，而湿喷桩的标准贯入击数增长了 34.4%。说明湿喷桩的前期强度比较低，但是随着龄期的增加增长率比粉喷桩大。该路段为典型连云港海相软土路段，其软土最大含水率为 66%～68%，而液限为 74%～76%，含水比约为 0.9。

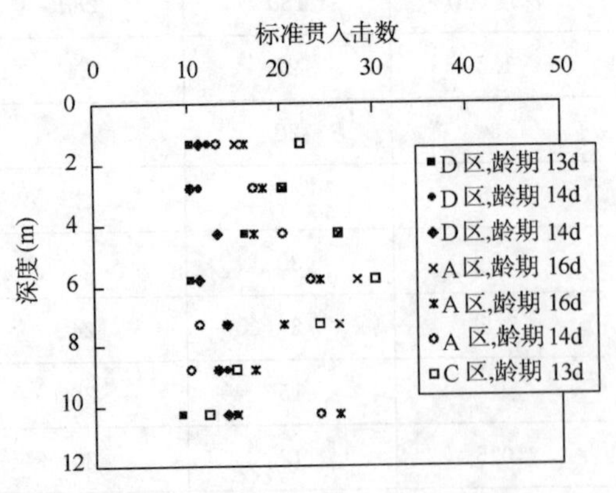

图 6-20 干湿喷桩 14d 龄期 *N* 值对比

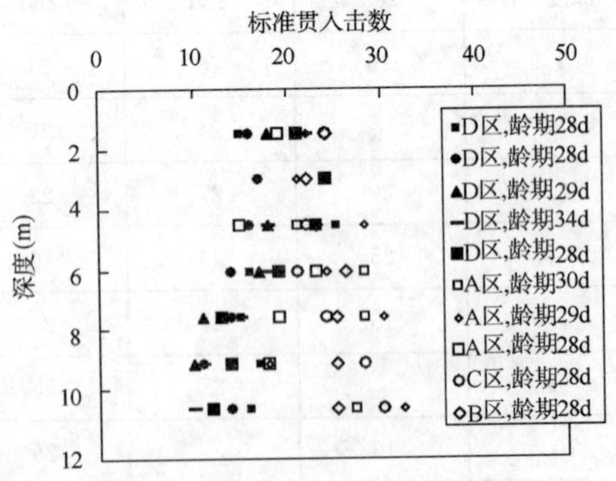

图 6-21 干湿喷桩 28d 龄期 *N* 值对比

第三节　粉湿喷桩复合地基变形特性

为了对比连云港海相软土地区粉湿喷桩加固地基的变形特性，本节进行了粉湿喷桩复合地基的载荷试验和路堤填筑现场观测试验。为此本节在连盐高速公路连云港先导试验段进行了4组三桩载荷试验，即在1.5m桩间距的粉喷桩试验区和湿喷桩试验区各进行两组平行试验，同时在粉湿喷对应路段进行路堤填筑过程监测，以对比粉湿喷桩在海相软土地基变形的特性。

一、现场荷载试验

1.5m间距的水泥土搅拌桩复合地基单桩所分担的面积为1.95m²，于是三桩荷载试验圆板等效面积为5.85m²，直径为2.73m。荷载试验采用堆载（堆砂法）—慢速维持荷载法，每级加荷170kN，设计配重为1 700kN。各荷载试验情况见表6-6，荷载试验中观测仪器布置如图6-22～图6-25所示。

各荷载试验具体情况一览　　表6-6

荷载试验编号	里　程　号	试验场地	试验日期	桩　　号	土压力盒布置	测　斜
1	K4+310～K4+348	1.5m间距粉喷桩	10/2	22/7,23/7,23/8	桩顶各1个 桩间土3个	无
2	K4+310～K4+348	1.5m间距粉喷桩	10/5	30/11,31/11,31/12	桩顶各1个 桩间土3个	有
3	K4+348～K4+400	1.5m间距湿喷桩	10/8	29/20,30/20,30/21	桩顶各1个 桩间土3个	有
4	K4+348～K4+400	1.5m间距湿喷桩	10/11	29/12,30/12,30/13	桩顶各1个 桩间土3个	无

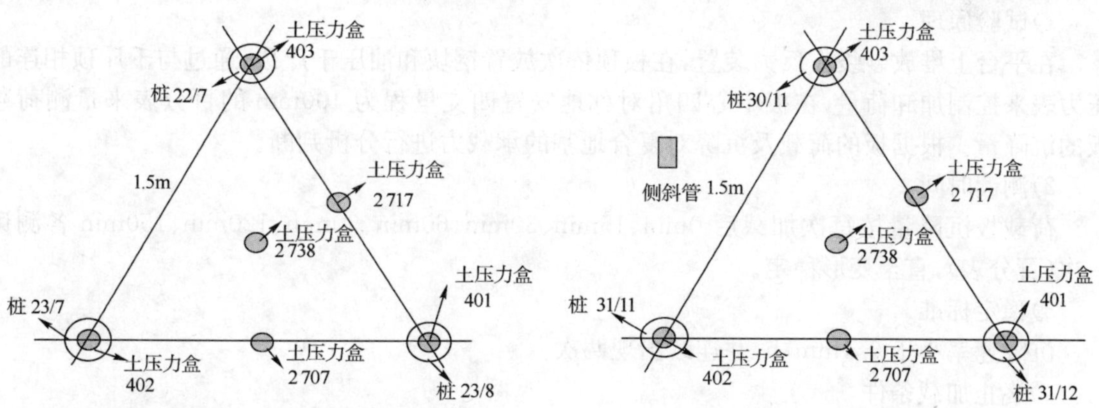

图6-22　荷载试验1观测仪器布置图　　图6-23　荷载试验2观测仪器布置图

荷载试验中在各组荷载试验板底分别埋设了6个土压力盒（桩顶3个，桩间土3个）以确定粉喷桩和湿喷桩的桩土应力分布和桩土应力比。在布设土压力盒前先在桩顶铺上20cm的砂垫层，并稍加密实。并分别在粉喷桩荷载试验(2)和湿喷桩试验段荷载试验(3)各埋设1根测斜管，以观测在刚性荷载作用下地基土的侧向变形。测斜管在荷载试验前2个月埋设，埋设位置在三桩复合地基的荷载板外沿10cm。

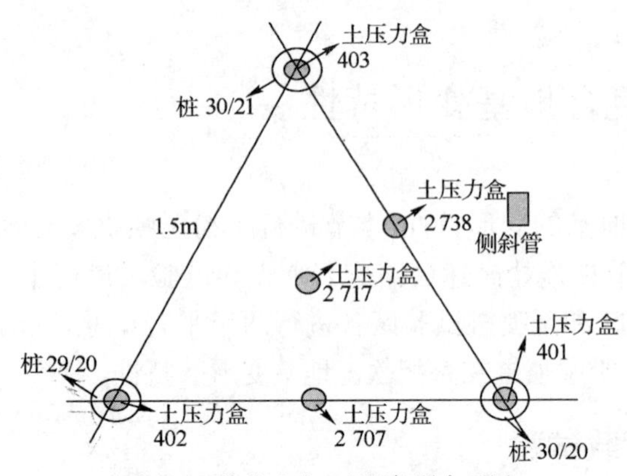

图 6-24 荷载试验 3 观测仪器布置图

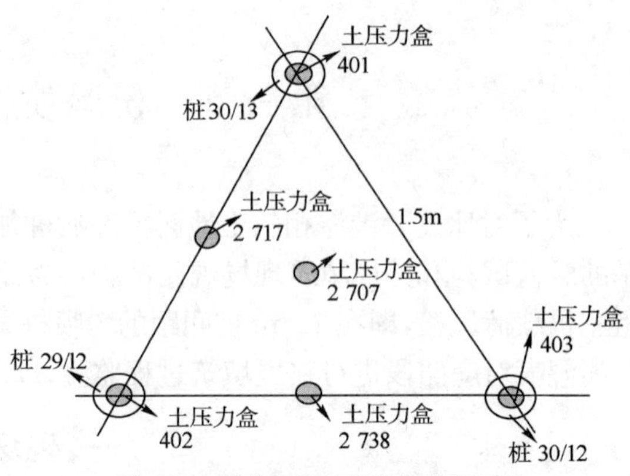

图 6-25 荷载试验 4 观测仪器布置图

1. 荷载试验实施方法

水泥土搅拌桩荷载试验采用堆载(堆砂法)—慢速维持荷载法,荷载分级施加,每级荷载增量为预估极限荷载(1 700kN)的 1/10,即 170kN。试验装置如图 6-26 所示。

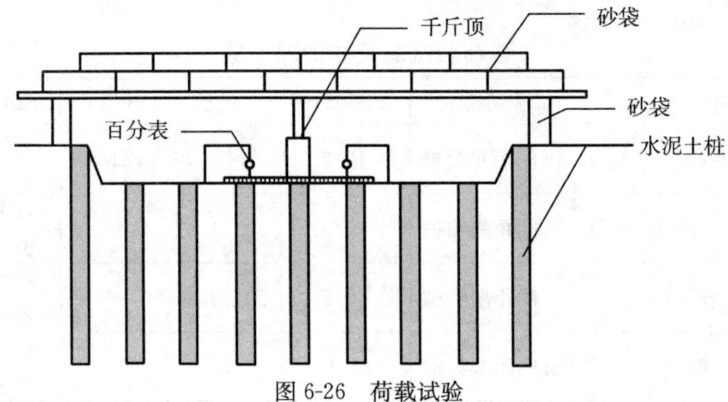

图 6-26 荷载试验

1)试验原理

在平台上堆放砂袋作反力装置,在板顶依次放置钢块和油压千斤顶,通过与千斤顶相连的压力表来控制加卸荷量,在板中心四角对称地安置四支量程为 100mm 的百分表来量测荷载板的沉降量。根据板的荷载及沉降对复合地基的承载力进行分析判断。

2)测读时间

荷载板沉降量按每次加载后 0min、15min、30min、60min、90min、120min、150min 各测读一次(百分表),直至变形稳定。

3)稳定标准

沉降速率小于 0.1mm/h,并连续出现两次。

4)终止加载条件

当出现下列条件之一,即终止加载:

(1)沉降急剧增大,土被挤出或荷载板周围出现明显的裂缝。

(2)沉降急剧增大,荷载—沉降曲线出现陡降,沉降量超过承压板直径和宽度的 1/12。

(3)某一级荷载下,24h 内沉降速度不能达到稳定标准。

2. 试验结果及其分析

1)极限承载力确定

(1)S-lg(t)曲线及 P-S 曲线见图 6-27。

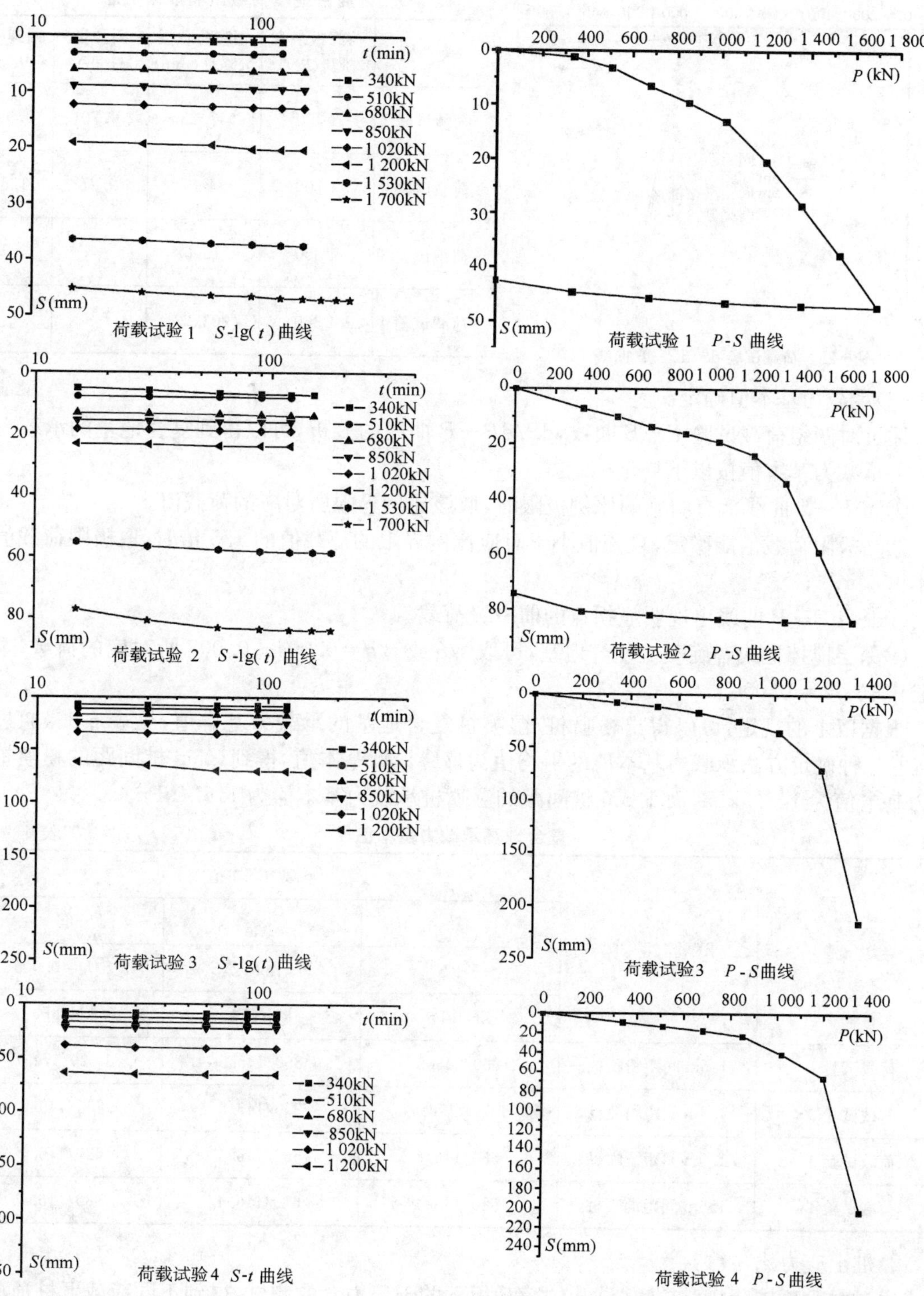

图 6-27 荷载试验 $P-S$ 曲线及 $S-t$ 曲线

(2)dS/dP－P 曲线见图 6-28,复合地基荷载试验成果汇总表 6-7。

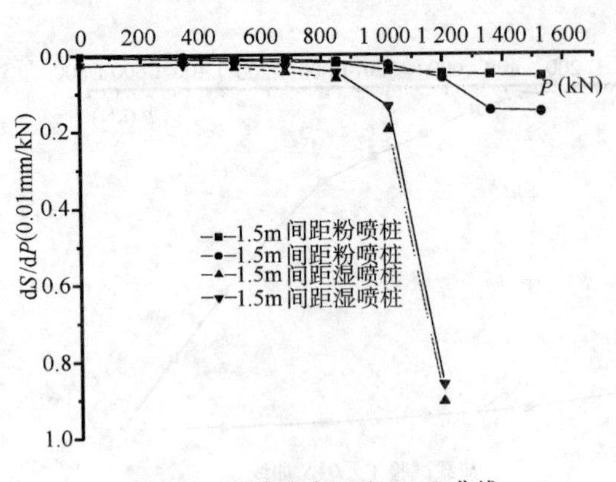

图 6-28 荷载试验 dS/dP－P 曲线

复合地基荷载试验成果汇总 表 6-7

类 别	荷载板最大荷载(kN)	相应荷载板沉降量(mm)	回弹量(mm)	回弹率(%)
荷载试验 1	1 700	47.23	4.70	9.95
荷载试验 2	1 700	84.07	9.81	11.67
荷载试验 3	1 360	215.62	—	—
荷载试验 4	1 360	203.22	—	—

(3)承载力基本值确定。

通过对四组荷载试验 $P-S$ 曲线,$dS/dP-P$ 曲线的分析,可以得到复合地基的承载力基本值。承载力基本值按以下规定确定。

①当 $P-S$ 曲线上有明确的比例极限时,取该比例界限所对应的荷载值。

②当极限荷载值能确定,且该值小于对应比例界限的荷载值的 1.5 倍时,取极限荷载值的一半。

③$dS/dP-P$ 曲线出现明显拐点的前一级荷载。

④深层搅拌桩或者旋喷桩复合地基,可取 s/b 或 $s/d=0.004\sim0.008$ 所对应的荷载,本次试验中取 $s/d=0.006$。

根据以上的规定,可以得出粉喷桩/湿喷桩复合地基的承载力基本值,见表 6-8。通过表 6-8,取几种确定方法承载力基本值的平均值为最终设计基本值,得到1.5m 桩间距的粉喷桩承载力基本值为 145.5kPa,而 1.5m 桩间距的湿喷桩承载力基本值为 116.4kPa。

复合地基承载力基本值 表 6-8

类 别	试 验 场 地	承载力基本值		
		①	②	③
		$P-S$	$P-\triangle P/\triangle S$	$S/D=0.006$
		kN/kPa	kN/kPa	kN/kPa
荷载试验 1	1.5m 间距粉喷桩	850/145.5	850/145.5	1 020/174.7
荷载试验 2	1.5m 间距粉喷桩	1 020/174.7	850/145.5	850/145.5
荷载试验 3	1.5m 间距湿喷桩	680/116.4	680/116.4	680/116.4
荷载试验 4	1.5m 间距湿喷桩	680/116.4	680/116.4	680/116.4

2)桩土应力比

通过对粉喷桩/湿喷桩荷载试验的荷载板下的土压力盒的测试,得到不同荷载下桩顶荷载和桩间土荷载,见表 6-9～表 6-12 和图 6-29、图 6-30。

荷载试验 1 桩土应力分布　　表 6-9

荷载 (10kN)	板底应力 (kPa)	桩顶平均应力 (kPa)	桩间土平均应力 (kPa)	桩土应力比 *n*
34	58.2	146.2	48.4	3.0
51	87.3	307.1	62.7	4.9
68	116.4	448.9	79.1	5.7
85	145.5	593.7	95.3	6.2
102	174.7	746.8	110.5	6.8
119	205.5	937.9	123.3	7.6
136	232.9	1 084.7	137.3	7.9
153	262.0	1 171.1	160.0	7.3
170	294.5	1 192.3	190.0	6.3

荷载试验 2 桩土应力分布　　表 6-10

荷载 (10kN)	板底应力 (kPa)	桩顶平均应力 (kPa)	桩间土平均应力 (kPa)	桩土应力比 *n*
34	58.2	160.2	46.8	3.4
51	87.3	325.1	60.7	5.4
68	116.4	465.2	77.3	6.0
85	145.6	603.7	94.2	6.4
102	174.7	758.4	109.2	6.9
119	205.5	930.5	124.1	7.5
136	232.9	1 075.4	138.4	7.8
153	262.0	1 160.9	161.1	7.2
170	291.1	1 180.8	191.3	6.2

荷载试验 3 桩土应力分布　　表 6-11

荷载 (10kN)	板底应力 (kPa)	桩顶平均应力 (kPa)	桩间土平均应力 (kPa)	桩土应力比 *n*
34	58.2	175.8	45.0	3.9
51	87.3	307.8	62.6	4.9
68	116.4	483.4	75.3	6.4
85	145.5	620.8	92.2	6.7
102	174.7	689.7	116.9	5.9
119	203.8	775.6	139.6	5.6

荷载试验 4 桩土应力分布　　表 6-12

荷载 (10kN)	板底应力 (kPa)	桩顶平均应力 (kPa)	桩间土平均应力 (kPa)	桩土应力比 n
34	58.2	158.6	47.0	3.4
51	87.3	289.4	64.7	4.5
68	116.4	420.3	82.4	5.1
102	174.6	645.3	121.9	5.3
119	203.7	689.6	116.9	5.9
136	232.8	789.5	138.1	5.7

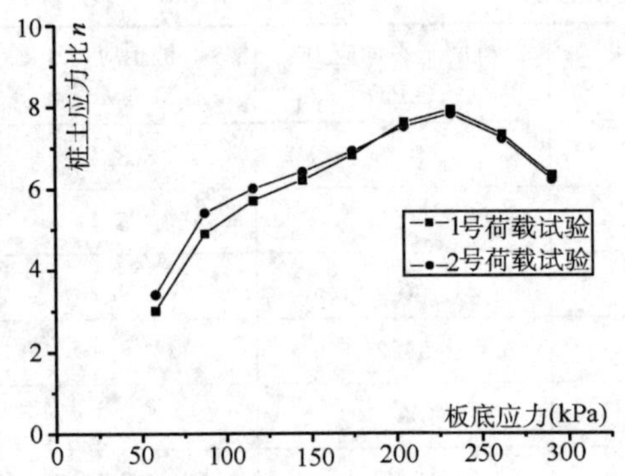

图 6-29　粉喷桩荷载试验桩土应力比

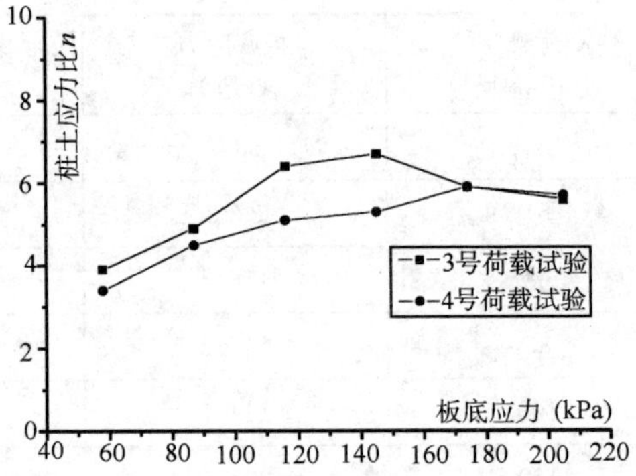

图 6-30　湿喷桩荷载试验桩土应力比

荷载试验的桩土应力比试验成果表明，粉喷桩桩土应力比一般峰值在 8 左右，而湿喷桩桩土应力比一般在 6，荷载试验中粉喷桩的桩土应力比大于湿喷桩。但从总体规律而言，粉湿喷桩荷载试验时桩体屈服前，桩土应力比随板底平均应力增加而增大，屈服后桩土应力比随板底应力增大而减小。

3)荷载试验测斜

本节分别进行了 1 组粉喷桩荷载和湿喷桩荷载的测斜试验，即 2 号荷载试验和 3 号荷载试验，以对比分析刚性载荷作用下粉湿喷桩复合地基变形特性的区别。

测斜管于荷载试验前 2 个月埋设，测斜管长 15m，土下深度约为 14.5m。埋设在荷载板边沿 10cm 桩中间土处(尽可能避免桩对土的影响)。试验中依次测取各级荷载施加并沉降稳定时，测斜管所在位置处地基土体的水平变形。测得数据经整理后得到荷载板周围土体在刚性荷载下土体的侧向变形如表 6-13 和表 6-14 所示。

粉喷桩荷载试验侧向位移　　表 6-13

深度(m)	板顶荷载								
	340kN	510kN	680kN	850kN	1 020kN	1 190kN	1 360kN	1 530kN	1 700kN
	侧向位移(cm)								
0		-0.62	-0.65	-0.699	-0.74	-0.76	-0.8	-0.85	-0.908
0.5		-0.59	-0.64	-0.671	-0.675	-0.709	-0.731	-0.82	-0.881
1		-0.44	-0.48	-0.515	-0.534	-0.585	-0.624	-0.808	-0.877
1.5		-0.23	-0.25	-0.276	-0.295	-0.346	-0.405	-0.746	-0.853
2		-0.16	-0.17	-0.19	-0.206	-0.288	-0.329	-0.675	-0.812
2.5		-0.145	-0.16	-0.18	-0.206	-0.254	-0.28	-0.618	-0.794
3		-0.115	-0.125	-0.139	-0.169	-0.212	-0.244	-0.528	-0.642
3.5		-0.094	-0.098	-0.106	-0.139	-0.174	-0.213	-0.391	-0.498
4		-0.074	-0.078	-0.083	-0.119	-0.145	-0.182	-0.301	-0.384
4.5		-0.065	-0.068	-0.071	-0.098	-0.122	-0.15	-0.222	-0.283
5		-0.055	-0.06	-0.062	-0.091	-0.108	-0.137	-0.177	-0.228
5.5		-0.048	-0.05	-0.054	-0.076	-0.095	-0.116	-0.146	-0.189
6		-0.045	-0.05	-0.054	-0.075	-0.091	-0.106	-0.13	-0.169
6.5		-0.042	-0.045	-0.05	-0.068	-0.081	-0.076	-0.112	-0.145
7		-0.03	-0.03	-0.034	-0.05	-0.058	-0.056	-0.083	-0.114
7.5		-0.02	-0.02	-0.025	-0.038	-0.044	-0.049	-0.067	-0.073
8		-0.01	-0.02	-0.018	-0.03	-0.033	-0.045	-0.055	-0.066
8.5		-0.01	-0.02	-0.018	-0.03	-0.026	-0.045	-0.055	-0.056
9		-0.01	-0.02	-0.018	-0.03	-0.026	-0.045	-0.055	-0.056
9.5		-0.01	-0.02	-0.018	-0.03	-0.026	-0.045	-0.006	-0.056
10		-0.01	-0.01	-0.018	-0.02	-0.026	-0.045	-0.006	-0.046
10.5		-0.01	-0.01	-0.01	-0.02	-0.02	-0.03	-0.006	-0.046
11		0	-0.01	-0.01	-0.02	-0.02	-0.03	-0.005	-0.036
11.5		0	-0.01	-0.01	-0.02	-0.02	-0.03	-0.005	-0.036
12		0	-0.01	-0.01	-0.01	-0.01	-0.02	-0.004	-0.026
12.5		0	-0.01	-0.01	-0.01	-0.01	-0.02	-0.003	-0.026
13		0	0	-0.01	-0.01	-0.01	-0.02	-0.003	-0.016
13.5		0	0	0	0	-0.01	-0.01	-0.002	-0.016
14		0	0	0	0	-0.01	-0.01	-0.001	-0.006
14.5		0	0	0	0	0	0	0	0

湿喷桩荷载试验的侧向位移　　表 6-14

深度(m)	板顶荷载						
	340kN	510kN	680kN	850kN	1 020kN	1 190kN	1 360kN
	侧向位移(cm)						
0	0.181	0.404	0.472	0.505	0.98	1.768	2.745
0.5	0.103	0.331	0.354	0.334	0.682	1.255	2.079
1	0.081	0.243	0.291	0.278	0.454	0.892	1.896
1.5	0.047	0.215	0.25	0.227	0.454	0.865	1.69
2	0.038	0.194	0.229	0.21	0.432	0.824	1.608
2.5	0.031	0.172	0.205	0.186	0.348	0.74	1.448
3	0.027	0.154	0.2	0.174	0.303	0.729	1.442
3.5	0.025	0.148	0.189	0.14	0.235	0.544	1.186
4	0.022	0.139	0.181	0.12	0.182	0.364	0.88
4.5	0.013	0.125	0.179	0.096	0.132	0.24	0.644
5	0.007	0.123	0.172	0.08	0.103	0.168	0.503
5.5	0.007	0.115	0.171	0.08	0.1	0.148	0.452
6	0.006	0.103	0.166	0.078	0.097	0.166	0.412
6.5	0.005	0.096	0.165	0.077	0.095	0.158	0.36
7	0.007	0.09	0.164	0.074	0.093	0.13	0.314
7.5	0.03	0.06	0.137	0.057	0.069	0.101	0.337
8	0.017	0.043	0.124	0.038	0.064	0.073	0.289
8.5	0.012	0.036	0.018	0.013	0.064	0.044	0.168
9	0.006	0.03	0.015	0.009	0.05	0.033	0.115
9.5	0.003	0.02	0.012	0.005	0.032	0.017	0.092
10	0.001	0.01	0.008	0.004	0.002	0.015	0.012

将表 6-13 和表 6-14 中数据进一步整理得到侧向变形沿深度变化曲线如图 6-31 和图 6-32 所示。

通过对表 6-13、表 6-14、图 6-31 和图 6-32 的结果分析发现刚性荷载作用下水泥土搅拌桩复合地基(粉湿喷桩复合地基)桩周土体侧向变形很小,影响深度也在 2 倍荷载板径左右。对比粉湿喷桩板周土体侧向位移发现粉喷桩复合地基最大变形为 7mm,而湿喷桩最大变形为 14mm,该结果表明粉喷桩复合地基产生的侧向变形较湿喷桩小。

导致这种现象的主要原因可能是粉湿喷桩施工结束后 2 月进行荷载试验,此时粉喷桩的桩身强度较湿喷桩高。

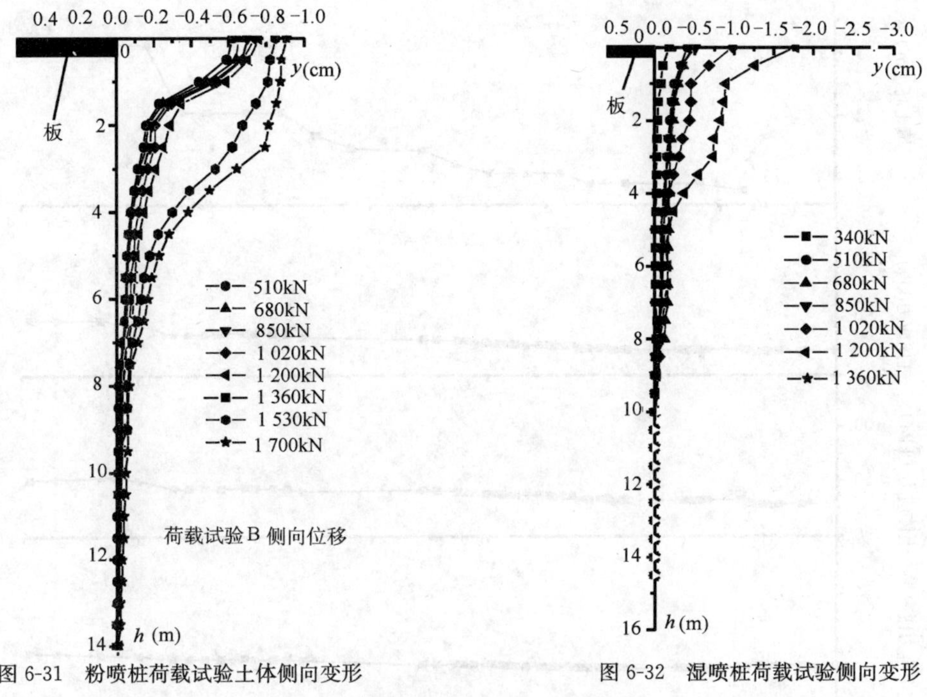

图 6-31　粉喷桩荷载试验土体侧向变形　　图 6-32　湿喷桩荷载试验侧向变形

二、路堤填筑过程观测

为了对比干湿喷桩复合地基在路堤载荷作用下地基的变形特性，分别在 K4＋325 和 K4＋375 两路段进行了粉湿喷桩路堤填筑监测。试验的结果见图 6-33～图 6-38。

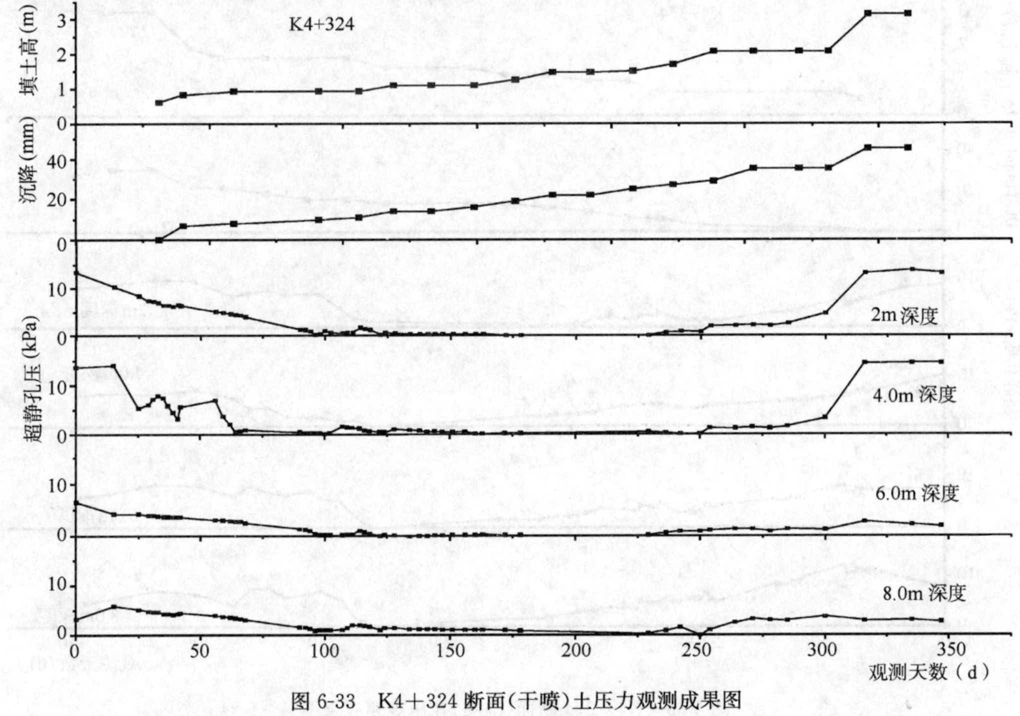

图 6-33　K4＋324 断面(干喷)土压力观测成果图

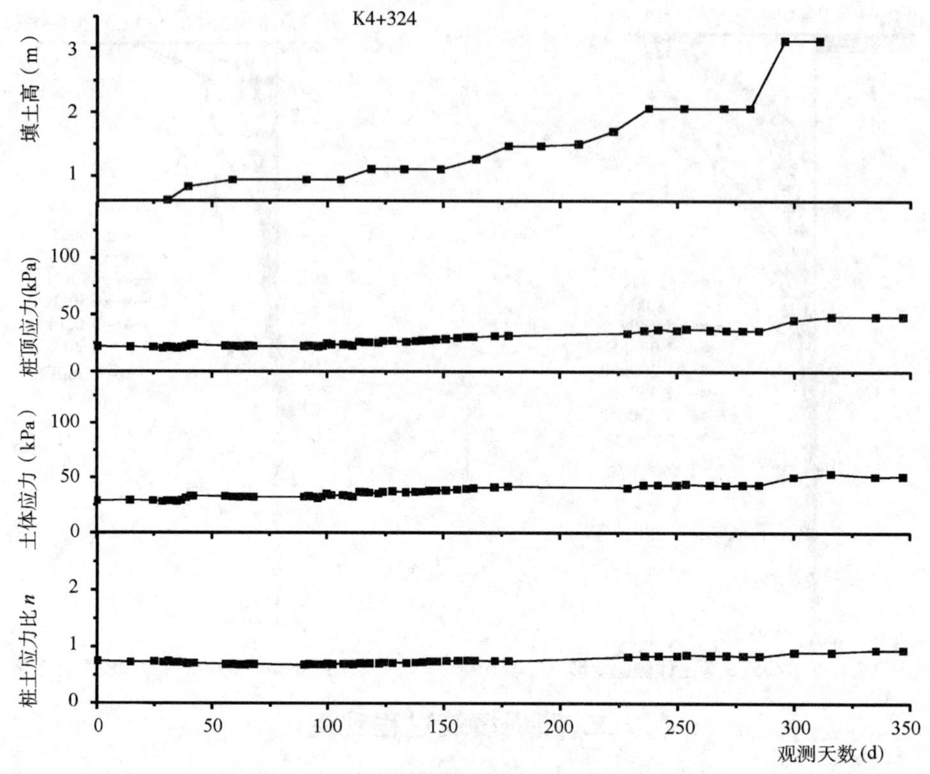

图 6-34　K4＋324 断面(干喷)土压力观测成果图

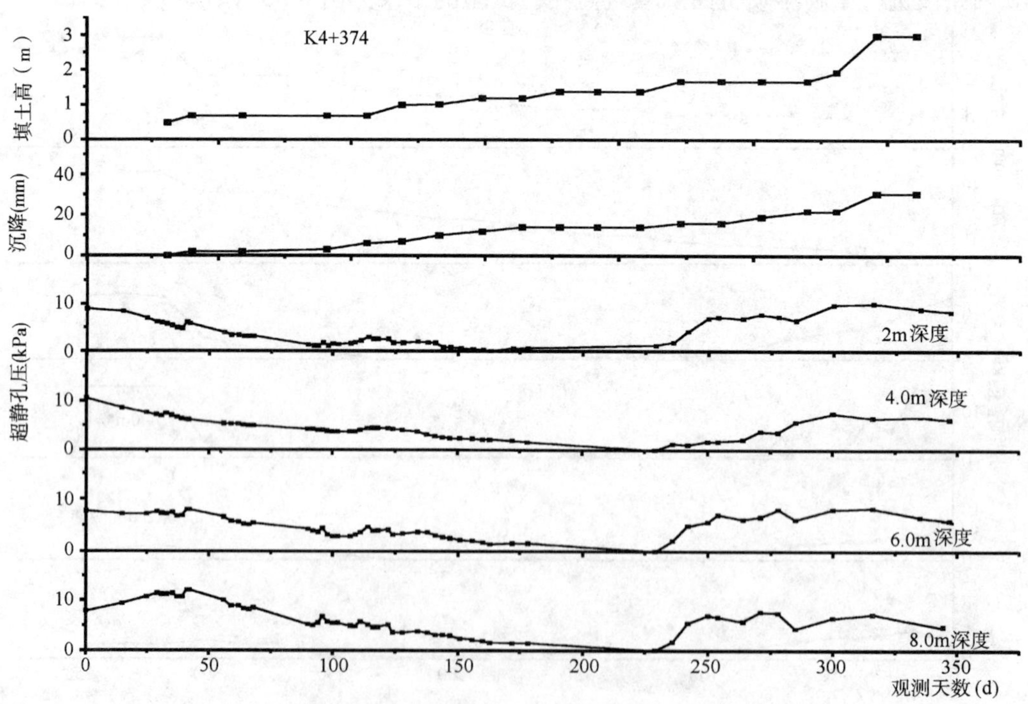

图 6-35　K4＋374 断面(湿喷)孔压观测成果图

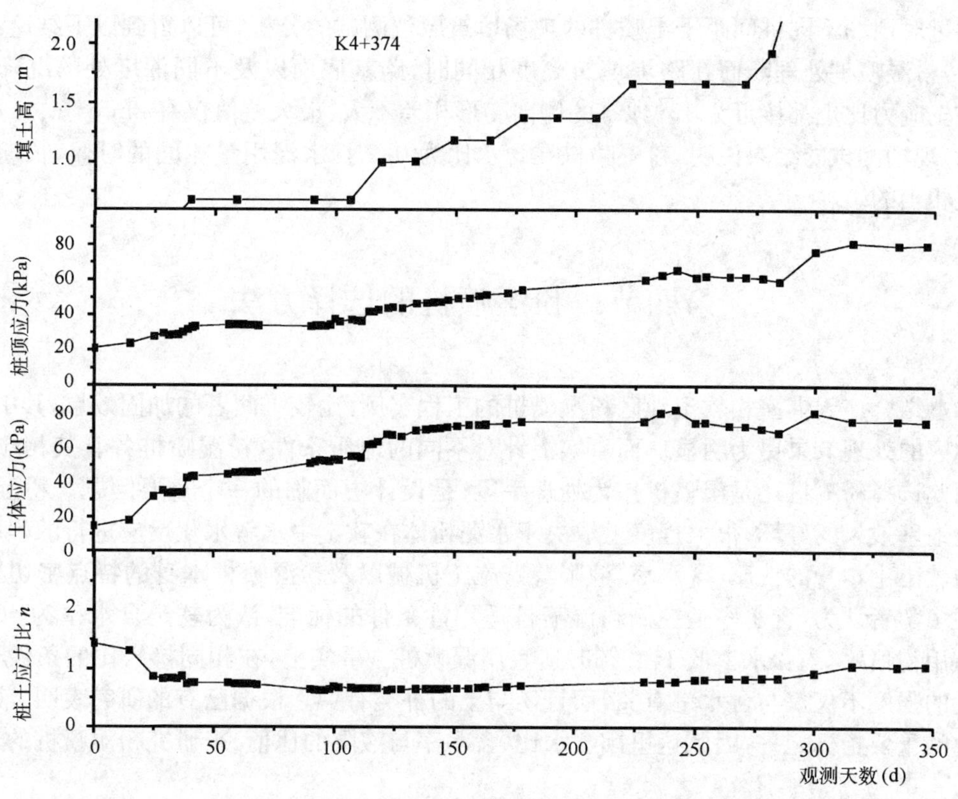

图 6-36　K4＋374 断面(湿喷)土压力观测成果图

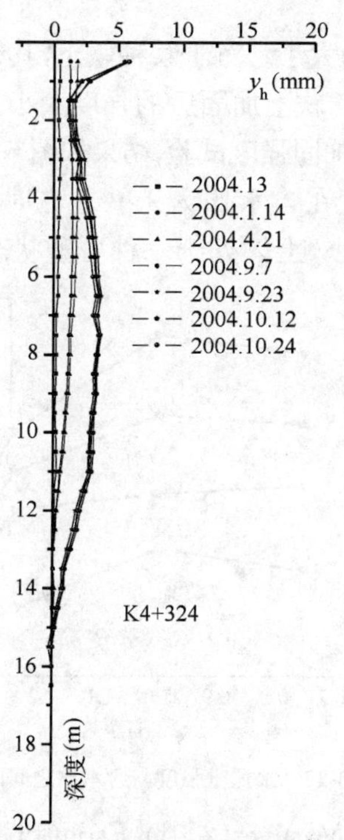

图 6-37　K4＋324 侧向变形观测成果

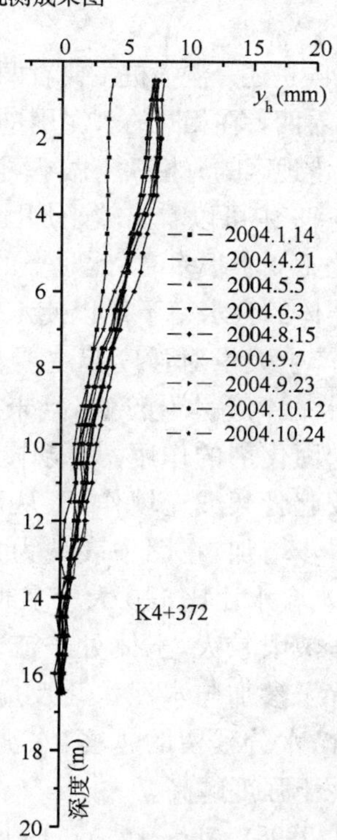

图 6-38　K4＋372 侧向变形观测成果

通过对现场不同桩间距干湿喷桩的现场填筑原位测试的分析，可以得到以下结论：

(1)粉湿喷桩处理断面在路堤填筑高度相同时，路基底面以及不同深度处的沉降几乎一致。桩土应力比也都接近为 1。地基的侧向变形相差不大，最大差值仅有 2mm。

(2)现场测试的结果说明，粉湿喷桩在含水比为 0.9 且水泥用量相同的时候，长期的处理效果是相当的。

第四节　粉湿喷桩的选择方法

以上结合连云港海相软土地区粉湿喷桩的工程实例，比较了两者的加固效果，其中粉喷桩在该地区的处理效果更为明显。而事实上针对不同的地质条件，粉湿喷桩各有其相应的适用性。因此选择粉喷桩还是湿喷桩作为处理手段，是设计中面临的一个重要问题。粉湿喷法加固软土地基效果的好坏，很大程度上取决于水泥粉体在软土中水解水化反应进行的程度，而这又是与软土中本身的性质(含水率、液限等)、施工机械以及粉湿喷桩本身的特点密切相关的。目前很多学者认为，含水率是控制粉湿喷桩适用性条件的标准，认为软土含水率为 40%以上时适宜用粉喷桩，当含水率低于 40%时适宜用湿喷桩。事实上，在相同掺入比的条件下，软土加固后的强度不仅仅与含水率有关，而且还与土的种类有关。根据已有的研究表明，液限是反应土性的重要指标之一，因此这里用含水比(含水率与液限的比值)来研究粉湿喷桩的适用性。

一、室内试验研究

选择粉喷桩还是湿喷桩主要看两者加固软土地基强度的大小。对于某种软土，其粉湿喷桩的差异性主要看两者在相同的水泥用量(或者掺入比)的条件下，软土加固后的强度大小。本文对取自中国连云港地区的海相软土做不同的含水比条件下软土的加固强度试验，结果如图 6-39 所示。

从图 6-39 中可以看出软土加固后，其不同龄期的强度在含水比为 1.0 左右时达到峰值。当含水比比 1.0 小很多时(此时土的含水率相对于液限较小，土体处于一种可塑状态或者是坚硬状态)，土体的含水率不足以使水泥充分发生水化，也无法产生大量对强度起主要作用的水化硅酸钙、水化铝酸钙等水化产物，且未被水化的水泥粒子将不起固化剂的作用，只能作为一个固体粒子在土中仅起骨架或充填作用，从而影响水泥土强度的进一步增加，在图中表现为含水比较小时强度较低；当含水比比 1.0 大较多时(此时土的含水率相对于液限较大，土体处于流塑状态)，土体中含水率除了参加与水泥水化反应外，还有多余的水分存在，水分残留的越多，水泥土强度越小，反之则水泥土强度越高。

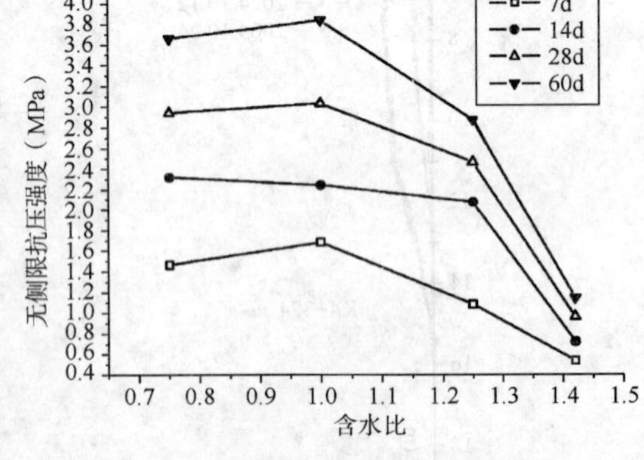

图 6-39　水泥土强度与含水比之间的关系

李俊才(1998)、Åhnberg and Holm(1999)、G. Hernandez-Martinez(2004)、Esrig(1999)的研究均

得到了类似的规律。特别是 Bergado 等(2005)提出了最佳总含水率(包括土体的含水率和水泥浆中的含水率)的概念,当总含水率为 1.0～1.1 倍液限时,在其他情况相同的条件下,水泥土的强度最大。

通过以上水泥土室内强度结果分析可知:当含水比小于 1 时,若采用湿喷桩就可以人为地注入土体中一定量的水,使未参加水化反应的水泥颗粒进行水泥水解水化反应,从而提高加固土体的强度;当含水比大于 1.0 时,因土体的水分较多,采用粉喷法会获得理想的水泥土桩桩体强度。事实上,从施工的角度来考虑,国内的粉喷机在搅拌含水比较少的黏性土时,由于叶片的构造,水泥土往往呈水平层状,粉喷桩的叶片搅拌十分困难,此时其形成的水泥土的抗渗及抵抗水平力的性能以及搅拌均匀度均不如浆液搅拌,形成的水泥土桩体强度也较差;但对含水比较大的土体,粉喷桩喷出的粉体易同土体进行搅拌,形成较好的水泥土桩体。此外,在实际工程中,两种桩型的选取主要还取决于软土层厚度和施工工艺所能处理的最大深度。

二、现场试验研究

为了更进一步认识粉湿喷桩强度与含水比的关系,收集了江苏省现有各高速公路中粉湿喷桩软基处理的资料,通过统计分析,发现粉湿喷桩的强度与含水比存在着很强的相关性。分别按照水泥用量 65kg/m、45kg/m 和 50kg/m 的现场强度与相应的含水比作曲线,结果见图 6-40。

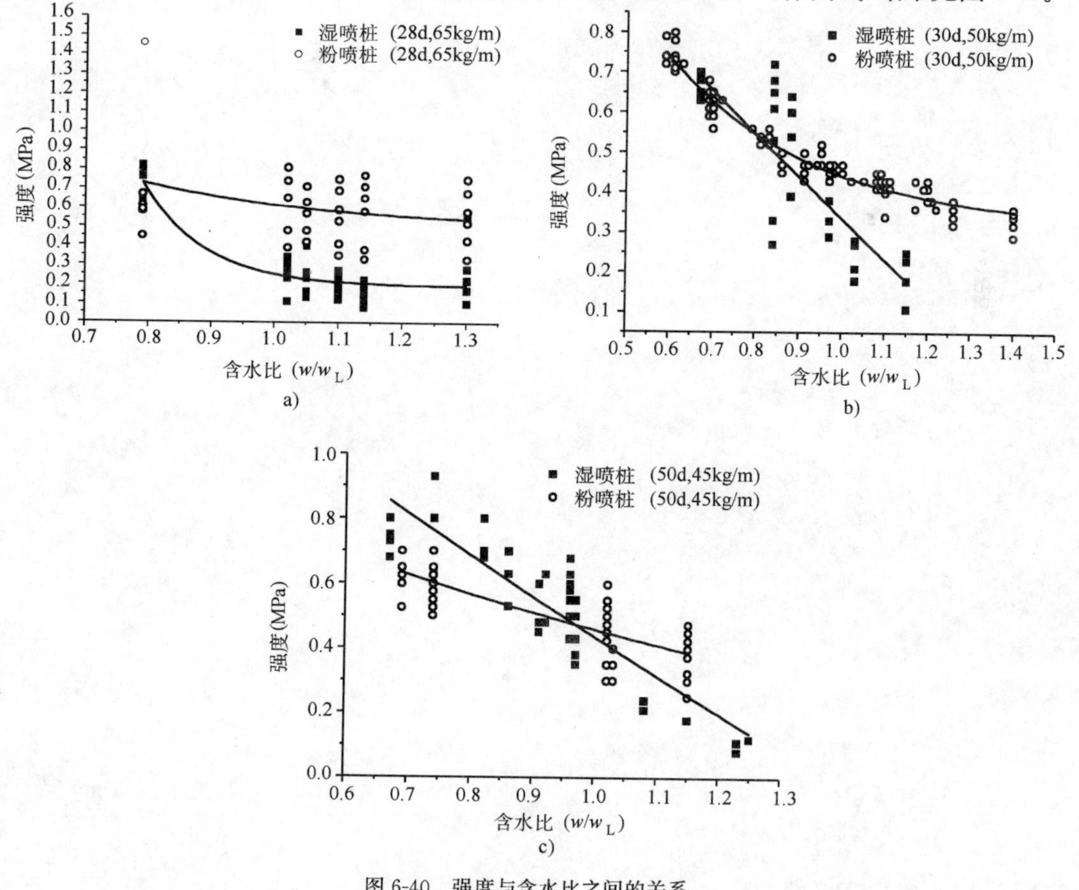

图 6-40 强度与含水比之间的关系

a)28d 龄期;b)30d 龄期;c)50d 龄期

从图 6-40 可以看出，粉湿喷桩桩身强度与含水比有很大的关系，在含水比小于 0.9 时，深搅桩处理的效果比粉喷桩处理的效果好；当含水比为 0.9～1.0 时，深搅桩与湿喷桩加固处理的强度效果相当，但在工程应用中，两种桩型的选取主要取决于软土层厚度和施工工艺，当要求软土处理深度超过 15.0m 时，应用深搅桩，软土层厚度在 15.0m 以内，两种桩型处理的效果差不多；当含水比大于 1.0 时，用粉喷桩处理的较佳。图 6-40 的结果与图 6-30 室内试验的结果能够吻合。

结合第一节～第三节给出了粉湿喷桩在高含水率地区的施工效应，桩身强度分析和复合地基变形特性的分析给出了粉湿喷桩的区别，而本节给出了水泥土搅拌桩粉湿喷桩强度特性与含水比之间关系式。试验段的含水比在 0.9 左右，此时粉湿喷桩桩身强度与复合地基的变形特性并无大差别，该结果与本节的统计结果能够吻合。

第七章
水泥土搅拌桩加固海相软土实用设计方法

第一节　水泥土搅拌桩设计要点

公路工程中水泥土搅拌桩设计的主要参数有以下几个。

1. 水泥土搅拌桩的布桩形式

由于水泥土搅拌桩具有独特的优点，广泛应用于建筑物地基、边坡稳定、地基抗液化加固等，我国水泥土搅拌桩常用于下列工程中：

(1)建(构)筑物的地基加固，如6～12层多层住宅、办公楼、单层或多层工业厂房、水池储罐基础等。

(2)高速公路、铁道和机场场道以及高填方堤基等。

(3)油罐地基等。

(4)大面积堆场地基，包括室内和露天。

根据建筑物基础形式以及承载力和沉降要求，粉喷桩加固体可以分为柱状、壁状、隔栅状、块状等(图7-1)。不论何种布置方式，其桩位排列均可采用正方形、长方形或梅花形(图7-2)，

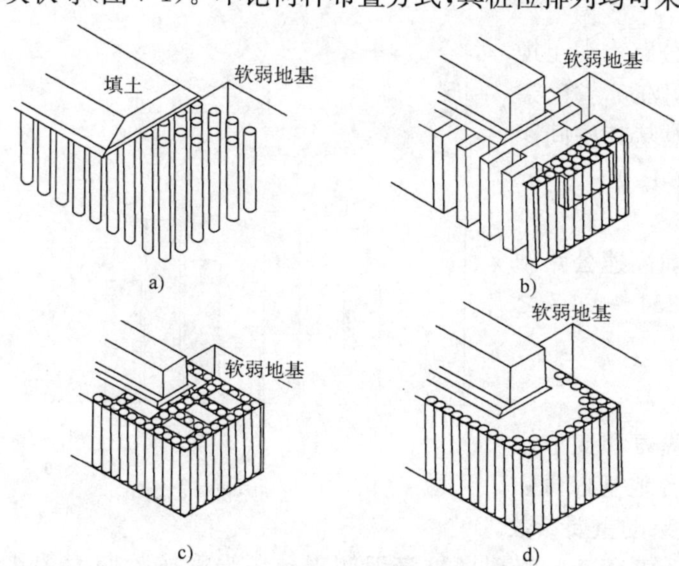

图7-1　水泥土搅拌桩加固断面形式的分类

a)柱状加固；b)壁状加固；c)隔栅状加固；d)块状加固

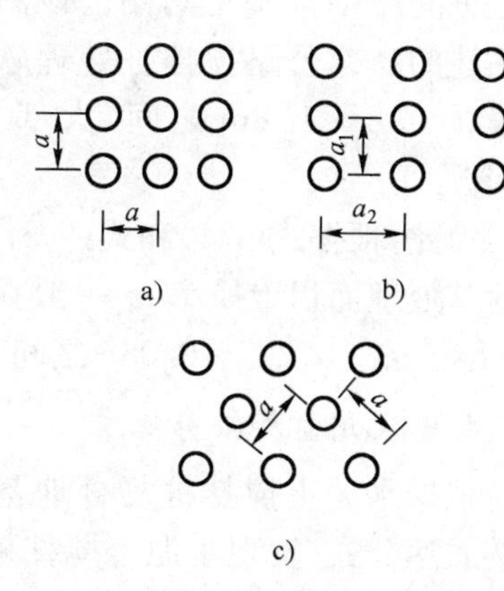

图7-2　水泥土搅拌桩桩位排列图

a)正方形布孔；b)长方形布孔；c)梅花形布孔

桩间距由计算决定。

目前，高速公路软土地基处理在日本一般采用块状加固，而国内则一般采用柱状加固。

2. 桩长 l

桩长是搅拌桩设计的重要参数，目前确定桩长的主要方法有两种：对于软土层埋藏较浅较薄，并且厚度小于搅拌桩能处理的最大深度时，搅拌桩设计一般采用打穿软土层，桩长为软土层最大深度；对于软土埋藏较深较厚，并且厚度大于搅拌桩能处理的最大深度时，搅拌桩一般采用悬浮桩的形式，桩长为施工机械能达到的最大深度。对于粉喷桩而言，目前国内的施工机械能够施工的最大桩长约为15m，而湿喷桩的最大桩长约为25m。

3. 桩间距 L 和面积置换率 m

桩间距是搅拌桩设计的一个重要参数，它关系到水泥土搅拌桩复合地基的承载力和沉降变形特性。由于目前国内搅拌桩桩机施工的成桩直径一般为0.5m（江苏省高速公路软基处理的搅拌桩直径均为0.5m），为此它与搅拌桩设计中另外一个重要参数（面积置换率）是对应的。

搅拌桩桩间距 L 与面积置换率 m 之间的关系为：

$$m=\frac{\frac{1}{2}\cdot\frac{1}{4}\pi D^2}{\frac{1}{2}\cdot\frac{\sqrt{3}}{2}L^2}=\frac{1}{2}\frac{\pi D^2}{\sqrt{3}L^2} \tag{7-1}$$

江苏省高速公路软土地基处理时搅拌桩直径 D 为0.5m，此时面积置换率与桩间距关系为：

$$m=\frac{\pi}{8\sqrt{3}L^2} \tag{7-2}$$

图7-3是江苏省已建和在建高速公路水泥土搅拌桩桩间距的频率汇总图。该图表明江苏省已建和在建的高速公路搅拌桩处理软土地基其桩间距一般在0.8～1.8m之间，大部分在1.0～1.6m之间。

为此，根据式(7-1)和式(7-2)，目前高速公路软土地基处理面积置换率 m 一般在0.354～0.07之间，大部分在0.227～0.089之间。

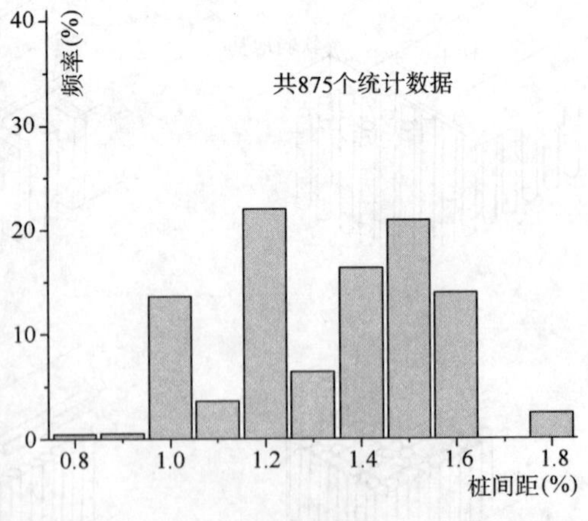

图7-3　桩间距频率汇总图

4. 水泥用量和桩身强度

根据水泥土搅拌桩复合地基承载力和变形模量的表达公式，发现水泥土搅拌桩复合地基桩身强度（水泥用量）是影响复合地基加固效果的重要参数。

图7-4～图7-10是江苏省大量已建高速公路现场桩身无侧限抗压强度按龄期为28d、40d、50d、60d、70d、80d和90d进行分类的统计。

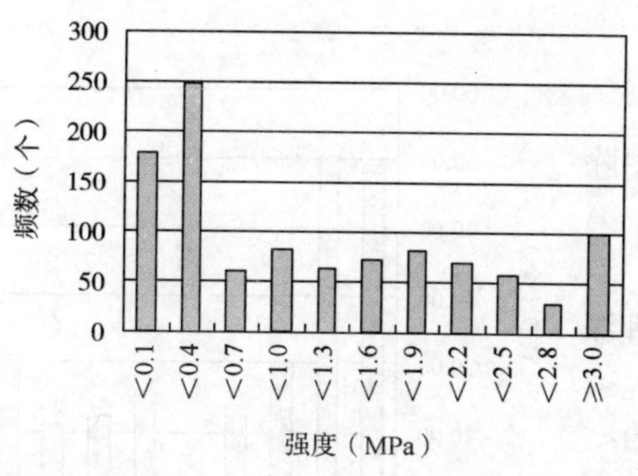

图 7-4 28d 强度频数分布

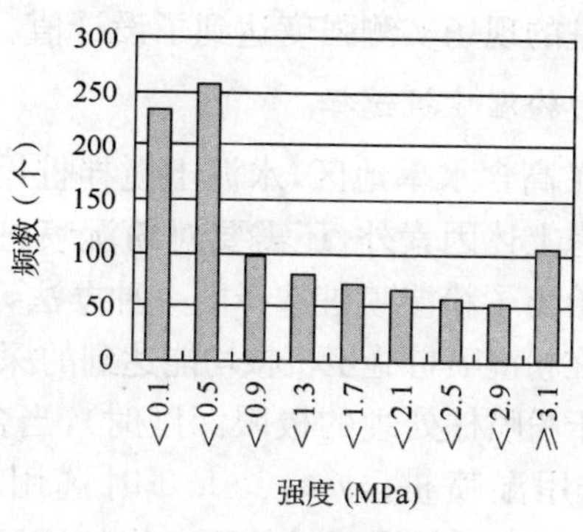

图 7-5 40d 强度频数分布

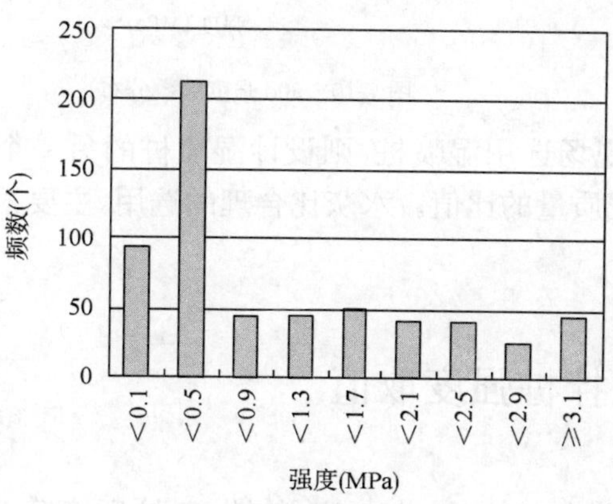

图 7-6 50d 强度频数分布

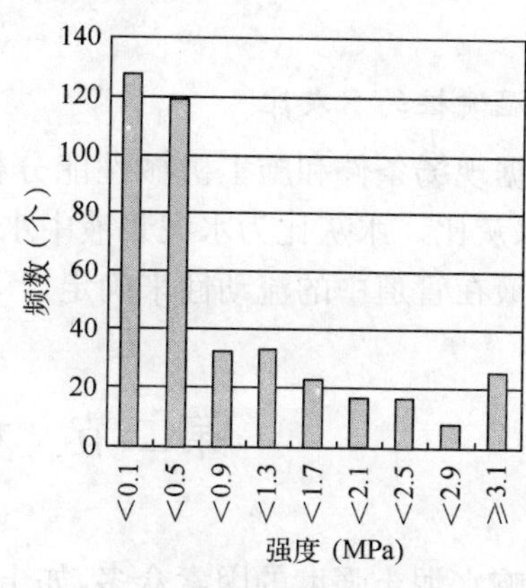

图 7-7 60d 强度频数分布

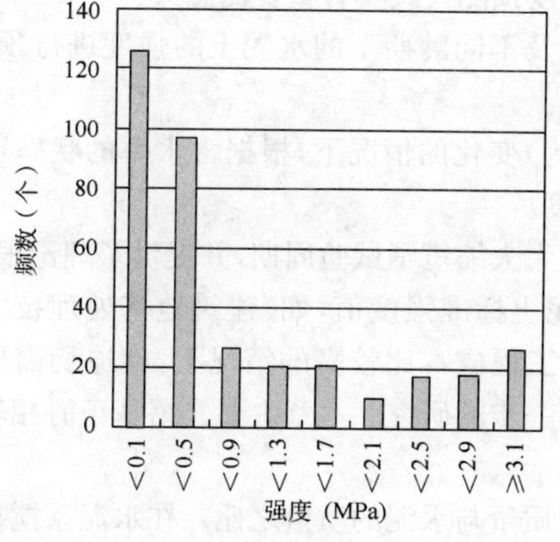

图 7-8 70d 强度频数分布

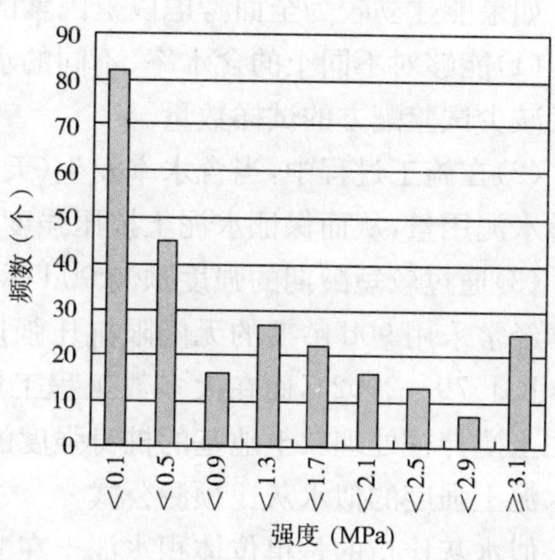

图 7-9 80d 强度频数分布

从以上图的强度频数分布中可以看出，强度频数大部分主要集中在 0.3～0.7MPa，各个龄期内的平均强度在 0.85～1.14MPa。

目前江苏省水泥土搅拌桩设计强度一般为0.8MPa，对比上述的统计值可以发现水泥土搅拌桩的现场实测强度达到了设计值。

5.粉湿喷桩选择

在高含水率地区，水泥土搅拌桩设计和施工中除了考虑上述因素外，还需要对粉湿喷桩进行选择。第六章给出了粉湿喷桩选择的一种办法，其具体为：

在粉湿喷桩施工机械均能达到的深度内（即处理深度小于粉喷桩处理的极限深度时），当含水比 $w/w_L<0.9$ 选用湿喷桩；$w/w_L>1.0$ 时选用粉喷桩；$0.9<w/w_L<1.0$ 时粉湿喷桩均可。当加固区处理深度大于粉喷桩机械施工的极限深度时，此时一般只考虑湿喷桩的桩型。

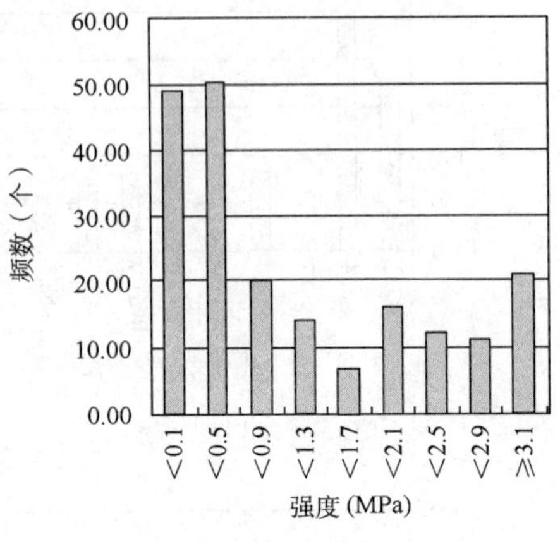

图7-10　90d强度频数分布

6.湿喷桩的水灰比

根据现场条件和施工机械性能分析后，如果现场选用湿喷桩，则设计湿喷桩的另一个参数，即水灰比。水灰比为水泥浆液中水质量与水泥质量的比值。水灰比合理的选用，主要根据水泥浆液在管道中的流动性来确定。

第二节　水泥土搅拌桩强度取值

影响水泥土强度的因素众多，如土性、水泥种类与掺入比、水灰比、龄期、养护环境等。室内水泥土配合比试验确定适宜的固化剂种类和最佳掺入比时，室内试验工作量大，试验周期长。如果能建立较为全面考虑以上因素的水泥土强度预测公式具有重要的意义：

(1)能够对不同土的含水率、不同的水泥用量以及不同龄期下的水泥土的强度进行预测，大大减少试验配方的试样数量。

(2)在施工过程中，当含水率发生（天然或者人为）变化的情况下，根据含水率的状态适当调整水泥用量，从而保证水泥土抗压强度的均匀程度。

(3)通过较短龄期的强度预测90d标准强度值，大大缩短了试验周期，并提供了理论根据。我国经常采用90d龄期的无侧限抗压强度作为水泥土标准强度值，如《建筑地基处理技术规范》(JGJ 79—2002)，而在大多数工程工期比较紧、工程成本比较高的情况下，就迫切需要对水泥土搅拌桩处理软土地基的桩身强度的预测作进一步的研究。本章主要介绍基于海相软黏土水泥土强度的似水灰比预测公式。

似水灰比指的是单位体积水泥土在配制前水的质量与水泥的质量之比。在水泥系搅拌桩施工过程中，该指标能充分体现搅拌条件的变化，如在湿喷法中水泥浆的水灰比（指水泥浆中的水和水泥的质量之比）和土的含水率的变化。因此，似水灰比被用作反应搅拌条件变化的一个重要指标。

一、基于似水灰比的室内强度确定

1. 似水灰比概念

由于在我国水泥土室内试验研究中，习惯用掺入比 a_w 指标$\left(掺入比=\frac{水泥质量}{原状土质量}\times 100\%\right)$，而在施工中习惯用水泥用量 c（某桩径下每延米桩长所使用的水泥的质量）或水泥含量 C（指单位体积土中所使用的水泥质量）指标。现将掺入比 a_w、水泥用量 c 和水泥含量 C 换算成似水灰比 R 表示：

$$R=\frac{m_w}{m_c} \tag{7-3}$$

式中：R——似水灰比；

m_c、m_w——分别指土在加固之前水泥质量和水的质量（包括水泥浆中的水的质量）。

当似水灰比 R 用掺入比 a_w 来表示时，公式(7-3)变为：

$$R=\frac{M}{100}+\frac{100w_n}{(w_n+100)a_w} \tag{7-4}$$

式中：M——水灰比，%，干喷时 M 取 0；

w_n——土的天然含水率，%；

a_w——掺入比，%。

当似水灰比 R 用水泥用量 c 来表示时，公式(7-3)变为：

$$R=\frac{M}{100}+\frac{250\pi D^2}{\left(1+\frac{100}{\rho_s w_n}\right)c} \tag{7-5}$$

式中：c——水泥用量，kg/m；

ρ_s——土粒密度，10^3kg/m^3；

D——水泥搅拌桩直径，m。

当似水灰比 R 用水泥含量 C 来表示时，公式(7-3)变为：

$$R=\frac{M}{100}+\frac{1\,000}{\left(1+\frac{100}{\rho_s w_n}\right)C} \tag{7-6}$$

式中：C——水泥含量，kg/m^3。

2. 似水灰比与无侧限抗压强度的关系

通过对连盐高速公路某标段海相软土的水泥土室内试验进行分析（其试验结果见表 7-1），得到水泥土的无侧限抗压强度 q_u 与似水灰比 $1/R$ 成直线关系，见图 7-11。该直线关系见式(7-7)。

$$q_u=K_E\left(\frac{1}{R}-\frac{1}{R_0}\right) \tag{7-7}$$

其中直线的斜率 K_E 称为该水泥土加固系数随着龄期的增大而增大，直线与横轴的交点称为最大似水灰比 R_0。式(7-7)表明对于某一原料土的最大似水灰比 R_0 可视为常量，也就是说当水泥土的似水灰比低于这个数值时，则水泥土几乎没有加固效果。通过回归分析得到该种土的 $R_0=20.0$。式(7-7)与汤怡新等提出的用水泥用量来预测水泥土强度的公式相比：似水灰比比水泥用量更能有效的说明水泥土强度不仅随水泥用量增大而增大，而且强度还随含水率的增大而减少。因此式(7-7)中的似水灰比能更好地将含水率和水泥用量结合起来进行水泥土的强度预测。

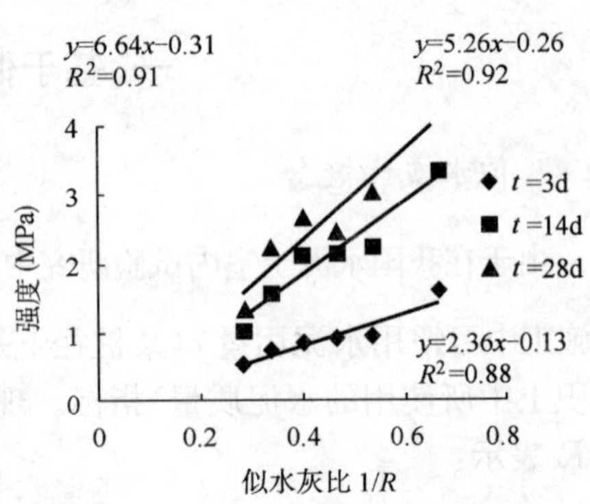

图 7-11　无侧限抗压强度与似水灰比的关系

连云港高速公路的海相软土的水泥土试验结果　　表 7-1

序　号	液限(%)	含水率(%)	掺入比(%)	龄期(d)	似水灰比 R	1/R	强度(MPa)	备　注
1	60.0	60.0	9.0	3	3.55	0.282	0.56	干法
2	60.0	60.0	9.0	14	3.55	0.282	1.03	干法
3	60.0	60.0	9.0	28	3.55	0.282	1.32	干法
4	60.0	60.0	9.0	90	3.55	0.282	1.90	干法
5	60.0	60.0	12.5	3	3.00	0.333	0.82	干法
6	60.0	60.0	12.5	14	3.00	0.333	1.62	干法
7	60.0	60.0	12.5	28	3.00	0.333	2.21	干法
8	60.0	60.0	12.5	90	3.00	0.333	3.55	干法
9	60.0	60.0	15.0	3	2.50	0.400	0.86	干法
10	60.0	60.0	15.0	14	2.50	0.400	2.13	干法
11	60.0	60.0	15.0	28	2.50	0.400	2.66	干法
12	60.0	60.0	20.0	3	1.88	0.533	0.95	干法
13	60.0	60.0	20.0	14	1.88	0.533	2.24	干法
14	60.0	60.0	20.0	28	1.88	0.533	3.03	干法
15	60.0	60.0	20.0	90	1.88	0.533	4.17	干法
16	60.0	60.0	25.0	3	1.50	0.667	1.44	干法
17	60.0	60.0	25.0	14	1.50	0.667	3.25	干法
18	60.0	60.0	25.0	28	1.50	0.667	4.27	干法
19	60.0	60.0	25.0	60	1.50	0.667	5.00	干法
20	60.0	75.0	20.0	3	2.14	0.467	0.88	干法
21	60.0	75.0	20.0	14	2.14	0.467	2.17	干法
22	60.0	75.0	20.0	28	2.14	0.467	2.46	干法
23	60.0	75.0	20.0	60	2.14	0.467	2.87	干法
19	60.0	60.0	20.0	7	2.27	0.440	1.16	湿 0.4
20	60.0	60.0	20.0	14	2.27	0.440	2.02	湿 0.4
21	60.0	60.0	20.0	28	2.27	0.440	2.36	湿 0.4

3. 加固系数 K_E 与龄期的关系

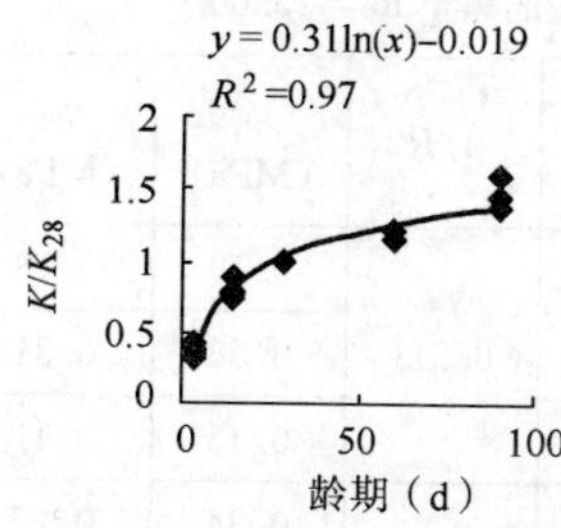

图 7-12　K/K_{28} 与龄期的关系

大量的研究表明，水泥土的加固系数 K_E 随着龄期的增大而增大。K_E/K_{28} 与龄期 t 的关系见图 7-12。通过回归分析可以得到对于某种土而言，K_E/K_{28} 与龄期 t 存在着唯一的函数关系式：

$$K_E/K_{28} = -0.019 + 0.31\ln t \tag{7-8}$$

由公式(7-7)和(7-8)，可以得到式：

$$q_u = (-0.019 + 0.31\ln T)K_{28}\left(\frac{1}{R} - \frac{1}{20.0}\right) \tag{7-9}$$

当已知某种似水灰比 R_1 及其在龄期 28d 下的强度 $q_{u(R_1,28)}$ 时，可由式(7-9)得到任意似水灰比 R(要求 $R \leqslant R_0$，且含水率不能低于液限)、龄期 t 下的水泥土强度 $q_{u(R,T)}$，则式(7-9)可变换为：

$$q_{u(R,t)} = (-0.019 + 0.31\ln t)K_{(R_1,28)}\left(\frac{1}{R_1} - \frac{1}{20.0}\right)\frac{\frac{1}{R} - \frac{1}{20.0}}{\frac{1}{R_1} - \frac{1}{20.0}}$$

$$= (-0.019 + 0.31\ln t)q_{u(R_1,28)}\frac{\frac{1}{R} - \frac{1}{20.0}}{\frac{1}{R_1} - \frac{1}{20.0}} \tag{7-10}$$

即得到该种水泥土的强度预测式：

$$\frac{q_{u(R,t)}}{q_{u(R_1,28)}} = (-0.019 + 0.31\ln t)\frac{\frac{1}{R} - \frac{1}{20.0}}{\frac{1}{R_1} - \frac{1}{20.0}} \tag{7-11}$$

为了验证式(7-11)进行水泥土强度预测的可靠性，收集了长江某河段的软土以及某高速公路南段的黑土的水泥土室内试验结果，得到其水泥土的无侧限抗压强度 q_u 与似水灰比 $1/R$ 也成直线关系(见图 7-13 和图 7-14)，并通过回归分析得到它们的最大似水灰比 R_0 分别为 16.39 和 25.00。实测强度与预测强度的对比结果及两者的关系曲线分别见表 7-2 和图 7-15，两者相关系数大于 0.98，具有很好的相关性，故用此方法对水泥土的强度进行预测是可靠的。

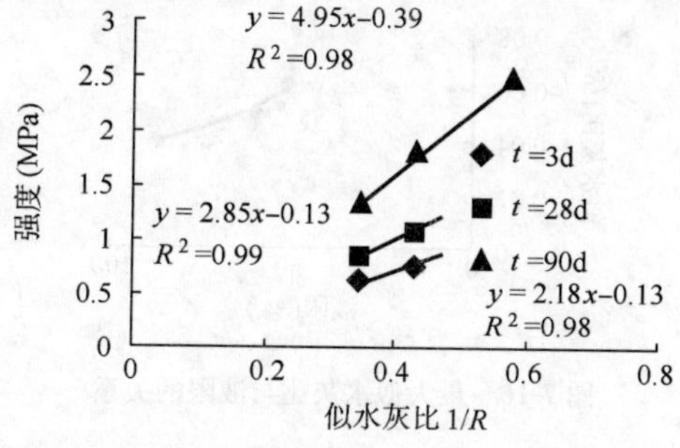

图 7-13　无侧限抗压强度与似水灰比的关系

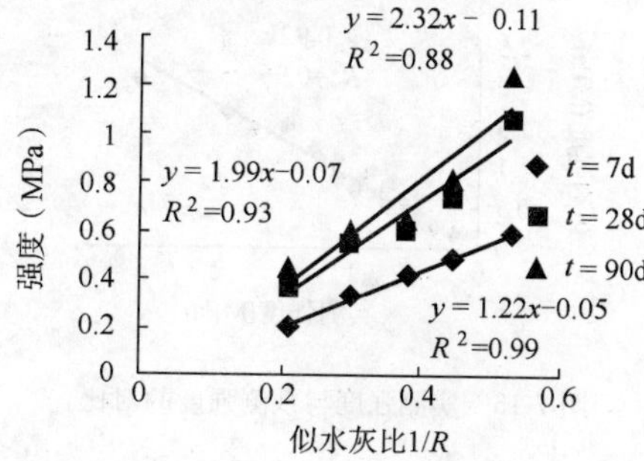

图 7-14　无侧限抗压强度与似水灰比的关系

水泥土实测强度 q_u 与预测强度 q_{up} 的对比　　表 7-2

长江某河段处的软土 R_0=16.39						某高速公路南段的黑土 R_0=25.00					
w_n (%)	t (d)	a_w (%)	$1/R$	q_u (MPa)	q_{up} (MPa)	w_n (%)	t (d)	a_w (%)	$1/R$	q_u (MPa)	q_{up} (MPa)
53.3	12.0	7	0.345	0.65	0.49	90.0	10.0	7	0.211	0.19	0.18
		28		0.90	0.82			28		0.38	0.31
		90		1.21	1.09			90		0.45	0.41
	15.0	7	0.431	0.75	0.63		14.0	7	0.296	0.34	0.27
		28		1.11	1.07			28		0.55	0.46
		90		1.75	1.42			90		0.60	0.61
	17.0	7	0.489	0.95	0.73		18.0	7	0.380	0.43	0.36
		28		1.26	1.23			28		0.61	0.61
		90		1.93	1.64			90		0.65	0.81
	20.0	7	0.575	1.09	0.88		21.0	7	0.443	0.49	0.43
		28		1.48	参照			28		0.72	参照值
		90		2.62	2.07			90		0.82	0.95

4. 最大似水灰比 R_0 与土的性质(液限)之间的关系

许多研究者认为最大似水灰比是由土的性质决定的。图 7-16 是该三种土的最大似水灰比 $1/R_0$ 与土的液限 w_L 的关系曲线,可以看出最大似水灰比随着液限的增大而增大。通过回归分析可以得出最大似水灰比 R_0 和液限 w_L 的关系式(7-12)。

$$\frac{1}{R_0}=0.129\exp(-0.014w_L) \tag{7-12}$$

公式(7-12)中最大似水灰比与液限之间的指数关系,与国外最低灰水比(指水泥土中水泥的质量和水的质量之比)与液限的研究是一致的,但公式(7-12)的系数与国外学者研究存在着差别,这可能与我国液塑限的测定方法、《公路土工试验规程》中的液限计算经验公式以及我国的水泥标准有关,这方面还需进一步的研究。

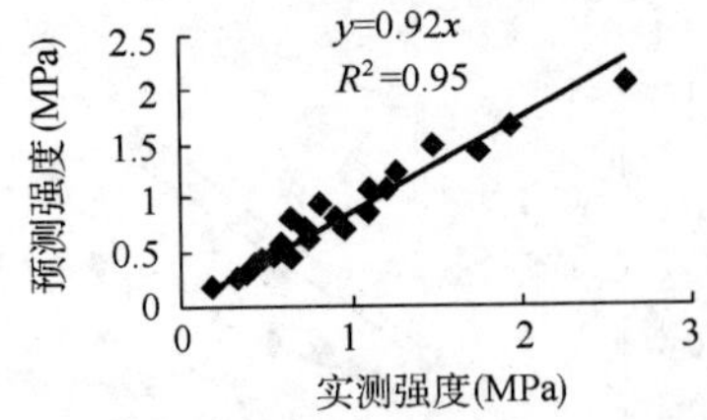

图 7-15　实测强度与预测强度的对比

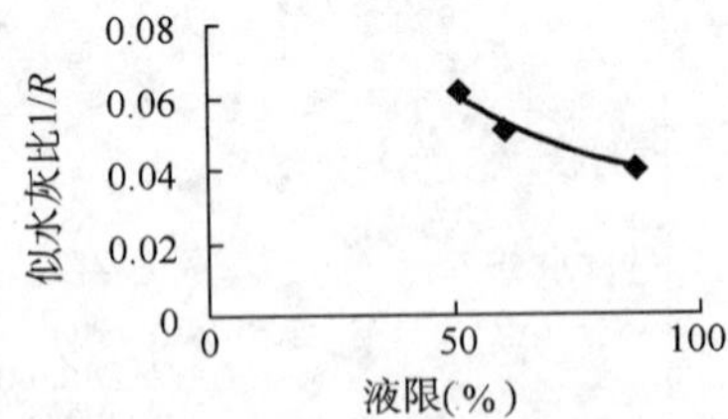

图 7-16　最大似水灰比与液限的关系

5. 水泥土强度预测公式

由式(7-11)和式(7-12),可以得到强度的预测公式:

$$\frac{q_{u(R,t)}}{q_{u(R_1,28)}}=(-0.019+0.31\ln T)\frac{\frac{1}{R}-0.129\exp(-0.014w_L)}{\frac{1}{R_1}-0.129\exp(-0.014w_L)} \tag{7-13}$$

式(7-13)是针对我国的水泥加固软土的强度提出的预测公式，国外也有许多学者对这方面进行了研究，如 Horpibulsuk 等提出的强度预测公式：$\frac{q_{(w_c/c)D}}{q_{(w_c/c)28}}=1.24^{\{(w_c/c)28-(w_c/c)D\}}(0.038+0.28\ln D)$ 和 Sakka 等利用变形模量来进行强度预测公式：$E_d=\frac{t}{3.64+0.87t}K_{28}\{R-0.28\cdot\exp(-0.025w_L)\}$、$q_u=\alpha E_d$ 等(D、t 都表示龄期，w_L 表示液限，w_c/c 指含水率与水泥含量之比，K_{28} 指龄期 28d 的水泥土加固系数，a 是常数，R 表示灰水比)。

式(7-13)与它们相比：

(1)简单明了，说明了强度与似水灰比 $1/R$ 成线性关系。

(2)计算方便，便于施工人员根据现场含水率变化及时调整水泥用量。

(3)国外公式是基于对 28d 前水泥土的强度进行预测，本公式能适用于 90d 龄期的强度预测，故对缩短试验周期、减小工程成本具有重要的意义。

二、基于似水灰比的现场强度预测公式

大量研究表明，桩体强度 q_u 受土的含水率 w、液限 w_L、塑限 w_P、水泥土的龄期 t、水泥用量 C 和取样深度 H 等因素的影响。现将桩体强度 q_u 看作因变量，其他因素看作自变量，并对因变量和自变量分别取值进行数据统计。对江苏省已建的高速公路的搅拌桩检测数据通过用 Excel 进行多元回归分析，分析结果见表 7-3～表 7-5。

输 出 结 果　　表 7-3

回归统计		回归统计	
Multiple R	0.37	标准误差	0.44
R Square	0.12	观测值	1 473
Adjusted R Square	0.13		

输 出 结 果　　表 7-4

方 差 分 析

项　目	df	SS	MS	F	Significance F
回归分析	6	54.48	10.90	66.24	3.5E-44
残差	1 466	347.97	0.24		
总计	1 472	402.45			

输 出 结 果 表 7-5

项　目	Coefficients	标准误差	t Stat	P-value	Lower 95%	Upper 95%	下限 95.0%	上限 95.0%
Intercept	0.354	0.193	1.839	0.066	−0.024	0.732	−0.024	0.732
深度	−0.009	0.005	−1.965	0.077	−0.019	0.000	−0.019	0.000
天然含水率	−0.003	0.002	−1.767	0.048	−0.006	0.000	−0.006	0.000
液限	0.005	0.003	1.586	0.153	−0.001	0.011	−0.001	0.011
塑 限	−0.012	0.009	−1.345	0.179	−0.029	0.005	−0.029	0.005
龄期	0.003	0.001	3.979	0.000	0.001	0.004	0.001	0.004
水泥用量	0.012	0.002	5.431	0.000	0.008	0.016	0.008	0.016

从上面的回归分析表 7-3～表 7-5 中，可以看出相关系数 $R=0.368$，而当样本个数 $n=$ 1 473时，通过查《应用回归分析》一书中的简单相关系数的临界值表，得在显著水平 1%时的值为 0.081，则 $R=0.368>0.081$，所以可以判定因变量与自变量(深度、含水率、水泥用量、龄期、液塑限)有较强的关系，但标准误差相对于因变量的取值较大，说明回归方程不是很可靠，需通过回归系数显著性检验来剔除那些次要的、可有可无的自变量，重新建立更为简单的回归方程。从回归系数的显著性检验中可以看出，除液塑限和深度外，含水率、水泥用量和龄期对强度的 P 值<0.05，在 5%的显著性水平上对因变量是有较高的显著性。但因为液限对强度的 P 值与 0.05 很接近，而塑限与 0.05 相差很远，故液限与塑限很可能存在很大的相关性，故开始只将塑限和深度剔除，重新进行回归。因此，在定性上看，塑限和深度对强度的影响应该是很小的。存在这种现象的原因是由于存在多个变量对因变量进行显著性检验时，各个自变量之间存在交互作用或者之间存在着自相关。

通过以上分析，我们先剔除 P 值最大的(或者 $|t|$ 值最小的)自变量，然后将各变量取自然对数再进行多元回归分析，分析结果见表 7-6～表 7-8。

输 出 结 果 表 7-6

回 归 统 计		回 归 统 计	
Multiple R	0.34	标准误差	0.09
R Square	0.12	观测值	1 473
Adjusted R Square	0.12		

输 出 结 果 表 7-7

方 差 分 析

项　目	df	SS	MS	F	Significance F
回归分析	3	37.29	9.32	48.65	0.00
残差	1 469	279.27	0.19		
总计	1 472	316.57			

输出结果 表 7-8

项　目	Coefficients	标准误差	t Stat	P-value	Lower 95%	Upper 95%	下限 95.0%	上限 95.0%
Intercept	0.057	0.088	0.652	0.515	−0.115	0.230	−0.115	0.230
天然含水率	−0.004	0.002	−2.324	0.020	−0.007	−0.001	−0.007	−0.001
液限	0.003	0.002	1.505	0.132	−0.001	0.006	−0.001	0.006
龄期	0.003	0.001	4.059	0.000	0.001	0.004	0.001	0.004
水泥用量	0.014	0.001	9.889	0.000	0.011	0.017	0.011	0.017

从上面的回归分析表 7-6～表 7-8 中，可以看出相关系数 $R=0.34$，而当样本个数 $n=1\,473$ 时，通过查《应用回归分析》一书中的简单相关系数的临界值表，得在显著水平 1%时的值为 0.081，则 $R=0.34>0.081$，所以可以判定因变量与自变量(深度、含水率、水泥用量、龄期)有较强的关系，且标准误差相对于因变量的取值较小，说明回归方程比较可靠。由于在由样本决定系数的大小来衡量模型的拟合优度时，样本决定系数 R 越大，说明回归方程拟合原始的数据越好，但是由于样本决定系数 R 的大小与样本容量 n 以及自变量个数 P 有关，当 n 与 P 的数目接近时，R 容易接近 1，这说明用样本决定系数 R 隐含着一些虚假成分。为了消除这一影响，我们进一步做 F 检验，通过查《应用回归分析》一书中的 F 分布表，得 $F_{0.01}(P,n-P-1)=F_{0.01}(4,1\,467)=2.38$，由 $F=48.65>F_{0.01}(4,1\,467)$，从而进一步检验了回归方程的可靠性。

但是，已有的水泥土室内试验研究，习惯用含水比、似水灰比和龄期指标。故为了室内试验结果的可比性，现采取含水比、似水灰比和龄期的自然对数为自变量，强度的对数为因变量进行数据统计，统计结果见表 7-9～表 7-11。

输出结果 表 7-9

回归统计		回归统计	
Multiple R	0.37	标准误差	0.09
R Square	0.14	观测值	1 473
Adjusted R Square	0.13		

输出结果 表 7-10

方差分析					
项目	df	SS	MS	F	Significance F
回归分析	3	37.29	9.32	48.65	0.00
残差	1 469	279.27	0.19		
总计	1 472	316.57			

输出结果 表 7-11

项　目	Coefficients	标准误差	t Stat	P-value	Lower 95%	Upper 95%	下限 95.0%	上限 95.0%
截距	0.001	0.369	−12.327	0.000	−5.274	−3.826	−5.274	−3.826
含水比	−0.819	0.084	2.598	0.009	0.054	0.384	0.054	0.384
似水灰比	0.952	0.070	13.623	0.000	0.815	1.089	0.815	1.089
龄期	0.156	0.035	4.394	0.000	0.086	0.226	0.086	0.226

从上面的回归分析表7-9～表7-11中，可以看出相关系数$R=0.37$，而当样本个数$n=1\,473$时，通过查《应用回归分析》一书中的简单相关系数的临界值表，得在显著水平1%时的值为0.081，则$R=0.37>0.081$，所以可以判定因变量(强度的自然对数)与自变量(含水比、似水灰比、龄期)有较强的关系，且标准误差相对于因变量的取值较小，说明回归方程比较可靠。进一步进行F检验，通过查《应用回归分析》一书中的F分布表，得$F_{0.01}(P,n-P-1)=F_{0.01}(4,1\,467)=2.38$，由$F=48.65>F_{0.01}(4,1\,467)$，从而进一步检验了回归方程的可靠性。根据表7-11，得回归方程：

$$\ln q_u=-0.819\ln(w/w_L)+0.972\ln(C/w)+0.156\ln t \tag{7-14}$$

式中：w/w_L——含水比；

C/w——似水灰比；

C——水泥用量，m/kg；

w——含水率，%；

t——龄期，d。

进一步对系数进行回归显著性检验，对系数可以进行$|t|$值或者P值检验，从表7-11中可以看出含水比的对应$P=0.009$最大，在1%的显著性水平内。故回归方程的系数的检验是显著性检验的。

统计得到的表达式相关系数仅为0.37，这表明统计的结果与实测结果具有一定的离散性，因此在工程中需要概率进行保证。表达式(7-14)给出了统计的结果，在接下来的分析中假设$\ln(w/w_L)$、$\ln(C/w)$和$\ln(T)$的系数保持不变，从而统计其截距的变化规律，通过统计得到截距变化方差为1.28。在统计理论中67%置信区间为$(\ln q_u-\bar{\sigma},\ln q_u+\bar{\sigma})$，为此在$\ln q_u>\ln q_u-\bar{\sigma}$的概率约为85%。如果采用85%的概率作为置信区间，则：

$$\ln q_u=-1.28-0.819\ln(w/w_L)+0.972\ln(C/w)+0.156\ln t \tag{7-15}$$

对回归方程(7-15)进行变形，得桩体强度多元回归方程为：

$$q_u=e^{-1.28}(w/w_L)^{-0.819}(C/w)^{0.972}t^{0.156} \tag{7-16}$$

在设计中一般采用90d龄期的强度作为设计强度，其平均强度(50%概率的强度)q_u的表达式为：

$$q_u=(w/w_L)^{-0.819}(C/w)^{0.972} \tag{7-17}$$

为了验证式(7-16)对现场桩体强度预测值的可靠性，现取连云港地区水泥土室内强度与用该回归公式对现场桩体强度进行预测值进行比较，结果见表7-12。

现场桩体强度预测值与室内强度结果的比较 表7-12

含水率(%)	掺入比(%)	液限(%)	龄期(d)	室内强度(MPa)	现场强度预测(MPa)	比值
60	15	65	28	1.97	0.45	4.3
60	20	65	28	2.33	0.58	4.0
60	20	65	90	3.21	0.72	4.4

续上表

含水率(%)	掺入比(%)	液限(%)	龄期(d)	室内强度(MPa)	现场强度预测(MPa)	比值
45	20	65	28	2.43	0.98	2.5
45	20	65	60	2.82	1.12	2.5
45	20	65	90	3.16	1.21	2.6
75	20	65	28	1.89	0.39	4.8
75	20	65	60	1.78	0.45	4.0
80	20	65	28	0.88	0.35	2.5
60	25	65	28	3.28	0.72	4.6
60	25	65	60	3.85	0.82	4.7

注:表中的比值为室内强度与现场强度之比。

从表中可以看出,室内强度与现场强度预测值之比值在2.5～4.8之间,这与已有的室内强度与由现场桩体强度比值的研究结果(2.2～5.0倍)相符,故该回归公式是可靠的。

三、水泥用量的确定

经过对江苏省已建高速公路大量的钻孔取芯的无侧限抗压强度统计,得到水泥土搅拌桩桩身无侧限抗压强度的频率分布图(统计样本为1 442个),如图7-17所示。

从图7-17可以得到,该桩体强度大于95%、90%、85%、80%、70%概率的无侧限抗压强度值均分别为0.32MPa、0.42MPa、0.52MPa、0.61MPa、0.79MPa,现按照式(7-16)分别计算各强度相对于龄期为90d且在不同的含水比和含水率的条件下的水泥用量,见表7-13～表7-17。

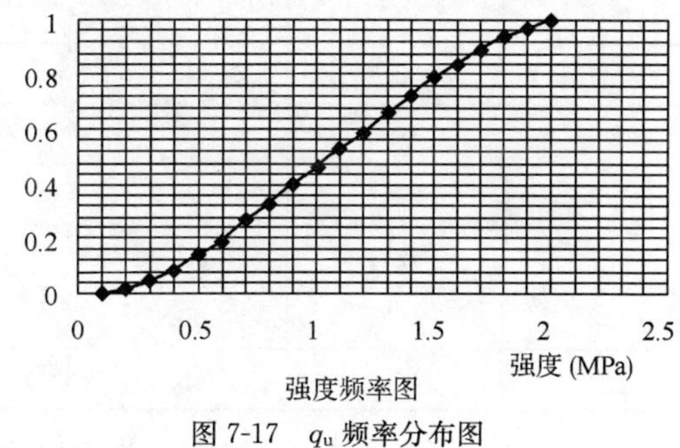

图7-17　q_u频率分布图

桩体强度大于95%、强度值为0.32 MPa时水泥用量(kg/m)　　表7-13

w/w_L \ w	40.0	50.0	60.0	70.0	80.0	90.0
0.7	16.3	20.3	24.2	35.4	40.3	45.2
0.8	18.2	22.6	27.0	37.7	43.0	48.2
0.9	20.1	24.9	29.7	39.9	45.5	51.0
1.0	21.9	27.2	32.4	42.0	47.8	53.6
1.1	23.6	29.4	35.1	44.0	50.1	56.1
1.2	25.4	31.5	37.6	45.8	52.2	58.5
1.3	27.1	33.7	40.2	47.6	54.2	60.8

桩体强度大于90%、强度值为0.42 MPa时水泥用量(kg/m) 表7-14

w/w_L \ w	40.0	50.0	60.0	70.0	80.0	90.0
0.7	20.2	25.1	29.9	43.7	49.8	55.8
0.8	22.5	27.9	33.4	46.6	53.1	59.5
0.9	24.8	30.8	36.7	49.3	56.2	63.0
1.0	27.0	33.5	40.1	51.9	59.1	66.2
1.1	29.2	36.3	43.3	54.3	61.8	69.3
1.2	31.4	39.0	46.5	56.6	64.5	72.3
1.3	33.5	41.6	49.7	58.8	67.0	75.1

桩体强度大于85%、强度值为0.52 MPa时水泥用量(kg/m) 表7-15

w/w_L \ w	40.0	50.0	60.0	70.0	80.0	90.0
0.7	25.0	31.0	37.0	54.2	61.7	69.1
0.8	27.9	34.6	41.3	57.7	65.7	73.7
0.9	30.7	38.1	45.5	61.1	69.5	78.0
1.0	33.4	41.5	49.6	64.2	73.1	82.0
1.1	36.2	44.9	53.6	67.2	76.6	85.8
1.2	38.8	48.2	57.6	70.1	79.8	89.5
1.3	41.5	51.5	61.5	72.8	82.9	93.0

桩体强度大于80%、强度值为0.61 MPa时水泥用量(kg/m) 表7-16

w/w_L \ w	40.0	50.0	60.0	70.0	80.0	90.0
0.7	29.3	36.4	43.4	63.5	72.3	81.1
0.8	32.7	40.6	48.5	67.7	77.1	86.5
0.9	36.0	44.7	53.4	71.6	81.6	91.5
1.0	39.2	48.7	58.2	75.4	85.8	96.2
1.1	42.4	52.7	62.9	78.9	89.8	100.7
1.2	45.5	56.6	67.5	82.2	93.6	105.0
1.3	48.6	60.4	72.1	85.4	97.3	109.1

桩体强度大于70%、强度值为0.79 MPa时水泥用量(kg/m) 表7-17

w/w_L \ w	40.0	50.0	60.0	70.0	80.0	90.0
0.8	42.3	52.6	62.8	87.7	99.9	112.0
0.9	46.6	57.9	69.1	92.8	105.7	118.5
1.0	50.8	63.1	75.3	97.6	111.1	124.6
1.1	54.9	68.2	81.5	102.2	116.3	130.4
1.2	59.0	73.3	87.5	106.5	121.3	136.0

另外,根据已经收集到的设计资料表明,水泥土桩90d设计强度为1.2～1.8MPa和室内外试验强度比值为2.2～5.0倍的关系,建议使用0.52MPa为现场桩体强度,按表7-15进行水泥用量设计。

第三节 水泥土搅拌桩桩间距确定

在设计过程中，对桩间距的确定存在一定的盲目性，主要根据经验确定，缺少理论依据，导致工程实际中的过分保守或不安全现象。目前江苏省几条主要高速公路（连徐、润扬、汾灌、沿江）采用水泥土搅拌桩地基加固技术时桩间距一般在 1.1～1.8m 的范围内，如图 7-3 所示。为了进一步分析和研究水泥土搅拌桩桩间距的设计原理，有必要对目前已设计的高速公路沉降现状进行系统深入的分析。现统计江苏省已修建高速公路沉降观测数据如图 7-18 所示。

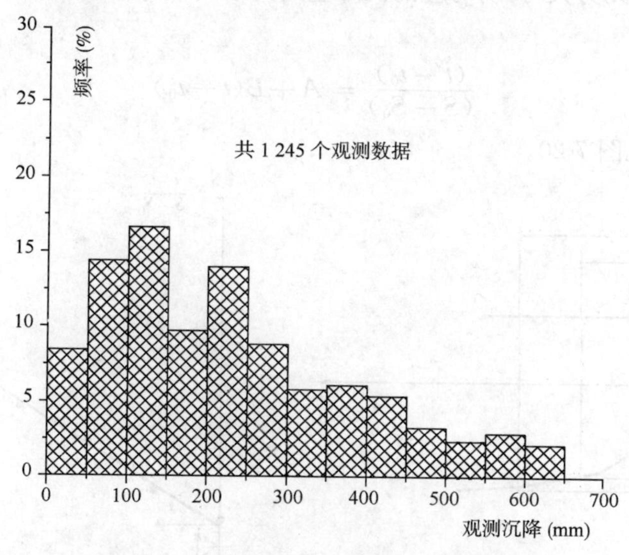

图 7-18 已收集的高速公路竣工时的沉降统计

图 7-18 是高速公路竣工时沉降量的统计，从图中可以看出已建水泥土搅拌桩处理地基的高速公路竣工时沉降 20％的小于 100mm，50％的小于 200mm，85％的小于 300mm，92.5％的小于 500mm。而同一地层未处理的高速公路沉降一般为处理过地基的 4～5 倍。该图进一步说明了采用水泥土搅拌桩处理的高速公路地基在竣工时沉降均比较小，即该方法处理的地基能有效减小地基的沉降。

现今国内高速公路设计主要是按变形进行控制的，即高速公路工后沉降在桥头段不大于 10cm，结构物段不大于 20cm，一般路段不大于 30cm。为此，本节重点讨论水泥土搅拌桩桩间距与工后沉降的关系，从而构建出桩间距的实用设计方法。

围绕桩间距与工后沉降之间的关系描述，本节首先通过观测资料，建立水泥土搅拌桩地基工后沉降与高速公路竣工时沉降之间的关系式；而后通过复合地基沉降的简化推导，得到地基工后沉降与土性参数和水泥用量关系；而后对表达式进行简化，提出了等效似水灰比的综合参数来描述工后沉降与土性和水泥用量之间的关系，从而得到水泥土搅拌桩桩间距和水泥用量的确定方法。

一、工后沉降分析

预测高速公路工后沉降的方法有双曲线法，指数曲线法和 Asaoka 法等，本次预测高速公路工后沉降采用工程中广泛采用的双曲线法。

双曲线法假定沉降曲线按照“沉降平均速度呈双曲线递减”规律变化。具体方法如下：根据不同的填土高度和时间，测得相应的沉降量，点绘出直角坐标图，如图 7-19 所示。

任意 t 时刻的沉降量 S 的计算公式为：

$$S = S_0 + \frac{(t - t_0)}{A + B(t - t_0)} \tag{7-18}$$

当时间 t 趋向于无穷大时，所对应的沉降量则为最终沉降量，也即 S_∞。

上式可变化为：

$$\frac{(t - t_0)}{(S - S_0)} = A + B(t - t_0) \tag{7-19}$$

式中符号意义见图 7-20。

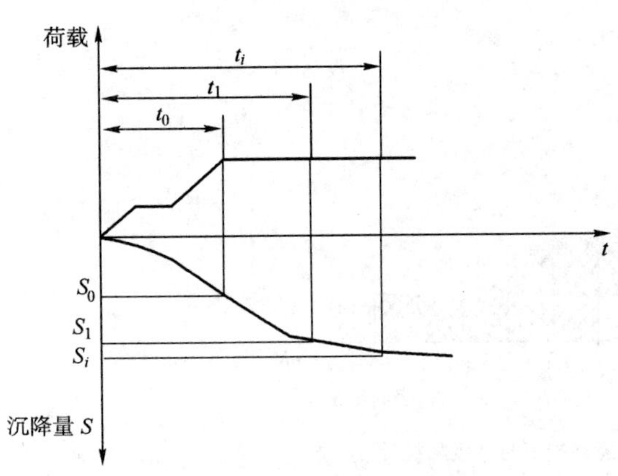

图 7-19　双曲线法 S～t 关系模式

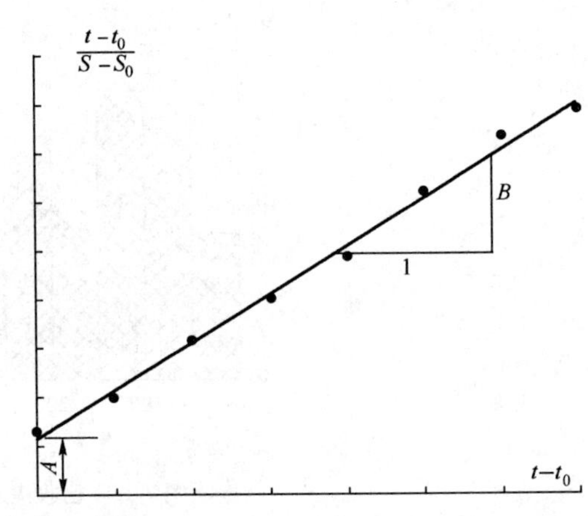

图 7-20　$(t-t_0)/(S-S_0)\sim(t-t_0)$关系式

A 和 B 分别为$(t-t_0)/(S-S_0)\sim(t-t_0)$关系图上的截距和斜率(如图 7-20)，其值可通过线性回归方程求出，也可用图解法直接求得。

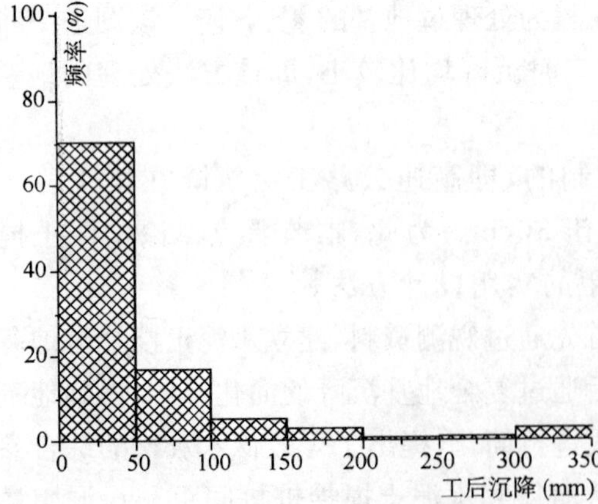

图 7-21　高速公路工后沉降频率统计

得到上面的 A、B 参数，利用实测的 S_0 和 t_0 值，可用式(7-18)求出任意时刻 t 时的沉降量 S_t，也可预测其最终沉降量，即下式：

$$S_\infty = S_0 + \frac{1}{B} \tag{7-20}$$

工后沉降则为：

$$S_f = S_\infty - S_t \tag{7-21}$$

式中：S_t——公路竣工时沉降。

统计连徐、汾灌、润扬和沿江等几条高速公路的观测的数据，得到工后沉降的频率分布曲线如图 7-21 所示，其中参与统计沉降点的分布如

表 7-18 所示。

参与统计典型高速公路的沉降板埋设部位统计　　表 7-18

观测段	桥头 个数/频率	结构物 个数/频率	路段 个数/频率	总个数
连徐高速公路	40/17.7%	30/13.3%	156/69.0%	226
润扬大桥北接线	14/13.5%	43/41.3%	47/45.2%	104
沿江高速公路	34/42.0%	34/42.0%	13/16%	81
汾灌高速公路	54/60.7	24/27.0	11/12.4%	89
总计	142/28.4%	131/26.2%	227/45.4%	500

从图 7-21 可以发现已建高速公路工后沉降 87.2%的小于 100mm，91%的小于 130mm，95.3%的小于 200mm。对比国内高速公路建设要求已建成高速公路建设的要求，并结合表 7-18，说明已建成的高速公路水泥土搅拌桩处理复合地基沉降能够满足设计要求。

同时通过对连徐、汾灌、润扬和沿江等几条高速公路的沉降观测数据和预测得到的工后沉降数据的分析得到，路堤的工后沉降与路堤的总沉降之间存在如下关系，拟合关系见图 7-22。

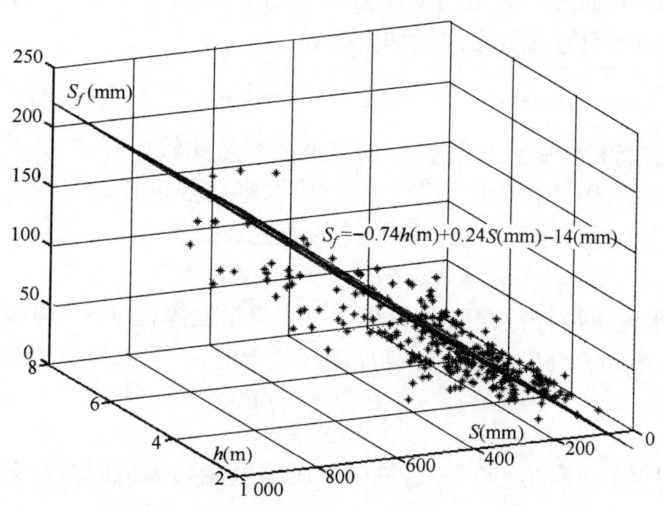

图 7-22　工后沉降与填土高和总沉降之间关系

$$S_f = -0.74h + 0.24S - 14 \tag{7-22}$$

式中：h——填土高，m；

S_f——工后沉降，mm；

S——路堤的总沉降，mm。

从表达式(7-22)可以看出工后沉降主要与路堤沉降有密切的关系，而填筑高度量纲为 m，而工后沉降量纲为 mm，因此可以认为填筑高度对工后沉降的贡献不大，工后沉降与沉降之间关系可近似用 $S_f = 0.24S - 14$ 表示。

二、复合地基沉降计算

目前关于复合地基沉降计算的方法很多，各种计算方法中尤以分层总和法应用比较普遍，该方法是将复合地基的沉降 S 分为两部分：加固区沉降量 S_1 和下卧层沉降量 S_2。要准确地计算 S_1 和 S_2，首先要清楚了解加固后地基内附加应力分布情况，其次要合理确定加固区的复合模量。其中地基应力可以按 Boussinesq 附加应力进行计算，而加固区模量按复合地基的复合模量进行计算。

$$E_{ci} = \alpha E_{pi} + (1-\alpha)E_{si} \tag{7-23}$$

式中：E_{ci}——第 i 层复合地基的压缩模量；

E_{pi}——第 i 层桩体的压缩模量；

E_{si}——第 i 层桩间土的压缩模量；

α——桩体面积置换率。

表达式有几个关键的问题需要解决，即桩身模量与土体模量确定，接下来按桩身模量与土体模量两部分进行分析。

1. 桩身模量与土体物理性质和水泥用量之间的关系

在第七章第二节中，通过对大量的实测数据进行多元统计分析，得到 85%概率的水泥土现场强度 q_u 与土性和龄期等参数之间为如下关系：

$$q_u = e^{-1.28}(w/w_L)^{-0.819}(C/w)^{0.972}t^{0.156} \tag{7-24}$$

而取 85%概率进行桩身强度计算得到的桩身强度是比较保守的，比均值小 1.8 倍。这样计算得到的桩间距很小，因此在作桩间距分析时应取平均强度比较合理。同时在工程中一般取 90d 龄期的强度作为设计强度，因此得到 q_u 的表达式如下。

$$q_u = (w/w_L)^{-0.819}(C/w)^{0.972} \tag{7-25}$$

第五章中研究水泥土搅拌桩在路堤荷载作用下模量发挥程度比与填筑高度和加固深度之间关系为 $\beta=0.33+0.1H_s/H_b$。为此计算加固区变形时，q_u 则按下式选取：

$$q_u = \beta\left(\frac{w}{w_L}\right)^{-0.819}\left(\frac{C}{w}\right)^{0.972} \tag{7-26}$$

根据《地基处理手册》里的经验公式，桩体的压缩模量与无侧限抗压强度之间存在如下关系式：

$$E_p = (100 \sim 120)q_u \tag{7-27}$$

在后续的分析中，取 $E_p=110q_u$，即计算加固区沉降时 E_p 为：

$$E_p = 110\beta\left(\frac{w}{w_L}\right)^{-0.819}\left(\frac{C}{w}\right)^{0.972} \tag{7-28}$$

2. 土体强度与模量之间的关系

已有研究成果表明，土体抗剪强度与土体的液限、含水率和自重应力密切相关，根据连徐、汾灌、润扬、沿江和沂淮江等高速公路的工程地质资料总结的软土层抗剪强度 C_u 与土层自重应力以及含水率以及含水比（含水率/液限）之间的关系，通过统计分析得到 C_u 与 w、w_L、p_0 的关系式如图 7-23 和表达式(7-29)所示。

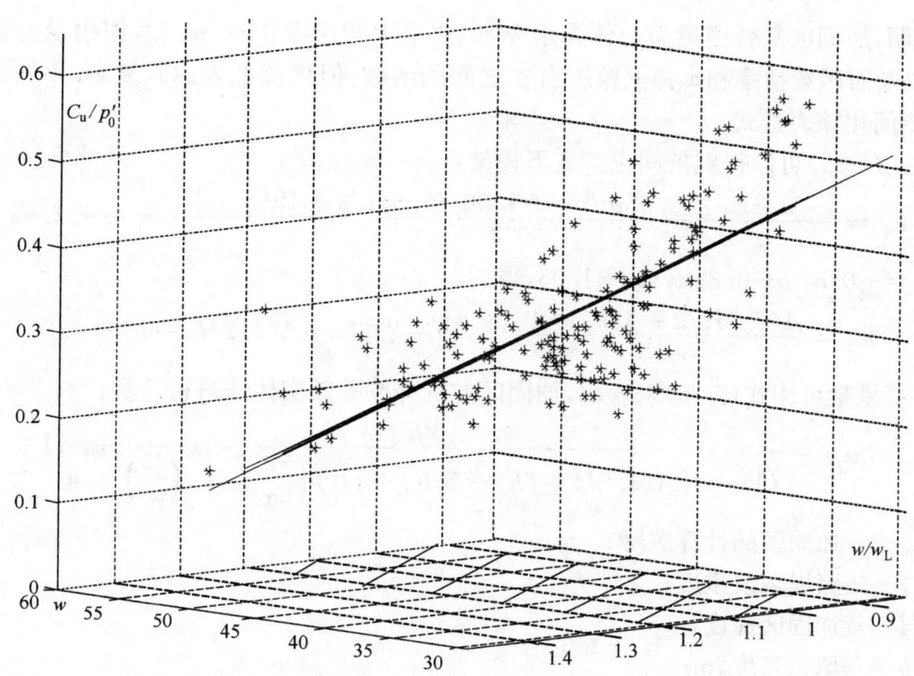

图 7-23 C_u/p_0 与 w、w/w_L 关系曲线

拟合得到：

$$\frac{C_u}{p'_0} = -0.8101w - 0.2824w/w_L + 1.055 \tag{7-29}$$

而大量资料表明，土体的十字板抗剪强度 C_u 与单桥静力触探的比贯入阻力 p_s 之间存在如下关系：

$$C_u(\text{kPa}) = 30.8p_s(\text{MPa}) + 4 \qquad (0.1 < p_s < 1.5) \tag{7-30}$$

同时单桥静力触探的比贯入阻力 p_s 与土体的变形模量 E_0 之间存在如下关系：

$$E_0 = 9.79p_s - 2.63 \qquad (0.3 < p_s < 3) \tag{7-31}$$

因此土体的变形模量与土体的上覆压力 p 和土体的含水率(w)以及含水比(w/w_L)之间存在如下关系：

$$E_0 = f(p, w, w/w_L) \tag{7-32}$$

结合表达式(7-21)、式(7-26)和式(7-32)，可以认为水泥土搅拌桩地基复合模量 E_{sp} 为土体含水率 w、含水率与液限比 w/w_L、水泥用量与含水率比值 C/w 以及面积置换率和 α 和上覆压力 p 之间的函数。

三、工后沉降与等效似水灰比的关系

对于打穿软土层的水泥土搅拌桩地基，根据第五章的研究，下卧层沉降只与路堤荷载有关，与加固区的桩身模量与桩间距关系没有直接联系。下卧层的强度比较大，压缩性很小，在路堤荷载作用下沉降变形比较小。在工程设计中一般认为只要控制了软土层的变形，路堤的沉降变形就很小了。为此可以通过控制加固区复合模量减小路堤沉降，从而确定桩间距，而以上研究表明,加固区复合模量为土体含水率 w、含水率与液限比 w/w_L、水泥用量与含水率比值 C/w 以及面积置换率和 α 和上覆压力 p 之间的函数,但该函数表达式复杂,不便于工程应用,有必要简化该表达式。

根据式(7-32)可以得到桩间土的变形模量:

$$E_0=\frac{[-0.81w-0.28w/w_L+1.06](7.5H/2+19h)-4}{30.8}\times 9.79-2.63 \tag{7-33}$$

令 $A=-0.81w-0.28w/w_L+1.06$,得到:

$$E_0=\frac{A(7.5H/2+19h)-4}{30.8}\times 9.79-2.36=A(1.2H+6h)-3.9 \tag{7-34}$$

而桩身模量可用式(7-26)来表示,加固区的沉降按等效实体法进行计算:

$$S_{Mcal}=\frac{\gamma h}{(1-\alpha)[A(1.2H+6h)-3.9]+110\beta\left(\frac{w}{w_L}\right)^{-0.819}\left(\frac{C}{w}\right)^{0.972}\alpha}H \tag{7-35}$$

式中:S_{Mcal}——加固区的计算沉降;

γ——路堤填筑重度;

H——加固区深度,m;

h——填筑高度,m;

α——面积置换率。

为了简化桩间距的确定因素,可以取加固深度 H 为水泥土搅拌桩最大加固深度 15m 和填筑高 h 为 6m,这个时候计算得到的加固区的沉降值偏大,因而使相应的桩间距变小,在工程中偏安全。因此进一步简化得到:

$$S_{Mcal}=\frac{\gamma h}{(1-\alpha)[A(1.2H+6h)-3.9]+110\beta\left(\frac{w}{w_L}\right)^{-0.819}\left(\frac{C}{w}\right)^{0.972}\alpha}H$$

$$=\frac{\gamma h}{(1-\alpha)[3.6A-0.26]+4.3\left(\frac{w}{w_L}\right)^{-0.819}\left(\frac{C}{w}\right)^{0.972}\alpha} \tag{7-36}$$

路堤荷载作用下,地基的变形按分层总合法计算。计算深度取附加应力为 0.1 倍自重应力时的深度。加固区土体的变形模量按式(7-21)求得,而下卧层土体的变形模量按式(7-32)计算选取。式(7-32)计算加固区土体的模量时,p 应按自重应力和附加应力的和求取。

分层总合法计算时,分层厚度按 0.3m 确定。计算路堤顶面宽度按 26m 计,边坡坡度按 2 取,折算后计算条形荷载的宽度按 30m 取。通过连徐、汾灌、润扬和沿江的近 100 个断面的沉降计算结果,可以整理得到加固区沉降和下卧层沉降的关系,同时也得到计算得到的总沉降和观测的总沉降的相关关系式。

图 7-24 为水泥土搅拌桩处理地基加固区沉降与下卧层沉降之间的关系。从图 7-24 可以看出,下卧层沉降与加固区沉降之间数据点比较离散,取其平均值关系,即下卧层沉降与加固区沉降之间比例为 7.1∶1 作为近似的后续分析的依据。而图 7-25 为水泥土搅拌桩地基计算沉降与实测沉降之间的关系,从该图可以看出沉降修正系数在 0.4～1.25 之间,该范围与公路工程中沉降修正系数的范围能够比较好的吻合,在后续分析中取实测沉降与计算沉降的比值为 0.81 作为分析基础。

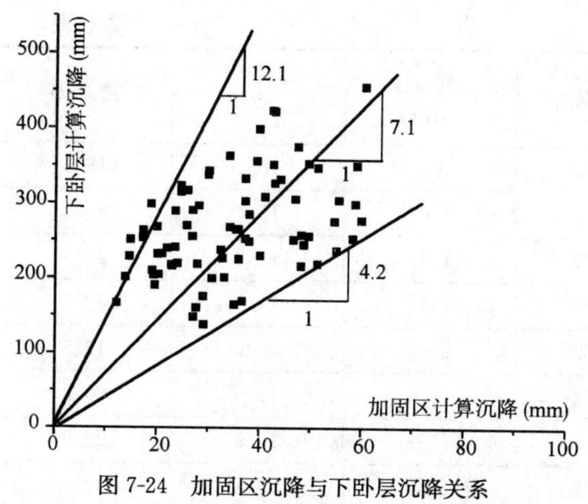

图 7-24　加固区沉降与下卧层沉降关系

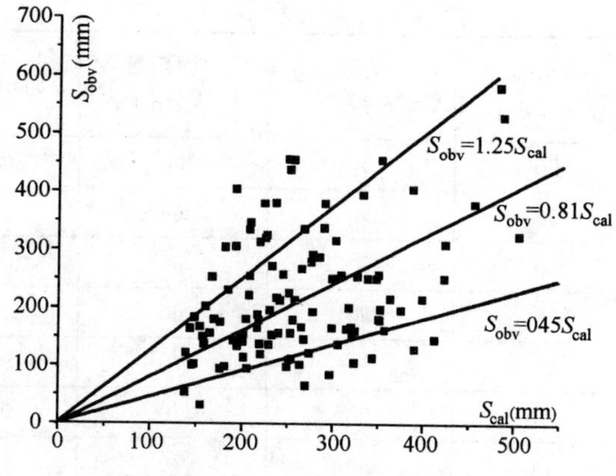

图 7-25　计算沉降与实际沉降之间关系

由已有的分析成果(图 7-24～图 7-25)可以整理得复合地基在路堤荷载作用下地基沉降 S 的近似表达式为：

$$S=(1+7.1)\times 0.81S_{\mathrm{Mcal}}=\frac{131h}{(1-\alpha)[3.6A-0.26]+4.3\left(\frac{w}{w_{\mathrm{L}}}\right)^{-0.819}\left(\frac{C}{w}\right)^{0.972}\alpha} \tag{7-37}$$

因此可以由图 7-22 得到工后沉降 S_f 表达式为：

$$S_f=\frac{31.5h}{(1-\alpha)[3.6A-0.26]+4.3\left(\frac{w}{w_{\mathrm{L}}}\right)^{-0.819}\left(\frac{C}{w}\right)^{0.972}\alpha}-0.74h-14 \tag{7-38}$$

定义等效计算模量 $E_{\mathrm{cal}}=(1-\alpha)[3.6A-0.26]+4.3\left(\frac{w}{w_{\mathrm{L}}}\right)^{-0.819}\left(\frac{C}{w}\right)^{0.972}\alpha$，该式子是含水率 w(%)，液限 w_{L}(%)，水泥用量 C(kg/m)和面积置换率 α 的函数。式 (7-38)说明水泥土搅拌桩复合地基的工后沉降是由土体含水率 w，液限 w_{L}，水泥用量 C，面积置换率 α 和填筑高度 h 这几个因素控制的。

以上推导工后沉降与土性和水泥用量等参数之间的关系时，推导过程作了简化，而且表达式很复杂，在实际工程中需要进行简化或者组合因素来进行分析。通过多种组合的尝试和对比研究，定义组合参数 $\eta=\frac{w}{C}\frac{1+\alpha}{\alpha}\exp\left(\frac{2.4w}{100}-\frac{w_{\mathrm{L}}}{90}\right)$，该参数包含了 E_{cal} 的影响因素，称该参数为等效似水灰比。表 7-19 为典型的土性参数计算得到的等效似水灰比与计算模量之间的关系。

等效似水灰比 η 与 E_{cal} 关系表　　表 7-19

含水率(%)	液限(%)	水泥用量(kg/m)	面积置换率	E_{cal}(MPa)	η	$E_{\mathrm{cal}}\times\eta$
50	50	50	0.187	1.69	12.1	20.5
50	50	50	0.134	1.52	16.1	24.5
50	50	50	0.101	1.41	20.8	29.4
50	50	50	0.078	1.34	26.2	35.1

续上表

含水率(%)	液限(%)	水泥用量(kg/m)	面积置换率	E_{cal}(MPa)	η	$E_{cal}\times\eta$
50	50	60	0.187	1.85	10.1	18.6
50	50	60	0.134	1.63	13.4	21.9
50	50	60	0.101	1.50	17.3	25.9
50	50	60	0.078	1.41	21.8	30.6
50	50	70	0.187	2.00	8.6	17.2
50	50	70	0.134	1.74	11.5	20.0
50	50	70	0.101	1.58	14.9	23.6
50	50	70	0.078	1.47	18.7	27.5
50	50	80	0.187	2.16	7.5	16.2
50	50	80	0.134	1.85	10.1	18.7
50	50	80	0.101	1.67	13	21.7
50	50	80	0.078	1.53	16.4	25.2
50	60	50	0.187	1.96	10.8	21.1
50	60	50	0.134	1.76	14.4	25.3
50	60	50	0.101	1.64	18.6	30.4
50	60	50	0.078	1.55	23.4	36.3
50	60	60	0.187	2.14	9	19.2
50	60	60	0.134	1.89	12	22.7
50	60	60	0.101	1.73	15.5	26.9
50	60	60	0.078	1.62	19.5	31.7
50	60	70	0.187	2.32	7.7	17.8
50	60	70	0.134	2.02	10.3	20.8
50	60	70	0.101	1.83	13.3	24.3
50	60	70	0.078	1.70	16.7	28.4
50	60	80	0.187	2.50	6.8	17.0
50	60	80	0.134	2.15	9	19.3
50	60	80	0.101	1.93	11.6	22.4
50	60	80	0.078	1.77	14.7	26.1
50	70	50	0.187	2.18	9.7	21.1
50	70	50	0.134	1.95	12.9	25.2
50	70	50	0.101	1.81	16.7	30.2
50	70	50	0.078	1.71	21	36.0
50	70	60	0.187	2.38	8.1	19.3
50	70	60	0.134	2.10	10.8	22.7

续上表

含水率（%）	液限（%）	水泥用量（kg/m）	面积置换率	E_{cal}（MPa）	η	$E_{cal}\times\eta$
50	70	60	0.101	1.92	13.9	26.7
50	70	60	0.078	1.80	17.5	31.5
50	70	70	0.187	2.59	6.9	17.9
50	70	70	0.134	2.25	9.2	20.7
50	70	70	0.101	2.03	11.9	24.2
50	70	70	0.078	1.88	15	28.2
50	70	80	0.187	2.79	6	16.8
50	70	80	0.134	2.39	8.1	19.4
50	70	80	0.101	2.14	10.4	22.3
50	70	80	0.078	1.97	13.1	25.8
50	80	50	0.187	2.38	8.7	20.7
50	80	50	0.134	2.12	11.5	24.4
50	80	50	0.101	1.96	14.9	29.2
50	80	50	0.078	1.85	18.8	34.7
50	80	60	0.187	2.60	7.2	18.8
50	80	60	0.134	2.28	9.6	21.9
50	80	60	0.101	2.08	12.4	25.8
50	80	60	0.078	1.94	15.6	30.3
50	80	70	0.187	2.83	6.2	17.6
50	80	70	0.134	2.45	8.2	20.1
50	80	70	0.101	2.20	10.7	23.6
50	80	70	0.078	2.04	13.4	27.3
50	80	80	0.187	3.06	5.4	16.5
50	80	80	0.134	2.61	7.2	18.8
50	80	80	0.101	2.33	9.3	21.6
50	80	80	0.078	2.13	11.7	24.9
60	50	50	0.187	1.07	18.4	19.6
60	50	50	0.134	0.93	24.6	22.9
60	50	50	0.101	0.85	31.8	27.0
60	50	50	0.078	0.79	40	31.7
60	50	60	0.187	1.18	15.4	18.1
60	50	60	0.134	1.01	20.5	20.8
60	50	60	0.101	0.91	26.5	24.1
60	50	60	0.078	0.84	33.3	27.9

续上表

含水率（%）	液限（%）	水泥用量（kg/m）	面积置换率	E_{cal}（MPa）	η	$E_{cal}\times\eta$
60	50	70	0.187	1.29	13.2	17.0
60	50	70	0.134	1.09	17.6	19.2
60	50	70	0.101	0.97	22.7	22.0
60	50	70	0.078	0.89	28.5	25.2
60	50	80	0.187	1.40	11.5	16.1
60	50	80	0.134	1.17	15.4	18.1
60	50	80	0.101	1.03	19.8	20.4
60	50	80	0.078	0.93	25	23.3
60	60	50	0.187	1.32	16.5	21.8
60	60	50	0.134	1.17	22	25.8
60	60	50	0.101	1.08	28.4	30.7
60	60	50	0.078	1.02	35.8	36.4
60	60	60	0.187	1.45	13.7	19.9
60	60	60	0.134	1.27	18.3	23.2
60	60	60	0.101	1.15	23.7	27.3
60	60	60	0.078	1.07	29.8	31.9
60	60	70	0.187	1.58	11.8	18.7
60	60	70	0.134	1.36	15.7	21.4
60	60	70	0.101	1.22	20.3	24.8
60	60	70	0.078	1.13	25.5	28.7
60	60	80	0.187	1.71	10.3	17.6
60	60	80	0.134	1.45	13.7	19.9
60	60	80	0.101	1.29	17.8	23.0
60	60	80	0.078	1.18	22.4	26.4
60	70	50	0.187	1.53	14.8	22.6
60	70	50	0.134	1.36	19.7	26.9
60	70	50	0.101	1.26	25.4	32.0
60	70	50	0.078	1.19	32	38.0
60	70	60	0.187	1.68	12.3	20.6
60	70	60	0.134	1.47	16.4	24.1
60	70	60	0.101	1.34	21.2	28.4
60	70	60	0.078	1.25	26.7	33.4
60	70	70	0.187	1.83	10.5	19.2
60	70	70	0.134	1.58	14.1	22.2

续上表

含水率(%)	液限(%)	水泥用量(kg/m)	面积置换率	E_{cal} (MPa)	η	$E_{cal}\times\eta$
60	70	70	0.101	1.42	18.2	25.8
60	70	70	0.078	1.31	22.9	30.0
60	70	80	0.187	1.97	9.2	18.1
60	70	80	0.134	1.68	12.3	20.7
60	70	80	0.101	1.50	15.9	23.8
60	70	80	0.078	1.37	20	27.4
60	80	50	0.187	1.71	13.2	22.5
60	80	50	0.134	1.52	17.6	26.8
60	80	50	0.101	1.40	22.8	32.0
60	80	50	0.078	1.32	28.6	37.9
60	80	60	0.187	1.87	11	20.6
60	80	60	0.134	1.64	14.7	24.1
60	80	60	0.101	1.49	19	28.4
60	80	60	0.078	1.39	23.9	33.3
60	80	70	0.187	2.04	9.4	19.1
60	80	70	0.134	1.76	12.6	22.1
60	80	70	0.101	1.58	16.3	25.8
60	80	70	0.078	1.46	20.5	30.0
60	80	80	0.187	2.20	8.3	18.3
60	80	80	0.134	1.87	11	20.6
60	80	80	0.101	1.67	14.2	23.7
60	80	80	0.078	1.53	17.9	27.4
70	60	50	0.187	0.79	24.4	19.2
70	60	50	0.134	0.66	32.6	21.5
70	60	50	0.101	0.58	42.1	24.4
70	60	50	0.078	0.53	53	27.9
70	60	60	0.187	0.89	20.4	18.1
70	60	60	0.134	0.73	27.2	19.9
70	60	60	0.101	0.63	35.1	22.3
70	60	60	0.078	0.57	44.2	25.1
70	60	70	0.187	0.98	17.5	17.2
70	60	70	0.134	0.80	23.3	18.7
70	60	70	0.101	0.69	30.1	20.7
70	60	70	0.078	0.61	37.9	23.0

续上表

含水率（%）	液限（%）	水泥用量（kg/m）	面积置换率	E_{cal}（MPa）	η	$E_{cal}\times\eta$
70	60	80	0.187	1.08	15.3	16.6
70	60	80	0.134	0.87	20.4	17.8
70	60	80	0.101	0.74	26.3	19.5
70	60	80	0.078	0.65	33.2	21.5
70	70	50	0.187	0.99	21.9	21.7
70	70	50	0.134	0.85	29.2	24.9
70	70	50	0.101	0.77	37.7	29.0
70	70	50	0.078	0.71	47.5	33.7
70	70	60	0.187	1.10	18.2	20.1
70	70	60	0.134	0.93	24.3	22.7
70	70	60	0.101	0.83	31.4	26.0
70	70	60	0.078	0.76	39.6	29.9
70	70	70	0.187	1.22	15.6	19.0
70	70	70	0.134	1.02	20.8	21.1
70	70	70	0.101	0.89	26.9	23.9
70	70	70	0.078	0.80	33.9	27.2
70	70	80	0.187	1.33	13.7	18.2
70	70	80	0.134	1.09	18.2	19.9
70	70	80	0.101	0.95	23.6	22.4
70	70	80	0.078	0.85	29.7	25.2
70	80	50	0.187	1.16	19.6	22.8
70	80	50	0.134	1.01	26.1	26.4
70	80	50	0.101	0.92	33.7	30.9
70	80	50	0.078	0.85	42.5	36.3
70	80	60	0.187	1.29	16.3	21.0
70	80	60	0.134	1.10	21.8	24.0
70	80	60	0.101	0.99	28.1	27.7
70	80	60	0.078	0.91	35.4	32.1
70	80	70	0.187	1.41	14	19.8
70	80	70	0.134	1.19	18.7	22.3
70	80	70	0.101	1.05	24.1	25.4
70	80	70	0.078	0.96	30.3	29.0
70	80	80	0.187	1.54	12.2	18.7
70	80	80	0.134	1.28	16.3	20.9

续上表

含水率（%）	液限（%）	水泥用量（kg/m）	面积置换率	E_{cal}（MPa）	η	$E_{cal}\times\eta$
70	80	80	0.101	1.12	21.1	23.6
70	80	80	0.078	1.01	26.5	26.8
80	70	70	0.187	0.69	22.7	15.7
80	70	70	0.134	0.52	30.3	15.6
80	70	70	0.101	0.41	39.1	15.9
80	70	70	0.078	0.33	49.3	16.3
80	70	80	0.187	0.78	19.9	15.5
80	70	80	0.134	0.58	26.5	15.3
80	70	80	0.101	0.45	34.2	15.5
80	70	80	0.078	0.37	43.1	15.8
80	80	50	0.187	0.68	28.4	19.4
80	80	50	0.134	0.55	37.9	20.9
80	80	50	0.101	0.47	49	23.0
80	80	50	0.078	0.41	61.7	25.3
80	80	60	0.187	0.78	23.7	18.6
80	80	60	0.134	0.62	31.6	19.7
80	80	60	0.101	0.52	40.9	21.3
80	80	60	0.078	0.45	51.4	23.2
80	80	70	0.187	0.88	20.3	17.9
80	80	70	0.134	0.69	27.1	18.8
80	80	70	0.101	0.57	35	20.1
80	80	70	0.078	0.49	44.1	21.7
80	80	80	0.187	0.98	17.8	17.4
80	80	80	0.134	0.76	23.7	18.1
80	80	80	0.101	0.63	30.6	19.2
80	80	80	0.078	0.53	38.6	20.6

将表 7-19 等效似水灰比 η 与 E_{cal} 的关系进行统计分析，得到图 7-26 和图 7-27。

图 7-26～图 7-27 表明 $E_{cal}\times\eta$ 主要集中在 23.4 的附近，比较集中并且具有代表性。在分析的过程中以 $E_{cal}\times\eta=23.4$ 作为以后分析的基础。根据前面的分析得到：

$$S_f=\frac{31.5h}{E_{cal}}-0.74h-14 \tag{7-39}$$

进一步可以整理得到如下表达式：

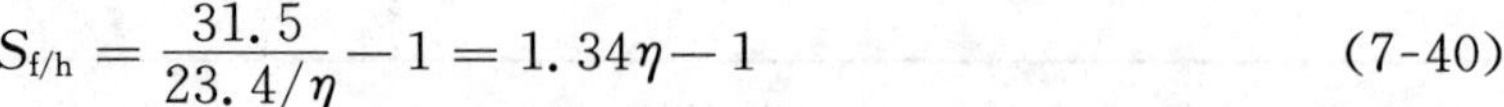

$$S_{f/h}=\frac{31.5}{23.4/\eta}-1=1.34\eta-1 \tag{7-40}$$

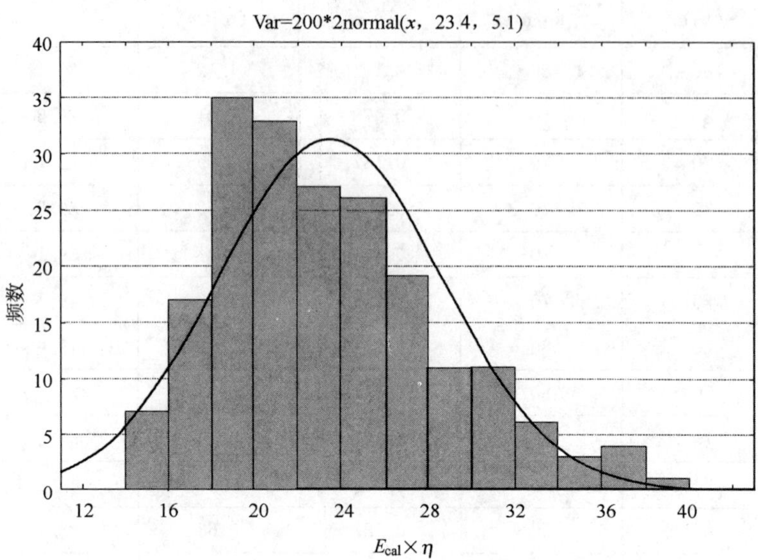

图 7-26　$E_{cal}\times\eta$ 的频数分布

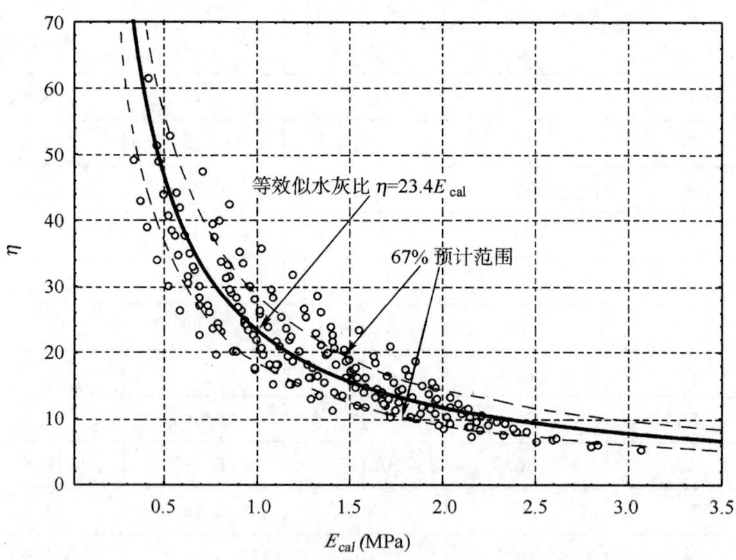

图 7-27　η 和 E_{cal} 拟合关系统计

上述分析表明，等效似水灰 η 与工后沉降/填筑高(S_f/h)有很好的线性相关性，为了验证这一结论，本节统计分析了连徐、润扬等高速公路归一化沉降与等效似水灰 η 比值[$(S/h)/\eta$]的频域分布，以及归一化工后沉降与等效似水灰 η 比值[$(S_f/h)/\eta$]的频域分布。图 7-28～图 7-29 中大量实测数据表明，等效似水灰比 η 与路堤最终沉降 S 之间具有比较好的关系，即路堤沉降 S 与填筑高度 h 和等效似水灰比 η 的比值的分布是以 2.58 为均值，1.35 为方差的正态分布。根据统计学知识在均值的正负一倍方差的范围内，$(S/h)/\eta$ 的概率为66.7%。

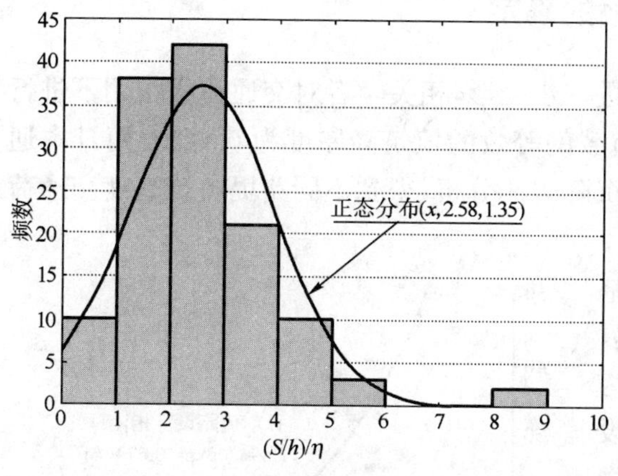

图 7-28 $(S/h)/\eta$ 频域分布

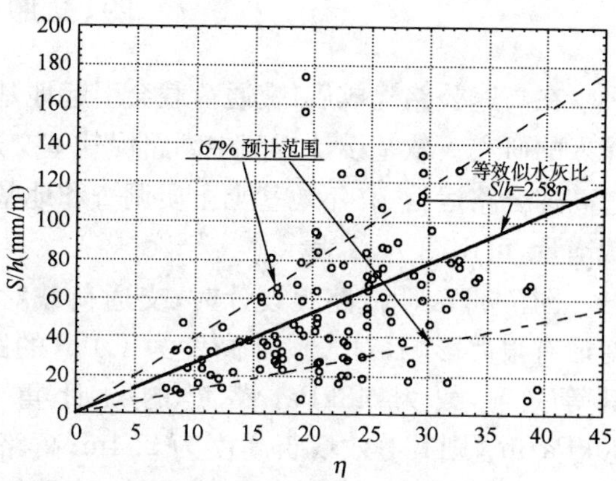

图 7-29 (S/h) 和 η 相关性分析

图 7-30～图 7-31 说明 S_f/h 与 η 之间的关系比较离散，是由于等效似水灰比参数确定过程作了许多简化而导致。但从图 7-31 看出实际统计得到 $(S_f/h)/\eta$ 在(0.67,0.13)范围内的概率为 67％，在(0,1.21)范围内的概率为 99.7％。而理论推导得出桩间距确定表达式(7-40)：$(S_f/h)/\eta \approx 1.34$，从统计的概率而言，实测数据 $(S_f/h)/\eta$ 以 100％ 的概率满足 $(S_f/h)/\eta < 1.34$。

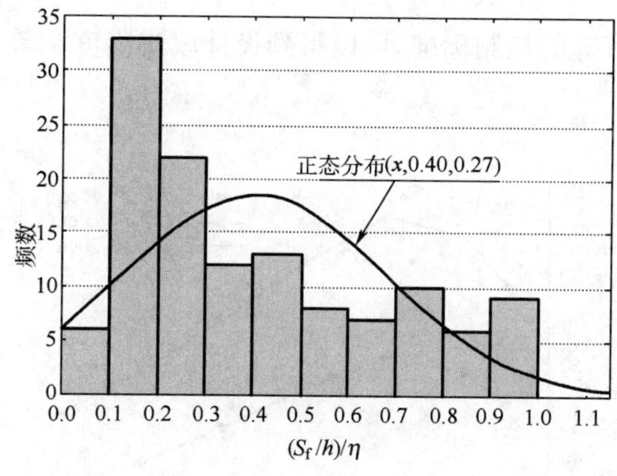

图 7-30 $(S/h)/\eta$ 频域分布

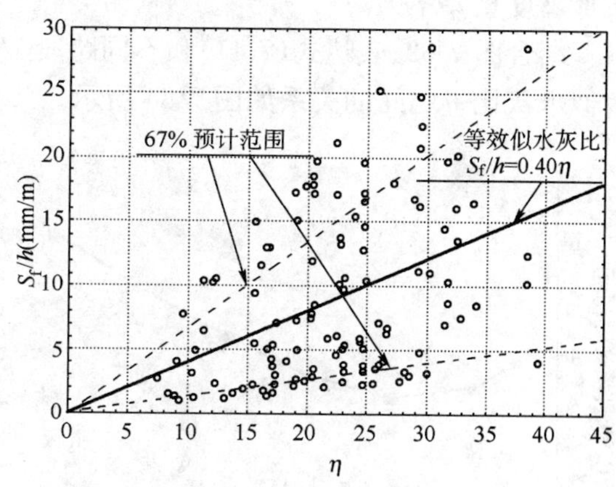

图 7-31 (S_f/h) 和 η 相关性分析

$(S_f/h)/\eta$ 取大值时，在同一工后沉降控制要求下，计算得到的 η 偏小，这个时候计算得到的桩间距是偏小的。因此可以认为，理论推导 $(S_f/h)/\eta$ 的表达式过于保守，而按大量数据统计得到的 99.7％概率的 $(S_f/h)/\eta$ 的表达式比理论推导的 $(S_f/h)/\eta$ 要小，但是在工程中又是安全的。因此在桩间距确定方法的确定过程中，$(S_f/h)/\eta$ 按实际统计概率为 99.7％的对应值来设计，即：

$$(S_f/h)/\eta = 1.21 \tag{7-41}$$

四、交通荷载的确定

在高速公路建成后，交通荷载会引起地基的进一步变形，相关学者对交通荷载作用下进行深入的研究。软基设计规范中高路堤软基交通荷载的等效的填筑高厚度为 0.02m，而日本通过高速公路运营 20 年地基土土质调查和地基的沉降观测分析，得到不同路堤填筑高度交通荷载当量，可用图 7-32 表示。

图 7-32 表明低路堤设计时，交通荷载对地基变形有很大影响，对于设计高度为 1.0m 的路堤，其等效荷载为 48kPa，路堤的设计重度为 $20kPa/m^3$，则其等效填筑高度为 2.4m；高路堤设计时，交通荷载对地基变形影响很小，当路堤高度超过 6m 时，其等效荷载为 1.7kPa，对应填筑高度为 0.07m，接近于国内规范的等效高度。为此在路堤的设计重度为 $20kPa/m^3$ 时，通过图 7-32，可以得到计算工后沉降时用的填筑高度 H 与路堤设计高度之间的曲线如图 7-33 所示。

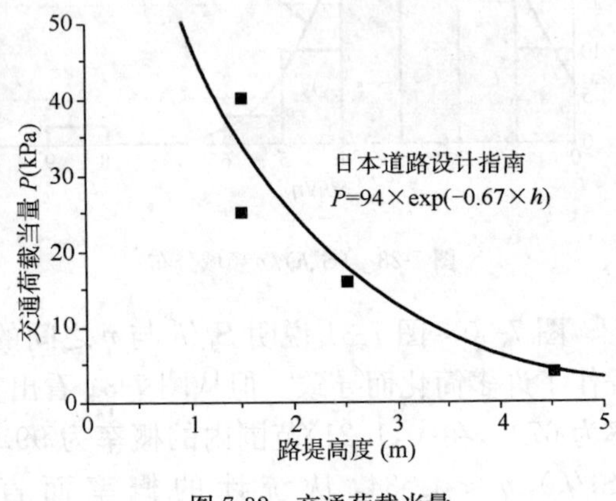

图 7-32　交通荷载当量

图 7-33 表明计算工后沉降时选用的填筑高度在路堤设计填筑高度较小时，远远大于设计路堤设计高度；而在路堤设计填筑高度较大时，与设计高度相差不大。

结合图 7-32、表达式(7-41)和不同路段工后沉降的控制标准，可以得到设计填筑高度和等效似水灰比 η 之间的关系如图 7-34 所示。

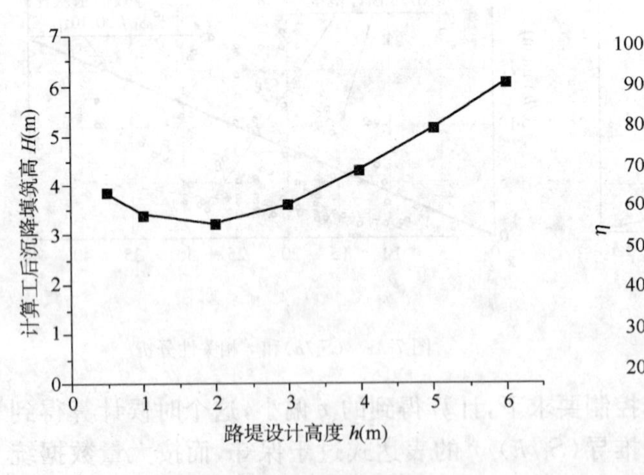

图 7-33　计算工后沉降选用的填筑高度

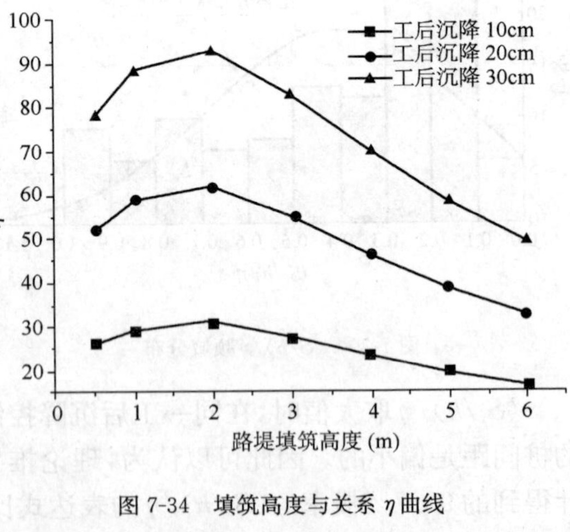

图 7-34　填筑高度与关系 η 曲线

从设计填筑高度与 η 关系曲线可以看出，对于桥头路段工后沉降要求小于 10cm，其 η 一般小于 30；桥涵和结构物其工后沉降要求小于 20cm，其 η 一般小于 60；而对于一般路段，其工后沉降要求小于 30cm，其 η 一般小于 90。

五、桩间距确定方法

上述的分析得到了工后沉降 S_f 与等效似水灰比 η 之间的关系，并且得到计算工后沉降的计算填筑高度。同时在第四章和第五章分别得到了路堤荷载作用下，水泥土搅拌桩设计合适下限和上限桩间距，因此可以按以下步骤确定水泥土搅拌桩的桩间距。

(1)根据填筑高度确定，根据图 7-34 计算考虑车行荷载时采用等效填筑高度。

(2)根据高速公路工后沉降的要求和填筑高度，由表达式(7-41)计算工程中需要的等效似水灰比 η。

(3)确定现场的水泥用量时，首先按一般的要求选取，即按江苏省高速公路建设过程中在含水率小于 65%，每延米水泥用量为含水率对应的公斤数；而当含水率大于 65%时，水泥用量按每延米 65kg 选取。

(4)根据掺灰量，结合土性指标，由 $\eta=\frac{w}{C}\frac{1+\alpha}{\alpha}\exp\left(\frac{2.4w}{100}-\frac{w_L}{90}\right)$ 计算水泥土搅拌桩复合地基需要的面积置换率，再由面积置换率计算得到桩间距。当桩间距大于 1.7m 时，则应降低水泥用量，从而使桩间距小于 1.7m。当桩间距小于 1.3m 时，则应加大水泥用量，从而使桩间距大于 1.3m。

桩间距确定流程按图 7-35 进行。

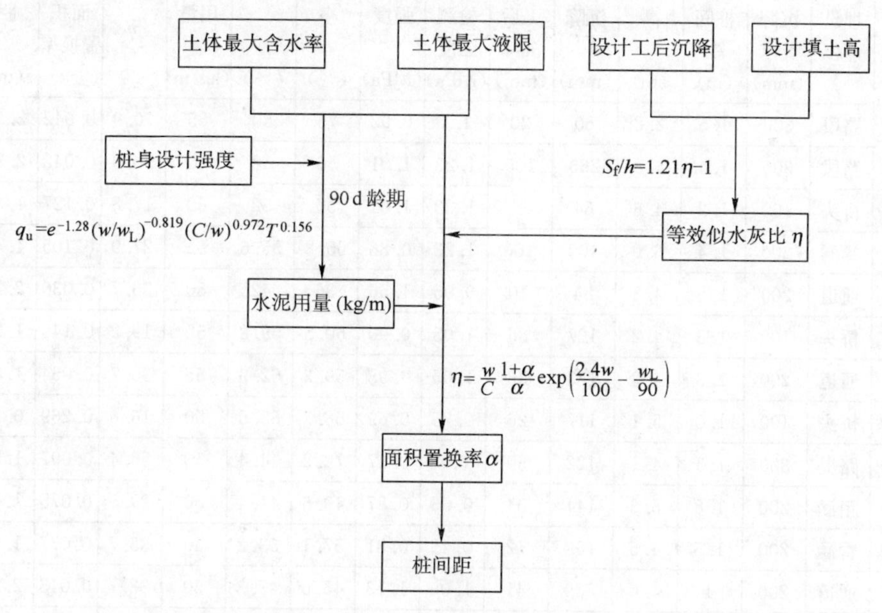

图 7-35　桩间距确定流程图

定义参数 $k=\frac{\exp(2.4w/100)}{\exp(w_L/90)}$，对一般天然沉积软土，其含水比为 0.8～1.2，而含水率为 50%～80%。计算得到的 k 系数在 1.8～3.6 之间。因此可以得到等效似水灰比与桩间距之间的关系如图 7-36 和图 7-37 所示。

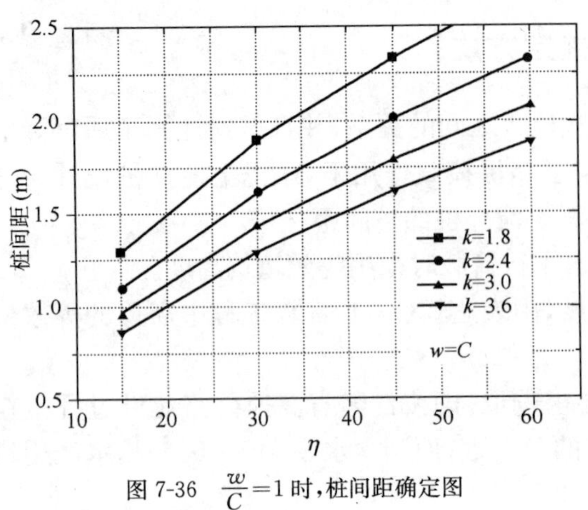

图 7-36 $\frac{w}{C}=1$ 时，桩间距确定图

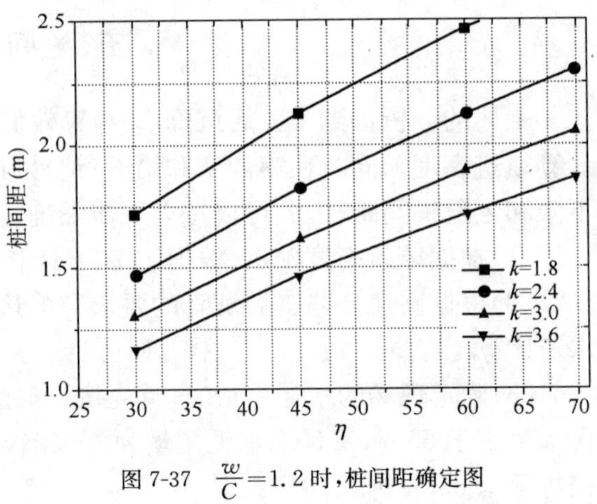

图 7-37 $\frac{w}{C}=1.2$ 时，桩间距确定图

六、实 例 验 证

为了验证该水泥土搅拌桩桩间距确定方法的合理性，本节结合几个具体的实例进行计算分析，得到表 7-20。

桩 间 距 验 证 表 7-20

路 段	埋设部位	工后沉降要求 (mm)	设计桩间距 (m)	填土高 (m)	实测沉降 (mm)	预测工后沉降 (mm)	桩身检测强度 (MPa)	预测强度 (MPa)	含水率 (%)	液限 (%)	水泥用量 (kg/m)	η	面积置换率	桩间距 (m)	建议间距 (m)
连盐 K4+325	路段	300	1.5	2.8	60	20	1.1	0.92	75	80	65	70.9	0.042	2.32	1.7*
连徐 K14+020	路段	300	1.4	4.8	233	100	1.23	1.01	56	52	60	50.3	0.042	2.33	1.7*
连徐 K13+867	桥头	100	1.2	4.6	64	20	1.23	1.01	56	52	60	17.8	0.127	1.34	1.3
连徐 K15+123	涵洞	200	1.4	6.0	400	100	1.23	0.86	65.8	55.6	65	27.9	0.105	1.47	1.5
汾灌 K31+135	通道	200	1.5	4.3	84	10	0.95	1.56	36	42	50	36.7	0.030	2.75	1.7*
汾灌 K45+215	桥头	100	1.3	4.2	127	86	1.05	0.90	60.5	59.2	55	19.2	0.145	1.25	1.3
汾灌 K47+035	通道	200	1.3	4.3	133	33	1.05	0.98	59.3	62.9	55	36.7	0.064	1.88	1.7*
沿江 K38+500	桥头	100	1.0	5.1	117	26	0.75	0.69	68.3	62.5	50	16.6	0.269	0.92	1.3#
沿江 K37+910	路堤	300	1.5	4.1	122	30	0.8	0.47	72.2	44.4	50	56.4	0.097	1.53	1.5
沿江 K41+330	箱涵	200	1.8	5.6	144	54	0.56	0.87	49.6	41.4	50	29.5	0.075	1.74	1.7
沿江 K05+600	管涵	200	1.5	4.5	169	12	0.48	0.81	57.1	53.2	49	35.7	0.077	1.72	1.7
润扬 K9+580	通道	200	1	4.0	339	41	1.05	1.13	45.5	47.3	50	38.7	0.043	2.29	1.7*
润扬 K9+494	通道	200	1	3.8	200	18	1.23	1.05	45.0	42.0	50	40.5	0.043	2.30	1.7*

注：* 指应该减少水泥用量；而 # 指应该加大水泥用量。

表 7-20 确定桩间距的方法偏于保守，但对改进设计施工是有指导意义的。导致这一现象的主要原因有两点，第一：确定桩间距时采用的软土层的含水率和液限均为最大值；第二：计算等效似水灰比的表达式$(S_f/h)/\eta=1.21$采用上限值，实测数据得到$(S_f/h)/\eta$值 99.7%概率小于 1.21，因而计算得到的水泥土搅拌桩桩间距是偏小的，工程的安全可以得到保证。

第四节　水泥土搅拌桩质量控制方法

一、水泥土搅拌桩的质量要求

水泥土搅拌桩的质量标准可以按国家标准《建筑地基处理技术规范》(JGJ 79—2002)中对水泥土搅拌法成桩的标准实施。深层搅拌桩质量检验标准应符合表7-21的规定。

水泥土搅拌桩复合地基质量检验标准　　表7-21

项　　目	序　　号	检 查 项 目	允许偏差或允许值		检 查 方 法
			单位	数值	
主控项目	1	水泥及外掺剂质量	设计要求		查产品合格证书或抽样送检
	2	水泥用量	参数指标		查看流量表
	3	桩体强度	设计要求		按规定办法
	4	地基承载力	设计要求		按规定办法
一般项目	1	机头提升速度	m/min	≤0.5	量机头上升距离和时间
	2	桩底高程	mm	±200	测机头深度
	3	桩顶高程	mm	+100/−50	水准仪(最上部500mm不计入)
	4	桩位偏差	mm	<50	用钢尺量
	5	桩径		<0.04D	用钢尺量,D为直径
	6	垂直度	%	≤1.5	经纬仪
	7	搭接	mm	>200	用钢尺量

根据江苏省交通厅水泥土搅拌桩质量检测规程,水泥土搅拌桩28d质量评价主要依靠桩体强度和物理状态进行描述。其中桩身质量按上部和下部分别进行评判,上下部分界值为5m:桩长在5m以内的,全桩均按上部标准评判;桩长大于5m的,0～5m范围按上部标准评判,5m以下部分按下部标准评判。上下部的计分评价标准分别如表7-22和表7-23所示。

上 部 计 分 标 准　　表7-22

硬度或状态		标准贯入度		无侧限抗压强度	
硬度	记分	击数 N	记分	强度 R(28d,MPa)	记分
坚硬—稍硬	100	≥20	100	≥0.45	100
硬塑	75	15	75	0.25	75
软塑—可塑	25～50	5	50	0.05	50
流塑	0	<5	0	<0.05	0

下部计分标准　　表 7-23

硬度或状态		标准贯入度		无侧限抗压强度	
硬度	记分	击数 N	记分	强度 R(28d,MPa)	记分
坚硬—稍硬	100	>15	100	>0.45	100
硬塑	75	10	75	0.20	75
软塑—可塑	25～50	4	50	0.03	50
流塑	0	<4	0	<0.03	0

对于整根桩而言,其总体质量的计分方法为:

(1)计算各层得分时,标贯击数按 70%计,无侧限抗压强度按 15%计,硬度或状态描述按 15%计。

(2)当某层缺无侧限抗压强度的检测数据时,则不计该检测项目,按标贯击数 80%、硬度或状态描述 20%计算该层分数。

(3)根据各层得分,采用层厚加权平均分别得出上、下部得分。

(4)上、下部的平均值为该桩综合得分。

对桩体总体质量的要求为:

上部应达到 75 分以上,下部应达到 60 分以上;否则,判为不合格桩。各桩根据综合得分按以下标准分为四级:100～90 分为优,89～80 分为良,79～67.5 分为合格,<67.5 分为不合格。

二、质量检测方法

水泥土搅拌桩在制桩过程中和制桩全部完成后均应进行质量检查。在制桩过程中主要是施工单位自检,目的在于早日发现问题并及时纠正,避免质量事故的扩大;制桩全部完成后的检查,由建设单位组织进行,目的在于对全部桩作出质量评价,并测定复合地基承载力和单桩承载力,检查是否达到预期的设计要求。

水泥土搅拌桩的质量监测按阶段可以分为三个阶段:施工过程的检查、成桩 28d 内的强度检查以及施工完成后的全面检查。

1.施工期质量检验

水泥土搅拌桩的施工质量与前期准备工作的质量息息相关。关于前期准备工作的质量控制,主要为核实工程地质水文情况,桩体材料的质量检验,室内配合比试验,现场工艺试验,人员素质及工作质量的保证等。

搅拌桩的施工质量控制应贯穿在施工的全过程,并应坚持全程的施工监理。施工过程中必须随时检查施工记录和计量记录,并对照规定的施工工艺对每根桩进行质量评定。施工记录应反映每根桩施工全过程的真实情况,应按规范规定的内容填写,应做到详尽、完善、真实并及时汇总分析。凡是需要了解的施工问题,应都能从施工记录中找到答案。检查的重点是:水泥用量、桩长、水灰比、搅拌头转速和提升速度、复搅次数和复搅深度、停浆处理方法等。

在施工期,每根桩均应有一份完整的质量检验单,施工人员和监理人员签名后作为施工档案。除进行上述的施工质量检查外，还需进行如下的施工质量检验：

(1)桩位。通常定位偏差不应超出 50mm。施工前在桩中心插桩位标，施工后将桩位标复原，以便验收。

(2)桩顶、板底高程。其值均不应低于设计值。桩底一般应超过 100～200mm，桩顶应超过 0.5m。

(3)桩身垂直度。每根桩施工时均应用水准尺或其他方法检查导向架和搅拌轴的垂直度，间接测定桩身垂直度。通常垂直度误差不应超过 1%。当设计对垂直度有严格要求时，应按设计标准检验。

(4)桩身水泥掺量。按设计要求检查每根桩的水泥用量。通常考虑到按整包水泥计量的方便，允许每根桩的水泥用量在±25kg(半包水泥)范围内调整。

(5)水泥强度等级。水泥品种按设计要求选用。对无质保书或有质保书的小水泥厂的产品，应先做试块强度试验，试验合格后方可使用。对有质保书(非乡办企业)的水泥产品，可在搅拌施工时，进行抽查试验。

(6)搅拌头上提喷粉(浆)速度。一般均在上提时喷粉(浆)，提升速度不超过 0.5m/min。通常采用二次搅拌。当第二次搅拌时不允许出现搅拌头未到桩顶，水泥粉(浆)已拌完的现象。有剩余时可在桩身上部第三次搅拌。

(7)外掺剂的选用。采用的外掺剂应按设计要求配制。常用的外掺剂有氯化钙、碳酸钠、三乙醇胺、木质素磺酸钙、水玻璃等。

(8)喷粉(浆)搅拌的均匀性。应有水泥自动计量装置，随时指示喷粉(浆)过程中的各项参数，包括压力、喷粉(浆)速度和喷粉(浆)量等。

(9)喷粉(浆)距地面 1～2m 时，应无大量粉末飞扬，通常需适当减小压力，在孔口加防护罩。

(10)对基坑开挖工程中的侧向围护桩，相邻桩体要搭接施工，施工应连续，其施工间歇时间不宜超过 8～10h。

2.工程竣工后的质量检验

目前国内对水泥土搅拌桩的质量测试方法尚未形成统一的认识。水泥土搅拌桩的质量检验主要反映在三个方面：水泥土的强度(包括复合地基强度)、水泥土搅拌的均匀性和桩身长度。

因水泥土搅拌桩桩体强度相对混凝土桩来说比较低，且主要利用群桩作用来提高复合地基承载力或者降低复合地基压缩性，故一般不作破坏性试验。

现场检测具有直观、工效高、代表性强、避免取样运送过程的扰动等优点。但每一种方法都有一定的局限性，因此进行水泥土搅拌桩桩检测时，应尽量采用多种方法综合评价，并应辅以一定的室内试验。

现场检测的任务是要对所有桩的质量及地基加固效果作出评价，主要是确定合格桩和不合格桩的数量。不合格桩包括桩长不够、断桩、缩颈、直径达不到设计要求、桩体成形差、强度低、偏位太大等。在地基加固方面主要是测出复合地基承载力值、单桩承载力、复合地基的变形模量等。

常见的水泥土搅拌桩工程竣工后的质量检测方法有以下几种。

1)浅部开挖

属施工单位自检项目。成桩28d后,采用浅部开挖桩头(深度宜超过停灰面下50cm),目测检查搅拌的均匀性,量测成桩直径以及桩体的搭接情况等。

2)轻型动力触探

轻便触探试验是通过贯入阻抗的大小,来估算不同龄期水泥土桩体强度的变化和桩体的均匀性,试验操作方便、设备简单。轻便触探试验的结果是以锤击数(N_{10})的大小对桩体强度作出评价。轻便触探试验时,一个落距50cm、重10kg的穿心锤自由下落,将锤头竖直打入水泥土桩身中,以每贯入深度30cm时的锤击数记作为"N_{10}"。

成桩3d内,可用轻型动力触探(N_{10})检查每米桩身的均匀性。由于落锤能量较小,连续触探一般不大于4m,但如果采用从桩顶开始至桩底,每米桩身,先钻孔700mm,然后触探300mm,并记录锤击数的操作方法,则触探深度可加大。触探杆宜采用铝合金制造,可不计杆长的修正。

1991年的《软土地基深层搅拌加固法技术规程》(YBJ-225—1991),曾给出7d龄期水泥土无侧限抗压强度$f_{cu,7}$与N_{10}的相关关系,如表7-24所示;也可以将此关系用曲线(图7-38)表示,图中虚线部分乃是曲线外推的结果。

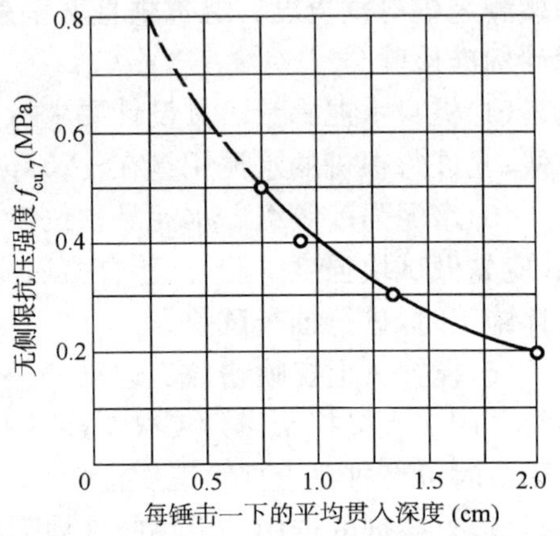

图7-38 轻便触探的击数与水泥土抗压强度的相关曲线

轻便触探击数 N_{10} 与水泥土抗压强度 $f_{cu,7}$ 值 表7-24

N_{10}(击数/每贯入30cm)	15	20～25	30～35	>40
水泥土无侧限抗压强度 $f_{cu,7}$	200	300	400	>500

如果不同龄期水泥土抗压强度之间的相互关系为:

$$f_{cu,90} : f_{cu,28} : f_{cu,7} = 1.0 : 0.6 : 0.4$$

则根据轻便触探的锤击数就可粗略地估计出龄期28d和90d的强度。根据现有的轻便触探击数N_{10}与水泥土强度对比关系分析,当桩身1d龄期的击数N_{10}已大于15击时,或者7d龄期的击数N_{10}已大于原天然地基击数N_{10}的一倍以上时,则桩身强度已能达到设计要求。当每贯入100mm,其击数大于30击时即应停止贯入,继续贯入则桩头可能发生开裂或损坏,影响桩头质量。

3)标准贯入试验

标准贯入试验法可以通过标准贯入击数反映桩身强度,通过芯样来研究水泥土搅拌均匀程度及桩长,因而可以较准确且全面地评价桩身质量。

水泥土搅拌桩成桩质量随施工工艺不同有一定差异。在水泥土搅拌法中,桩中心存在一个喷射盲区。因此,在桩身进行标准贯入试验时,其位置应在离桩中心1/5半径处,并保证钻进时机架垂直。

水泥土搅拌均匀性,可以根据标准贯入器中芯样进行分析,必要时进行取芯鉴定。可将均匀性分为三个等级。

(1)搅拌均匀:纹理清晰,无水泥粒块。

(2)基本均匀:纹理不连续,含少量水泥粒块但粒块直径≤2cm。

(3)搅拌不均匀:无纹理,夹土块或较多水泥粒块,其直径>2cm。

标准贯入试验每隔1～2m进行一次,直至桩底,据实际贯入深度确定桩长并判断垂直度。垂直度分为两类:倾斜度≤1%为微斜桩,倾斜度>1%则属于斜桩。根据标贯击数与芯样试验强度之关系可以评价桩身强度。

刘松玉等根据连徐高速公路、汾灌高速公路等的现场粉喷桩检测结果,统计得到了标准贯入击数 N 与无侧限抗压强度 q_u 的相关关系如图7-39所示,其线性拟合曲线满足下列经验公式:

$$q_u(\text{kPa}) = 6.8N + 20 \quad (t = 7\text{d}) \tag{7-42a}$$

$$q_u(\text{kPa}) = 8.0N + 150 \quad (t = 14\text{d}) \tag{7-42b}$$

$$q_u(\text{kPa}) = 10.0N + 270 \quad (t = 28\text{d}) \tag{7-42c}$$

$$q_u(\text{kPa}) = 8.3N + 365 \quad (t = 60\text{d}) \tag{7-42d}$$

$$q_u(\text{kPa}) = 6.0N + 445 \quad (t = 90\text{d}) \tag{7-42e}$$

从图7-39中可以发现不同龄期的水泥土无侧限抗压强度 q_u 都随标准贯入击数 N 的增大而提高,并且不同龄期的线性拟合曲线的斜率几乎是相同的,如图7-40所示。由此,式(7-42)有如下通式:

$$q_u(\text{kPa}) = AN + q_{u0(t)} \tag{7-43}$$

式中:$q_{u0(t)}$——不同龄期(d)时,按标准贯入击数"$N=0$"外推得到的无侧限抗压强度。

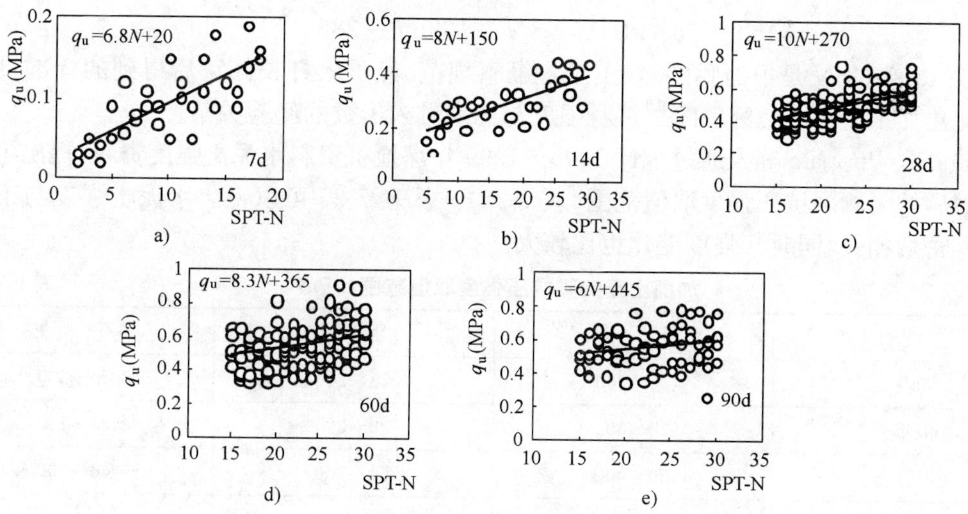

图7-39　N 与 q_u 的相关关系

图7-41表示了 $q_{u0(t)}$ 随龄期的变化规律,可以用式(7-44)准确地拟合两者之间的相关关系:

$$q_{u0(t)}(\text{kPa}) = 162\ln t - 286 \tag{7-44}$$

因为图7-42中各曲线是近似平行的,可以取平均斜率 $A=8$,再联立式(7-43)和式(7-44)有:

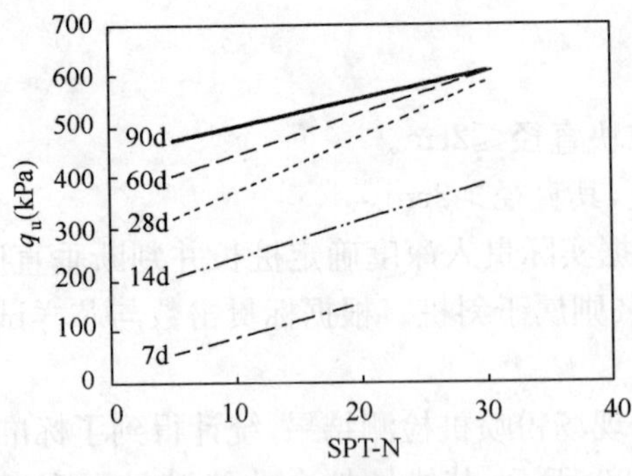

图 7-40　N 与 q_u 的相关关系的对比

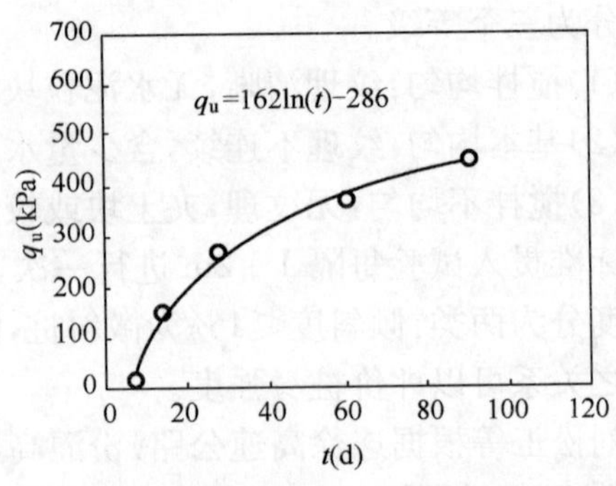

图 7-41　无侧限抗压强度 q_u 随龄期的分布规律

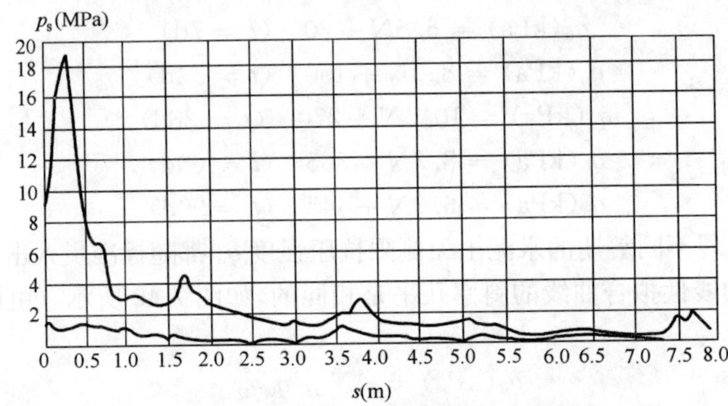

图 7-42　天然地基土和桩体水泥土 p-s 曲线对照图

$$q_u(\text{kPa}) = 8N + 162\ln t - 286 \tag{7-45}$$

式(7-45)中的 N 是根据我国《岩土工程勘察规范》经贯入杆长修正后得到的标准贯入击数。由此建立了连云港地区粉喷桩桩身强度与标准贯入击数的经验关系。

Anand J. Puppala 等人通过统计 1996～1999 年深搅桩资料水泥土强度资料，提出了不同土性加固后的无侧限抗压强度取值范围(表 7-25)。从表 7-25 可以得出水泥土强度与土性和添加剂等密切相关，同时其强度变化也比较大。

加固土无侧限抗压强度取值范围(kPa)　　表 7-25

土　性	水　泥	水泥—石灰	石　灰
淤泥	20～300	20～200	20～200
有机质土	20～300	20～200	20～150
灵敏黏土	50～400	50～300	40～300
黏土	100～1 800	50～1 600	50～1 400
粉质黏土	100～1 800	100～1 600	50～1 600
黏质粉土	100～2 000	100～1 800	100～1 800
粉土	100～1 600	100～1 800	100～800
砂土	100～5 000	100～1 800	100～800

Anand J. Puppala 提出了根据标准贯入击数计算桩体无侧限抗压强度和刚度的经验公式为：

$$q_u = \alpha N, E_{25} = \beta \times UCS \tag{7-46}$$

其中：$\alpha = \begin{cases} 0.01 & （淤泥、有机质土、灵敏土）\\ 0.25 & （黏土、粉质黏土）\\ 0.33 & （粉土、砂土）\end{cases}$

$\beta = 50 \sim 250$，β 的取值与加固剂种类有关，采用水泥作为固化剂时取高值，采用石灰作为固化剂时取低值。

标准贯入试验评价水泥土搅拌桩质量时，抽检频率通常为 1%～5%，且随机抽检。加固软黏土以及重要工程时，抽检频率取高值。采用标准贯入试验可以很好地评价水泥土搅拌桩的质量，据标准贯入试验能够评价桩身强度。

4)静力触探试验

静力触探可连续检查桩体长度内的强度变化。用比贯入阻力 p_s 估算桩体强度需要有足够的工程试验资料。在目前积累资料尚不够的情况下，可借鉴同类工程经验或用下式粗略估算桩体无侧限抗压强度：

$$q_u = \frac{1}{10} p_s（单桥） \tag{7-47}$$

$$q_u = \frac{1}{7} q_c（双桥） \tag{7-48}$$

水泥土搅拌桩成桩后用静力触探测试桩身强度沿深度的分布，并与原始地基的静力触探曲线相比较，可得桩身的增长幅度，并能测得断粉、少粉的位置以及桩长，整根桩的质量情况将暴露无遗。

把桩身材料的实测比贯入阻力 p_s-s（或 q_c-s）曲线和桩间土的曲线对比，根据 p_s-s 值的增加情况，便可直观地获得桩身的连续性信息和桩长。图 7-42 为某工地粉喷桩 3d 龄期的实测 p_s-s 曲线和桩间土的 p_s-s 曲线，从图中可知桩的粉喷深度为 8.0m，在 5.6m 处有漏喷粉现象，导致桩体局部缺乏，使桩的下部失去应有的作用，同时由式(7-47)或式(7-48)可获知水泥土无侧限抗压强度沿桩深方向的变化情况。

静力触探可以严格检验桩身质量和加固深度，是有效检查桩身质量的方法之一。但从理论上和实践上尚需进行大量的工作，以积累经验；同时在测试设备上还需进一步改进和完善，以保证该法检验的可行性。

5)取芯检验

用钻孔方法连续取水泥土搅拌桩桩芯，可直观地检验桩体强度和搅拌的均匀性。取芯通常用 ϕ106 岩芯管，取出后可当场检查桩芯的连续性、均匀性和硬度，并用锯、刀割成试块做无侧限抗压强度试验。但由于桩的不均匀性，在取样过程中水泥土很易产生破碎，取出的试件做强度试验很难保证其真实性。使用本方法取桩芯时应有良好的取芯设备和技术，确保桩芯的完整性和原状强度。进行无侧限强度试验时，可视取样时对桩芯的损坏程序，将设计强度指标乘以 0.3～0.5 的折减系数。

杨鸿钧等通过对双管双动岩芯管和常规的双管单动岩芯管两种取芯设备所抽取的水泥搅

拌桩芯样特征及试验强度等进行对比分析，认为采用双管单动岩芯管进行水泥搅拌桩取芯检测比较合适。

试验结果表明：双管双动岩芯管取芯率高，所取桩体芯样连续性较好，在水泥搅拌桩搅拌质量较差的部位或不连续的部位，能够取上更为完整的、便于直观分析的桩体芯样，但所取芯样的无侧限抗压试验强度值均较低。双管单动岩芯管取芯率稍差，桩体不连续部位或水泥搅拌不均匀部位较难取上完整的芯样，但所取芯样的无侧限抗压试验强度值均较高。双管双动岩芯管所取桩芯的无侧限抗压强度值与双管单动岩芯管芯样无侧限抗压强度值至少相差30%左右。两种取样得到的试样破坏有较大差别。双管双动岩芯管所取试样试验破坏后易于用手折断或掰开，摔掷或锤击易于破碎；而双管单动岩芯管试样试验破坏后较难用手折断或掰开，摔掷或锤击往往裂开成块。综合以上分析认为，双管双动岩芯管所取芯样试验无侧限抗压强度值偏低，其原因可能与双管双动岩芯管的内管旋转对桩体芯样造成扰动有关。因此建议采用双管单动岩芯管进行水泥搅拌桩取芯检测比较合适。

6)截取桩段做抗压强度试验

铁道部行业标准《粉体喷搅拌加固软弱土层技术规范》(TB 10113—960)规定，可采用现场桩身无侧限强度来评价粉喷桩，即在桩体上部不同深度(桩顶下 0.5m、1.0m、1.5m)现场截取三段 50cm 桩体，上下截面用水泥砂浆整平，装入压力架后用千斤顶加压，即可测得桩身抗压强度及桩身变形模量。检查频率为 2‰，每个工点不得少于 2 根。在沪宁高速公路、沪嘉高速公路等地基处理工程中的大量实践证明，该法是一种较好的检测方法。

该方法的优点是可避免桩横断面方向强度不均匀的影响；测试数据直接可靠；可积累室内强度与现场强度之间关系的经验；试验设备简单易行。但该法的缺点是挖桩深度不能过大且现场操作困难，需开挖且只能反映停灰面以下 1.5m 深度内的桩身强度，桩身上部桩顶以下 1.5m 范围内一般为硬壳层，土质情况一般不同于其下软土，且在桩身上部喷灰量易于控制，质量易于保证，故检测该范围内的桩身质量代表性较差。另外，开挖后回填质量不易保证，截取足尺桩头和强度测试也比较麻烦，故该法不宜推广应用。

7)静荷载试验

对承受垂直荷重的水泥土搅拌桩，静荷载试验是最可靠的质量检验方法。根据工程的实际布桩情况，水泥土搅拌桩的荷载试验可以分为单桩荷载试验、单桩复合地基荷载试验及多桩复合地基荷载试验。荷载板尺寸压板下桩、土的面积置换率选择，宜与工程实际布桩情况相近，当受条件限制采用较小的压板尺寸时，应根据置换率修正其试验结果。

对于复合地基荷载试验，荷载板应有足够的刚度。试验高程应与基础底面设计高程相同。对单桩静荷载试验，在板顶上要做一个桩帽，以便受力均匀。

水泥土搅拌桩通常是摩擦桩，所以荷载试验结果一般不出现明显的拐点，承载力特征值可按沉降的变形条件 s/b 或 s/d 等于 0.006 来选取，其中 s 为荷载试验承压板的沉降量，b 和 d 分别为承压板的宽度和直径。

荷载试验应在 28d 龄期后进行，检验点数每个场地不得不少于 3 点。若试验值不符合设计要求时，应增加检验孔的数量。若用于桩基工程，其检验数量应不少于第一次的检验量。

应当注意的是，一般桩的荷载试验均在成桩 28d 后进行，而设计时的参数均以 90d 标准选取，其承载力对于龄期的换算关系完全不同于室内水泥土强度的换算关系。杜海金分析了粉喷桩单桩承载力的时效性。理论分析和邯郸市的粉喷桩统计资料表明，单桩承载力随着龄期的增长而有明显变化，其平均增幅：1 428d 为 23.8%；28～60d 为 6.5%。根据经验及资料分析，一般认为 28d 推算到 90d 的单桩承载力可以乘以 1.2～1.3 的系数（主要与单桩试验的破坏模式有关），28d 推算到 90d 的单桩复合地基承载力可以乘以 1.1 左右的系数（主要与桩土模量比例等因素有关）。

荷载试验也有其局限性，它所测试的成果，主要反映压板下 1.5～2.0 倍的承压板直径深度范围内的桩、土状态，若要测试更深处桩、土的性质，在技术上难度较大。

8）反射波动测法检验

铁道部行业标准《粉体喷搅拌加固软弱土层技术规范》（TB 10113—960）规定，在取得水泥土搅拌桩材料与波速关系的前提下，可采用小应变动测法进行桩长及成桩均匀性的定性检查。定量方面的检测应该进一步积累桩体材料与波速的关系。

反射波动测法检验桩的完整性（桩身质量）是以一维波动理论为基础的。目前水泥土搅拌桩的桩径一般为 500～700mm，桩长大都在 8～20m 之间，长径比在 16～40 之间，符合桩长远大于桩径的条件，因此可视为一维杆件；其次，水泥土桩的阻抗大大低于混凝土桩身阻抗，但龄期达 28d 以上的水泥桩，其桩身强度一般可达 1～3MPa，外观坚硬，桩身波阻抗明显大于桩周土及桩底土阻抗；第三，水泥土硬化后其变形特性介于脆性体与弹塑性体之间，小应变时可看作为弹性体。因此，水泥土搅拌桩基本符合一维波动理论的假设条件，可以用低应变反射波法来分析桩身质量。

利用低应变法可以判定桩体有无缺陷、缺陷的性质和部位。这里所说的缺陷主要包括断桩、缩颈、低强度层等。它根据打印机输出的时域曲线和频域曲线来判定。如果时域曲线规律整齐，底反信号清晰或有底反迹象，频域曲线主峰明显，表明桩体完整。如果有同相较弱的桩间反射，说明桩间局部强度较低，但桩的整体性尚好；若时域曲线严重畸变或为多次能量较强的周期波，说明浅部或桩间有严重缺陷。

弹性波速是否与材料强度有很好的相关性，是决定反射波动测法应用的关键。图 7-43 是室内水泥土试块强度与纵波速度的关系图，纵波速度是采用声波仪在试块加压前测定的，显然两者之间具有很好的相关性，其关系与混凝土强度与波速关系类似：

$$q_u = 0.128 v_p^{2.22} \tag{7-49}$$

式中：q_u——无侧限抗压强度，Pa；

v_p——纵波速度，m/s。

图 7-44 为南京某工程现场所取原状水泥土样在室内测定的水泥土强度与纵波波速关系图，其关系式为：

$$q_u = 8.13 v_p^{1.35} \tag{7-50}$$

式中：q_u——无侧限抗压强度，Pa。

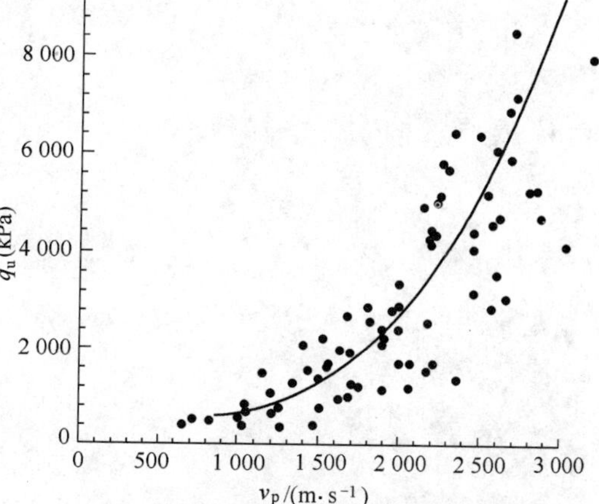

图 7-43　室内试块强度 q_u 与波速 v_p 关系图

比较图 7-43、图 7-44 不难看出，室内试块的强度和波速均高于现场取芯的对应值，但相关关系是类似的，这与前述强度折减关系也是吻合的。

上述成果表明，水泥土搅拌桩基本符合反射波动测法的条件，且波速与强度之间存在良好的相关性。因此，用反射波动测法来评价水泥土搅拌桩桩身质量是可行的。

上面介绍了目前国内外较为常用的几种水泥土搅拌桩质量检测方法。轻便触探试验适用于早期桩身质量检测，可作为施工单位自检的一种手段，以检验工工艺和施工参数的正确性。浅部开挖以及截取桩段做抗压强度试验一般应用很少。静载试验能够较为真实地反映粉喷桩复合地基的承载力特性，但是静载试验不适用大面积的粉喷桩质量检验。波速法还处于研究阶段，还需要积累大量的工程经验才能推广使用。标准贯入试验联合取芯进行无侧限抗压试样的试验方法能够较为全面地反映粉喷桩桩体质量检验的三个方面：水泥土的强度、水泥土搅拌的均匀性和桩身长度，且在江苏省的高速公路粉喷桩检测中广泛使用，积累了大量的工程经验，并已经形成了较为成熟的评价体系，因此是目前江苏省搅拌桩质量检测的首选方法，该评价体系也在我国搅拌桩质量检测中得到较大的推广。

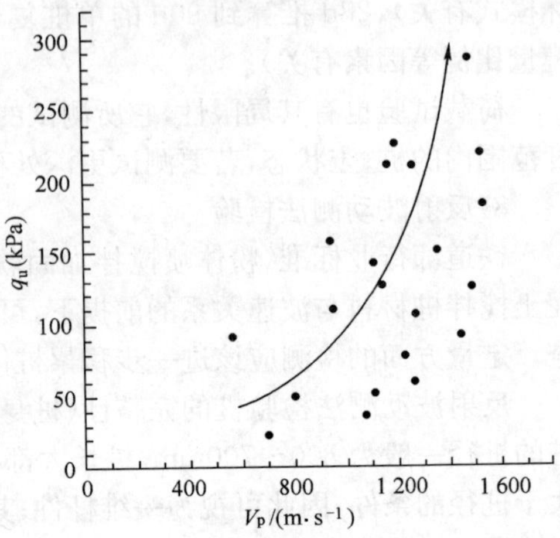

图 7-44　现场试块强度 q_u 与波速 V_P 关系图

参考文献

[1] Akira Asaoka, Oberservational Procedure of Settlement Prediction, Soils and Foundations, 1978, Vol. 18(4):87-101

[2] Akira Asaoka , Minoru Matsuo, An Inverse Problem Approach to Settlement Prediction, Soils and Foundations, 1980, Vol. 20(4):53-65

[3] Andresen, The NGI 54mm samplers for undisturbed sampling of clays and representative sampling for coarse material, 1979, International symposium on soils sampling, Singapore , 13~21

[4] Atsushi Iizuka, Hideki Ohta, A determination procedure of input parameters in elasto-viscoplasticity finite element analysis, Soils and foundations, 1985, Vol. 27(3):71~87

[5] Bengt B. Broms, and Boman p, Lime Columns-A New Foundation Method, Journal of the Geotechnical Engineering Division, 1985. 8

[6] Bengt B. Broms, Keynote Lecture: Design of Lime, Lime/Cement and Cement Columns, Dry Mix methods for Deep Soil Stabilization, Bredenberg, Holm & Broms (eds.), Balkema, Rotterdam , 1999, pp. 125-152

[7] Bengt B. Broms, Keynote Lecture: Progressive Failure of Lime, Lime/Cement and Cement Columns, Dry Mix methods for Deep Soil Stabilization, Bredenberg, Holm & Broms(eds.), Balkema, Rotterdam , 1999, pp. 177-184

[8] Bruce, Donald A. ,Bruce, Mary Ellen C,, 2003, The practitioner's guide to deep mixing, *Geotechnical Special Publication*, 120, p 474-488.

[9] Butterfield,A natural compression law for soils(an advance on e-logp'), Geotechnique, 1979, Vol. 29(4): 469~480

[10] Casagrande, A. the Determination of the Preconsolidation Load and Its Practical Significance, Proc. Of 1" ICSMFE, Vol. 3, 1936, pp: 60-84

[11] C. C. Vyalov. 土力学的流变原理. 杜余根,译. 北京:科学技术出版社,1986

[12] Cotecchia F,Chandler R J. A general framework for the mechanical behabiour of clays. Geotechnique,2000,504:431-447.

[13] D. A. Bruce, M. E. C. Bruce, A. F. Dimillio, Dry Mix Method: A Brief of Overview of International Practice, Dry Mix methods for Deep Soil Stabilization, Bredenberg, Holm & Broms(eds.), Balkema, Rotterdam , 1999, pp.15-25

[14] Egerov, K. E. , The observed setlements of buildings as compared with preliminary calculation. Proc. 4th ICSMFE, Vol.1, p. 291, 195

[15] G . Holm, Keynote Lecture: Applications of Dry Mix Methods for Deep Soil Stabilization, Dry Mix methods for Deep Soil Stabilization, Bredenberg, Holm & Broms (eds.), Balkema, Rotterdam , 1999, pp. 3-13

[16] Hakan Bredenberg, Keynote Lecture: Equipment for Deep Soil Mixing with the Dry Jet Mix Method, Dry Mix methods for Deep Soil Stabilization, Bredenberg, Holm & Broms(eds.), Balkema, Rotterdam , 1999, pp. 323-331

[17] Heken Ahnberg, Stress Dependent Parameters of Cement and Lime Stabilized Soil, Grouting and Deep Mixing, Yonekura Terashi&Shibazali (eds.), Balkema, Rotterdam , 1996, 387-392

[18] Hideki Ohta, Arika Nishihara, Anisotropy of undrained shear strength of clays under axi-symmetric loading conditions, Soils and foundations, 1985, Vol. 25(2):73～86

[19] Hideo Sekiguchi, Makoto Toriihara, Theory of one-dimensional consolidation of clays with consideration of their rheological properties, Soils and foundations, 1976, Vol. 16 (1):27～43

[20] Hideo Sekiguchi, Theory of undrained creep rupture of normally consolidated clay based on elastro-viscoplasticity, Soils and foundations, 1984, Vol. 24(1):129～147

[21] Hird, C. C. & Chan, C. M. , 2005. Correlation of shear wave velocity with unconfined compressive strength of cement-stabilised clay, Deep Mixing 05: 79-85

[22] Hong, Onitsuka, A method of correcting yield stress and compression index of Ariake clays for sample disturbance, Soils and foundations, 1998, Vol. 38:211～222

[23] Hvorslev, Surface Exploration and sampling of soils for civil engineering purposes, Report on a research project of ASCE, U. S. army engineering experiment station, 1949

[24] Jelisic, N. and Nilsson, G. , 2005, Testing of the shear strength of cement columns by using the total sounding method, Deep Mixing 05, 527-531

[25] Jin-Chun Chai,N. Miura Traffic-Load-Induced Permanent Deformation of Road on Soft Subsoil,Journal of Geotechnical and Geoenvironmental Engineering,2002, Vol. 128 (11): 907-916

[26] Kurup, P U, Voyiadjis, G Z, and Tumay, M T. Calibration chamber studies of piezocone tests in cohesive soils[J]. Journal of Geotechnical Engineering, 1994, 120(1): 81～107

[27] Ladd and Lambe, the strength of undisturbed clay determined from undrained test, ASTMSTP, 1963:361

[28] Leroueil, S. , Tavenas, F. & Le Bihan, J. P. (1983). Propriétés caractéristiques des argiles de l'est du Canada. , Can. Geotech. J. 20, No. 4, 681-705

[29] Leroueil S. , Magnan J. P. , Tavenas F. , Embankments on soft clays, 1990, Eliis Horwood limited, England , 70

[30] Liu Hanlong, Hong Zhenshun, Effect of sample disturbance on unconfined compression strength of natural Marine clays, China Ocean Engineering, 2003, Vol. 17(3):

407-416

[31] Liu M D, Carter J P. Virgin compression of structured soil. Geotechnique, 1999, 49 (1):43-57

[32] Liu Songyu, Jing Fei, Settlement Prediction of Embankments with Stage Construction on Soft Ground, 岩土工程学报, 2003, Vol. 25(2):228-232

[33] Songyu Liu and Roman D. Hryciw, Evaluation and Quality Control of Dry-Jet-Mixed Clay Soil - Cement Columns by Standard Penetration Test, Journal of The Transportation Research Board, 2003, No. 1849, 47-52

[34] Lunne T, Robertson P K, Powell J J M. Cone penetration testing in geotechnical practice. London: Blackie Academic & Professional, Chapman & Hall, 1997: 312

[35] Mayne P W. Determining preconsolidation pressures from DMT contact pressures. Journal of Geotechnical Test, 1987, 10: 146～150

[36] Mayne P W, Robertson P K, Lunne T. Clay stress history evaluated from seismic piezocone [C]. Proc., ISC '98 Geotech. Site Characterization, Atlanta, 1998, 2: 1113～1118

[37] M. Budhu, Wu C. S., Numerical Analysis of Sampling Disturbances in Clay Soils, International Journal for Numerical and Analytical Methods in Geomechanics, 1992, Vol. 16:467-492

[38] M. C. Santagata, J. T. Germaine, Sampling Disturbance Effects in normally Consolidated Clays, ASCE, Journal of Geotechnical and Geoenvironmental Engineering, 2002, Vol. 128(2):997-1006

[39] Meigh, A. C. (1987), Cone penetration testing methods and interpretation, *Construction Industry Research and Information Association*, London, U. K.

[40] M. H. Larsson, R., Holm, G., Dannewitz, N. & Eriksson, H., 2005, Down-Hole Technique improves Quality Control on Dry Mix Columns, Deep Mixing 05, 581-592

[41] Nagaraj, T. S. Murthy, B. R. S. Vastala, Analysis of compressibility of sensitive soils, Journal of Geotechnical Engineering, ASCE, 1990, Vol. 116 (1):105～118

[42] Nagaraj, Miura, Chung, S. G., Analysis and assessment of sampling disturbance of soft sensitive clays, Geotechnique 2003, Vol. 53(7):679-683

[43] Nagaraj T. S., Miura N., Soft clay behavior analysis and assessment, A. A. Balkema Press, Rotterdam, Netherlands, 2001

[44] Oades J. M., (1963). The nature and distribution of iron compounds in soils. Soils and fertilizes 26, No. 2, 69-80

[45] Okumura. T, Deep Lime Mixing Method for Soil Stabilization, Rep. of Research Inst. Vol. 11, No. 1, 1972

[46] Ogawa, F. and Matsumoto, K. (1978). Correlation of the mechanical and index properties of soils in Harbor districts, Report of Port and Harbor Research Institute, 17 (3):1-89. (In Japanese)

[47] Probaha, A. State of the Art in Deep Mixing Technology: Basic Concept, Ground Improvement, 1998, Vol. 2(2):81-92
[48] Raymond, The effect of sampling on the undrained soil properties of a Leda clay, Canadian Geotechnical Journal, 1971, Vol8:546～557
[49] Reineck H. E. & Singh I. B. (1980). Depositional sedimentary environments — with references to Terigenous Clastics, 2and ed. Springer Verlag, Berlin: 127-132
[50] Schmertmann, J. H., The Undisturbed Consolidation Behavior of Clay, Trans., ASCE, Vol. 120, 1955, 1120-1122
[51] Sridharan, A. and Prakash, K (1999). Influence of clay mineralogy and pore-medium chemistry on clay sediment formation. Can. Geotech. 21:1-36
[52] Sully, J P, and Campanella, R G. Effect of lateral stress on CPT penetration pore pressure. Journal of Geotechnical Engineering, 1991 , 117(7): 1082～1088
[53] T. Kawasaki, Deep Mixing Method Using Cement Hardening Agent, Proc. 10th ICSMFE, 1981, Vol. 3
[54] Vesic, A. S. Expansion of cavities in infinite soil mass, ASCE, Journal of Soil Mechanics and Foundation Engineering Division, 1972, Vol. 98(3):265-290
[55] X. S. Li, J. Holland, G. Wang, C. J. Robiee, Analysis of Stress-Change Disturbance Caused by Ideal Drilling in Clay, ASCE, Journal of Geotechnical and Geoenvironmental Engineering, 1997, Vol. 123(7):626-634
[56] 奥村树郎,黏土のかく乱とサプリング发法の改善に关する研究(第3报),日本:港湾技术研究所,1974
[57] 奥村树郎.黏土试料の搅乱に关する研究(第1报).日本:港湾技术研究所,1969
[58] 奥村树郎.黏土试料の搅乱に关する研究(第3报).日本:港湾技术研究所,1969
[59] 白冰,周健,章光.饱和软黏土的塑性指数对其压缩变形参数的影响.水利学报,2001,11:51-55
[60] 柴田彻.黏土のダイラタンシーについて.京都大学防灾研究所年报,1963,Vol. 6:128-134
[61] 陈环.塘沽新港软黏土抗剪强度的研究.天津:天津科技出版社,1987.17-26
[62] 陈炯.软黏土结构性和基础桩施工工法对基坑力学性状的影响.地基处理,2000,11 (2):3-10
[63] 陈慕杰.汕头市区软土的工程地质特性.桂林工学院学报,1998,1 8(3):261 -265
[64] 陈善民.水泥搅拌复合地基的静、动力特性研究.浙江大学博士学位论文,2000.9
[65] 陈艺南,谈清,般红岩.江苏高速公路软土路基工程地质问题研究.华南地质与矿产,2001,3:30～35
[66] 邓永锋,吴燕开,刘松玉,洪振舜.连云港浅层海相软土沉积环境及物理力学性质研究.工程地质学报,2005,Vol. 13(1):29～33
[67] 地基处理手册编写委员会.地基处理手册.北京:中国建筑工业出版社,1993:402-406
[68] 杜海金,张建新,吴冬云,安新正.粉喷桩单桩承载力与龄期的关系研究[J].岩土力学,

2002,23(1):111-115

[69] 杜海金,张建新,吴东云,杨树标.粉喷桩单桩承载力的时效分析[J].岩石力学与工程学报,2002,214:586-589

[70] 范恩锟,钱征,杨国强,等.软土的剪切流变性质.中国土木工程学会第一届土力学及基础工程学术会议论文集.北京:中国工业出版社,1964:27-21

[71] 冯秀丽 ,等 .现代黄河水下三角洲沉积物工程地质特性.青岛海洋大学学报 ,1994,2 4(增刊):36-41

[72] 工程地质手册编写委员会,工程地质手册.北京:中国建筑工业出版社,1996

[73] 龚世良,茅鸿妹. 上海软土微观特性及在土体变形中的作用. 上海地质,1994,4:29-35

[74] 龚晓南,熊传祥,项可祥,侯永峰.黏土结构性对其力学性质的影响及其形成原因分析.水利学报,2000,(10):43-47

[75] 龚晓南.复合地基理论及工程应用.北京:中国建筑工业出版社,2002.11

[76] 龚晓南.土塑性力学.浙江大学出版社,1997.1

[77] 郭琨. 海洋手册[M].北京:海洋出版社,1984:2-3

[78] 洪毓康.土质学与土力学.北京:人民交通出版社,1995

[79] 何开胜,沈珠江. 天然沉积黏土的结构性调查[J]. 东南大学学报(自然科学版),2002,32(5):818-822

[80] 侯永峰.水泥土的渗透特性[J].浙江大学学报,2000,Vol.34(2):189～193

[81] 江苏省高速公路建设指挥部,江苏省交通规划设计院.粉喷桩施工工艺及质量检测方法研究.1998.12,37～53

[82] 江苏省高速公路建设指挥部.江苏省高速公路水泥搅拌桩检测工作实施细则

[83]《建筑地基处理技术规范》(JGJ 79—2002)[S].北京:中国建筑工业出版社,2002

[84]《软土地基深层搅拌加固法技术规程》(YBJ-225—1991),1991

[85] 姜柯.考虑软黏土结构性损伤的静压桩沉桩规律分析.浙江大学博士学位论文,2003

[86] 雷华阳,肖树芳. 软土结构性的试验研究及其对工程特性的影响. 吉林大学学报(地球科学版),2004,341:1.6-110

[87] 雷华阳,肖树芳. 天津软土的次固结变形特性研究. 工程地质学报,2002,104:385-389

[88] 李昶.粉喷桩加固软土地基的设计方法研究.南京:东南大学交通学院,1999

[89] 李凡,吴志昂,孙四平.软土地基路堤最终沉降量推算方法研究.合肥工业大学学报,2003,Vol.26(2):277-280

[90] 李国维,杨涛,宋江波.公路软基沉降双曲线预测法的进一步探讨.公路交通科技,2003,Vol.20(1):18-20

[91] 李涛,钱寿易.土样扰动影响的评价及其先期固结压力的确定.岩土工程学报,1987,Vol.9(5):21-30

[92] 李作勤. 有结构强度的欠压密土的力学特性. 岩土工程学报,1982,4(1):34-45

[93] 梁国钱,等 .浙江沿海地区软土工程特性.中国矿业大学学报 ,2002 ,31(5):435-441

[94] 梁俊平. 广东省湛江地区第四纪更新世地层. 广东地质,1992 ,7(4):21-34

[95] 凌申. 苏北全新世海进与古砂堤研究. 台湾海峡，1994，Vol. 13(4)：338-345
[96] 刘春虹，肖朝昀，王建华，陈锦剑. 土工织物加固软土路堤的有限元分析. 岩土力学，2004，Vol. 25(增2)：325-328
[97] 刘和元，刘松玉. 超长水泥土搅拌桩复合地基性状研究. 东南大学学报，1999，No. 2
[98] 刘松玉. 高速公路地基处理. 东南大学出版社，2001
[99] 刘松玉. 公路地基处理. 东南大学出版社，2001. 1
[100] 刘松玉. 粉喷桩复合地基理论与工程应用. 北京：中国建筑工业出版社，2006. 12
[101] 刘松玉. 章定文，邵俐. 标准贯入试验(SPT)在水泥粉喷桩质量评定中的应用. 岩石力学与工程学报，2002，12
[102] 刘振英. 土样结构扰动的定量评价. 工程勘察，1986(1)：17-21
[103] 卢演俦. 我国全新世海岸线变迁与新构造活动. 中国第四纪海岸线学术讨论会论文集. 1995：76-82.
[104] 罗鸿禧，陈守义. 湛江灰色黏土的工程地质特性. 水文地质工程地质，1985 (1)：1-5
[105] 马海龙. 水泥土的实验与分析. 苏州城建环保学院学报，1995，Vol. 8(3)：34-39
[106] 马涛. 水泥搅拌复合地基的静、动力特性研究. 杭州：浙江大学岩土工程研究所，2000
[107] 潘林有，谢新宇. 用曲线拟合的方法预测软土地基沉降. 岩土力学，2004，Vol. 25(7)：1053-1058
[108] 钱家欢，殷宗泽. 土工原理与计算机算. 中国水利水电出版社，2003. 3
[109] 钱国超. 喷粉搅拌桩处治高速公路软土地基的机理与设计方法. 南京：东南大学博士学位论文，1999. 9
[110] 钱征，杨国强，曾锡庭. 海洋软土的流变性质[C]天津：天津科技出版社，1987：5-11
[111] 邱钰、刘松玉，等. 粉喷桩处理高速公路软土地基内的附加应力及沉降计算分析. 公路交通科技 2001. Vol. 18. No. 1：1-5
[112] 日本道路协会. 道路土工软弱地盘对策工指针. 1986，77
[113] 三浦哲彦. セメント系深層混合处理工法. DJM 工法研究会，平成 13 年，1-73pp
[114] 三浦哲彦. 粉体喷射攪拌工法マニコアル. CDM 工法研究会，平成 10 年，1-192pp
[115] 森川嘉之. 强度異方性を持つ黏土のせん断帶生成机構. 金沢大学，平成 10 年
[116] 邵炜，金峰，王光纶. 用于接触面模拟的非线性薄层单元. 清华大学学报，1999，Vol. 39(2)：34-38
[117] 沈恺伦. 软黏土结构性、塑性各向异性及其演化. 浙江大学博士学位论文，2007：77-79
[118] 沈珠江. 软土工程特性和软土地基设计. 岩土工程学报，1998，Vol. 28(1)：100-111
[119] 石文慧. 论中国东南地区第四纪软土建造. 中国第四纪研究，1986，Vol. 6(2)：158-168
[120] 石振华. 地基处理手册. 北京：中国建筑工业出版社，2000
[121] 寺師昌明. 地盤改良効果の予測と実際. 地盤工学会，平成 12 年，pp. 203-259
[122] 寺師昌明. 石灰. セメト系安定处理土の基本的特性に关する研究. 港湾技术研究所报告，1983，Vol. 22，No. 1：69～96
[123] 宋修广. 水泥粉喷桩的理论研究与分析. 南京：河海大学岩土工程研究所，2000
[124] 孙顺才. 苏北平原第四纪沉积及海岸变化. 中国第四纪海岸线学术讨论会论文集，

1995:157-160

[125] 谭罗荣,张梅英.一种特殊土的微观结构特性的研究.岩土工程学报,1982,4(2):26-35

[126] 拓勇飞,孔令伟,郭爱国,谭罗荣.湛江地区结构性软土的赋存规律及其工程特性[J].岩土力学,2004,2512:1879-1884

[127] 藤川和之.交通荷重による沈下を考慮した軟弱地盤上の低盛土道路の合理的設計に関しる研究.佐賀大学,1996

[128] 王海鹏,陈峰.厦门海湾软土的工程地质特性的研究.台湾海峡,1998,17(3):23 5-242

[129] 王军.结构性软土地基的固结沉降及稳定研究.浙江大学博士学位论文,2002

[130] 维亚洛夫.土力学的流变原理.北京:科学技术出版社,1987

[131] 王立忠,李玲玲,丁利.温州煤场软土结构性试验研究.土木工程学报,2002,35(1):88-92

[132] 王立忠,丁利,陈云敏,李玲玲.结构性软土压缩性试验研究[J].土木工程学报,2004,37(4):46-53

[133] 魏汝龙.开挖卸荷后软黏土的不排水强度.水利水运科学研究,1984.4

[134] 魏汝龙.软黏土的强度和变形.北京:人民交通出版社,1987

[135] 魏汝龙.软黏土取土技术的对比研究.水运工程,1990(3),1～8

[136] 魏汝龙.软黏土取土技术及其改进.岩土工程学报,1986,Vol.8(6):113～125

[137] 吴燕开,刘松玉,洪振舜.土层工程性质与其沉积环境关系研究.工程地质学报,2004,Vol.12(3):263～267

[138] 肖树芳,雷华阳,房后国,等.近代海积软土结构性及弹-塑性模型研究.工程地质学报,2000,8(4):395-399

[138] 徐永福.土体受施工扰动影响程度的定量化识别.大坝观测与土工测试,2000,24(2):8-10

[140] 徐至钧,曹名葆.水泥土搅拌法处理地基.北京:机械工业出版社,2004,9-18

[141] 徐泽中.公路软土地基路堤设计与施工关键技术.北京:人民交通出版社,2007.5

[142] 许宏发,吴华杰,郭少平.桩土接触面单元参数分析.探矿工程,2002.5,10-12

[143] 薛殿基.粉喷桩设计与施工.郑州:河南科学技术出版社,1997:87-89

[144] 杨鸿钧,黄礼宏.水泥搅拌桩两种取芯检测方法比较.港工技术,2004(1):54-55

[145] 杨龙才,张师德.水泥土搅拌桩质量检测试验研究.复合地基理论与实践学术研讨会论文集,杭州:浙江大学,1996

[146] 叶观宝.地基加固新技术.北京:机械工业出版社,2004:124-153

[147] 叶书麟,韩杰,叶观宝.地基处理与托换技术.北京:中国建筑工业出版社,1994,pp.361-414

[148] 易丹辉.Statistica 6.0 应用指南.北京:中国统计出版社,2002

[149] 殷宗泽,朱泓,吴钰.沪宁高速公路地基沉降有限元计算分析.水利水电科技进展,1998,Vol.18(2):22-26

[150] 殷宗泽,朱泓,许国华.土与结构材料接触面的变形及其数学模拟.岩土工程学报,

1994, Vol. 6(3):14-21
[151] 殷宗泽，张海波，朱俊高. 软土的次固结[J]. 岩土工程学报，2003,25(5):521-526
[152] 于书翰. 道路工程. 湖北:武汉工业大学出版社,2000. 5
[153] 俞亚南，张仪萍，高文明. 分级加载条件下粉喷桩加固路基有限元分析. 中国公路学报，2003,Vol. 16(2):38-41
[154] 张诚厚. 两种结构性黏土的土工特性. 水利水运科学研究，1983(4): 65-71
[155] 章定文，刘松玉，于新豹. 连云港海相软土工程特性及处治方法探讨[J]. 工程地质学报，2003,11(3):250-257
[156] 张虎男. 全新世海平面变化及地震活动与板块运动[C]. 中国第四纪海岸线学术讨论会论文集，1995:88-90
[157] 张齐兴，朱俊高，殷建华. 一个软土的弹黏塑性模型及其有限元应用. 河海大学学报，2001,Vol. 29(6):15-19
[158] 张土乔. 水泥土的应力应变关系及搅拌桩破坏特性研究. 杭州:浙江大学岩土工程研究所，1992
[159] 赵松龄. 中国东部沿海近三十万年以来的海侵与海面变动. 中国第四纪研究，1986, Vol. 6(2):97-103
[160] 周秋鹃，陈晓平. 软土次固结特性试验研究. 岩土力学，2006,27(3): 404-408
[161] 周学明，袁良英，蔡坚强，侯新杰. 上海地区软土分布特征及软土地基变形实例浅析. 上海地质，2005,964:6-9
[162] 中华人民共和国交通部. 公路路基设计规范(JTG D30—2004). 北京:人民交通出版社，2004
[163] 中华人民共和国交通部. 公路软土地基路堤设计与施工技术规范(JTJ 017—96). 北京:人民交通出版社，1996
[164] 中华人民共和国交通部. 公路土工试验规程. 北京:人民交通出版社，1993
[165] 朱诚. 长江三角洲及苏北沿海地区 7000 年以来海岸线演变规律分析. 地理科学，1996, Vol. 16(3):207～213
[166] 朱道元. 多元统计分析与软件 SAS. 东南大学出版社，1999
[167] 朱玉荣. 苏北中部滨海平原成陆机制研究. 海洋科学，2000, Vol. 24(12):33～37